언더우드 선교사는 앞으로 좀더 심도 깊은 연구를 통해 한국교회사를 넘어 세계선교 역사에서 중요하게 자리매김되어야 할 인물임에 틀림없다. 조선 도착 당시 25세 약관의 젊은 청년이었던 그가 격동의 조선 말 한겨레와 더불어 뿌리고 가꾸어 온 미래 기독교 한국의 꿈은 100여 년이 지난 오늘에도 우리의 마음을 뛰게 하고 깊은 관심을 불러일으킨다. 특히 이 책의 저자는 의료선교사로서 조선에 와서 8년 연하의 총각 선교사와 결혼하여 27년간을 동고동락한 선교 동반자다. 그들의 생생한 기록을 담은 이 책에는 귀중한 선교사적 자료들이 빼곡히 담겨 있다. 존경하고 사랑하는 남편에 대한 찬양가에 불과하다고 할 사람이 있을지도 모르지만 그런 서술 방식이 일반적이었던 20세기 초에 쓰인 기독교 전기임을 감안한다면, 이 책은 언더우드 연구의 기본 교과서이며 출발점임이 분명하다. 사반세기 전 이 책을 번역하고 출간하여 한국 기독교 선교사 연구의 새 장을 열어 준 이만열 교수가 새롭게 꼼꼼히 다듬고 역주를 더한 이번 개정판은, 지난 25년간 집적되어 온 귀한 연구가 오롯이 담긴 값진 선물이다.

김진홍 뉴브런즈윅 신학교 종교·선교사상사 부교수, 언더우드글로벌기독교센터 디렉터

언더우드는 위대한 선교사였다. 기독교 전체 역사에서도 그보다 더 위대한 선교사는 그리 많지 않을 것이다. 그런 언더우드의 삶과 사역에 대한 지식이 우리에게 꼭 필요한데, 감사하게도 그와 27년간 삶을 나눈 호턴 부인이 직접 그의 전기를 남겨 주었다. 1990년에 한국에 처음 번역·출판된 이 전기가 이번에 새로 정밀하게 다듬어져 출판되는 것을 보게 되어 매우 기쁘다. 역사학자인 번역자는 단순히 원문을 옮기는 데 그치지 않고 곳곳에 역주를 달아 좀더 객관적인 사실을 제공해 준다. 그래서 행여 저자가 전기 주인공의 아내로서 보일 수 있는 편향을 보완함으로써 이 책은 더욱 신뢰할 수 있는 자료가 되었다. 이 귀한 전기가 널리 읽히기를 기대하고 소망한다.

이수영 새문안교회 담임목사

언더우드 선교사는 성공한 사업가인 형과 함께 평생 안락한 삶을 누릴 수 있었음에도 불구하고, 위험하고 낙후된 조선에 와서 평생 이웃을 위해 나누고 섬기는 삶을 살았다. 1885년 4월 5일 부활절, 25세의 나이에 제물포항에 도착한 언더우드는 일생 동안 조선인들로부터 양귀라고 배척받으면서도 하나님의 말씀을 전하고, 사전을 만들고, 각종 위원회의 주도적 인물로 종횡무진 활약했다. 또한 청년들이 서양의 고등학문을 접할 수 있도록 연세대학교의 근간을 세우고 가르쳤다. 언더우드 선교사야말로 자신을 녹여 세상에 짠맛을 주는 소금이요 세상을 밝히는 빛이 된 진정한 하나님의 사람이었다. 조선에 도착한 이래로 언더우드 선교사의 모습을 가장 가까이에서 지켜본 아내 호턴 여사가 직접 쓴 언더우드 이야기가, 용재석좌교수로 연세대학교와 각별한 인연이 있는 이만열 교수의 손에 의해 다시 한 번 새롭게 번역·출간되어 더더욱 반갑고 귀하다. 이 책은 미래를 위한 새로운 방향을 모색하는 한국 사회와 교회가 다시 한 번 귀 기울이고 주목해야 할 언더우드 선교사를 새롭게 만날 귀중한 기회가 될 것이다.

정갑영 연세대학교 총장, 경제학과 교수

한국 근현대사에서 가장 주목할 만한 사건은 기독교의 등장이다. 아시아에서 거의 유일하게 한국에서만 주류 종교로 자리 잡았다는 점에서 한국 기독교의 위치는 독특하다. 그뿐이 아니다. 한국 기독교는 근세의 여명기에 이 땅에 들어와 급격한 서구화와 산업화를 선도했고, 시민의식을 싹트게 한 민주화의 주역이었다. 그 서막을 연 인물이 바로 언더우드다. 다방면에 걸친 놀라운 능력을 갖춘 그가 애초 계획했던 인도로 가지 않고 한국으로 오게 된 것이 우연으로만 보이지 않는다. 한국에 머문 30년간 성서를 번역한 것 외에도 한영문법책을 만들고, 광혜원과 고아원, 연세대학교를 설립하여 사회복지와 학문의 길을 개척한 그는 선교사일 뿐 아니라 이 땅의 선구자이기도 했다. 그의 아내가 쓴 전기를 언더우드가 이 땅에 도착한 지 130년 만에 다시 펴내는 것은 참으로 의미심장하다. 기독교는 우리나라에서 유아기, 청소년기를 거쳐 이제 역사적 책임을 감당해야 할 어른으로 성장했다. 이 책이 초기의 열정과 헌신을 회복하도록 사람들을 돕는 데 그치지 않고, 일제와 남북분단기의 아픔과 한계를 극복하고 더 나은 한국과 한국 기독교를 만들어 가는 성찰의 계기가 되기를 간절히 바란다.

조현 한겨레신문 종교전문기자 겸 논설위원

언더우드

IVP(InterVarsity Press)는
캠퍼스와 세상 속의 하나님 나라 운동을 지향하는
IVF(InterVarsity Christian Fellowship)의 출판부로
생각하는 그리스도인을 위한 문서 운동을 실천합니다.

Underwood of Korea
: An intimate record of the Life and Work of the Rev. H. G. Underwood, D.D., LL.D.,
for thirty-one years a Missionary of the Presbyterian Board in Korea

by Lillias H. Underwood

First published in 1918 by Fleming H. Revell Company

Korean Edition ⓒ 2015 by Korea InterVarsity Press
156-10 Donggyo-ro, Mapo-gu, Seoul 04031, Korea

언더우드

조선에 온 첫 번째 선교사와 한국 개신교의 시작 이야기

릴리어스 호턴 언더우드 | 이만열 옮김

언더우드의 생애에 대한 이 이야기를
한국에서 그리스도의 대의가 진보하는 일에
한결같은 도움과 동감으로 언더우드와 함께한
그의 형 존 T. 언더우드에게 바친다.

호러스 그랜트 언더우드
Horace Grant Underwood, 元杜尤

1859. 7. 19-1916. 10. 12

끝으로 형제들아 무엇에든지 참되며
무엇에든지 경건하며
무엇에든지 옳으며
무엇에든지 정결하며
무엇에든지 사랑받을 만하며
무엇에든지 칭찬받을 만하며
무슨 덕이 있든지
무슨 기림이 있든지 이것들을 생각하라.

빌립보서 4:8

개정판 역자 서문

언더우드,
한국에 온 첫 선교사

올해 2015년은 복음 선교사 아펜젤러·언더우드가 이 땅에 온 지 꼭 130주년이 되는 해다. 아펜젤러는 미국 북감리교의 파송을 받았고 언더우드는 미국 북장로교의 파송을 받았다. 이들에 앞서 만주를 통해 성경이 번역·보급되어 개종자가 일어나고 있었고, 바로 그 시기에 한국은 이들의 복음에 접목되었다. 그 뒤 한국교회는 세계 선교사상 유례없는 성장과 발전을 이룩하게 되었다. 돌이켜 보면 초대 선교사인 그들의 헌신적인 노력에 다시 한 번 감사하지 않을 수 없다.

이 책의 주인공인 언더우드에 대해서는 그동안 수많은 논문들과 한두 권의 저술 및 자료집이 나왔다. 그중 이광린 교수의 「초대 언더우드 선교사의 생애」(연세대 출판부, 1991)가 한국인이 언더우드에 대해 쓴 최초의 저서다. 그 뒤 옥성득 교수가 편역한 「언더우드 자료집」(전 5권)은 언더우드 연구에 획기적인 계기를 만들었다. 이 같은 자료집의 간행에도 불구하고 언더우드에 대한 연구는 아직도 부족한 편이다. 언더우드 연구는 단순히 그의 생애와 업적, 신학과 사상에 그치는 것이 아니라 그가 한국 근대사에 미친 영향까지 고려하여 좀더 거시적이고 종합적으로 진행되어야 한다. 아직도 그 같은 연구가 제대로 이뤄지지 않았다는 판단이 이 번역서를 다시 간행토록 하는 계기가 되었다.

개정판을 내면서 다시 원문과 꼼꼼히 대조해 보면서 초판 출간 작업 때에 느끼지 못했던 이 책의 가치를 좀더 잘 알게 되었다. 저자는 주인공 언더우드와 가정을 이뤄 27년간 동거했고 그의 삶을 관찰했다. 따라서 이 책에는 인생의 반려자만이 가질 수 있는 시선이 잘 드러나 있다. 초판 서문에서도 언급한 바와 같이, 그것이 이 책의 최대 장점이다. 아마도 제3자는 도저히 관찰할 수 없었을 많은 내용들이 이 책에 실려 있다. 그래서 이 책이 아니고서는 알 수 없는 언더우드의 신앙과 실천에 관한 내용이 많다. 언더우드가 선교사로서 남긴 업적을 이 저서만큼 잘 묘사하기는 어려울 것이다. 그러나 이는 언더우드가 비판받을 수도 있는 지점에 대해서까지 이 책이 제대로 묘사했다는 것을 의미하진 않는다.

「한국의 부름」(The Call of Korea)에서 언더우드 자신이 직접 언급했듯, 언더우드는 미국의 철강이 경부선 철도에 이용되는 것을 보고는, 한국에서 기독교와 무역이 서로 협력하여 발전하고 있다고 보았다. 그는 선교사이면서도 미국의 여러 상품을 소개하는 등 무역에도 관여했다. 농기계와 기구, 키니네, 석유 등의 교역에 나섰고 교역상의 편의를 위해 중국 상해에 은행 구좌를 두기까지 했지만, 이 책은 이런 면에 대해서는 거의 언급하지 않는다. 그러나 이 책의 저자는 언더우드가 자기 형 때문이든 아니면 다른 이유에서든 '백만장자 선교사'라는 세간의 평을 들었던 것을 의식한 듯하며, 그래서인지 화려한 자기 집에 대해서도 언급하는 솔직성을 보이기도 했다.

한말에 내한했던 선교사들은 한국의 왕(황)실 및 한말 정치에 일정하게 관계를 맺었다. 이 책에서도 언더우드와 한국 왕실의 관계는 어느 정도 밝히고 있다. 그러나 언더우드가 당시 한국을 침략하고 있던 일본과 어떤 관계를 맺고 있었는지는 분명하게 밝히지 않는다. 주재국의 정치적 이해 관계와 관련해, 선교사들에게 중립적 관점을 무시하면서까지 교회 편을 들어야 한다거나, 한·일 간의 민감한 정치적 문제에서 한국의 입장만을 지지해야 한다고 요구하는 것은 무리일지 모른다. 그러나 강대국의 침략에 대해, 선교사들이 복음 정신과 인류의 보편적 가치에 입각하여 판단하고 행동해야 한다고 요구하는 것은 무리한 일이 아니라고 생각한다. 그런데 언더우드가 한말의 한·일 관계를 두고 어떤 입장을 취했는가에 대해서 이 책은 거의 말하지 않는다. 예컨대, 1912년 그가 조선예수교장로회 제1회 총회장으로 선출되었을 당시, 그전에 세상을 떠난 일본의 군주 메이지(明治)에 대해 총회에서 일종의 추도행사를 가졌는데, 저자는 이런 것은 언급하지 않는다. 일제 강점 초기 언더우드는 연희전문학교를 설립하기 위해 총독부와 꽤 자주 접촉했는데, 거기에 대해서도 거의 언급하지 않는다. 이런 점이 이 책의 한계라고 지적할 수 있을 것이다. 그럼에도 언더우드에 대한 종합적인 이해를 돕는 면에서는 국내에서 이 책을 능가할 만한 책을 아직 발견할 수 없다.

이 책의 저자는 의사이면서 동시에 문필가이기도 하여 한국 관련 저술을 몇 권 남겼다. 문필에 능해서인지, 그의 문장은 매우 까다롭고 길어서 어떤 문단은 두 페이지를 넘어가기도 한다. 그래서 번역 초판에서는 독자들의 이해를 돕기 위해 그런 긴 문단은 끊어서 새로운 문단을 만들기도 했다. 가령, 문단 중간에 장문의 인용문이 있는 경우, 그 인용문은 새로 독립된 문단으로 만든 것도 그 예라고 할 수 있다. 그렇게 하다 보니 번역 초판의 문단은 원서의 문단과 달랐다. 그러나 이 개정판은 원서의 문단을 되도록 그대로 따르기로 했고 문단 안에 있는 긴 인용문도 문단 안에서 정리했다.

이 번역서의 초판은 한국교회사 연구를 크게 뒷받침한 한영제 장로님이 계시던 기독교문사에서 간행되었다(1990). 이 개정판을 내면서, 언더우드와 동시에 한국 땅을 밟은 아펜젤러의 전기도 함께 간행하려는 계획을 세우게 되었고, 그 작업을 학원 및 문서 사역에 앞장서 온 IVP에서 맡게 되었다. 이 간행을 책임진 IVP 편집진의 노고에 감사한다. 이 개정판에서 번역을 다시 꼼꼼하게 손보면서 까다로운 문장은 큰며느리 김수 교수의 도움을 받았다. 고맙게 생각한다. 이 책이 선교 정신이 점차 사라져 가는 한국의 그리스도인들, 특히 소위 삼포(三抛) 세대에게 우리나라 개신교 첫 선교사의 삶과 신앙, 비전과 실천을 이해하도록 도움을 주어서 새로운 도전과 꿈을 제시하기를 기대한다.

2015년 1월 30일
서울 필운동 서재에서
이만열

역자 서문

　　　　　　　　　　내가 언더우드에 대해 학문적으로 접근해야겠다고 계획한 것은 꽤 오래전 일이다. 1980년대에 들어서서, 몇 년 안 있으면 한국 선교 100주년이 된다고 온통 흥분들을 하기 시작할 때, 나는 100주년을 맞아 한국교회가 정작 먼저 수행해야 할 일은 화려한 행사나 무슨 기념 사업이 아니라, 100년 동안의 역사를 차분히 정리하거나 아니면 후세가 그 역사를 제대로 정리할 수 있도록 역사 자료를 준비해 놓는 것이라고 역설했다. 그러나 그때까지만 해도 한국 기독교사에 대해서는 물론이고, 특히 선교사들에 대해서도 1차 사료에 입각한 연구를 토대로 업적을 남긴 것은 많지 않았다. 선교사들의 보고서를 비롯하여 한국 기독교사 연구에 필요한 자료들이 국내에 없거나, 있어도 그 소재처를 몰라 이용할 수 없는 형편이었기 때문이다.

　그런 상황에서 나는 어떻게든 한국에 온 최초의 복음 선교사 아펜젤러(Henry G. Appenzeller)와 언더우드(Horace G. Underwood) 두 분만이라도, 그들이 이 땅에 온 지 꼭 100년이 되는 1985년 4월 5일을 계기로 학문적인 차원에서 소개해야 한다고 다짐하고, 이를 위해 주위의 뜻있는 분들과 의논했다. 우리가 귀한 복음을 받은 지 100주년이 되었는데 복음을 전해 준 이들을 위해 할 수 있는 최선의 길은 그들에 대해 체계적으로 연구하여 한국교회는 물론 세계교회가 그들의 유산을 공유하도록 하는 것이라고 확신했기 때문이다.

그럴 즈음 내게 1981년 8월부터 한국 기독교사 자료 수집을 위해 미국에 갈 기회가 주어졌다. 미국에 체재하는 1년 반 동안 여러 도서관과 연구기관 및 고문서 보관소 등을 순방하여 한국 기독교사 관계 자료를 수집하면서 틈틈이 아펜젤러·언더우드 두 분에 관한 자료도 수집하게 되었다. 자료를 수집하면서 나는 솔직히 말해 나 자신의 한계를 발견하게 되었다. 수집한 자료를 토대로 두 분의 업적을 학문적으로 소개한다는 것은 한두 해의 노력으로는 거의 불가능할 것이라는 전망 때문이었다. 그래서 두 분의 전기라도 번역해서 먼저 한국교회에 소개해야겠다고 생각하게 되었다. 이런 구상을 하던 차에 마침 그 무렵 같은 뜻을 갖고 계셨던 연세대학교 출판부장 유동식 교수의 협조를 얻게 되었고, 원고가 준비되는 대로 연세대 출판부에서 책으로 간행해 주기로 약속되었다.

이런 과정을 통해 1985년 6월에 「아펜젤러: 한국에 온 첫 선교사」가 연세대 출판부에서 간행되었다. 그 책은, 제1부에 그리피스(William E. Griffis)가 쓴 *A Modern Pioneer in Korea: The Life Story of Henry G. Appenzeller* (Fleming H. Revell Co., 1912)를 번역해 역주를 달고, 2부에는 아펜젤러가 남긴 보고서·서한문 등의 자료를 간추려 번역했으며, 3부에는 내가 "아펜젤러의 교육·복음 전도 활동"이라는 논문을 써서 한데 모은 것이었다. 당시로서는 아펜젤러에 관한 기본적인 자료를 제시하고 첫 선교사인 그를 소개하는 데 그런대로의 의의가 있었다고 본다.

「아펜젤러」를 간행한 그해 말에 언더우드에 관한 번역도 준비되었다. 언더우드 부인이 쓴 *Underwood of Korea*(Fleming H. Revell Co., 1918)를 번역한 데다 언더우드 자신의 저술인 *The Call of Korea*(Fleming H. Revell Co., 1908)를 번역하여 합본하고 거기에 내가 언더우드 소개 논문을 써서 붙일 계획이었다. 말하자면 일종의 편역(編譯) 형태로, 그렇게 하면 「아펜젤러」와도 균형이 맞을 것 같았다. 그러나 이 계획은 끝내 실현되지 못했다. 연세대 출판부는 이유를 밝히지 않은 채, 입장이 난처한 듯 계속 기다려 달라고만 했다. 그 결과 함께 묶기로 한 *The Call of Korea*가 연전에 번역·출판되기까지 약 5년간을 기다린 셈이 되었다. *Underwood of Korea*만이라도 출판해야겠다고 생각한 것은 금년 초에 들어와서였다. 약속을 기다리다가는 원고 자체가 폐기 처분될 것 같은 느낌이 들었던 것이다.

이 책은 미국 북장로교 선교사로서 한국에 와 평생을 보낸 언더우드(Horace G. Underwood)의 전기다. 저자는 전기의 주인공인 언더우드의 부인으로서 그녀는 1851년 미국 뉴욕 주의 알바니 출신으로 31세가 되어 늦게서야 의료선교사를 목표로 시카고 여자 의대(Woman's Medical College of Chicago)에 입학하여 의사가 되었고, 37세 되던 1888년 3월에 미국 북장로교 의료선교사로 한국에 부임하여 제중원의 부인과를 맡게 된 릴리어스 호턴(Lillias S. Horton)이다. 그녀는 38세 되던 1889년 3월에 8년 연하인 언더우드와 결혼하여 아들(H. H. Underwood) 하나를 두었다.

저자는 남편 언더우드보다 약 3년 늦게 한국에 도착했으나, 남편으로부터 많은 것을 들은 데다 통찰력 또한 뛰어났기 때문에 한국에 온 첫 선교사인 남편의 전기를 당시 한국의 풍속, 정치적 상황 속에서 기독교가 어떻게 한국 사회에 접근하여 성장하고 있었는지를 주시하며 서술하고 있다. 이런 그녀의 예리한 통찰력과 여성다운 섬세함은 그녀의 여러 작품 속에도 잘 나타나 있다. 그녀는 의사이면서도 문장 구사력 또한 뛰어나,

많은 보고서와 저술을 남겼다. 특히 그녀가 쓴 *Fifteen Years Among The Top-Knots*[American Tract Society, 1904: 「언더우드 부인의 조선생활: 상투잽이와 함께 보낸 십오년 세월」(김철 역, 뿌리깊은나무, 1984)이라는 제목으로 부분 번역되었다]는 이 책의 대본이 될 정도로 비슷한 점이 많다. 그래서 후자는 전자가 간행되고 난 뒤의 약 12년간의 활동을 더 추가하고 있다는 인상을 준다. 결혼 이후 저자의 생활에 대해서는 이 책 속에 잘 나타나 있기 때문에 더 언급하지 않겠다.

이 책은 아직도 그 명성과 활동에 비해 너무나 덜 알려진 언더우드의 생애와 활동을 그런대로 잘 묘사해 준다. 그러나 대부분의 전기가 보여 주는 공통적인 한계점이 이 책에서도 발견된다. 바로 전기 주인공의 실수나 한계점이 정직하게 표출되어 있지 않다는 점이다. 저자는 그런 점을 아예 묵살하거나 침묵을 지키거나, 변명 혹은 변호를 한다. 그런가 하면 반대로 전기 주인공의 공적이 과장되어 있거나 진실하지 못한 경우도 있다. 그래서 나는 이 책을 단지 번역만 하지 않고 곳곳에 역주를 달았는데, 이는 현재 밝혀진 사실에 입각하여 그런 오류나 한계점을 바로잡아 보려고 한 것이다. 두려운 것은 역주가 원저자의 의도를 손상하거나 전기 주인공을 무의식적으로라도 비판하는 경향을 띠게 되었을까 하는 점이다.

이 번역은 여러 후배들의 도움을 받아 이뤄졌다. 앞서 말한 「아펜젤러」를 번역할 때 역자를 도왔던 이들이 다시 이 번역 작업에도 참여해 주었다. 정호영 군이 초역하고, 유해신 군과 옥성득 군이 검토하고, 역자가 주를 달면서 전체를 손질하는 순서를 취했다. 세 분에게 감사한다. 그래도 번역에 대한 책임은 역자에게 있음을 밝히며, 또한 잘못된 부분을 발견하는 분은 그것을 고치도록 알려 주시길 바란다.

이 번역의 출판을 맡아 주신 기독교문사의 사장 한영제 장로님과 편찬

실장 이덕주 목사님 그리고 조판자 및 교정에 힘쓰신 여러 분들에게 감사드린다. 아무쪼록 이 책이 선교 한국을 꿈꾸는 많은 그리스도인들에게 자극과 격려가 되어 제2, 제3의 언더우드를 배출하는 데 사용되는 좋은 안내서가 되기를 빌면서 역자의 말을 맺는다.

1990년 8월 25일

청파(靑坡) 언덕에서

이만열

일러두기

1. 본문에서 [ ]는 역자가 추가한 부분이다.
2. 원문에는 mile, feet 등 영미식 도량형 단위로 되어 있으나, 이 책에서는 미터(m) 단위로 고쳤다.
3. 주와 색인은 원문에도 일부 있으나, 이 책에서는 그것을 포함하여 새로 만들었다. [원주]라고 한 부분은 원저자가 붙인 것이고 나머지 주는 역자가 붙인 것이다.
4. 번역서 초판에는 부록으로 게일(J. S. Gale, 奇一) 목사의 「元杜尤牧師行狀」과 같은 내용의 「고 원두우 목사의 힝쟝」 및 백낙준 박사의 「元杜尤牧師小傳」이 실렸으나 이번 판에서는 생략했다.
5. 이 책에 수록된 사진 중 첫째 묶음(133쪽 이하)은 대부분 원서에 있던 것이고 둘째 묶음(257쪽 이하)은 새로 수집해 실은 것이다.

서문

　　　　　　　　　　미리 말해 두지만, 이 책은 한국 선교사(韓國宣敎史)도 아니며, 또한 한 개인의 선교 사업에 대한 완벽하고 철저한 역사도 아니다. 다만 언더우드(H. G. Underwood) 박사의 생애에 대한 기록일 뿐이다. 이 책은 그의 다양한 노력과 그를 통해 하나님이 일하셨던 전반적인 모습을 완벽하게 드러내고자 한 것이 아니라, 그의 성품, 난관 극복, 방해와 반대에 대한 대처 방법 그리고 그의 헌신·신앙·사랑·인내·불굴의 의지 등 한 인간으로서의 그를 생생하게 묘사하고자 했다. 언더우드 전기를 기술하면서 수많은 위대한 사업들의 시작과 그 토대가 이루어졌던 31년간의 한국 선교를 조감할 수 있는 모범적인 참고 문헌을 내놓으려 한다면 적어도 두 권의 두툼한 책이 되어야 할 것이다. 혹은 그가 활동했던 시기에 한국에서 일어났던 정치적·사회적 격동이나 변화와 연관하여 그의 전기를 쓰려고 해도 상당한 부피의 책이 될 뿐만 아니라, 한국에 살고 있는 사람으로서는 어려운 작업이 될 것이다.

　　필자는 책의 부피를 두텁게 하거나 내용을 상세하게 하여 일반 독자들을 지루하게 만들지 않으면서도, 한 인물의 독특한 윤곽을 비롯해 한국뿐 아니라 아프리카나 인도의 일부 지역 및 어디서나 그 방법이 시도되는 곳에서는 언제나 풍성한 결실을 맺을 법한 그의 사역 방법과 그 결과들을 다소나마 보여 줄 수 있는 책 한 권을 선보이는 것을 목표를 삼았다. 이 책이 선교사들이나 복음 사역자들뿐만 아니라 모든 지역의 그리스도인들에게 영감을 주어 그들이 본국에서나 선교지에서 그리스도의 사업을 행하는 데 도움이 되기를 기대한다.

이 글을 서술해 가는 동안 필자에게 점점 더 명확해졌던 사실은, 언더우드의 전 생애 가운데 하나의 두드러진 특징, 즉 하나의 지배적인 성격이 바로 사랑이라는 점이었다. 이것은 교파나 인종이나 시간이나 장소와 같은 좁은 테두리에 얽매이지 않고, 하나님과 인간에 대해 무한히 넘쳐흐르는 위대한 사랑이었다. 수많은 심령들이 그에게 다가와 사랑의 마음으로 인격적인 헌신을 한 것도, 또 그가 전 생애에 걸쳐 "타오르는 횃불"(a torch of fire)이라 불리면서 일관되게 살아가게 한 것도 그의 이러한 사랑이었다. 그는 믿음과 소망의 놀라운 은사를 받았지만, 사랑이야말로 그중에서 제일가는 은사요 그의 존재의 본질이었다. 그의 성품과 선교 경험에 대한 연구가 독자들에게 약간이라도 도움이 된다면, 그것으로 필자의 목적은 달성되는 셈이다.

자료 수집에 도움을 준 많은 친우들에게 진심으로 감사를 드린다. 우리 선교본부의 총무들과 사서들, 뉴욕 대학교의 브라운(Brown) 박사, YMCA 사건을 기록한 애비슨(Avison) 박사, YMCA의 창립과 우기의 육로여행에 대해 신문에 쓴 언더우드(H. H. Underwood), 복음 전도에 대한 비망록의 대부분을 기록한 본위크(Bonwick), 모트(Mott) 부인, 화이트(White) 박사, 알렌(H. N. Allen) 박사, 헐버트(H. B. Hulbert), 이스턴(Easton) 박사, "코리언 필드"(*The Korean Field*)의 편집자인 길레스피(Gillespie) 박사, 라킨(Larkin) 부인, 스티븐스(Stephens) 부인, 존 언더우드(J. T. Underwood), 그리고 여러 가지 사항에 대하여 필자의 기억을 상기시켜 주신 분들께 감사드린다. 기꺼이 도움을 주신 많은 분들 가운데 몇 분의 이름이 빠졌다면, 그분들께 용서를 빈다. 필자는 이 책에서 고귀한 영혼의 아름다운 생애를 충분히 제대로 묘사해 내지 못했으나, 그의 많은 친구들에게 크게 빚지고 있음을 잘 알고 있다.

한국, 서울의 남대문 밖에서
릴리어스 호턴 언더우드

차례

개정판 역자 서문	9
역자 서문	13
서문	19
1. 혈통과 교육	25
2. 선교사 훈련	49
3. 중요한 시작	71
4. 기억할 만한 여행	91
5. 문법학자이자 사전편찬자	105
6. 바쁜 휴가	121
7. 다시 한국의 집으로	143
8. 한국에서의 운명의 날들	159
9. 순회 선교사	177
10. 옹호자-화평케 하는 자-대사	203
11. 넓어지는 강	223
12. 어둠과 빛	235
13. 일본의 보호국	249
14. 연합의 전조	265
15. 열성적인 지방여행	271
16. 유럽에서의 휴식	285

17. 미국에서의 한국 홍보 활동 293

18. 선교지의 분할 301

19. 심각한 부상 311

20. 축복의 소나기 319

21. 미국 대표단 325

22. 1914-1915년 333

23. "여정을 마치고 본향으로" 351

연보 375

색인 385

I
혈통과 교육

　　　　　　　　　　　미국 언더우드 가(家)의 족보 제2권 625쪽에선 다음과 같은 내용을 찾아볼 수 있다. "뉴저지 주 뉴더럼(New Durham)의 존 언더우드(John Underwood)는 영국 런던의 토마스(Thomas)의 아들로, 1829년 런던에서 태어나 1855년 엘리자베스 그랜트 마리(Elisabeth Grant Marie)와 결혼했다." 이 부부는 여섯 명의 자녀를 두었는데, 호러스 그랜트 언더우드(Horace Grant Underwood)는 그중 넷째로 1859년 7월 19일 런던에서 태어났다.

　　호러스의 조부인 토마스 언더우드는, 그의 동생 조지(George)와 함께 런던의 플리트 가(Fleet Street)에 사무실을 두고 의학 관련 서적을 출판했다. 두 형제 모두 영국 출신의 신실한 그리스도인이었다. 토마스의 아내는 스코틀랜드 출신인 알렉산더 와우(Alexander Waugh) 박사의 딸인데, 박사의 이름은 지금까지도 잉글랜드와 스코틀랜드의 장로교인들 사이에 잘 알려져 있다. 그는 저명인사이자 큰 영향력을 지닌 인물로서, 능력 있는 설교자였으며, 해외선교에도 깊은 관심을 지니고 있었다. 그의 성격, 하나님으로부터 받은 은사 그리고 전반적인 마음가짐은 외증손자인 호러스 언더우드와 놀랄 만큼 닮았기 때문에, 그의 전기에 기록되어 있는 몇 가지 사실은 언급할 충분한 가치가 있을 것이다.

와우 박사는 1754년에 태어나, 1770년에 에든버러 대학교(the University of Edinburgh), 1777년에는 애버딘 대학교(the University of Aberdeen)를 졸업했다. 25세 되던 해에 설교자의 자격을 얻어 런던과 에든버러로부터 쉴 새 없이 초청받았으며, 후에 런던 웰즈스트리트교회(the Wells Street congregation)의 목사가 되었다. 와우 박사는 성공회, 장로교, 침례교, 조합교회, 감리교의 교인들 간의 연합에 적극적인 관심을 가졌는데, 이 연합은 성경의 진리를 널리 전파하기 위해 종교적인 정기간행물을 출판할 목적으로 이루어진 것이었다. 1794년 이 책자에 선교를 위한 호소문이 실렸으며, 1795년 7월에는 20명가량의 회원들이 모임을 갖고 선교회를 구성했다. 이 선교회의 계획을 수립하는 위원회는 12명의 주도적인 성직자들로 구성되었는데, 와우 박사도 그중 한 사람이었다. 박사는 개인적으로 선교회의 "기본 강령"을 만들기도 했다. 그가 직접 손으로 쓴 이 "기본 강령"의 원고는 지금까지 보존되어 있는데, 그 내용은 다음과 같다. "이 위대한 사업의 가장 중요한 목표는 다양한 교파에 속해 있는 하나님 백성의 연합이다. 그러므로 분열을 초래할지도 모르는 요인을 가능한 한 미리 제거하기 위해 본 선교회의 기본 강령을 다음과 같이 선언한다. 우리의 계획은 장로교, 조합교회, 성공회, 혹은 다른 어떤 형태의 교회 체제나 행정을 채택하게 함으로써 신실한 사람들 사이에 그에 대한 견해 차이를 불러일으키려는 것이 아니라, 이방인들에게 복되신 하나님의 영광스런 복음을 전파하려는 것이다. 하나님이 이방인들 가운데서 그분의 아들과 교제하도록 부르실 사람들에게, 그들 자신이 하나님의 말씀에 가장 합당하다고 생각하는 교회 형태를 스스로 채택하도록 맡겨야 한다." 이 글이 쓰인 것은 1795년이었다! 오늘날 우리는 여기서 더 진보하고 있는가? 이로 보아, 그의 외증손자의 이상 역시 연합이었던 것은 놀랄 일이 아니다.

와우 박사의 전기에서 좀더 인용해 보자. "33년 동안 그 어떤 경우든 와우 박사는 선교회에서 화평케 하는 자로 일관되게 행동했다. 그리고 형제들에게서 만장일치로 지명을 받아 28년 동안 이 영국선교회(London Missionary Society) 심사위원회의 위원장직을 역임했다. 그는 영국성서공회(the British and Foreign Bible Society)[1]에도 처음부터 깊은 관심을 가져, 1804년부터 그 자신이 직접 참여했다. 또한 37년간 그는 스코틀랜드병원협회(the Scottish Hospital), 아일랜드협회(the Hibernian Society), 아일랜드복음협회(the Irish Evangelical Society), 기독교 전도문서회(the Religious Tract Society), 노예제반대협회(Anti-Slavery Society)에 적극적인 관심을 보여 왔다."

유전 이론(the theory of heredity)에서 무언가를 찾아낼 수 있다고 한다면, 여기서 우리는 와우 박사와 그 증손자의 성격 및 행동의 커다란 유사점에서 그 뚜렷한 일례를 찾아볼 수 있다. 관대한 마음 씀씀이, 넓은 박애심, 연합에 대한 사랑, 자비, 지도 및 조직의 자질, 지적인 은사 등에서 이 두 사람은 무척이나 유사했기 때문에 보는 사람을 깜짝 놀라게 할 정도였고, 이런 점에서 알렉산더와 호러스가 실제로 매우 가까운 사이였든지 아니면 최소한 알렉산더가 호러스에게 직접적인 영향을 끼쳤을 것이라고 생각하게 만든다.

와우 박사의 외손자이자 호러스의 아버지인 존 언더우드는 제조 화학자로서, 과학자인 동시에 뛰어난 지적 재능을 지닌 발명가였다. 그는 진정한 천재처럼 보이기 때문에, 그의 흥미로운 삶, 즉 재산을 늘리고 가혹한

---

[1] 1804년에 성경의 번역, 보급, 효율적인 이용 등을 위해 영국에서 설립된 기관으로, 1887년부터 한국과 관련된 성서 사업을 시작했으며 1895년에는 한국에 지부가 설치되었다.

시련을 겪으면서도 깊은 신앙 체험과 신앙의 승리를 이뤄 낸 삶을 잠깐이나마 그려 보고 싶은 욕심이 생길 정도다. 아름다운 일상생활뿐만 아니라 많은 복음 사업을 통해서도 입증되는 그의 열렬하고도 신실한 신앙, 항상 주님의 재림을 기다리는 태도, 왕립예술원(the Royal Society of Arts)을 대신하여 여왕의 부군(the Prince Consort)께서 몸소 칭송하고 훈장을 수여하신 발명의 재능 등을, 그의 아들 호러스가 자랑스런 마음으로 회상하곤 한 것도 무리는 아니다. 호러스는 아버지가 학생 시절에 독일의 유명한 리비히(Liebig) 박사와 감자병에 대해 신문지상에서 익명 토론을 벌였던 이야기를 즐겨 들려주곤 했다. 결국 그 논쟁이 존의 승리로 끝나고 토론자들의 이름이 밝혀졌을 때, 그 논쟁의 승리자가 겨우 약관의 콜체스터(Colchester) 학생, 존 언더우드라는 것을 알고 사람들은 깜짝 놀랐다. 그러나 가장 놀란 사람은 존 언더우드 자신이었다. 만일 자신의 논쟁 대상자가 그런 위대한 과학자인 줄 알았더라면 감히 논쟁을 시작하지도 못했을 것이기 때문이다.

잉크나 사전이나 타자기를 만들거나 선교회, 학교, 대학을 설립하는 바탕이 되었던 정력, 다재다능함, 밝고 상냥하며 명랑한 성격, 놀라운 불굴의 의지, 과학적 기질 등이 와우 박사와 그분의 외손자 그리고 외증손자의 공통된 특징이었다는 것은 주목할 만한 흥미로운 일이다.

호러스의 아버지뿐만 아니라, 그의 형 존(John)과 사촌 아더 언더우드(Arthur Underwood) 박사도 비록 각각 다른 천직을 갖기는 했지만, 그들과 똑같은 성품과 기질을 지니고 있었다. 존이 잉크, 타자기 부속품, 타자기 등을 완성시켜 독과점 기업과 겨루고, 한 수 앞서 자신의 회사를 설립한 후 훌륭한 공장을 지어 자기가 알고 있는 세계의 끝까지 판매망을 확장시킨 이야기는 너무 길어서 여기서 다 말할 수가 없다. 그러나 이 정도만 가지고도 그의 두뇌와 용기, 불굴의 의지, 비전, 집념, 과학적 방법을 알아채

기란 어렵지 않다. 와우 박사에게서 나타난 것과 같은 폭넓고 친절한 박애정신은, 그의 손자에게도 마찬가지로 드러나 국내에서나 해외에서나 그가 그리스도의 진리를 성심껏 섬기도록 이끌었다.

호러스의 아버지 존 언더우드의 이야기로 다시 돌아가 보자. 그의 헌신적인 기독교적 성품은 자녀 모두에게 깊은 인상을 심어 주었다. 그는 바쁜 시간 중에도 선교학교를 마친 다음에는 일요일 오후의 대부분을 자녀들과 함께 보냈는데, 이 시간은 호러스에게 항상 즐거운 추억으로 남아 있었다. 이 아이들에게 일요일은 결코 지루한 날이 아니었다. 호러스의 아버지는 아이들이 높은 의자에 앉아 다리를 덜렁거리지 않도록 다양한 높이의 의자를 구비해 놓는 등, 교회의 모든 것에 신경을 써 주어 아이들이 교회에 가는 것을 재미있고 편안한 일로 여기게끔 해주었다. 물론, 좀 자란 아이들에게는 집에 돌아오는 길에 설교와 설교 본문 중에서 뭔가를 얻은 것이 있기를 바라며 물었다. 특히 호러스는 주의 재림에 대한 아버지의 갈망과 기다림을 온전히 물려받았다. 이것은 이후에도 그가 계속해서 생각하는 주제가 되었으며, 그는 자신의 시대에 영광된 재림이 이루어지기를 바라며 기도하기를 멈춘 적이 없었다. 또한 그가 한국인들을 처음 가르칠 때부터 이 소망을 그들에게 전해 준 결과, 이제는 한국의 모든 교회가 그날을 바라고 기다리는 데 하나가 되어 있을 것이다.

존 언더우드의 아내이자 언더우드 가족의 어머니는 분명 대단히 호감을 주는 인물이었다. 모든 친척들이 그녀를 칭찬하는 데 조금도 인색하지 않았으며, 아무도 그녀가 목소리를 높여 화를 내거나 경솔하고 매정하게 말하는 것을 들은 적이 없다고 거듭 이야기했다. 그러나 존 언더우드는 곧 커다란 슬픔을 겪는다. 1865년 한 해 동안에 아름다운 아내와 아기 그리고 사랑하는 노모를 한꺼번에 잃게 된 것이다. 또 이로부터 얼마 지나지 않아 한 동업자의 사기로 재정적 곤경에 빠지게 되었다. 결국 그는 새로운 나라에서 운명에 도전해 보는 것이 낫겠다고 생각하기에 이르렀다. 아내가 다섯 명의 어린 자녀를 남기고 죽은 지 몇 년 후, 존 언더우드는 재혼을 했다. 그리고 호러스는 열 살 때 형 프레드(Fred)와 함께 프랑스의 불로뉴 쉬르 메르(Boulogne Sur Mer) 지방에 있는 기숙사제 남학교에 보내졌다.

이 학교는 디에(Dié)라는 교수가 운영하는 로마 가톨릭 계통의 학교였다. 이 교수는 선하고 현명하고 친절했기 때문에, 소년들로부터 끊임없는 사랑과 존경을 받았다. 가톨릭계 학교라 해서 소년들을 개종시키려 하는 일은 없었으므로, 소년들은 영국인 교회에 출석하면서 흔들림 없이 개신교 신앙을 지켜 나갔다. 그리고 동시에 가톨릭 교회의 그리스도인들에 대해서도 관용과 호감을 가질 수 있게 되었다.

해변에 위치한 이 학교에 다니던 시절, 호러스는 많은 추억거리를 갖게 되었다. 그중에서도 한 사건, 즉 프랑스와 영국 소년들로 가득 찬 커다란 기숙사의 취침 시간에 겪었던 사건은 언더우드 형제가 받았던 교육뿐만 아니라 이 두 소년의 성격도 보여 주기 때문에 다시 한 번 되짚어 볼 만하다. 어린 언더우드 형제는 야생동물 우리와 같이 전혀 낯선 사람들이 가득 찬 곳으로 들어가서, 언제나처럼 일상복을 벗고 조용히 꿇어 앉아 기도를 드리기 시작했다. 이전에는 접해 본 적 없는 이런 행동을 보고서 아이들은 조롱과 야유를 퍼부으며, 그만두라는 비난의 말을 쏟아부었다. 그러나 그런 말이 별 소용이 없자, 이번에는 베개·장화·빗 등을 던졌는데, 이 역시 효과를 거두지 못했다. 두 형제는 기도를 끝내고 조용히 잠자리에 들었고, 이런 장면이 며칠 밤 계속되자, 영국 소년들 사이에 신앙의 문제는 차치하더라도 자기 민족의 편에 서야 한다는 의식이 싹트기 시작했다. 아마 훌륭한 그리스도인으로서가 아니라 애국적인 영국인으로서였겠지만, 어쨌든 영국 소년들은 모두 기도를 드리기 시작했다. 이렇게 되자 다른 아이들은, 기도하는 소년들 중 용감한 소년들 여럿이 다음 날 아침에 일어나 자신들의 신앙을 방어하기 위해 주먹을 사용할지도 모른다고 확신하여, 신발 같은 것들을 함부로 던질 수 없게 되었다. 그래서 점차 기도 시간에 정숙이 유지되었고, 프랑스 소년들도 하나둘 기도하기 시작하여, 결국 기숙사 안의 모든 소년들이 취침 시간에 기도를 하게 되었다. 이것은 전적으로 담대하고 단호한 두 어린 소년의 끈기가 낳은 결과였다.

언더우드 집안 자녀들 간의 사랑과 유대는 언제나 매우 강했다. 그들이 기억하는 한 아주 어린 시절부터 그랬다. 다른 누구보다도 성자에 가까웠다고 알려진 프레드는 자신의 모든 형제자매들에게 큰 영향을 주었다. 호러스는 때때로, 프레드가 자기에게 시편 119편이 아주 좋으니 외우라고 요구했던 일에 대해 이야기하곤 했다. 호러스는 그것이 몹시 힘들게 여겨져 절대로 못하겠다고 우겼다. 그러자 프레드는 부드럽고도 슬픈 답변을 했다. "내가 얼마 후 죽을 건데, 네가 내 마지막 부탁을 안 들어주었다고 한번 생각해 봐." 이때 프레드는 폐가 나빠서 간유를 먹고 있었기 때문에, 동정심이 일어날 때면 늘 그렇듯 호러스의 고집은 스르르 녹아 버렸고, 그는 즉시 그 장중한 시편에 달려들어 외워 버렸다. 그러나 실은 특이 아이들에게 성경을 배우는 것은 그리 특별한 일이 아니었다. 세 명의 소년들 모두 최소한 히브리서 전체와 성경의 다른 부분들을 외우고 있어야 했고, 아버지가 시키는 대로 몇 장 몇 절이든 앞뒤로 오가면서 외울 수 있었다. 당시 이 아이들을 자주 만났던 한 친척은 이렇게 쓰고 있다. "그들은 모두 사랑스러운 아이들이다. 우리는 이 아이들이 몹시도 자랑스럽다." 어린 호러스는 무척 예의 바른 소년이었다. 그래서 가게에 들어설 때조차 모자를 벗고 고개를 깊이 숙여 인사를 했기 때문에, 나올 때는 모자를 놓고 나오는 일도 종종 있었다. 이런 그의 건망증은 가족들 사이에 웃음거리가 되기도 했다. 틀림없이 그는 그 작은 머리에 커다란 꿈을 담고 공상에 잠긴 듯 보였을 것이다. 한번은 가계가 궁핍하여 돈이 달리던 시절에, 호러스가 집에서 쓸 물건을 사기 위해 5달러짜리 지폐를 들고 가게에 간 적이 있었다. 그는 즐겁게 뛰어 나갔으나, 가게에 도착하자마자 손에서 발견한 건 아무 쓸모없는 작은 조각이었다. 가는 길에 그 고액권을 하찮은 종이처럼 한 조각 한 조각 찢어 버린 것이다. 당시에야 이것은 비극에 가까운 일이었지만, 이런 행동을 낳은 정신 구조 덕에 훗날 그는 신경 써야 할 일에 놀라운 집중력을 기울일 수 있었다.

아버지가 무슨 일이 있어 아이들과 함께 성경을 읽으며 즐거운 시간을 보낼 수 없는 일요일이면 아이들은 교회 놀이를 하곤 했는데, 이때 호러스는 언제나 설교자 역을 맡았다. 그는 의자 위에 올라서서 정식 예배와 똑같이 예배를 인도했으며, 청중과 자신의 마음에 꼭 드는 설교를 했다. 프레드는 가장 경건하다는 평판을 얻고 있었고, 존은 장남으로서 가장 큰 권위를 지니고 있었으므로, 이 둘 중 한 사람이 설교자라는 중요한 역할을 담당하는 것이 제격일 수도 있었다. 그러나 호러스는, 청중을 사로잡아 감동시키는 그 재능의 상당 부분을 당시에 이미 발전시켜 가고 있었다. 그래서 그가 훗날 실제 설교단에 서게 되었고, 한국의 이야기를 그토록 힘차게 설파할 수 있었듯이 말이다.

앞서 말한 바와 같이, 그들의 아버지는 경제적 궁핍 때문에 고통을 겪다가 결국 1872년에는 미국으로 건너가 새 출발을 하기로 결심했다. 소년들은 불과 2년간 프랑스에 머문 뒤, 아버지를 따라 새로운 나라로 가게 되었다. 이때 호러스는 12살을 지나 13살로 접어들 무렵이었고, 프레드는 14살이었다. 초기 미국 생활에 대해 좀더 충분하게 이야기하고 싶은 생각도 든다. 새로운 나라에서의 어려운 환경에 대항하는 용감한 투쟁, 근면, 힘, 결단, 지혜, 용기로 얻어 내는 느리지만 확실한 성공에 대해서 말이다. 언더우드 가족은 극심하게 곤궁한 상황에도 불구하고 가장 훌륭한 사람들과 교우 관계를 맺을 수 있었다. 또한 화란개혁교회(the Dutch Reformed

Church)와 관계를 맺고 모든 교회 사업에 참여함으로써 그 작은 공동체의 귀중한 일원이 되었다. 그로브교회(Grove Church) 책에는, 아버지인 존 언더우드와 자녀들인 존 T. 프레드릭 윌스(Frederick Wills), 호러스 그랜트, 헬렌 이블린(Helen Evelyn) 등이 1874년 12월 5일 신앙고백을 근거로 그 교회의 교적에 등록했다고 기록되어 있다. 사실 아버지인 존 언더우드는 수년 동안 영국에서 교회 생활을 했지만, 그 당시 영국에서 미국으로 서신이 전달되는 상황에 발생하는 시간 지연이나 다른 어려움들 때문에 이전에 교회에 출석했다는 사실을 밝히기가 쉽지 않았으므로 신앙고백을 통해 교회에 등록하게 되었던 것이다.

뉴더럼에 사는 동안 소년들은 정원 일, 가사, 잉크 공장 일 등을 기꺼이 도왔으나, 어쩐지 아버지는 호러스가 장사나 사업 계통으로 나가서는 안 된다고 생각하는 눈치였다. 이것은 아마 호러스가 비록 어린아이이기는 하지만, 목회를 하고 선교사가 되겠다는 희망을 이야기해 왔기 때문이었을 것이다. 어쨌든 그는 저지 시(Jersey City)에 있는 해스브루크 소년학교(Hasbrooke Seminary for boys)에 보내졌고, 이후 계속해서 당시 그로브교회에서 봉사하던 메이번(Mabon) 목사의 지도 아래서 자라면서 대학에 진학할 준비를 했다. 그는 학자처럼 탐구하는 자세로 책에 몰두하여, 여섯 달이 지나자 대학에 진학하는 데 필요한 헬라어를 끝마칠 수 있었다. 미국에서의 유년 시절 동안, 소년들은 많은 복음 사업에 관여했다. 교회와 주일학교에서의 서너 번의 정규 예배와 주일학교 외에도 선교학교에 참여했으며, 유니언 힐(Union Hill)의 암흑가에 종교 서적을 배포하는 일에도 관여했다. 한번은 종교 서적을 나누어 주다가 술집에서 극심한 반대에 부딪혀, 거기 있던 사람들이 그들에게 나가라고 거칠게 소리친 적이 있었다. 소년들은 예의 바르게 절을 하고 물러났지만, 난폭한 행동과 하나님을 모욕하는 소리에도 흔들리지 않고 그다음 주에 침착하게 그곳을 다시 방문했다. 소년들은 경찰을 부르겠다는 협박을 받았으나, 열 살 때에도 그 소란스러웠던 기숙사에서 기도할 수 있었던 이들인지라, 이제 열여섯, 열일곱이 된 나이에 한두 명의 문지기가 저지한다고 해서 단념할 리 없었다. 결국 술집 사람들은 옛날의 프랑스 학생들처럼 하나님의 강력한 은혜에 굴복했고, 상냥하면서도 동시에 불굴의 의지를 지닌 이 어린 복음 전도자들과 친해지기까지 했다.

호러스는 1877년부터 뉴욕 대학(New York University)에서 공부하기 시작했다. 그는 뉴더럼에서 뉴욕에 있는 대학까지 11킬로미터를 걸어서 통학했으며, 점심은 겨우 요기나 할 정도였다. 그러고도 밤 12시까지 공부했으며 아침에는 5시에 일어났는데, 이것은 그의 전 생애를 특징짓는 에너지 덕에 가능한 일이었다. 그는 어떤 상황에서나 어떤 방법으로든지 전혀 자기를 아낄 줄 모르는 사람처럼 보였다. 대학에 있는 동안 그는 등록단체인 델타 웁사일런(Delta Upsilon)[2]에 가입하여, 신실하고 열정적인 회원이 되었다. 이 단체는 대학 초창기 때부터 있었으나, 뉴욕 대학 지회는 약하고 위태로운 상황에 처해 있었다. 그러나 이들은 선견지명과 활기, 섭외력, 숙련된 기술을 통해 다른 단체들의 단호한 투쟁에 맞섰고, 생명과 신체의 위험을 무릅쓰고 신입생들 가운데서 최고의 학생들을 모아들임으로써 단체의 미래를 보장할 수 있었다.

때때로 나는 그가 무한한 열정을 가지고 이 싸움에 대해 이야기하는 것을 듣곤 했다. 그는 자신의 대학과 자신이 속한 단체에 대해 커다란 사랑과 자부심을 가지고 있었다. 훗날 선교사이자 신학박사가 된 그는 어느 캄캄한 밤에 델타 웁사일런회의 한 친구와 함께 브로드웨이를 걷고 있었다. 그때, 델타 웁사일런의 응원가를 장난삼아 야유하듯 불러 대는 타 대

---

2 헬라어 알파벳의 네 번째, 스무 번째에 해당하는 글자로, 그것을 따서 모임 명칭으로 삼았다.

학교 학생 무리를 만나게 되었다. 우리 하나님의 선교사[언더우드]와 그 형제는 잠시 심호흡을 한 다음 소리 높여 자신들의 응원가를 하늘에 쩌렁쩌렁 울리도록 불러 젖히고는, 놀란 무리가 그들을 붙들어 해를 입히기 전에 회심의 미소를 지으며 어둠을 틈타 슬쩍 빠져나왔다. 호러스는 1877년에 대학에 들어갔는데, 그로부터 2년 후 아버지의 건강이 나빠지기 시작했다. 목 안에 생긴 악성 종양 때문에 매우 고통스러운 치료를 계속 받아야만 했지만, 그는 그리스도인의 영적인 용기로 조용히 그것을 견뎌 냈다. 그러나 그 잔인한 병이 계속 악화되어 결국 1881년 6월 7일, 좀처럼 찾아보기 힘든 선한 이가 세상을 떠나게 되었다. 그는 놀라운 신앙과 영성을 지닌 그리스도인이었다. 아직도 우리는 많은 복음 사업에 참여한 그의 명성을 들을 수 있다. 만년에 그가 항시 애창하던 찬송가는 그의 소망이 얼마나 밝은 것이었는지, 그리스도인으로서의 그의 체험이 얼마나 깊고 넓은 것이었는지를 분명하게 보여 준다. 그는, 오직 신앙과 기도로 운영되는 브리스톨에 있는 커다란 고아원의 설립자인 뮬러(Müller) 박사[3]와 가장 가깝게 지냈다. 존 언더우드는 풍성하고도 성실한 인생을 살았다. 그는 사업을 통해 여러 가지 유용한 발명품들을 만들었는데, 그중 하나가 글씨를 변조할 수 없는 안전수표용지였다. 또한 75장을 복사할 수 있는 잉크 역시 그의 발명품이다. 또 복사 가능한 인쇄 잉크를 최초로 발명하기도 했다. 그는 타자기 리본의 품질을 개량하기도 했는데, 이것은 타의 추종을 불허했다. 그는 다이아몬드를 아주 작은 종류로 가공해 내는 실험을 하여 공장을 차렸는데, 가공 비용이 워낙 비싸 이윤이 거의 없었다. 이런 이유로 인해, 그는 잉크 사업이 가족의 생계를 이어 주던 시절의 절반 정

---

3 조지 뮬러(George Müller, 1805-1898)는 목사이자 자선 사업가이며 "그리스도인 형제단" 운동의 선구자다. 독일에서 출생한 그는 훗날 영국에 건너가 1835년 영국 브리스톨에서 고아원을 시작하여 고아 사업의 아버지로 추앙받았다.

도밖에 수입을 얻지 못했으며, 그 수입조차 실속이 없었다. 따라서 당연히 그 사업을 그만둘 수밖에 없었다. 그러면서도 그는 아이들이 자신과 같은 열정과 믿음과 헌신으로 하나님의 사업을 행하도록 교육하고 양육하는 데 심혈을 기울였다. 이런 열정은 그와 자녀들이 가장 좋아하던 표어에도 나타난다. "불가능을 일소에 부치고, 무엇이든 반드시 될 수 있다고 말하라."

비록 미국에 머문 기간은 9년밖에 되지 않았지만, 존 언더우드는 성공을 이뤄 냈고, 세상에 기여했으며, 의인이 항상 그러하듯 몸이 흙으로 돌아간 후에도 영원히 사라지지 않는 영향력을 후세에 남겼다.

호러스는 1881년 뉴욕 대학을 우수한 성적으로 졸업하면서 문학사 학위를 취득했고, 이어서 그해 가을 뉴브런즈윅(New Brunswick)에 있는 화란 개혁신학교(the Dutch Reformed Theological Seminary)[4]에 입학했다. 같은 해에, 그가 사랑하는 목사인 메이번 박사는 신학교에서 조직신학과 학과장직을 맡았다. 호러스가 신학교에 입학할 때 그를 관찰했던 어떤 사람은 이렇게 썼다. "그를 처음 본 순간을 나는 결코 잊지 못할 것이다. 그는 수업이 시작되는 첫날 뉴브런즈윅의 신학교로 가는 길을 걷고 있었는데, 나는 어떤 이에게 그가 누구인지 물어 보았다. 그를 처음 보았는데도 그의 얼굴에 나타난 어떤 목적에 대한 진지한 태도와 집념으로 인해 나는 깊은 인상을 받았다." 또 다른 사람은 이렇게 쓰고 있다. "그는 그때부터 헌신적인 표정을 지니고 있었고, 영성과 지적인 힘을 가지고 있다는 인상을 주었다."

당시 그의 젊은 모습을 한번 그려 보는 것도 유익할 것이다. 그의 키는 약 170-172센티미터쯤이었다. 어깨는 넓었고, 보기 드물게 큰 머리에 쌍가

---

4 지금의 뉴브런즈윅 신학교(New Brunswick Theological Seminary)다.

마가 나 있으며 짙은 밤색의 숱 많은 곱슬머리가 이마까지 내리덮고 있었다. 이목구비가 단정하여 섬세하고 세련된 반면, 강인함까지 겸비하고 있었다. 코는 약간 매부리코였고, 눈에 띌 정도는 아니었지만 약간 큰 편이었다. 입은 부드러운 말이 흘러나올 것 같은 생김새였지만, 여성적이지는 않았다. 턱은 강하고 단단한 인상을 주었다. 맑은 암갈색의 눈에는 진지함, 목적에 대한 성실성, 열정과 친절이 배어 있었다. 그리고 이런 말만으로 설명할 수 없는 무엇이 그 순수하고도 차분한 이마와 맑은 눈에 서려 있었는데, 그 부드러움과 이 세상 사람의 것이 아닌 듯한 인상은 아마도 오래전에 안식을 취하신 어머니로부터 물려받은 것이었으리라.

뉴브런즈윅에서 지낸 3년 동안, 이 적극적이고 활기찬 젊은 학생은 빡빡한 신학교의 일과 속에서 겨우겨우 해낼 법한 여러 가지 복음 사업으로 눈코 뜰 새 없이 바쁘게 늘 뛰어다녔다. 옛 급우 중 하나는 이렇게 쓰고 있다. "호러스가 신학교에 다니던 3년 동안, 거의 매일 그가 어떤 종교적인 일로 뉴브런즈윅의 모 거리를 외투자락을 휘날리며 뛰어다니는 것을 볼 수 있었다고 나는 사람들에게 이야기하곤 했다." 이런 활동이 학업에 지장을 주리라 생각한 교수들은 별로 달갑게 여기지 않았지만, 그렇다고 해서 호러스의 활동을 저지할 수는 없었다. 그들은 쉬 다룰 수 없는 개성을 지닌 인물과 만난 것이다. "만일 복음을 전하지 아니하면 내게 화가 있을 것이로다"[5]라는 것이 그의 생각이었고, 또 그가 하는 활동들이 학급에서 좋은 성적을 유지하는 데 좋지 않은 영향을 미치지도 않는 데다, 5시간의 수면과 19시간의 학업 및 일을 강철같이 견뎌 내는 그의 몸에도 무리를 가하지 않는다는 것을 알았기 때문에, 교수들은 실제로 그에게 어떻게 할 수도, 무슨 말을 할 수도 없었다. 당시 뉴브런즈윅의 가장 큰

---

5 고린도전서 9:16.

화란개혁교회의 담임목사였던 이스턴(Easton) 박사는 호러스와 마음이 통하는 인물이었다. 영혼에 대한 열정으로 불타오르던 그 목사는, 이전에는 변화가 없고 냉랭했던 낡은 교회에 이내 불을 지폈고, 계속적인 부흥, 놀라운 회심들, 새벽기도와 저녁기도, 예배 후 모임 등으로 사람들이 넘쳐나게 된 이 교회는 모든 이웃 교회들의 관심을 불러일으키게 되었다. 이 과정에서 호러스는 부목사가 감당할 만한 역할을 감당해 냈다. 그를 잘 알던 사람이 전하는 바에 따르면, 그는 그 기간에 일요일 하루 내내 일고여덟 번의 다른 예배에 참석했다고 한다.

또한 그가 신학교에 재학 중일 때, 구세군(the Salvation Army)이 뉴브런즈윅에 처음으로 지부를 창설했다. 당시 구세군은 대부분의 보수적인 교인들로부터 노골적인 불신은 아니더라도 별반 인정을 받지 못하고 있었는데, 화란개혁교회는 그 가운데서도 첫째라고 할 수 있었다. 이런 상황에서 그가 이 사업에 마음과 정성을 바쳐 그들과 함께 가두집회나 실내집회에서 연설을 하며 돌아다녔을 때, 교수들이나 가족들의 심정이 어떠했을지는 굳이 말하지 않더라도 충분히 상상할 수 있을 것이다. 그래서 그의 누이들은 호러스가 구세군과 함께 있는 것을 발견하면 그들과 어울려 돌아다니지 말라고 엄하게 주의를 주었다. 그러나 그는 언제나 그들을 사랑했고, 훗날 길에서 구세군 사람들과 만날 때면 그와 나[이 글의 필자인 언더우드 부인]는 길을 멈추고 그들과 함께 어울려 열정적으로 찬양과 기도를 드리고 교제의 악수를 나누었다. 특히 외국 선교지에서 그는 그곳에 있는 구세군들의 가장 따뜻한 후원자이자 친구가 되었다. 사실 그는 그리스도를 위하여 일하는 사람을 볼 때마다 깊은 연민을 가지고 자신이 섬겨야 할 형제로 생각했다. 그는 결코 종파적이거나 계급적이거나 인종적인 편견을 가진 적이 없었다. 그가 모든 인종·민족·계급·연령·종파에 속한 사람들과 진정한 형제애를 나누는 것을 누구보다 잘 볼 수 있었던 사람은 바로 나

자신이었다. 그의 존재의 모든 흐름은 연합을 향하고 있었다. 그는 무의식적으로, 모든 살아 있는 영혼에게 도움과 사랑을 베푸는 친밀한 교제를 나누고자 하는 경향이 있었다. 그의 연민과 관심과 사랑 앞에서는 신분의 높고 낮음이나, 도량의 넓고 좁음이나, 피부색의 희고 검은 것 등은 하등 문제가 되지 않았다.

그는 바울이 성경에 기록한 바와 같은 형제애를 지닌 사람이었다. "너희는 유대인이나 헬라인이나 종이나 자유인이나 남자나 여자나 다 그리스도 예수 안에서 하나이니라."[6] 그의 성격에 나타나는 이런 특징은 동양에서 생활하는 가운데 더욱 뚜렷하게 드러났다. 온갖 종류의 사회 계급 및 여러 종파들로 구성된 유럽인과 미국인의 외국인 공동체에서나, 직함을 가진 외교관에서부터 변변치 못한 부랑아에 이르기까지, 고귀한 성공회 선교사에서부터 무신론자에 이르기까지, 또 중국·일본·한국이라는 비기독교적인 동양의 인종들이 모인 가운데서도 그의 성향은 더욱 빛을 발했던 것이다. 그는 왕에서부터 품팔이꾼에 이르기까지 모든 사람의 친구이자 형제였다. 그리고 그는 이 슬픈 세상에서 사람은 누구나 친구를 필요로 한다는 흔히 간과되고 있는 진리를 깨달았기에 모든 사람들을 도와주고 공감하고 선의를 보여 줄 기회를 찾았다. 다른 그리스도인 사역자들과의 관계에서는 특히나 모든 종파적인 방해물들을 중요치 않게 여기고 옆으로 제쳐 두었으며, 모두를 가장 친밀한 연합으로 이끌기를 갈망했다. "그들이 하나가 되는 것"[7]이야말로 그의 일생의 가장 큰 바람 중 하나였다.

이야기의 줄거리에서 한참 벗어난 것 같지만, 이 젊은이에게 특징적이었던 것들은 세월이 흐르면서 더욱 강화되고 계발되었기 때문에, 이 점은 그

---

6 갈라디아서 3:28.
7 요한복음 17:11, 제자들을 위해 예수님이 하신 기도의 한 구절.

의 일생에 대한 연구를 시작하기에 앞서 깊이 이해할 만한 가치가 있다.

네 살배기 소년 시절, 언더우드는 인도에서 온 어떤 사람의 설교를 듣고 어린 마음에 선교사가 될 결심을 했다. 그리고 선교를 위한 공부를 시작하자 이 결심은 더욱 확고해졌다. 그는 의술의 도움을 받지 못하는 오지의 선교부에 충분한 준비를 갖추고 나가기 위해 의학도 공부할 계획을 세웠다. 물론, 교육을 받는 과정에서 상당한 경제적 어려움을 겪었다. 그럼에도 그는 돈 씀씀이에 인색하지 않았기 때문에 그의 호주머니는 금세 비기 일쑤였고 다음 식사 한 끼를 어떻게 해결해야 할지 모르는 경우도 종종 있었다. 그러나 그는 하나님을 절대적으로 신뢰했기 때문에 한순간도 걱정에 시달리지 않았다. 사실 그는 걱정한다는 말이 무슨 뜻인지조차 몰랐다. 송금이 늦어지거나 어떤 비상사태에 직면하여 해결책이 없어 보일 때에도 그는 외견상으로뿐만 아니라 마음속으로도 전혀 흔들림 없이 여전히 명랑하고 침착했다. 이 때문에 나는 한두 번 놀란 게 아니다. "잘될 거야"라고 그는 단언했고, 또 실제로 그렇게 되었다. 예를 들어, 수년간에 걸쳐 몹시 추운 겨울에 두 번씩이나, 동양에서는 구하기 힘든 무연탄의 공급이 끊어진 적이 있었다. 서울의 상인들에게서나 광산 또는 항구 어디에서도 무연탄을 구할 수 없었다. 날이 갈수록 수은주가 아래로 떨어지는데, 연탄광은 바닥을 드러냈고 마침내 그 귀한 물건이 한 통밖에 남지 않았다. 그런데도 그는 마치 주께서 바로 옆에 석탄을 쌓아 두고 공급해 주실 것처럼 태연했다. 사실 두 번 다 마지막 한 통의 석탄이 모두 떨어지기 전에, 전혀 예상치 못했던 곳으로부터 석탄이 공급되었다. 한번은 폐하[조선의 왕을 지칭하는 말이다]께서 우리의 이야기를 들으시고 궁중 저장소에 있던 무연탄을 넘쳐날 정도로 가져다주셨으며, 몇 년 후엔 항구의 한 거래상이 비축해 놓은 무연탄이 조금 있어 우리에게 보내 주면 좋아할 것이라 생각하여 때맞춰 보내 주었다.

궁핍하게 살아가던 호러스의 대학 시절 어느 월요일이었다. 전날 저녁, 그는 교회에서 긴히 쓸 곳이 있어 호주머니를 털어 돈을 모두 내어 준 참이었다. 갑자기 방문을 두드리는 소리가 들리더니 오랫동안 친하게 지내온 교수 한 분이 안으로 들어오지는 않고 손만 내밀어 그의 손을 잡았다. 그리고 그가 얼마간 살아가기에 충분한 돈을 쥐어 주고는 도로 가 버렸다. 또한 그는 설교 사례비를 거의 받지 못했기 때문에 조금씩 돈을 벌어야 했는데, 그 일환으로 1882년 여름에는 전국을 돌아다니며 책장사를 했다. 이 여행은 돈을 버는 데뿐 아니라, 친구를 사귀는 데에도 성공적이었다. 이것은 진정 승리의 행진이었으며, 훗날 그는 이 일을 흐뭇하게 회상하곤 했다. 수년이 흐른 뒤, 이 책장사 순례를 목격했던 한 여인은 한국인들이 그에게 몰려들어 종교 서적을 비롯한 다른 책들을 많이 사 간다는 말을 듣고도 결코 놀라지 않았다. 그 여인은 이미 그가 뉴저지의 농부들 사이를 돌아다니며 책장사에 성공했던 사례를 알고 있었던 것이다.

신학교의 마지막 학년인 1883년 여름 동안, 호러스는 뉴저지 주 폼프턴(Pompton)의 한 교회를 담임했다. 그는 교회 전체뿐 아니라 각 개인과 무척 친근한 관계를 맺고 있었던 것 같다. 그들은 교회 조직이라기보다는 가족과 같았으며, 젊은이건 나이 든 사람이건 모든 사람들이 그를 가장 절친한 친구로 여겼다. 그 교회의 한 노부인은, 그가 이교도의 땅으로 간다는 의사를 밝혔을 때, 그 일을 이루기가 어려울 것이라고 반대하는 사람들에게 이렇게 반박했다. "아니에요. 그는 어렵지 않게 그 일을 해낼 거예요. 그 이교도들을 사랑으로 인도하여 틀림없이 하나님 나라에 들어가게 할 겁니다." 그는 선교의 명분을 강조하며 줄기차게 그 필요성에 대해 이야기했기 때문에, 당회는 만일 외국 선교지에 너무 많은 돈을 내어 놓는다면 호러스의 보수도 지급할 수 없을지 모른다고 경고했다. 이에 대한 그의 대답은 과연 그다운 것이었다. "걱정 마십시오. 만일 그렇게 된다면,

나는 보수를 받지 않아도 괜찮습니다." 그래서 선교에 할당되는 예산은 엄청나게 증가했고(내가 알기로는 이전의 4배 정도), 그도 목회를 마칠 무렵에는 두 배의 보수를 받게 되었다. 이와 같이 선교를 강조하는 그의 경향에 대해 순전히 경제적인 이유로 반대한 것 외에는, 그 교회에서 이 젊은 목회자에 대해 반대하거나 불평한 적은 한 번도 없었다. 다만 회개하지 않고 빈자리나 채우는 사람 하나가 이렇게 말한 적이 있을 뿐이다. "저 목사의 설교는 앉아서 듣고 있을 수가 없어. 밤에 생각하느라 잠을 못 자겠다니까."

그 여름에 다소 외딴 산골짜기 마을에서 놀라운 부흥이 일어났다. 그 마을의 정확한 지명을 듣기는 했지만, 지금은 기억나지 않는다. 그곳에는 아주 거친 무법자들이 정착해 있었는데, 이들 대다수는 다른 모든 사람들에게 반감을 지닌 진짜 무법자들이었다. 그들이 살고 있는 오두막은 낯선 사람들의 침입을 막기 위해 설치한 사다리를 올라가야만 접근할 수 있었다. 그들의 초청으로 그곳에 갔을 때, 젊은 언더우드를 맞이한 것은 누더기를 입은 평판이 좋지 않은 사람들의 무리였다. 남자·여자·어린이들이 급조된 임시 가건물에 모여서, 거의 난생처음으로 하나님의 메시지를 듣고자 기다리고 있었다. 호러스는 매우 막중한 책임감을 절실하게 느꼈다. 고뇌 속에 기도하며 이 사람들에게 가장 잘 설교할 수 있는 방법을 모색했지만, 어떤 방도도 떠오르지 않았다. 그는 무슨 말을 해야 할지 알지 못한 채 그들 앞에 자리 잡고 앉았다. 다만 그 순간이 되면 무슨 말을 어떻게 해야 할지 가르쳐 주신다는 그리스도의 약속을 믿을 따름이었다. 기도를 한 후 성경을 펴자 시편 103편이 펼쳐졌다. 호러스가 "아비가 자식을 불쌍히 여김같이"라는 구절까지 읽자, 한 여인이 두 팔을 높이 들고 일어서며 외쳤다. "하나님, 이 죄인을 불쌍히 여기소서." 그러고는 바닥에 쓰러지더니 마구 흐느껴 울었다. 그러자 그녀의 뒤를 따라 하나둘 울기 시작하더니 이윽고 그곳에 있던 모든 사람들이 죄를 자복하며 엎드려 정신없이 흐느껴 울었다. 언더우드는 몇 시간 동안이나 그들과 합심하여 하나님께 기도를 올렸고, 며칠간 그들과 함께 머물면서 하나님의 말씀을 전했다. 이윽고 그들 모두의 성품과 생활 태도 및 의복과 외모 등 모든 면에서 놀라운 변화가 일어났다. 이런 변화가 근방 사람들을 몹시 놀라게 했음은 말할 나위도 없다. 그들은 그리스도 안에서 거듭난 사람이 된 것이다. 이 밖에도 폼프턴과 그 근처에서 일어난 흥미로운 사건들이 많이 있지만, 여기서 멈추기로 하고 다시 생애 이야기로 돌아가야겠다.

이미 언급했듯이, 언더우드는 선교사가 되어 인도에 가기로 결심했는데 그 당시 그는 의예과 1학년에 재학 중이었다. 이렇게 젊은 나이였음에도 불구하고, 뉴욕의 협동개혁교회(the collegiate Reformed Churches of New York)[8]의 한 곳으로부터 과분한 찬사와 함께 목사직 초청을 받았다. 연봉 1,500달러에, 의학 공부에 지장이 없도록 주일예배 한 번과 수요기도회만 맡아 달라는 조건이었다. 그는 1884년 봄에 신학교를 졸업했고, 뉴욕 대학교로부터 문학석사(A.M.) 학위를 받았다. 얼마 후 버건 노회(the Classis of Bergen)로부터 강도사 자격 인허(認許)를 받았으며, 1884년 11월에는 뉴브런즈윅 노회로부터 목사 안수를 받았다.[9] 이즈음 그는 비록 인도에 가기로 결정은 했지만, 한국과 한국이 필요로 하는 것에 대해서 진지하게 생각해 오고 있었다.

선교 제25주년 기념식에서 그가 선교본부(The Board)[10]에 한 연설을 직접 들어 보자. "1882년과 1883년에 걸친 겨울, 지금은 도쿄의 명치학원(明治

---

8   협동교회란 여러 교회가 목사를 공유하는 것을 말한다.
9   '노회'로 번역한 원문은 둘다 'Classis'로 되어 있는데, 사전에는 '장로감독회'로 나와 있다. 우리나라에서는 강도사 자격 인허 및 목사 안수를 노회에서 행하므로 'Classis'를 노회로 번역했다.
10 우리말로 선교부라 번역되는 영어 단어는 'the Mission Board'와 'the Mission Station'이 있는데, 전자는 선교본국 선교본부를, 후자는 피선교지 선교부를 말한다.

學院; Meiji Gakuin)[11]에 계시지만 그 당시에는 학생이었던 앨트먼(Altman) 목사가 뉴브런즈윅의 선교 지원자들을 모아 놓고 한 보고서를 읽어 주었습니다. 그 보고서는 그가 직접 작성한 것으로, 조약에 의해 서양 세계에 드디어 문호를 개방하게 된 '은둔의 나라'(the Hermit Kingdom)에 관한 것이었습니다. 1,200-1,300만의 사람들이 복음 없이 살고 있다는 이야기, 그리고 교회가 문호 개방을 위해 기도했고 결국 1882년 슈펠트 제독(Admiral Shufelt)을 통해 맺은 조약에 의해 [미국에] 문호가 개방되었다는 이야기를 압축적으로 들었습니다. 이런 상황에서 교회가 선교를 위한 아무런 준비 활동도 없이 1년여를 보냈다는 생각에 격동하여 저는 한국에 갈 사람을 찾는 일에 착수하기로 결정했습니다. 저 자신은 인도로 부르심을 받았다고 믿고 있었고, 이런 신념 아래 그곳에 갈 특별한 준비를 하기 위해 1년 동안 의학 공부를 해 왔습니다. 그래서 저는 누군가 기꺼이 한국에 갈 사람이 달리 있으리라고 확신했습니다. 저는 가능한 한 서둘러 한국에 갈 사람을 물색해 보았지만, 한 사람도 발견하지 못한 채 1년이 흐르고 말았습니다. 한국에 선교사를 파송하려는 교회는 한 군데도 없었으며, 외국 선교 사업의 지도자들도 한국에 들어가기에는 아직 이르다는 글을 쓰고 있었습니다. '왜 너 자신이 가지 않느냐?' 이런 메시지가 제 가슴에 울려온 것은 바로 이때였습니다. 그러나 인도, 인도가 필요로 하는 것, 인도에 가지 않으면 안 된다고 믿었던 특별한 소명, 그리고 그것을 위해 각별히 준비해 오던 일들, 이 모든 것이 떠올라 제가 한국으로 가고자 하는 길을 가로막았습니다. 저는 개혁교회 선교부(the Reformed Board)에 두 차례나 신청을 했으나 그들은 새로운 사업을 시작할 자금이 없다고 했습니다. 또 장로교에도 두 번 신청했으나 소용없는 일이라는 답변만을 들었습니다. 이렇게 한

---

11 [원주] 신학교.

국으로 가는 문은 굳게 닫혀 있고, 미국에 남아 있거나 인도로 가는 문은 넓게 열려 있는 것처럼 보였습니다. 그래서 저는 개혁교회의 요청을 수락하는 서신을 써서 그것을 우체통에 넣으려는데, 바로 그 순간 어떤 목소리를 들은 듯했습니다. '한국에 갈 사람은 아무도 없구나.'"

그래서 호러스는 서신을 보내는 것을 일단 보류하고, 재차 장로교 선교부에 신청을 하기로 결정했다. 그리고 계단을 올라갈 때 막 문을 나서는 우체부를 지나쳤다. 엘린우드(Ellinwood) 박사[12]의 사무실에 들어서자 그는 방금 편지 한 통을 받았다고 말했다. 그것은 선교부가 원래 파송하려 했던 사람이 사정상 갈 수 없게 되어 언더우드를 기꺼이 받아들이며, 그가 수일 내에 임명을 받게 될 것을 알리는 편지였다. 이 무렵 브루클린(Brooklyn)의 라파예트 가 장로교회(the Lafayette Avenue Prebyterian Church)의 맥윌리엄스(McWilliams)는, 미국 선교부(the American Board of Mission) 위원 한 사람이 한국의 문호는 아직 개방된 것이 아니라고 쓴 글을 읽고는, 엘린우드 박사에게 과연 한국에 들어갈 때가 되었는지 여부를 물었다. 그러자 엘린우드 박사는 자기가 답변할 수 있다고 말하고, 맥윌리엄스와 같이 점심 식사를 하는 자리에서 한국에 선교사를 파송할 때가 무르익었다는 것을 증명해 보였다. 그러자 맥윌리엄스는 한국 선교 사업을 시작하는 데 써 달라고 그 자리에서 6천 달러짜리 수표를 끊어 주었다. 알렌 박사가 한국에 도착하기 1년 전, 한국 정부는 서울에서 성경을 판매한 한 그리스도인 중국 병사를 사형에 처할 것을 요구했다. 그는 체포되었지만, 권력 있는 친구 덕택에 사형은 모면했다.[13] 이렇게 동양은 아직도 거의 미지의 영역이었다. 일본은

---

12 F. F. 엘린우드는 1884-1904년에 걸쳐 미국 북장로교 선교부 총무로 재직했으며, 재직 중 한국 선교사 파견에 결정적인 역할을 했고, 계속해서 한국 선교를 지원했다.
13 A. Kenmure, "An Early Colporteur in Korea", *The Bible Society Monthly Reporter*, 1896, p. 60. 이 청국 군인은 임오군란 진압을 위해 서울에 파견된 자로, 도착 즉시 전도를 시작했다. 그의 석방은 마건충으로 추측되는 그리스도인 청국 장군의 힘으로 이루어진 것이다.

어느 정도 빛 가운데로 들어왔지만, 중국은 무섭고 어두운 미지의 나라였다. 더구나 한국이란 나라는, 미국에서 교육과 지식을 갖춘 사람들조차도 백이면 백 모두 들어 본 적도 없고, 어디에 있는지 추측도 해 보지 않은 나라였다. 설사 한국에 대해 무엇인가를 들었다 해도 좋은 내용은 하나도 없었다. 한국은 꼬레(Coreé)라는 이름을 가진, 중국 근처의 한 섬으로, 오래 전에 예수회(Jesuit) 선교사들이 들어가려 했다가 붙잡혀서 모진 고문을 받고 죽임을 당했던 나라라고만 알려져 있었다. 또한 그 민족도 반은 야만인이고, 반은 동물과 같은 인종으로 이루어진 사나운 종족으로 여겨지고 있었다.

언더우드의 형제들은 만일 그가 다시는 돌아오지 못할지도 모르는 저 어두운 지역으로 꼭 가야겠다면, 최소한 영국에 가서 그곳에 살고 있는 친척들에게 작별 인사는 해야 하지 않겠느냐고 말했다. 그래서 1884년 여름, 언더우드는 대서양을 건너 삼촌, 숙모, 사촌 들을 짧은 기간 방문했다. 그 친척들 가운데 그를 다시 보게 되리라고 기대한 사람은 한 명도 없었다. 그러나 사촌들 가운데도 인도에 둘, 아프리카에 하나, 오스트레일리아에 하나, 그리고 곧 브라질에 갈 사람이 하나 있을 정도로 영국인들은 세계 도처를 휩쓸고 다녔기 때문에, 친척들은 언더우드의 일도 자연스러운 것으로 받아들였다.

마침 언더우드의 삼촌인 에드워드 존스(Edward Jones) 목사는 런던 선교회(the London Missionary Society)의 총무직을 맡고 있었기 때문에, 그를 사무실로 불러 다른 사람들에게 소개해 주었다. 그들 가운데 한 사람이 언더우드의 목적지를 듣고서 이렇게 말했다. "한국, 한국이라…. 가만있자, 거의 20년 전에 우리도 그곳으로 한 사람을 보냈는데, 그 후론 소식을 못 들었습니다." 장래에 그런 유쾌한 운명을 맞이할 가능성이 있었던 언더우드는 이후에 이 말을 재미있게 되풀이하곤 했다. 이 이야기의 주인공은 토마스

(Thomas)로, 그는 1866년에 미국 기선 제너럴 셔먼(General Sherman) 호를 타고 갔다가 선상에서 죽임을 당했음에 틀림없는 불행한 분이었다.[14] 그러나 호러스는 그런 끔찍한 이야기나 불길한 예측을 수없이 듣는다고 해서 결코 낙심할 사람이 아니었음은 말할 필요도 없다. 장사만을 목적으로 했던 수많은 사람들도 그와 동일한 위험을 그와 동일한 침착함으로 받아들였는데 말이다. 다시 미국으로 돌아온 그는 12월에 증명서를 가지고 뉴저지 노회에 가입하고는, 긴 여행길에 올랐다. 그는 성년이 된 후에 미국 시민으로서의 신분증명서를 획득했기 때문에 미국 시민 여권으로 한국에 들어갔다. 그 후 미국으로 돌아오는 여행 중에 꼭 한 번, 그는 대통령 선거에 투표한 적이 있었다. 맏형인 존 T. 언더우드는 시카고까지 그와 함께 갔다. 이 두 형제는 언제나 매우 다정했다. 그래서 호러스가 50살이 되었을 때조차도 존은 여전히 그를 돌보고 충고하고 때로는 꾸짖어야 할 어린 동생으로 여길 만큼, 항상 호러스를 사랑하고 돌보았다.

호러스는 자신이 많은 돈을 가지고 떠난다고 생각했지만, 그가 손수 커다란 카메라와 타자기(아직 언더우드 상표가 아니었다) 그리고 가방을 들었음에도 불구하고, 다른 짐의 화물비가 너무 비쌌기 때문에 가지고 있던 현금을 거의 다 써 버렸다. 그나마 남아 있던 돈도 샌프란시스코에서 호텔 비용으로 다 나가 버렸다. 요코하마(Yokohama, 橫濱)에 도착했을 때는 선교사들이 통상적으로 이용하는 작은 배로 갈아타지 않고 비싼 호텔식 증기선을 그대로 타고 해안으로 갔다고 우리에게 말했는데, 그 이유는 증기선이라야 믿을 수 있고, 작은 배를 탈 잔돈이 없었기 때문이라고 했다.

일본에 오랫동안 살고 있던 헵번 부부(the Hepburns)[15]는 따뜻하게 그를

---

14 토마스 목사는, 제너럴 셔먼 호의 상인들이 평양 감사가 보낸 대표들을 인질로 잡고 흥정을 하자 조선관군이 배를 공격하여 배가 불탔을 때, 육지로 내려오다가 관군의 칼에 맞아 죽임을 당했다.

영접하여 자신들의 집으로 데려갔다. 동양에서는 어디서든 선교사끼리 만나면 형제를 만난 것이나 다름없었다. 한 사람의 집, 지갑, 시간 등 모든 것은 바로 다른 사람에게 양도된 것이나 마찬가지였다. 돈 문제에 관한 한, 선교사 신임장을 갖고 있기만 하면 누구든 얼마만큼의 돈이라도 빌려준다. 그 이유는 첫째로, 선교사는 그 돈을 갚아 줄 수 있는 미국의 거대한 선교부의 대표자이기 때문이다. 둘째로, 선교사들은 오래된 전통에 따라 그들의 정직성에 대해서는 아무도 뒤흔들 수 없는 확고한 명성을 지니고 있기 때문이다. 따라서 언더우드는 돈 문제에 관해서는 걱정이 없게 되었다. 한국과 같이 외딴 곳으로 가는 증기선은 자주 있는 것이 아니기 때문에, 기다리는 동안 언더우드는 배 위에서, 그리고 선원들의 집에서 특별예배를 드리고 복음을 전파했다. 그러던 중, 그는 한국인 이수정(Rijutei, 李樹廷)[16]을 만났는데, 이수정은 한국으로 전령을 보냈고, 언더우드와 함께 한국어 공부를 시작했다.

---

15 제임스 커티스 헵번(James Curtis Hepburn, 1815-1911)은, 1859년 일본 선교사로 와 일본성경을 번역하고 영일사전을 편찬했으며 명치학원을 설립하는 등의 업적을 남겼다.
16 그는 1882년 임오군란 때 민비를 보호한 공로를 인정받아 그해 일본에 유학하게 되었다. 그는 일본의 유명한 농학자이자 그리스도인인 쯔다센(津田仙)으로부터 신문물과 기독교를 소개받아 1883년 세례를 받고, 제3회 일본기독교도 친목대회에서 한국어로 대표기도를 하여 참석자에게 큰 감동을 주었다. 그는 1884년에 한문성경에 토를 단 「현토한한신약전서」(懸吐韓漢新約全書)를 요코하마에서 간행했고, 1885년 초에는 한글성경 「신약마가전복음셔언히」를 번역 간행했다. 언더우드·아펜젤러는 일본에 체류하는 동안 이수정에게 한국어를 배운 후, 이 한글성경을 가지고 조선에 입국했다.

2
선교사 훈련

　　　　　　　　　　　　　　몇 달이 지나자 웬만한 예인선보다 별로 클 것이 없는 증기선이 한국으로 출항할 준비를 마쳤다. 언더우드는 코오베(神戶) 항이나 나가사키(長崎) 항으로 가야 했는데, 나는 그곳이 어느 곳이었는지 정확히 기억나지 않는다. 일본을 처음 여행해 보는 대부분의 사람들과 마찬가지로 그는 일본 여관에서 하룻밤을 지내면서 몇 가지 불쾌한 사실들을 발견했다. 비스듬히 기울어진 얇은 칸막이에 자물쇠도 없는 방문이라든가, 일본인들이 덮개나 등불, 신발, 물 등을 가져온다는 핑계로 그가 옷을 벗은 채로 있는데도 노크도 없이 그의 방을 들락거린다든가 하는 것이었다. 일본말도 모르는 채 낯선 집에서 일본인들과 함께 묵던 어느 날 밤, 아주 경이로운 일이 일어났다. 지갑을 머리맡에 두고 잠을 청했을 때, "만세 반석"(Rock of Ages)의 부드러운 곡조가 일본말로 불리며 한밤의 정적을 타고 은은하게 흘러나왔고 뒤이어 엄숙한 기도 소리가 들려왔던 것이다. 뜻밖에도 자신이 그리스도인들 사이에 있다는 사실을 알고 흐뭇한 희열을 느낀 언더우드는 소지품을 지키려고 깨어 있을 필요가 없다고 생각하여 단잠을 청할 수 있었다.

그는 한국에 관한 무시무시한 이야기를 도처에서 들었다. 로마 가톨릭 신자에 대한 박해라든가, 한국인의 야만성이라든가, 한 그루의 나무도 없고 지저귀는 새도 없으며 한 포기의 꽃도 없다는 이야기라든가, 그리고 최근에 서울에서 일어난 무시무시한 폭동[갑신정변] 때는 일단의 혁명가들과 일본인들이 간신히 항구로 도망쳐 나와 목숨을 건졌다는 이야기 등이었다. 아펜젤러(Appenzeller) 목사[1]는 그와 함께 한국으로 건너갔으나 미국 공사의 경고에 따라 가족의 안전을 위해 곧 일본으로 되돌아갔다. 언더우드는 함께한 사람이 없었기 때문에 혼자 제물포에 도착했다. 한국은 1882년에 [미국에] 문호를 개방했고 알렌 의사 부부는 1884년 9월에 한국에 도착했다. 언더우드는 1885년 4월에 도착했고 장로교 선교회(the Presbyterian Mission)의 헤론(Heron) 의사 부부는 그보다 조금 늦은 6월에 도착했다. 애니 엘러스(Annie Ellers)는 관립학교 교사들과 함께 1886년 6월에 도착했다.[2] 선교부 보고서를 통해 그 당시의 상황에 대해 알아보자. "알렌 부부는 작년 11월[3]에 도착했는데 너무나 많은 의심과 반대에 부딪혀서, 만일 미국 공사가 그를 공사관 의사로 임명하지 않았다면 한국에 있기가 어려웠을 것이다. 처음에는 한국인과의 친밀한 교제가 이루어지지 않았다. 서양식으로 지어진 집은 한 채도 없었고, 위생 상태는 말로 표현할 수 없을 정도였으며, 미국인이 손쉽게 이용할 수 있는 시설물은 알려진 것이 없었고, 우편물도 자주 배달되는 편이 아니었다. 따라서 초기의 개척 선교사들은 매우 심한 고독과 격리와 시련의 상황 속에 처해 있었던 것이다."

---

1 미북감리교의 H. G. 아펜젤러 목사도 언더우드와 함께 1885년 4월 5일 부활주일에 제물포에 도착했다.
2 북장로교 여의료선교사인 엘러스는 육영공원 교사로 부임하는 벙커(D. A. Bunker), 길모어(George W. Gilmore) 부부, 헐버트(H. B. Hulbert) 등과 함께 7월 4일에 도착했다.
3 알렌이 제물포에 도착한 것은 1884년 9월 20일이다.

길은 대부분 협소했고, 우기만 되면 때때로 말의 배에 두른 안장띠까지 흙투성이가 되어 버리는 실정이어서 통행이 불가능했다. 개천에는 썩은 시궁창 물이 흐르고, 작은 초가집이나 기와집들이 있었으며, 넓은 마당이 있는 양반의 저택 그리고 궁궐도 있었다. 도시를 두른 성곽은 특이하게도 돌벽으로 되어 있었고, 철대문들을 통해 출입할 수 있었다. 대부분의 사람들은 흰옷을 입고 있었으며, 여기저기에 앞으로 둘러싸인 훌륭한 정원을 갖춘 외국 관리들의 집, 세관원, 상인들의 집 그리고 선교사인 알렌 박사의 집이 있었다.

수년 동안 대부분의 선교사들은 진흙으로 지어진 집에서 살았는데, 지하실도 없었고 창문에는 창호지를 발랐을 뿐이었다. 가끔 호랑이와 표범이 성내에 나타나기도 하고, 방충망이 없어서 모기와 파리 떼에 시달리기도 했다. 천연두·이질·설사병과 장티푸스·발진티푸스가 자주 발생했고, 그러한 질병들은 여러 외국인의 목숨을 앗아 갔다. 한국인들은 온갖 종류의 미신을 믿고 있었다. 무당들이 집안일에 깊이 관여하여, 생일을 맞았을 때나 병들었을 때 그리고 중요한 결정을 내려야 할 때 사람들은 무당을 불렀다. 무당들은 절대적이고도 불가항력적인 힘을 가지고, 백성뿐만 아니라 통치자들에게까지도 영향력을 행사하고 있었다. 그래서 귀신·도깨비·조상의 혼 등 눈에 보이지 않는 두려운 것들에 대한 미신이 하층민들이나 여자들뿐 아니라 가장 높은 신분을 지닌 사람들의 마음속에도 가득 차 있었다. 기후는 1년 내내 매우 좋은 편이었으나, 여름 날씨는 사람을 짜증스럽게 하고 피로하게 만들었다. 장마 기간의 습기를 동반한 더위 때문에 아주 건강한 사람도 활력을 잃게 되었으며, 특히 서울이나 평양, 대구에서 한여름을 보낸 사람들에게서는 무기력하고 피로한 기색이 역력했고, 몸이 약한 사람은 죽기까지 했다. 그러나 언더우드는 한마디 불평도 하지 않았으므로, 그의 보고서를 본 사람들은 한국을 지상낙원이라고 생각했다. 나는 그가 이처럼 기쁨에 넘치는 땅으로 오게 된 것을 하나님께 감사드리며, 자신의 오랜 지병은 생각하거나 언급할 가치도 없는 사소하고도 일시적인 어려움이라고 말하는 것을 들은 적이 있다.

이야기를 계속하기 전에 선교사들의 사회적 조건에 대해 몇 마디 언급해 두겠다. 동양에 살고 있는 서양인들이 느끼는 삶의 긴장감에 대해서는 키플링(Kipling)이 쓴, 인도 오지 근무에 관한 「문관과 무관의 생활 이야기」(Tales of Civil Service and Army Life)에 강렬하고 생생하게 묘사되어 있다. 특히 여섯 가구도 채 되지 않는 마을의 주민들은 문명사회와 접촉할 기회도 거의 없고 자신들이 종사하는 일에만 온 정신을 쏟고 있으므로, 그런 마을에 사는 서양인들에게는 그 긴장감이 더더욱 심하게 마련이다. 한국에 있는 선교사들에게도 키플링의 말이 거의 그대로 적용된다. 외딴 오지에서 활동하는 선교사는 1년에 한 번 정도는 일시적인 요양이 필요하며, 적어도 5년에 한 번은 아주 충분한 휴식 기간을 가져야 한다. 그것은 선교사로 하여금 선교 활동에 최선을 다하게 하기 위해서이기도 하고, 그의 건강을 해치지 않게 하기 위해서이기도 하다. 선교 초기의 어려운 시기에 서울에서 활동하던 젊은 선교사들이 오해나 빈정거림을 받은 것은 전적으로 열악한 조건 때문이었다. 선교사라면 응당 초인간적인 자질을 갖추어야 한다는 비현실적이고 고상한 이상에 사로잡힌 본국인들이 이것을 알게 되면 놀라거나 괴로워할 것이다. 나는 선교사들이 그렇게 과대평가되거나 오해를 사게 되면 항상 마음이 아팠다. 만약에 그 사람들이 우리가 싸워야 하는 대상에 대해 정확히 알았더라면, 그들은 우리를 위해 더 많이 기도해 주었을 것이고 우리에게 더 많이 공감했을 것이다. 언더우드의 생애에 대해 진실하게 기록하려면 그가 싸워서 극복해야 했던 상황에 대해 언급하지 않으면 안 된다. 선교사들도 다른 진실한 그리스도인보다 더하지도 덜하지도 않은 똑같은 인간이다. 나 역시, 선교지에 도착하면 선교사는 어떻게든 좀더 훌륭한 인간이 되어야 한다고 생각했었으나, 실제로는 그렇지 못했다. 선교지에서도 본국에서와 똑같은 인간에 불과했다. 거룩한 사람은 여전히 거룩하고, 의로운 사람은 여전히 의롭다. 그리고 로마서 7장에 나타난 인간의 본성은 그가 중국에 있건 한국에 있건 항상 그대로였다. 완전히 성화되지 못한 사람에게는 으레 결점이 있기 마련이다. 어떤 사람은 우쭐거리며 모든 일을 다 관장하려 하고, 어떤 이들은 성미가 매우 급하다. 또한 이기적인 사람들도 있고 소견이 좁아 고집불통인 사람도 있다. 선교지에서 다만 몇 달이라도 살아 본 사람이라면 누구나 그러한 사람들을 기억할 수 있을 것이다. 우리는 선교 사업과 선한 일을 하려 하고, 도덕적으로 타락한 비기독교 세계에서 빛의 역할을 담당하려는 진실한 그리스도인이지만, 글로에의 집에 바울이 머물고 있을 때도 그러했듯이,[4] 우리들 사이에도 알력과 불화가 생긴다. 우리는 이를 슬퍼하고 애통해하지만 인간이란 이처럼 약한 존재일 수밖에 없는 것이다! 따라서 그 젊은 선교사들을 탓하기보다는, 선교 초기의 열악한 조건들을 고려해 봐야 할 것이다.

중립을 지켰던 E 양[엘러스(Ellers) 양]과 언더우드는 그 평판이 좋지 않은 부류와 운명을 함께했으며, 모든 사람들이 겪은 마음의 상처를 같이 입었다. 내가 알기로 언더우드는 불화하는 양쪽을 모두 동정했는데, 때로는 이쪽을, 때로는 다른 쪽을 동정했다. 그들 두 편은 틀림없이 부분적으로는 옳고 부분적으로는 옳지 않았다. 만일 이 두 편이 증인석에 서게 된다면 그 정도는 인정해야 할 것이다. 이런 집안 싸움에 대한 과장된 보고, 그리고 E 양과 언더우드가 단지 지켜보기만 해야 했던 논쟁에 적극적으로 참여했다고 아무 이유 없이 오해받는 식의 분위기는 사람을 매우 지치게 만

---

4 바울은 글로에를 통해 고린도 교회에 분쟁이 있다는 말을 들었다(고전 1:11).

든다. 몇 년 후 서로 의견을 달리했던 두 사람이 중병에 걸리자, 그들은 언더우드를 불러 간호를 요청했다. 그들은 언더우드를 그 누구보다 좋아하게 되었으며, 서로 신뢰와 애정을 적극 표현하는 데까지 이르렀다. 그러다가 그들 중 한 사람이 죽자 남아 있는 한 사람은 힘닿는 데까지 고인의 모든 일을 처리해 주었으며, 미망인이 순탄하게 살아갈 수 있도록 도와주었다.[5] 그리하여 지나간 모든 일들은 매우 어려운 상황 속에서 신경과민에 의해 생겨난 돌발 사태에 불과한 것이며, 그 저변에는 항상 형제애와 기독교적인 우애가 흐르고 있었음을 그들은 보여 주었다.

언더우드는 처음 몇 해 동안 한국어를 배웠다. 이와 동시에 마가복음 번역과 사전 편찬 작업에 착수했다. 처음에는 한문 종교 서적을 이용하여 한국어를 배웠는데, 당시 학식 있는 사람들은 한문 서적을 읽었기 때문이다. 그는 서둘러 낡은 한옥인 자신의 집을 거주하기에 좋도록 개조했다. 또한 부모 없는 어린아이 몇 명을 모아서 고아원을 만들었고, 병원에서는 알렌 박사를 도왔다(비록 외과수술 시간에 피를 보고 두 번이나 실신하여 어쩔 수 없이 시약소와 내과에서만 일했지만…). 그는 또한 소위 한국 왕립의과대학(Royal Korean Medical College)에서 물리와 화학을 가르쳤다.[6] 물론 이 학교가 후에 실제로 의과대학으로 발전하기는 했지만, 초창기에 그 이름은 너무 거창했던 것 같다.

고아들을 위한 집과 학교가 문을 연 것은 1886년 초였다. 이 시점에서 언더우드가 자신과 뜻을 같이하는 친구인 헐버트에게 언젠가는 한국에 대학교와 신학교를 설립하겠다는 그의 희망을 털어놓았다는 것은 기록해

---

5 여기에 의견을 달리하며 갈등이 있었던 두 인물은, 초기의 미북장로교 의료선교사로 제중원에서 사역했던 H. N. 알렌과 J. W. 헤론을 말한다. 헤론은 1890년 7월 서울에서 사망했다.
6 언더우드는 내한 3일 만에 1885년에 알렌이 설립한 광혜원(廣惠院)에서 가르치기 시작했다. 그가 가르쳤던 광혜원은 곧 제중원(濟衆院)으로 개명되었고 뒷날 세브란스로 발전했다.

둘 만하다. 이것은 그가 언제나 장기적인 안목을 지녔다는 점을 말해 준다. 그 고아원은 국왕 폐하의 호의에 넘치는 승인을 받았고, 몇 년 후에는 '그리스도인 일꾼들을 위한 존 D. 웰즈 아카데미'(the John D. Wells Academy for Christian Workers; 儆信學校)가 되었다.[7] 한국인 책임자가 있긴 했지만, 처음 한두 해 동안은 언더우드가 실제 고아원을 관리했고, 또 그 학교의 여러 학급을 가르쳤다. 당시 '김규식'(Kim Kiu Silk)[8] 혹은 '변갑이'(Pon Ga-be)라 불리던 어린 존(John)을 맡게 된 것도 이 학교와 관련하여 이루어진 일이었다. 이 아이의 아버지는 양반으로서 관직에 있었는데 정치적 사건으로 말미암아 귀양을 갔고, 모친은 사망한 것으로 알려졌다. 그의 삼촌들은 생활이 궁핍하여 이 아이를 돌보려 하지 않았으므로 새로 건립된 고아원으로 그를 데려왔다. 그러나 네 살배기 아이를 키운다는 것이 쉬운 일은 아니어서 그 아이는 다시 친척들에게 돌려보내졌다. 그러나 얼마 지나지 않아 그 아이가 몹시 아픈데도 아무도 돌보아 주지 않는다는 소식을 들은 언더우드는 자기 몸 역시 좋지 않았음에도 불구하고 분유와 약을 들고 가마를 타고서 아이가 있는 곳으로 찾아갔다. 그 아이는 너무 굶주려서 먹을 것을 달라고 필사적으로 울부짖으며 벽지를 뜯어 내어 삼키려고까지 했다. 그 아이는 틀림없이 죽을 것이며, 그렇게 되면 그 죽음에 대한 책임을 언더우드 자신이 지게 될 것이라는 의사들이나 선교사들의 반대에도 아랑곳하지 않고, 언더우드는 아이를 집으로 데려다가 극진히 간호했다.

---

7 언더우드가 1886년에 설립한 고아소년들을 위한 집과 학교(Home and School for Orphan Boys)는 1890에 2대 교장 마펫(S. A. Moffett)이 취임하여 1891년에 야소교학당(Jesus Doctrine School)으로 개명했고, 한때 폐교되었다가 1901년 게일(J. S. Gale)이 교장직을 맡아 중학교 과정의 학교를 복구, 1905년에 경신학교라는 교명을 확정했다. 경신학교가 'the John D. Wells Academy for Christian Workers'로 표기된 이유는, 미국 북장로교 해외선교부 회장을 역임한 웰즈가 모금한 돈으로 경신학교 본관(웰즈 기념당)을 건립했기 때문이다.

8 우사 김규식(1877-1952)은 독립 운동가요, 해방 후에는 입법의원 의장으로 좌우합작에 노력, 김구와 함께 남북협상에 참석했다. 그는 또한 새문안교회의 장로였다.

결국 그 어린 생명은 정상으로 회복되었다. 이 아이는 빠른 속도로 영어를 익혔으며, 마침내 한국 그리스도인 교역자 중에서 가장 성실하고 유능한 한 사람이 되어 학교에서는 학생들을 가르쳤고 교회나 YMCA에서도 주도적인 위치를 점하게 되었으며 몇 년 동안 언더우드의 비서로서 일하기도 했다.

영어 수업은 '사랑방'(Sarangs)이라는 손님맞이 방에서 했다. 거기에서 영어를 배우고자 하는 열망을 이용하여 한국어로 된 종교 서적과 언더우드가 살려 낸 어린 소년을 통하여 복음의 좋은 씨를 뿌릴 수 있었다. 1년이 지나자 언더우드는 한국어로 설교를 할 수 있게 되고,[9] 간단한 소책자도 출판할 수 있게 되었다.[10]

1888년에 언더우드는 죠선셩교서회(Korean Religious Tract Society)를 설립할 것을 제안하고, 토론토 전도문서회, 미국 전도문서회, 런던 전도문서회에 재정 지원을 호소했다. 이 기관들이 소규모로 책을 출판하는 데 필요한 자금을 지원할 것을 동의하여 1889년에는 비록 그 기관들로부터 정기적인 지원을 받기는 하지만, 죠선셩교서회는 자체의 관할권을 가지고 조직될 수 있었다.[11] 초기의 실무자들은 다음과 같았다. 회장에 F. 올링거(Ohlinger) 목사, 부회장에 H. B. 헐버트 목사, 연락 간사에 H. G. 언더우드 목사, 기록 간사에 W. B. 스크랜턴(Scranton) 의사, 회계에 말콤 펜윅(Malcolm Fenwick) 목사 등이었다. 이 회의 자금은 주로 한국교회와 선교사들로부터

---

9 1886년 1월 20일자로 J. W. 헤론이 엘린우드에게 보낸 편지에 의하면, 언더우드는 1886년 초에 '서울에서 가장 뛰어난 한국어 학생'으로, 유창하지는 않았지만 이때 한국어로 설교를 할 수 있었다.

10 1년 후에 소책자를 발간했다는 것은 착각이다. 한국에서 기독교 소책자가 간행되는 것은 삼문출판소(Trilingual Press)가 제대로 가동되는 1889년에 가서야 가능했다.

11 대한기독교서회의 전신인 죠선셩교서회는 1889년 10월 언더우드의 집에서 창설 준비 모임이 개최되었고, 그 이듬해 6월 25일 헌장을 채택하고 정식으로 조직되었다. G. Bonwick, "The Birth of the K. R. T. S.", *The Korea Mission Field*, 1914, Jan., pp. 12, 13.

충당되었다. 몇 년 동안 건물도 없었고 간사에게 보수도 지불하지 못했지만, 죠선성교서회는 교회의 성장과 더불어 날로 번창했다.

한국에 도착한 지 1년 남짓 되어 언더우드는 아펜젤러와 공동 작업으로 마가복음의 임시 번역판을 출판했다.[12] 그는 처음부터 성경을 번역·출판·보급하는 데 열심이어서, 아주 빠른 시기에 상임성서실행위원회(the Permanent Executive Bible Committee)를 조직했다.[13] 이 위원회는 여러 선교회의 대표자들로 구성되었다. 위원회는 산하의 번역위원회를 통하여 번역사업을 지도하고 통제했으며, 성서공회(Bible Society) 사람들의 도움을 받아 인쇄와 출판을 지도했다. 언더우드가 미리 본국의 성서공회에 서신을 띄워 놓았기 때문에, 공회 사람들이 그를 돕기 위해 한국으로 왔다. 일본의 헵번 박사는 1887년에 위원회를 조직할 것을 언더우드에게 제의했고, 그해 여름에 위원회가 결성되자 마가복음의 인쇄를 돌봐 주고 있던 일본으로부터 곧 돌아왔다. 언더우드와 아펜젤러와 스크랜턴은 처음에 번역위원회 소속이었는데,[14] 언더우드는 일생 동안 위원장직을 맡았다. 휴가 기간을 제외하고 처음부터 계속해서 근무한 사람은 언더우드밖에 없었다. 번역위원회는 시간이 흘러감에 따라 변화를 겪었다. 아펜젤러도 언더우드와 마찬가지로 죽을 때까지 이 일을 했다. 그들은 주님이나 한국을 위해 일하는 데 목숨을 아끼지 않을 사람들이긴 했지만, 둘 다 이 일을 함으로써 값비

---

12 두 사람이 공동번역한 「마가의견흔복음셔언히」가 간행된 것은 1887년 여름인데, 이는 1885년 초에 이수정이 출판한 「신약마가젼복음셔언히」의 일종의 개정판이다.
13 여러 자료를 참고해 보면, 상임성서위원회(PBC)가 조직된 것은 1887년 2월 7일이고, 명칭을 한국상임성서위원회(PBC in Korea)라 한 것은 그해 4월 11일에 모인 PBC의 제3차 회의에서이며, 상임성서실행위원회(PEBC)가 조직된 것은 1893년이다. 따라서 1887년에 조직되었다는 본문의 위원회는 상임성서위원회다.
14 1887년 4월 11일 제3차 상임성서위원회 회의에서 위원회의 명칭을 한국 상임성서위원회라 하고, 그 밑에 번역위원회(The Translating Committee)와 개정위원회(The General Revising Committee), 두 분과위원회를 두기로 했다.

싼 희생을 치러야 했다. 아펜젤러는 번역위원회 회의에 참석하러 가던 중에 익사했으며,[15] 언더우드는 1915년 여름휴가 때, 가을과 겨울에 닥칠 과중한 업무를 수행할 수 있도록 건강을 회복해 두어야 함에도 불구하고, 그것에 개의치 않고 번역 일에 몰두함으로써 결국 그 기회를 잃고 말았던 것이다. 그는 언제나 성경 번역을 자신이 해야 할 가장 중요한 일 중 하나로 생각했다. 사람의 수중에 있는 성경이 가장 훌륭한 설교를 할 수 있다고 믿었기 때문이다. 그래서 그는 전국을 누비며 많은 성경을 배포 판매했을 뿐 아니라, 한국인 권서인(勸書人)들과 여자 권서(Bible Woman)들을 지도하는 데 많은 관심을 보였고 성심으로 그들을 격려했다.[16] 그 초기 시절에 언더우드를 잘 알았고 2년 동안 그의 지도를 받기도 했던 한 젊은 한국인으로부터 최근에 다음과 같은 편지를 받았다. "우리는 그를 '불동가리'(Pul Tongari: a bundle of fire) 그리고 '넓은 날개'(Nulbun Nalgai: wide wings)라고 불렀습니다. 그는 많은 것을 포용할 수 있었기 때문입니다. 저는 2년 동안 그와 긴밀한 관계를 유지했지만, 단 한순간도 그가 슬픔이나 분노 때문에 풀이 죽어 있는 것을 본 적이 없습니다." 또 다른 사람은 이렇게 쓰고 있다. "영국성서공회(BFBS)의 사옥(社屋, the Bible House)이 서울에 세워지던 1911년에 언더우드가 외국 후원자를 대표하여 초석을 놓게 된 것은 매우 적절한 일이었습니다. 언더우드는 영국성서공회의 명예 외국인 회원으로 선출되었으며 런던에서 열렸던 그 위원회 모임에서 다른 어떤 선교사보다 크게 환영을 받았습니다."

앞서 말했듯이, 언더우드는 처음부터 번역위원회의 위원장이었다. 수년

---

15 아펜젤러의 익사 사건은 1902년 6월 12일 저녁에 군산 앞 어청도 앞에서 일어났는데, 이에 대한 자세한 기록은, 이만열, 「아펜젤러」, 연세대 출판부, 1985, pp. 241-254를 참조하라.
16 '권서'에 관해서는, 이만열, '권서(勸書)'에 관한 연구'("동방학지" 65집, 연세대 국학연구원, 1990)와 '매서인의 역할과 문서선교 100년'("기독교 사상", 1990년 6월호) 및 류대영, 옥성득, 이만열 공저, 「대한성서공회사 II」, 대한성서공회, 1994, pp. 317-680를 참조하라.

동안 충실하게 봉사했던 게일(Gale) 박사와 레이놀즈(Reynolds) 박사[17]는 언더우드가 세상을 떠날 때, 정식으로 임명된 번역자로 남아 있었다.

성경 번역의 방법에 대해서는 전에 자세히 설명한 바 있으나, 언더우드가 약 5년 전에 "코리아 미션 필드"(*the Korean Mission Field*)[18]에 기고한 글을 인용함으로써 다시 한 번 언급해 두고자 한다. 그 글은 번역자들이 정확을 기하기 위해 헬라어, 히브리어, 라틴어, 불어, 독어, 중국어로 된 성경과 영어개역성경(the English Revised Version)을 참고 도서로 사용했다는 머리말로 시작되고 있다. 약간 길지만 그 글 전체를 인용해 보겠다.[19]

"선교사들은 이 나라에 처음 도착했을 때부터 하루빨리 성경을 번역할 필요성을 절실히 느꼈다. 이들은 사람들과 직접 대화를 나누기 위해 한국어 배우기를 열망하는 동시에, 이들의 마음속에는 하나님의 말씀을 한국어로 번역해야겠다는 생각이 뜨겁게 자리 잡고 있었다.

그 일을 수행하는 데 무엇보다 어려웠던 점은 말씀의 개념을 완전히 한국말로 옮기는 일이었다. 우리가 할 일은 그것을 문자 그대로 번역하는 것이 아니라 그 원어의 의미에 상응하는 한국어를 찾아내어 번역하는 일이었다. 실수를 할 위험이 없지 않았지만, 이것은 워낙 중요한 일이었기 때문에 도착한 지 1년도 안 되어 우리는 개인적인 번역을 시도했는데, 아펜젤러 목사는 필자와 함께 마가복음을 번역했다.[20]

이런 임무를 띠고 필자가 일본에서 귀국한 직후에 선교사들은 헵번 박

---

17 게일[J. S. Gale, 기일(奇一), 1863-1934]은 미북장로교, 레이놀즈[W. D. Reynolds, 이눌서(李訥瑞), 1867-1951]는 미남장로교의 선교사로서 한국어 성경 번역에 크게 공헌했다.
18 정확한 명칭은 *The Korea Mission Field*다.
19 저자는 KMF Vol. VII. No. 10(1911. 10), pp. 296-299에 실린 "Bible Translating"이란 글의 전문을 거의 다 인용하고 있다.
20 이수정이 번역한 「신약마가젼복음셔언히」(1885)를 「마가의젼흔복음셔언히」로 재번역한 것을 말한다.

사의 조언에 따라 상임성서실행위원회를 조직했고, 이 위원회는 성경의 번역과 출판을 감독하는 일을 맡게 되었다.

피터즈(A. A. Pieters) 목사,[21] 트롤로프(M. N. Trollope) 신부,[22] 존스(G. H. Jones) 목사[23] 등이 각각 잠시 동안 위원회 일을 맡았으나, 수년 동안 이 일에 헌신적이었던 아펜젤러 목사가 죽은 후에는 주요 위원으로는 게일 박사, 레이놀즈 박사 그리고 필자, 이렇게 세 사람밖에 남지 않았다.

처음에는 개인적으로 번역한 신약성경의 번역본들이 그 위원회에 의하여 임시로 출판되었지만, 이것들은 곧 번역위원회에서 개정한 번역본으로 대치되었다. 따라서 1900년에는 시험역 개인 번역본들이 교회에서 사용되었지만, 1906년에는 완전히 개정된 신약성경이 한국 전역에 보급되었다.[24] 동시에 구약에 대한 개인적 번역 작업도 상당히 진행되고 있었는데, 각 권이 위원들에게 할당되었고, 연합위원회가 다른 일들과 함께 그것도 완성할 수 있게 되자마자 그것들도 수정되었다. 구약의 단편 성경들이 번역·수정된 후 경험이 풍부한 한국인들이 번역자위원회의 정규 위원으로 보충되었다. 물론 그들은 처음부터 함께 번역 작업을 해 온 사람들이었다.[25] 구약의 번역 작업은 상급 번역자들[게일, 레이놀즈]이 번갈아 가며 자리를 비

---

21 피터스(彼得)는 러시아 출신의 유대인으로, 일본에 와서 미국 선교사 피터스에 의해 개종(改宗), 개명(改名)하고, 한국에 미국성서공회 권서로 건너와 구약의 일부를 번역하여 1898년에 「시편촬요」로 간행했다. 뒷날 신학을 공부하여 미북장로교 선교사로 다시 한국에 나와 특히 구약성경 번역에 헌신했다.
22 트롤로프[조(趙)마가, 1862-1930]는 영국 출신의 성공회 주교로 1890년 6월 한국 선교사로 부임하여 성경 번역 이외에도 성 미가엘 신학교를 설립했고 제3대 한국 교구장을 역임했다.
23 존스[조원시(趙元時), 1867-1919] 목사는 1887년 미감리교 소속 한국 선교사로 부임하여 The Korea Repository, The Korea Review를 창간했으며, 엡윗청년회 및 YMCA의 창립에 산파역을 감당했다.
24 국내에서 1900년에 간행된 신약전서는 임시본을 모은 것이었고, 1906년에 가서야 공인역(公認譯)이 나오게 되었다.
25 한국인으로 정규 번역위원이 된 사람은 김정삼·이원모이며, 이승두는 레이놀즈의 조사로 번역 작업에 참여했다.

우고, 또 거의 1년간은 두 사람이 모두 부재하는 바람에 지연되었지만, W. D. 레이놀즈 박사에 의해 크게 진척되어 1911년에는 완전히 번역된 성경이 한국인들에게 주어졌다.

번역자들에게 당면한 문제가 어떠한 것이었는지는 많은 사람들이 이해할 수 있으리라 생각한다. 이 나라는 그동안 완전히 폐쇄되어 있었기 때문에 처음에는 언어와 관련하여 참고할 만한 것이 거의 없었다는 것을 제외하면, 그 문제들은 그 어떤 나라 말로든 이러한 번역을 하려는 사람들에게 주어지는 문제와 비슷했다. 물론, 번역자가 원문의 정확한 뜻뿐 아니라 자신이 사용하려고 하는 언어에도 능숙해야 한다는 것은 가장 기본적인 일이다. 왜냐하면 성경과 같이 한 구절의 변동, 아니 한 단어의 정의의 차이만으로도 수많은 영혼들에게 큰 영향을 줄 수 있는 책에서는, 원래의 뜻이 번역어를 통해 가능한 한 완벽하게 전달되어야 하기 때문이다.

자신이 사용하려는 언어를 알고자 노력하는 데에는, 번역자는 물론 이 목적을 위해 가장 좋은 자질을 갖춘 사람들, 혹은 가능한 한 가장 훌륭한 학자들의 도움을 얻어야 한다. 그러나 이 경우에도, 아주 조심스럽게 평범한 사람들과 깊은 접촉을 가져 나가지 않으면, 이 작업이 대상으로 하고 있는 수많은 사람들[대중]이 이해할 수 없는 문체를 사용하게 될 위험이 있다. 위원회는 고상한 문체와 상스러운 문체의 두 암초 사이를 헤쳐 나가기 위해 애써야 했으며, 아무리 무식한 사람이라도 이해할 수 있는 쉬운 문체이면서도 동시에 학문적이라고도 할 수 있을 만큼 정숙하고도 깔끔한 문체를 사용하기 위해 노력했다.

이런 이상이 완전히 성취되었으리라고는 단언할 수 없지만, 이를 충분히 만족시키는 방법은 하나님의 말씀이 쓰인 원어를 철저하게 교육받은 한국인 학자를 통하는 것뿐이라고 나는 믿는다. 우리는 장래 그런 사람이 나오기를 바라며, 그런 사람에게 우리의 미래의 번역을 기대한다.

처음에 번역자들이 때로 오랜 시간을 연구하여 본문의 진정한 의미에 대해 의견의 일치를 본 후 부딪혔던 가장 큰 난제는, 그것의 명료한 개념을 한국인 조력자들에게 전달하는 일이었다. 그래야만 이 사람들은 그것을 가장 자연스러운 한국어로 옮길 것이었기 때문이다. 때로 한국어에는 이런 추상적이고 영적인 진리를 담은 단어가 없었기 때문에, 새로운 표현을 만들어 내거나 설명을 하거나 예시를 주는 등 우회적인 방법으로 이 목적을 달성해야 했다. 그러나 그들이 그 개념을 파악했다 해도 문제는 또 남아 있었다. 그들이 보통 사람은 이해할 수 없는 딱딱하고 고전적인 말(한문체 한국어)로 표현하지 않도록 주의시키는 일이었다. 그렇게 하는 것은 모든 동양학자들의 뿌리 깊은 경향이었다. 그래서 그들이 명확하고 단순한 말을 사용하도록 유도하는 것은 때로 거의 불가능했다. 과정이 이러했기 때문에, 특히 초기에 위원회는 한 복음서의 서너 구절을 가지고 하루를 보내는 일도 종종 있었다. 처음에는 원래의 의미에 대해서 우리끼리 길고 지루한 토론을 벌이고, 다음에는 그것을 한국어로 옮기는 일에 대해 한국인들과 논의를 했던 것이다.

우리가 여러 가지로 도움을 받은 것에 대해 이야기했지만, 가장 중요하고 우선되는 것은 아직 이야기하지 않은 것 같다. 그것은 기도하는 일이었다. 각 사람들은 이 일을 맡은 것에 대해 큰 책임감을 절감하고 있었으며, 성령의 도우심 없이는 자신이 이 일에 부적격하다는 것을 잘 알고 있었다. 따라서 우리는 함께 혹은 개인적으로, 필요한 지혜를 간구했다. 이 지혜 없이는 일을 완수하는 것이 불가능하다는 것을 알고 있었던 것이다.

복음 사업 및 다른 여러 사업도 해야 할 것이 무척 많았기 때문에, 우리가 다른 할 일이 없었을 때보다 번역 사업의 진척 속도는 훨씬 느렸다. 위원들이 병이 생기거나 불가피하게 참석하지 못하는 경우도 있었다. 또한 그러한 긴장 상태에서 살아가는 사람들에게 반드시 필요한 정기 휴가 역시 일이 늦어지는 이유 중 하나였다. 그러나 첫 개신교 선교사들이 이 땅에 도착한 지 사반세기도 안 되어 성경 전체가 한국인들의 수중에 들어갈 수 있었다는 것은 결코 늦은 일이라 볼 수 없다.

어떤 사람이 그만두게 되었을 때 다른 사람을 택해 보내 주시고, 지혜와 은혜를 주시고, 모든 것을 감찰하시고 지도하신, 위대하신 조력자요 교사이셨던 주님이 없었다면, 이 일은 불가능했을 것이다. 큰 은사를 주신 주님께 영광과 찬양을 돌린다."

어쨌든 언더우드는 많은 시간을 한국어를 배우는 데 할애했으며, 저녁마다 정기적으로 그의 교사인 한국인 친구들을 접대했고, 이상한 새로운 소리를 들으면서 먹고 마시는 가운데 가능한 한 빨리 한국어에 익숙해지려고 노력했다. 그 당시에 벌써 그는 사전과는 다른 한국어 학습서를 준비하기 시작하고 있었다.

복음 사업에 대해서는 언더우드 자신의 말을 들어 보면 초기 시작 단계의 상황을 알아차릴 수 있을 것이다. "우리는 한국어를 조금 알게 되자마자, 바로 사람들이 많이 모이는 골목길이나 샛길로 나갔다. 아니면 사람들이 많이 다니는 큰 길이나 약수터 옆에 있는 나무 아래 앉아 있는 것을 일과로 삼았다. 우리는 책을 한 권 꺼내어 읽기 시작했다. 몇 명의 사람들이 우리 주변에 모여들어 질문을 하면 우리는 그 책과 진리와 그 의미에 대한 설명을 시도했다. 물론 이러한 과정에서는 먼저 우리 모두의 공통된 기반을 찾아, 점차 그들이 알고 있는 것에서 모르는 것으로 이끌어 가는 것이 중요했다. 후에 거리에서의 사업은 더욱 발전하여 더 큰 거리나 마을에서 모임이 열렸고, 어떤 지역에서는 가두 예배당(street chapel) 비슷한 것이 생겨났다. 그러나 한국에는 극장이나 강연장이 없었다. 그래서 그들은 커다란 집회에 모이는 데 익숙하지 않았기 때문에, 처음부터 우리는 한국의 사랑방(응접실)에서 그들을 직접 대면하는 데 상당히 의존하게 되었다."[26]

첫 회개자인 노 씨[27]의 이야기는 여러 번 했지만, 여전히 그 이야기는 하나님의 말씀의 힘을 증거해 주기 때문에 여기서 다시 한 번 이야기하는 것이 좋겠다. 그는 외국에 대한 호기심으로 가득 찬 한국의 양반으로, 특히 외국 종교에 대한 관심이 깊었지만, 여태까지 읽어 온 것은 매우 하찮은 것들이었다. 더구나 그는 자신이 이 종교에 관심을 갖고 있다는 사실을 남들이 알까 봐 두려워하고 부끄러워했다. 바로 얼마 전에 그의 많은 동포들이 신앙을 고백하여 고문을 당하고 참수당한 일이 있었기 때문이다.[28] 그래서 그는 알렌 박사에게 한국어를 가르치고 자신은 영어를 배우는 척하면서, 언제나 이 금단의 열매를 따 먹을 기회만 노리고 있었다. 그러던 어느 날 그는 서재 책상에서 두 복음서를 훔쳐보게 되었다. 누가복음과 마태복음이었다. 그는 양심의 가책을 느낄 새도 없이 급히 그 두 권을 넓은 소매 속에 넣은 다음, 훔친 보물을 들고 집으로 달려왔다. 몰래 먹는 떡이 맛이 있듯이, 우리의 친구 노 씨는 희열을 느끼며 금지된 문헌을 독파했다. 그는 이 책의 놀라운 매력에 사로잡혔다. 이것은 편견에 사로잡힌 그의 마음에도 그저 아름다운 것일 뿐 아니라 진리로 받아들여졌다. 그는 밤새 그 책을 읽고 아침에는 그것이 진실로 하나님의 말씀이라고 완전히 확신하게 되었으며, 하나님을 위해서라면 기꺼이 목숨을 바치겠다고 결심하게 되었다. 그래서 그는 용감하게도 복음이 '좋고 웅대하며', 죽든 살든 믿음을 갖고 싶다고 언더우드의 서재에서 공개적으로 고백했다. 완전한 사랑은

---

26 H. G. Underwood, *The Call of Korea*, pp. 106, 107.
27 일명 노도사(盧道士)로 불린 노춘경(盧春京)은 유학 서적을 읽다가 기독교를 반대한 구절에서 오히려 기독교에 대한 관심을 갖게 되어 주로 신앙 서적과 성경을 통해 신앙을 알아 가다가, 마침내 국내에서 세례받은 것으로는 최초의 한국인 세례신자가 되었다.
28 조선의 천주교 박해는 신해사옥(1791), 신유사옥(1801), 기해사옥(1839)에 이어, 개신교 선교 20여 년 전인 병인사옥(1866)이 있었고, 그때 최소 8천 명의 신자가 순교한 바, 당시 한국민에게 기독교로 개종하는 것은 죽음을 각오해야 하는 것이었다.

두려움을 떨쳐 버렸다. 하나님의 말씀은 귀 있는 자에게 가장 강력한 호소력을 지닌다. 성경이 마력을 지니고 있어서 그 책을 읽는 사람은 원하든 원치 않든 간에 믿게 된다는 유명한 이야기가 동양 전체의 불신자들 사이에 나돌 만큼 그것은 평범한 사실이 되어 버렸다.

25년을 회고하는 짧은 글에서 언더우드는 이렇게 이야기하고 있다. "이 사람을 보면, 우리는 마치 그를 뒤따를 다른 사람들의 모습을 보는 것만 같았다. 우리는 어두운 한국에 동이 틀 날이 오리란 것을 알고 있었으며, 이 한 사람의 신자는 바로 하나님이 자신의 것으로 만드시려고 작정하신 백성에 대한 하나님의 보증임을 우리는 확실히 믿었다."[29]

노 씨는 1886년 7월 11일 비밀리에 세례를 받았으며,[30] 이듬해 봄에는 또 3명이 세례를 받아, 여기서부터 첫 교회가 조직되었다.[31] 1887년 12월 언더우드의 집에서 7명의 세례교인만이 참석하여 처음으로 열린 성찬예배에 대한 완전한 기록이 아직도 남아 있다.

언더우드의 병원 사업은 그때뿐만 아니라, 장차 다가올 한국에서의 그의 미래를 통틀어 그가 맡을 병자를 위한 섬김의 극히 일부에 지나지 않았다. 이국 땅의 작은 공동체, 특히 깊은 내륙의 선교지부에서는 심한 병에 걸리면 사람들끼리 서로 도와야 했으며, 어떨 때는 밤낮을 교대해 가며 간호를 해야 했다. 그는 간호하는 데 특별한 재능을 타고난 사람처럼 보여서, 그가 돌보았던 환자들은 모두 그를 침대 곁에 두고 싶어 했다. 어떤 이

---

29 이 글은 언더우드가 1909년 '미국 북장로교 한국선교 25주년 기념대회'에서 읽은 *Reminiscences, Quarto Centenial Papers*(pp. 97-110)에 나오는 일절로서, 전문이 "기독교 사상" 1985년 4월호에 '언더우드 회상기'(김문호 역)로 번역·게재되어 있다.
30 노 씨의 세례식에 참여했던 아펜젤러는 그의 일기에서 7월 18일이라고 밝혀 놓고 있다. 이만열, 「아펜젤러」(연세대 출판부, 1985), p. 287 참조.
31 소래에서 서상륜의 인솔하에 상경한 서경조·정공빈·최명오가 1887년 1월 23일 세례를 받았으며, 그해 9월 27일 새문안교회가 조직되었다.

들은 반쯤 정신착란 상태여서 그런지, 아니면 병이 들어 성급해져서 그런지, 당황스럽게도 호러스와 다른 간호사 둘 다 있는 자리에서 그들을 비교하기도 했다. 사실 그는 매우 상냥하고 조용하고 기민하고 환자들이 미처 느끼기도 전에 그들이 필요로 하는 것을 먼저 생각하고 워낙 겸손했기 때문에, 숙련된 간호사라도 그와 비교될 수는 없었다. 당시에는 오랫동안 천연두가 한국에 치명적인 해를 입히고 있었다. 모든 아이들이 그 병에 걸려 있었기 때문에, 부모들은 아이들의 병이 완전히 낫기 전까지는 가족의 수를 셈하지 말라는 이야기를 들을 정도였다. 모든 외국인들도 피할 수 없이 이 병과 직면해야 했다. 거리에서 병에 걸린 사람들을 업고 다니는 경우도 있었으며, 우리 하인들이 자기 집에서 우리 집 부엌이나 아이들 방으로 오면서 병을 전염시키기도 했다. 그러나 백신을 제대로 맞은 사람들은 병에 걸릴 염려가 전혀 없다는 것이 판명되었다. 초기 시절에는 "하퍼스 매거진"(Harper's Magazine) 소속의 삽화가로 서울에 왔던 한 불행한 젊은 미국인이 백신을 맞은 적이 없어서 그 병에 걸렸고 혹심한 아픔에 시달려야 했다. 그는 한국이라는 낯선 곳에서 구원을 요청할 사람도 없이 앓아누워, 모든 고통 중에서도 가장 충격적이고 혐오스러운 고통인 소위 '검은 천연두'의 발진에 시달렸다. 이 소식을 들은 알렌 박사는 관리, 상인, 교사, 선교사 들과 같이 얼마 안 되는 외국인들 가운데서 간호할 사람을 찾았다. 대부분의 사람들은 그 제안에 두려워하며 움츠러들었지만, 언더우드만은 기꺼이 그 환자를 맡아, 슬프게도 그가 죽을 때까지 자기 형제를 돌보듯 돌보아 주었다.

　1886년 여름에는 무시무시한 아시아 콜레라 전염병이 서울과 근교에 퍼졌다. 시체가 거리와 골목길 여기저기에 널려 있었고, 쓰러지는 사람은 한 시간 안에 죽곤 했다.[32] 선교사들은 그 수가 너무 적고 조력자도 거의 없어서 효과적인 활동을 할 수는 없었지만, 힘껏 최선을 다했다. 알렌 박사는 병에 걸린 사람들을 치료하고 소독약을 뿌렸으며, 나머지 사람들도 성심껏 노력했다. 어느 날 언더우드는 요리사가 병 때문에 부엌에서 죽었다는 갑작스런 소식을 들었다. 집에 손님들이 있었기 때문에 비밀리에 신속하게 처리하는 수밖에 없었다. 빠르면 빠를수록 좋은 일이었다. 이 일을 워낙 빨리, 조용히, 완벽하게 처리했기 때문에 다시 그 부엌에서 저녁을 만들어 맛있게 먹을 수 있었다. 그들이 환자를 돌보아 주었던 일은 직접적인 효과가 없는 듯 보였을지 모르지만, 한국인들에게 이 외국인들이 어떤 사람들인지를 보여 준 셈이 되어 그들의 호감을 샀음에 틀림없다.

집안일을 꾸려 나가는 것도 언더우드에게는 큰 문제였다. 어디서 어떤 환경에서 자랐는지 모르는 일꾼들이 모두 깨끗하고 정직한 사람들이라고 기대할 수는 없었으며, 그들은 서양 음식을 어떻게 하고 서양 주택을 어떻게 돌볼지 전혀 몰랐다. 가까운 냇가에 나가 빨래거리를 돌로 두드리는 것 외에는 달리 빨래하는 방법도 몰랐다. 그래서 이 젊은 신학자이자 교사인 번역가는 하인들에게 요리하는 법, 마루를 닦는 법, 세탁하는 법 등을 가르치는 것으로 직업을 바꾸어야 할 지경이었다. 하인들이 일을 잘못하여 혼날까 봐 모두 도망가 버렸을 때는 한밤중에 깃과 셔츠에 풀을 먹이는 일을 손수 해야 했다.

소를 제대로 잡아 도살하는 것도 어려운 일이었기 때문에, 언더우드와 헤론 박사는 푸줏간 운영 허가를 얻어 팔로아(Parloa) 양의 요리책까지 구비해 놓았다. 그들은 한국인 도축업자와 계약을 맺어, 그에게 정확한 방법으로 고기 자르는 법을 가르쳐 줄 계획이었다. 이런 공식적인 설명을 작성하기 위해선 사전이 꼭 필요했다. 그는 적합한 단어를 찾기 위해 열심

---

32 알렌의 "Report on the Health of Seoul for the Year 1886"에 의하면, 7월 15일부터 9월까지 일반 사망자 940명을 포함하여 총 7,092명이 사망했는데, 심할 때는 하루에 460구의 시체가 운반되어 나갔다고 한다.

히 뒤적거렸다. 그렇게 하여 약속하다(promise), 동의하다(agree), 계약하다(contract), 합의하다(consent) 등을 의미하는 말을 찾아냈다. 그는 자신이 찾던 바로 그 표현을 알아냈다는 데 만족하여, 영문도 모르지만 순종적인 그 사람에게 진지하게 반복해서 따라 읽도록 했다. 그러나 면접을 완전히 끝내고 보니 그가 맺은 그 엄숙한 계약은 결혼 서약과 관련된 것이었다. 그는, 한 명 이상은 아니더라도 분명 이미 아내가 있는 푸줏간 주인에게 결혼을 하도록 엄숙한 권고를 한 셈이었다.

왕실은 모든 외국인들에게 매우 호의적이었다. 특히 병원이나 의학교에 관련된 사람들은 한국인 고관들과 마찬가지로, 왕의 생신이나 설, 혹은 다른 특별한 날이면 왕실로부터 부채·벌꿀·달걀·꿩·소고기·생선·밤·곶감 등의 선물을 하사받았다. 최고위층 양반들, 특히 내부(內部)와 외부(外部, Home and Foreign Affairs: 오늘날의 내무부와 외무부) 관리들은 의사들뿐만 아니라 언더우드도 자주 집으로 불렀다. 때로는 궁궐의 연못에서 얼음을 지치기 위해 초대를 하기도 했는데 그들은 궁궐에 초대받아 양식으로 훌륭하게 차려진 저녁식사를 하기도 했다. 그럴 때는 늘 민영환 공(Prince Min Yong Whan)이나 왕의 측근에 있는 다른 고위층이 잔치의 주인 역할을 했다. 이때 이루어진 우정은 이 작은 나라를 30년간이나 뒤흔든 역경과 정치적 격변에도 불구하고 평생 유지되었다.

소규모의 선교회가 조직된 후에 언더우드는 곧 회계 일을 맡았는데, 당시에는 정산하는 일이 쉽지 않았기 때문에 상당히 어려운 일이었다. 당시 사람들 사이의 교환 수단[돈]은 25센트 은화 크기만 한 동전이었는데, 그 중앙에는 구멍이 뚫려 있어 끈에 꿰도록 되어 있었다. 각 동전은 공식화폐로 '5전'의 가치로 계산되었으며[당오전(當五錢)], 어떤 곳에서는 공식화폐 2,500-3,500전이 1달러에 해당했다. 따라서 시장에서 1달러어치의 물건을 사려면 최소한 이 동전 500개가 필요했다. 여자들이 뉴욕의 5번가에서 이 동전을 가지고 물건을 사려면 '지게'라는 것을 등에 진 일꾼이나, 조랑말 혹은 황소를 모는 일꾼이 있어야 했을 것이다. 이 동전 때문에 생기는 어려움은 그 양이나 무게, 혹은 많은 양의 동전을 셈할 때 드는 시간에만 있는 것이 아니라, 그 가치의 끊임없는 변동에도 있었다. 지방에서 쓰이는 돈과 서울에서 쓰이는 돈은 종류와 가치가 달랐다. 부정직하게 돈을 찍어 내는 사람들이 종종 돈의 가치를 떨어뜨리기도 했다. 그래서 이런 위조 동전을 사용하는 자는 모두 재판에 회부되었다. 모든 일꾼과 하인과 상인 들은 이 동전으로 보수를 받으려 했기에, 선교사들의 보수 중 최소한 얼마는 이 동전으로 지급해야 할 때도 있었다. 알렌 박사에게는 2.4미터의 넓이와 높이를 가진 방이 있었는데, 그곳에는 50달러어치 가량의 엽전이 가득 차 있었다고 한다. 감리교 선교부의 회계였던 아펜젤러와 언더우드가 45킬로미터나 되는 제물포까지 금화 300달러어치의 돈을 사러 가서 그것을 가지고 함께 서울로 오려 했지만, 제물포에는 그것을 한꺼번에 운반할 수 있을 만큼의 조랑말이나 황소가 없었다는 이야기를 언더우드로부터 여러 번 들은 일도 있다. 한 마리의 큰 황소가 열 꾸러미 정도는 나를 수 있는데 '한 꾸러미'는 만 전이었다. 따라서 그것은 열두 마리의 황소가 나르기에도 무거운 짐이었다. 그래서 한 사람이 몇 마리의 황소와 조랑말을 끌고 먼저 출발하고, 다음 날 또 한 사람이 제물포에서 모을 수 있는 짐 나르는 짐승들이라면 모두 모아 나머지 돈을 싣고 왔다는 것이다. '시세'(Sicee)라고 불리는 은덩어리가 많은 양의 돈을 대신 사용하기도 했는데, 이것도 크기가 다양했고, 무게에 따라 '타엘'(taels)이라고 세며 가치를 매겼다. 중국 동전은 0.5달러가 넘는 가치를 지녔다. 또한 금화 1달러의 반이 안 되는 가치를 지닌 멕시코 달러도 있었다. '타엘'의 무게가 많이 나가는 많은 '시세'와 많은 멕시코 달러는 다소간 금의 가치를 지니고 있었다. 어제는 1달러에 2,500으로 계산되던 '돈'이 오늘은 3,700까지 떨어졌는데 내일은 얼마가 될지 누가 알겠는가? 따라서 장부를 적는 일은 쉬운 일이 아니었다. 이런 불확실한 돈이 난무하는 상태에서, 선교회의 재정을 관리한 젊은 언더우드는 결코 한직에 있는 것이 아니었다.

3
중요한 시작

감리교 선교회의 아펜젤러 부부와 스크랜턴 부부는 1885년 언더우드가 온 지 얼마 되지 않아 한국에 도착했다. 육영공원 교사들인 길모어, 벙커, 헐버트는 1886년 6월에 왔다.[1] 두 선교회의 첫 선교사들은 영혼을 구하기 위해 함께 일하고 기도해 왔다. 한국에 온 첫해의 마지막 날, 그들은 철야예배에서 만나 하나님께 이듬해에 영혼들을 보내 달라고 기도했을 때, 지금까지 알려진 거의 모든 선교지에서는 첫 열매를 거두는 데 최소한 10여 년이 소요되었다는 것과 그들 자신의 기도에 담긴 내용을 비교해 보고는 그들의 믿음이 거의 흔들릴 정도였다고 언더우드는 가끔 말하곤 했다. 그러나 1887년 9월 언더우드의 집에 있는 제단 주위에 둘러앉은 사람들은 일곱 명이었으며,[2] 이후 매년 신

---

1 정확하게는 1886년 7월 4일에 도착했다.
2 저자는 앞에서도 1887년 12월에 7명의 수세자가 있다고 했다. 참고로 1887년 9월 27일 저녁에 14명의 한국인 수세자들이 모여 2명의 장로를 선출하고 정동교회(현 새문안교회)를 정규조직교회로 조직했다. 이 점에 대해서는 연세국학자료 총서 48, 「언더우드 자료집 L」(연세대 출판부, 1995, 77쪽 주 86)을 참조하라.

도 수는 꾸준히 늘어났다. 그러나 선교사들은 이 회개자들의 신앙의 발전 정도를 심사하는 데 매우 조심스러웠으며, 또한 새로운 신앙을 고백한다는 것이 당시엔 목숨을 내건 문제였기 때문에 사람들은 신앙고백을 하는 것을 가볍게 여기지 않았다. 국립학교[육영공원] 교사 가운데 한 사람이었던 헐버트의 사신(私信) 가운데는 그런 상황을 잘 보여 주는 예가 있다. 거기에는 이미 1887년에 언더우드가 회개한 세 사람에게 세례를 주면서 헐버트에게 망을 보아 달라고 한 사실이 적혀 있는데, 이것은 세례를 주는 일이 그 당시에는 얼마나 긴장을 요하는 일이었는지, 또한 새로운 신자를 받아들이는 일조차 얼마나 비밀 보장이 요구되었는지를 보여 준다.[3] 한 두 명의 선교사는 벌써 세례까지 주냐며 달가워하지 않았기 때문에, 이러한 입장의 분열은 모든 일에 더욱더 주의를 기울이게 만들었다. 서상륜이라는 사람은 만주에 있을 때 그곳 선교사인 로스(Ross)와 매킨타이어(McIntyre)로부터 기독교에 대해 배운 뒤, 몇 권의 책과 복음의 메시지를 들고 황해도[4]의 소래마을로 돌아왔다. 그러고는 1886년에 서울로 와서 언더우드에게 자기 마을을 방문하여 '믿을 마음을 먹은'[5] 사람들에게 세례를 베풀어 달라고 청했다. 앞서도 밝혔듯이, 이 마을의 세 사람이 1887년 9월에 세례를 받았으며,[6] 같은 해 11월에 언더우드는 소래에서의 부름에 응하여

---

3 이때의 세례 문제와 관련, 언더우드는 1887년 1월 22일자 편지에서, 수세자들이 "하나님이 우리를 구원해 주셨으니 임금이 우리를 처형한다 해도 괜찮습니다", "하나님을 섬긴다는 이유로 임금님이 내 목을 자른다 해도 상관치 않습니다"라고 고백했다고 썼다.
4 [원주] *The Call of Korea*, p. 107와 p. 135를 보라.
5 원문은 'eaten a believing mind'인데, 저자는 한국어의 '마음먹다'라는 표현을 특이하게 여겨 그대로 영어로 옮겨 놓은 것 같다.
6 앞에서 말한 바와 같이 이것은 사실과 다르다. 선교사의 지방여행이 불가능했기 때문에, 서상륜은 1887년 1월에 소래 교인들을 데리고 서울에 와서 선교사들에게 소개했다. 그 결과 1887년 1월 23일 서경조, 정공빈, 최명오 3인이 세례를 받았다. 계속해서 소래 교인들이 서울에 와서 세례 받은 결과 9월 초에는 세례교인이 11명에 달했다(헤론이 엘린우드에게 보낸 편지, 1887년 9월 4일자).

처음으로 지방여행을 떠났다. 물론 그는 말을 타고 떠났지만 일정 구간을 걷기도 했는데, 이로써 그는 조금이라도 서울 바깥의 내륙을 여행한 첫 유럽인이 되었다. 이렇게 언더우드가 말을 타기도 하고 걷기도 하여 한국 내륙을 여행한 첫 외국인이 된 반면, 그의 아내는 한국 고유의 가마를 타고 여행한 첫 외국 여성이 되었다는 것은 재미있는 우연의 일치라 할 수 있다. 사실상 이 여행은 서울에서 강계와 의주까지의 길을 이런 식으로 거쳐 간 유일한 여행이 아닌가 생각된다.[7] 또 그의 아들은 송도와 해주를 거쳐 소래에 이르기까지 새로 놓은 길을 처음으로 자동차를 타고 달린 사람이 되었다. 한편 미국인 관리의 한 사람이었던 풀크(Foulke)는 1884년에 사냥 여행을 시도했으나, "커다란 위험을 만나 온갖 어려움을 겪고 가까스로 목숨을 건져 돌아왔다"고 공식 문서에 기록되어 있다.[8]

송도, 평양, 소래 등을 방문한 이후에, 언더우드는 서울에서 약 800킬로미터 떨어진 북쪽 국경에 위치한 의주까지 방문하기로 결정했다. 이 여행은 이후에 내륙 사람들에게 복음을 전파하는 데 아주 좋은 수단으로 사용되어 온 전국 순회여행의 시초가 되었다. 이제는 선교사들이 시골 마을에 들어가 복음을 전파하고 교회를 세우는 것이 하나의 관례로 되었지만, 그때만 해도 이런 여행은 아주 위태로운 모험으로 생각되었다. 외국인들은 그러한 여행을 시도해 보려고 하지도 않았고, 더군다나 위험스러울 정도로 적대적인 사람들 사이를 뚫고 지나간다는 것을 꿈도 꾸지 못했다. 선교의 열정으로 불타오르는 사람만이, 한없는 믿음과 헌신의 용기를 가져 아무것도 두려울 것 없는 사람만이 그러한 봉사를 감행할 수 있었다. 그러나

---

[7] 이 여행은 두 사람이 1889년 3월 14일에 결혼 후 신혼여행으로 북쪽 지방에 선교여행을 한 것이다.
[8] 풀크(George C. Foulke)는 당시 중위였고, 주한미국 대리공사였으나, 갑신정변 후 외국인에 대한 한국인의 증오감 때문에 봉변을 당할 뻔했다. "H. N. Allen Greetings", *Quarto Centennial Papers*, p. 11 참조.

생각했던 것과는 달리 이 젊은 여행자는 가는 곳마다 친절한 환대를 받았다. 한번은 언더우드가 길을 잃어, 자기같이 낯선 이방인이 입을지도 모르는 화를 두려워하며 걱정스러운 마음으로 한 농가를 찾아 길을 물은 적이 있었다. 그러나 그는 아주 따뜻한 환대를 받으며 그 집에 들어가 쉴 수 있었다. 그는 자신이 이들에게 외국에서 온 반가운 손님이라는 것을 느낄 수 있었다. 돌아오는 길에 평양에 도착했을 때는, 당나귀도 지치고 노자도 다 떨어져 평양 감사에게 도움을 요청할 수밖에 없었다. 이 관리는 언더우드가 서울에서 만난 양반들처럼 그를 극진히 대접했다. 그는 언더우드가 그곳에서 오랫동안 머물게 한 뒤에, 떠날 때는 자기 마구간에서 가장 좋은 말을 골라 주고 필요한 돈까지 주었다.

이 여행에서 그는 가지고 갔던 책들을 모두 팔 수 있었으며, 머무는 곳에서는 항상 사람들의 이야기를 들었다. 점심을 먹거나 잠을 자는 장소에서는 설교를 해 보려고 무척이나 애썼다. 훗날 우리가 함께 여행하게 되었을 때, 나는 그의 이런 모습들을 내 눈으로 확인하고 그의 힘과 불굴의 의지에 놀라곤 했다. 하루 종일 여행을 한 후에는 항상 너무나 피곤하고 졸렸기 때문에, 광적인 호기심을 가지고 내 주위에 모여드는 거친 농촌 여인들에게 복음을 전한다는 것이 나에게는 무척 어려운 일이었다. 따라서 노래를 부르고 그림을 보여 주며, 그들에게 다가올 장래와 그들이 구원받아야 할 필요성에 대해 이야기하는 것은 특별한 노력 없이는 할 수 없는 일이었다. 그러나 그는 여행을 출발할 때와 마찬가지로 한결같이 원기에 넘쳐 있었다. 짐을 풀어 놓고 밤을 맞을 준비를 해 놓은 후에 그는 부지런히 식사 준비를 하는데, 지방여행을 할 때 밥 짓는 일은 언제나 그가 맡았다. 식사 준비를 하면서도 쉬지 않고 농담을 하고, 이야기를 해주고, 아이들을 어루만져 주고, 주부와 하인들에게 재미있는 말을 던지고, 여관 주인과도 사이좋게 어울렸다. 그리고 식사가 끝나면 사랑방에 사람들을 모아 놓고 앉아 이야기를 나누거나 아니면 작은 언덕 위나 문가 길에서 별빛을 받아가며 조금도 지친 기색 없이 설교를 하고 책을 판다. 그러고는 다음 날 아침이면 어김없이 일찌감치 길을 떠나는 일이 반복되었다.

처음 여행을 떠나던 해,[9] 그는 도보여행 계획을 세워 추수감사절에 맞추어 돌아왔다. 이는 기록적인 일인데, 얼어붙은 길에서 말이 하루에 50-80킬로미터를 달린다는 것은 믿기 어려운 일이기 때문이다. 그는 사교적이고 다정다감한 성품을 타고났기에 기념일이나 축일은 그에게 큰 의미가 있었다. 그는 어떤 사람이든 사랑하고, 사회생활에서 큰 기쁨을 누리는 사람이었다. 따라서 여행을 떠나 외로운 처지인 상황에서, 추수감사절에 많은 친구들을 다시 만나 보기 위해 발걸음을 재촉하여 돌아온 것은 당연한 일이었다. 내 생각에는, 언더우드가 한국에서 처음으로 크리스마스 저녁 식사를 사람들과 함께한 것은 1886년의 크리스마스였을 것이다. 그 후 한국에 있는 동안 그는 크리스마스 저녁은 반드시 집에서 보내면서, 항상 다음 해도 그해와 같이 즐거운 해가 되기를 빌었다. 첫 크리스마스에 그는 중국에 요청한 물자와 영국에 주문한 응접실 가구를 기다리고 있었다. 하지만 결국 아무것도 도착하지 않았다. 응접실은 쓸쓸하고 황량해 손님을 맞기에는 적절치 않아 보였다. 우리 선교사를 비롯하여 감리교 선교사들도 있었고, 미국인, 영국인, 러시아인 그리고 세관 관리들도 있어 상당히 많은 손님들이 예상되었는데, 그들을 그런 응접실에서 맞을 수는 없는 노릇이었다.[10] 그러나 언더우드의 눈은, 조금이라도 이용할 만한 것이라면 결코 놓치지 않았다. 그에겐 스프링 침대가 하나 있었는데, 그는 이것을 이용하기로 했다. 그래서 곧 한국인 가구 제조업자를 불러, 의자 하나를 빌려

---

9 1887년 11월 초에 떠난 여행이다.
10 언더우드 여사는 언더우드 목사가 한국에서 보낸 첫 크리스마스를 함께한 것은 아니다. 여사가 한국에 도착한 것은 1888년 3월 27일이다.

오고는 그것을 보고 똑같이 만들도록 했다. 그가 애용했던 침대는 스프링이 뜯겨, 세 개의 안락의자와 두 개의 긴 의자 위에 놓이게 되었고, 이것들은 이내 아름다운 무늬의 중국 비단으로 싸였다. 이로써 응접실은 크리스마스의 축제 분위기에 걸맞은 분위기가 되었다. 이 의자들 가운데 두 개는 한국 초기 생활의 기념물로 아직까지 보물처럼 간직되고 있다.

언더우드의 집은, 그 후 오랫동안 선교사들이 살게 된 집들과 똑같은 한국 고유의 주택이었다. 흙으로 벽을 쌓고 돌로 바닥을 깐 집이었는데, 이 바닥 아래에는 연도(煙道)가 있어 바로 벽 밖의 아궁이를 거쳐 나온 연기와 열을 방 아래로 전달한다. 이렇게 하여 방을 골고루 실리적으로 데운다. 천장은 낮아서 방바닥에서부터 2.5-3미터가 될까 말까 했으며, 창도 프랑스식으로 낮게 달려 있었다. 그러나 언더우드 집의 지붕이나 대들보는 4.5미터 정도나 되었다. 지붕은 매우 무거웠지만, 오랜 수령으로 단단해진 아주 커다란 재목으로 지탱되고 있었다. 그 집은 약 300년가량 된 것인데, 벽이나 문짝뿐만 아니라 방 중앙의 여기저기에도 무게를 지탱하기 위해 기둥(ketungs)이라 불리는 큰 받침대가 받혀져 있었다. 대들보 위에는 서까래가 놓여 있고, 이 진흙이 묻은 서까래 위에는 많은 진흙, 그리고 그 위에 마지막으로 기와가 있었다. 서까래 위의 천장에는 진흙이 깨끗이 발려 있었기 때문에, 비가 지붕을 뚫고 들어오긴 했지만, 아무리 더운 여름이라도 태양열이 이 지붕을 뚫고 들어오는 일은 없었다. 아무리 여러 번 사람을 불러 깨진 기와를 교체하고 물이 샐 만한 곳을 때우는 등 지붕을 수리해도, 우기가 찾아와 빗줄기가 무섭도록 집을 두드리면 기와 밑으로 물이 새어 나온다. 한참 동안 물이 스며들면 결국 진흙덩이가 여기저기 툭툭 떨어진다. 이러한 현상은 시간이 흐를수록 더욱 심해진다. 빗물은 받쳐 놓은 물동이를 피해, 예쁘게 발라 놓은 벽지를 타고 줄줄 흘러내리곤 했다. 빗물이 방바닥으로 흐른다는 느낌에 깜짝 놀라 이부자리를 걷어들고 보면, 잠자던 자리에 습기가 차 눅눅해져 있다. 그러나 크리스마스 때는 이 집들이 놀랍도록 아름답게 장식된다. 한국에는 지천으로 흔한 호랑가시나뭇가지와 겨우살이 나뭇가지를 상록수 가지와 섞어 큰 서까래에 장식해 놓으면 말로 표현할 수 없을 정도로 그림 같은 모습이 된다. 언더우드의 집에는 또 커다란 난로가 여러 개 있었다. 첫 번째 것은 언더우드 자신이 만든 것이었다. 그 난로에서 아름답게 불이 타오르는 광경과 나무가 바스러지는 소리는 크리스마스의 축제 분위기를 한층 돋우어 주었다. 첫 크리스마스 때부터, 아니면 최소한 한국에서의 두 번째 크리스마스 때부터 언더우드는 그 집에 외국인 아이들을 불러 파티를 열었다. 처음에는 몇 명 되지 않았지만, 꾸준히 몇 명의 아이들이 이 파티에 참가했다. 그는 평생 동안 무척이나 아이들을 좋아했으며, 다른 어떤 오락보다도 아이들과의 파티나 야유회가 그에게 큰 즐거움을 주었다. 그는 6살 된 어린이와 똑같이 흥겹게 방바닥에 앉아, "신기료장수 아저씨, 신기료장수 아저씨, 제 신발을 고쳐 주세요. 두 시 반까지요"라는 노래나 "예루살렘으로 가는 길을 행진하여 갑시다"라는 노래를 부르곤 했다.

과로 때문인지 외로움 때문인지 풍토 때문인지 몰라도, 1887년 초에 언더우드는 깊은 병이 들어 아무것도 먹을 수 없었다. 오랫동안 그에게 한국어를 가르쳐 준 선생은[11] 크게 걱정하여, 당분간 기분 전환을 하고 한국 음식 중 제일 좋은 것만 먹으라고 권고했다. 당시 양반들이 먹는 한국 음식은 많은 쌀밥에 김치를 곁들인 것이었다(김치는 일종의 사우어크라우트[12]로 배추·순무·고춧가루·양파·약간의 고기 조각을 섞어 만든 것으로, 소금으로 이것들을 절여

---

11 언더우드의 어학 선생에 대해서는 1885년 7월 6일자로 엘린우드에게 보낸 편지("The Foreign Missionary", Nov. 1885, pp. 272, 273 참조)에 자세히 나타나 있는데, 그는 천주교 신자였던 송덕조로 추정된다.
12 사우어크라우트(Sauer Kraut)는 잘게 썬 양배추에 식초를 쳐서 담근 독일 김치다.

큰 장독에 넣은 다음, 겨울에는 이 장독을 바깥에 내어놓는다). 또 국수(Kuksu)라고 불리는 스프가 있는데, 이것은 버미첼리(vermicelli)[13]를 많이 넣고 후추를 뿌려 맵게 만든 것이다. 그리고 삶은 달걀, 귤, 밤, 작은 고기 조각, 우스터(worcestershire) 소스와 아주 비슷한 뜨거운 소스에 찍어 먹는 생선도 있다. 또한 이스트를 넣지 않고 쌀로 만든 묵직한 빵[떡]이 있는데, 이것에는 소금도 치지 않고 버터도 바르지 않는다. 이것은 음식이라기보다는 마치 인도 고무와 같다. 이외에 우리 것보다 훨씬 푸짐한 과일 케이크, 빵과 함께 먹는 꿀, 곶감이나 생감 등 여러 음식들이 있었지만, 뭐니 뭐니 해도 주가 되는 것은 밥과 국수와 김치였다.

얼마 안 있어 몸이 좀 나아지기는 했지만, 며칠 안 가 갑작스레 음식을 바꾼 것은 낭패였음이 드러났다. 마침내 몇 안 되는 선교사들이 함께 모였다. 이들은 당시의 관행대로 언더우드가 즉시 일본에 가야 한다고 결정했다. 언더우드 자신은 이 문제에 대하여 투표하지 않았다. 그러나 이제까지 그를 잘 알아 온 우리가 아는 한, 그는 반드시 필요한 일이라고 생각하지 않으면 스무 명의 선교사들이 잠시 일을 쉬라고 설득해도 들을 사람이 아니었다. 어쨌든 요코하마까지 가는 4-5일간의 짧은 여행을 거쳐 그는 완전히 건강을 회복함으로써 사람들을 놀라게 했다. 그의 건장한 몸이 빠른 회복 능력을 지니고 있었기에 가능한 일이었다. 그러니 요코하마에 도착하고 며칠 지나자 언더우드는 환자처럼 보이지도 않게 되었다. 그래서 어느 사회에서나 너무 많이 있어 걱정인 오지랖 넓은 사람 하나는 뉴욕의 선교본부에 이런 편지를 쓰기까지 했다. 선교 회계인 언더우드가 건강이 나쁘다는 구실로 선교 자금을 써 가며 일본에서 휴가를 즐기고 있다는 내용이었다. 불행히도 선교본부에 선교 활동을 알리는 서신은 늦게 도

---

13 이탈리아 국수.

착했고, 더욱 불행히도 당시 선교본부에 있던 총무는 그 이야기의 진상을 캐어 볼 생각도 하지 않고 유용한 돈을 선교본부에 보상하라는 강한 징계의 서신을 언더우드에게 띄웠다. 대의명분을 위해 희생한다는 높은 이상을 안고 살아가는 사람은 말할 것도 없고, 일반적인 정직한 사람에게도 그런 편지가 얼마나 큰 상처를 주는가는 쉽게 이해가 갈 것이다. 언더우드는 곧 사표와 함께, 아무 증거도 없이 그런 징계를 내린 총무에게 분노 섞인 서신을 보냈다. 이윽고 뉴욕 선교본부에서는 진상을 파악하고, 징계를 철회함과 동시에 사표를 반려하고 그간의 사정을 설명하는 따뜻한 편지를 보내왔다. 아마 언더우드가 이처럼 분노에 휩싸여 편지를 쓰거나 말을 한 적은 그전에도 그 후에도 없었던 것으로 기억된다. 하여간 언더우드는 아주 짧은 기간 일본에 머물렀는데, 그것도 대부분의 시간을 병원과 유럽 및 미국 선원들 사이에서 전도하며 보냈다. 그는 마가복음의 출판을 맡았고, 이것은 1887년에 출판될 예정이었다.

    언더우드의 두 번째 여행은 내가 도착한 직후인 1888년 봄에 내륙과 북쪽을 향해서 이뤄졌다. 그는 4월에 아펜젤러와 함께 출발했는데, 이 두 사람은 그들의 새로운 조사(助事)들이 한 작업과 뿌린 씨의 열매가 속속 나타나고 있다는 고무적인 사실을 발견했다. 여행 동안에 작은 사건이 하나 발생했는데, 이것은 한국민과 그들의 관습 그리고 개척 선교사의 성격을 잘 보여 준다. 하루는 밤늦게 어느 마을 사랑방에 언더우드가 앉아 있는데, 오랫동안 빨지 않아 때가 묻은 옷을 입은 초라하고 더러운 한 농부가 만면에 웃음을 띠고 달려 들어오면서 목사님(the Moksa)이 좋아하실 것을 가져왔다고 소리쳤다. 그러더니 그 커다란 소매 안으로 손을 쑥 집어넣어 삶아 식힌 감자와 커다란 팬케이크를 꺼냈다. 미국에서 '플랩잭'(flapjack)이라고 부르는 것과 비슷했다. 별로 달가워하지 않는 사람에게 이 걸작 요리를 꺼내 전달하던 그 득의만만하여 빛나는 표정은 말로는 묘사할 수가 없다. 거기에 모인 사람들은 한편으로는 마음에 들어 하고, 또 한편으로는 부럽다는 듯이 바라보았다. 그들에게 구원을 가져다주기 위해 멀리서 온 친구를 위해 감자를 준비해 준 행복한 마음처럼 그 결과 역시 행복한 결말이면 얼마나 좋았을까! 이상하게 들릴지 모르지만, 사실 감자는 외국인들이 제일 좋아하는 음식이었다. 그러나 언더우드는 위가 아주 약해서 쉽게 탈이 났기 때문에 평생 고생했다. 하지만 그 반면에 강철 같은 의지도 가지고 있었다. 그래서 그는 고맙다는 듯이 그 감자와 팬케이크를 억지로 먹고, 나아가 그 사려 깊은 사람에게 고마운 선물을 받았다는 말까지 했다. 소래 해변이 좋은 곳이라 느낀 것은 이 무렵이었다. 이때 역시 언더우드는 예의 그 선견지명으로 이 해변을 과로에 지친 선교사들을 위한 여름 휴양지로 만들 생각을 했으며, 이로써 앞으로 올 동역자들이 이곳에서 흠뻑 축복을 맛볼 수 있으리라 예견했다.

그러나 언더우드는 돌아와야만 했다. 그들은 평양에서 일을 하면서 기독교에 대한 강한 관심을 일깨운 나머지 세례를 받고자 하는 사람을 스물다섯 명이나 만들어 놓았는데, 갑자기 선교부와 미국 공사가 서울로 그들을 소환했던 것이다. [이유는 이러했다.] 예수회 선교사들이 대궐과 그 근처에 있는 종묘를 굽어볼 수 있는 그런 높은 지대에 자신들의 성당을 지을 자리를 물색해 놓고, 한국인으로부터 은밀히 그 땅을 매입해 들였다.[14] 그리고 프랑스 대표부와 예수회 지도자들에 대한 한국 정부의 항의와 탄원에도 불구하고 건물을 짓기 시작했다. 이 때문에 한국 고위층이 격노했고, 결국 한국에서 기독교의 설교와 교육을 금지하는 칙령이 공포되기에 이르렀다.[15] 이로 인해 한국에 있던 젊은 선교사들에게도 귀환 명령이 떨

---

14 지금의 명동성당.
15 1888년의 반기독교 칙령이다.

어지고, 학교 및 기타 작은 집회소에서 행해지는 모든 형태의 종교 의식도 곧 중지되었다.

　아펜젤러와 언더우드는 본래 이 칙령이 로마 가톨릭 교도를 겨냥한 것이었는데, 그 때문에 자신들의 복음 사업에까지 지장이 있게 되었다고 이 소환 명령에 몹시 불쾌해했다. 한편으로 뭔가 이상한 낌새만 보이면 늘 그러하듯이, 외국인 사회에서는 긴장 섞인 흥분감이 팽배했다. 그들 중 어떤 사람들은 이 모든 문제가 그들의 무모한 지방여행 때문에 일어난 것이라고 주장했다. 따라서 선교사들은 의료 사업이나 교육 사업에만 몰두해야지, 공연히 전도 사업에 끼어들어 관리들이나 다른 사람들의 중요한 자리를 위험스럽게 만든다든가, 그들을 곤경에 빠뜨려서는 안 된다는 것이었다. 그런 주장을 한 사람들은 그 구실로, 중국에서 예수회 부지 문제와 비슷한 문제로 인해 일어난 학살 사건을 들었다. 이 때문에 관리·상인·세관 직원 등은 순교자가 되기 싫어 가능한 한 동양에 가지 않으며, 특히 새로운 나라에서는 그렇게 문제만 일으키는 선교사들이 무슨 일을 벌이고 있는지 의심스럽고 불안하여 항상 경계심을 늦추지 않는다는 것이었다. 이렇게 되어 아펜젤러와 언더우드를 제외한 다른 선교사들은 그 칙령 공포에 따라 모든 종교 사업을 중지했다. 그러나 여러 면에서 유사점이 많은 이 두 선교사는 그들의 두 소년학교[16]와 가정에서 종교 활동을 재개하여 원기왕성하게 찬송가를 불렀는데, 한국인들과 함께 부르는 이 찬송가 소리는 거의 1.6킬로미터 근방까지 퍼져 나갔다. 언더우드는 신학교 재학 중 '요란한 감리교도'(the roaring Methodist)라는 별명으로 불린 바 있다. 선교 사업에 반감을 지닌 한국 관리라면 확실히 이것을 문제 삼아 법을 어긴 죄로 유죄 판결을 내리는 데 어려움이 없었을 것이다. 그때 나는 아주 열

16　아펜젤러의 배재학당과 언더우드의 고아학교.

심히 그들이 하는 행동의 명분을 지지하려 애썼으나, 만일 한국 정부가 아니었더라면 그리고 우리 미국인들이 법정에서 다루기 귀찮은 존재가 아니었더라면, 또 만일 이 칙령이 공포된 원인이 의심할 바 없이 예수회에게 있었던 것이 아니었더라면 우리 젊은 선교사들과 그 추종자들이 아주 큰 곤경에 빠지게 되었을 것은 거의 확실한 사실이었다. 그러나 설사 그러한 곤경이 닥쳐온다 하더라도, 언더우드와 아펜젤러는 활동을 단념하지 않았을 것이다.

사실, 그 말썽 많았던 지방여행에서 돌아온 지 불과 며칠이 지나지 않아 언더우드는 정부의 지도적 각료 몇 사람의 공식 방문을 받았다. 그들은 언더우드에게 자신들이 세운 관립학교(government school: 육영공원)를 영구히 맡아 달라고 간청했다. 미국에서 온 교사들이 불만을 느끼고 사퇴해 버렸기 때문에,[17] 이 젊은 선교사가 얼마의 보수를 요구하든 가장 좋은 집안의 젊은이들로 가득 찬 그 학교를 그의 완전한 통제와 책임에 맡기려 한 것이다. 외국인들의 입장, 혹은 당시의 상황으로 볼 때 이것은 믿기 어려운 일이었다. 언더우드는 곧 이 학교를 담당하고서도 기독교를 가르칠 수 없다면, 자기는 학교를 맡지 못하겠다고 그들에게 통보했다. 법령상으로 교과서에는 하나님이라는 말조차 언급될 수 없게 되어 있었지만, 언더우드의 제안은 두말없이 승낙되었으며 빠른 답을 기다린다는 소식이 왔다. 이 제안은 커다란 유혹이어서 언더우드는 며칠 동안 생각해 볼 여유를 달라고 했다. 그러나 만일 제대로 학교 일을 해 나간다면, 완전히는 아니더라도 그의 복음 사업과 번역 사업이 많은 지장을 받을 것이며, 그러면 아마도 그

---

17 1886년 7월 4일 한국에 도착한 육영공원(育英公院)의 미국인 교사는 벙커, 길모어, 헐버트 세 사람이었는데, 길모어는 제1차 계약 기간이 끝난 1888년에 귀국했고, 헐버트가 그 뒤 제2차 계약 기간이 끝난 1891년에 육영공원을 떠났으며, 벙커는 1894년 2월까지 재직했다. 이 글에 나오는, 한국 정부가 언더우드에게 교섭한 시기가 언제인지는 불확실하다.

는 선교회를 떠나 독립적으로 일해야만 할 것이라고 생각하며 염려스러워 했다. 동시에, 만일 그가 이 제안을 거절한다면, 그의 친구들과 이전 교사들을 보다 높은 보수와 권리를 주고 다시 불러들이리라고 생각하여(사실 그렇게 되었다), 그는 그의 일과 선교회와 친구들에 대한 충성심에서 이 제안을 거절했다.

칙령 공포 후 종교 활동의 지속에 대한 견해 차이는 양 선교회 사이에 미묘한 감정을 불러일으키는 원인이 되었다. 양측은 모두 양심적으로 옳은 길을 택하려고 애를 썼다. 한쪽에서는 일단 종교 활동을 포기함으로써 최소한 선교지에서의 발판은 유지할 수 있을 것이라고 믿었다. 만일 다른 길을 택하면, 더 나쁜 일은 일어나지 않는다 해도 최소한 곧바로 추방을 당할 것이란 이야기였다. 다른 한쪽에서는 설사 생명 그 자체에 위험이 온다 해도 하나님의 명령과 하나님께 대한 봉사가 최우선으로 생각되어야만 한다는 의견이었다. 감리교 감독과 장로교 선교부의 총무는 그때 우연히 차례로 각각 공사관을 급히 방문하게 되었는데, 그들은 거기서 흥분한 관리들의 아주 강한 세속적 지혜를 깊이 느낄 수 있었다.[18] 그러나 그들은 둘 다 아주 솔직하게 두 젊은 목사의 편을 들고 있었으며, 한국 정부도 아무런 불평이 없었다. 아펜젤러와 언더우드가 큰 소리로 이끄는 회중은 계속해서 "예수의 피밖에 없네" 등의 찬송가를 하늘에 울리도록 소리쳐 불렀는데도, 가장 비천한 한국인 신자까지 아무도 체포되지 않았다. 그래서 주의 일꾼들은 다시 나가 복음을 가르치고 설교하고, 하나님을 경배하게 되었다.

---

18 주한 선교사 내부에서 미국 공사관과의 선교 활동에 대한 이견(異見)은 1년 이상 심각했다. 1889년 5월 26일자 언더우드의 편지에 의하면, 미국 공사 딘스모어(Dinsmore)는, "기독교 교육이 공사립(公私立)을 막론하고 법에 위배된다"고 했다. 대부분의 선교사들은 선교 활동의 어려움이 한국 정부와의 관계에서보다는 미국 공사관으로 말미암는 것이 더 크다고 불평하고 있었다.

당시 아펜젤러와 언더우드가 취했던 태도는 우리 기독교 학교의 교장들이, 최근 일본이 한국에 강요했던 법률들[19]에 대해 취한 태도와 아주 흡사하다고 말할 수 있다. 그러나 언더우드 박사는 이 둘 사이에는 커다란 차이가 있다고 보았다. 언더우드가 대면했던 칙령은 어떤 장소에서든 여하한 종류의 종교 교육도 금하는 것이었고, 실질적으로 조건에 관계없이 인간의 양심에 따른 하나님께 대한 경배를 금지하는 것이었다. 분명히 그것은 과도한 행위를 했던 한 특정 종파[20]에 대한 보복 행위에 불과했다. 그러나 당시 한국에 강제되고 있는 규제들은 일본에서 양심적 선교사들이 수년간 그 테두리 안에서 일해 왔던 규제였다. 실제 한국 정부가 해석한 것과 마찬가지로, 정작 우리에게 허용된 활동 범위는 더 넓어진 것이다. 왜냐하면 예배를 교과과정에 포함시켜서는 안 된다는 규제는,[21] 공포된 정규 교과과정에만 포함시키지 않으면 예배와 종교 교육이 허용된다는 의미이고, 따라서 특별종교학교에서는 아무런 제한 없이 활동이 허용된다는 의미라는 것이 언더우드의 의견이었다. 언더우드 박사는 자신의 궁극적 입장은 일관성이 없거나 비논리적인 것이 아니라고 믿었다. 언더우드는 1888년에는 공개적으로 칙령에 불복했지만, 1915년에는 학교 문을 닫아 한국의 소년·소녀들을 아무도 예측할 수 없는 열악한 분위기 속에 정처 없이 떠돌게 하는 대신에, 전면적 제한이 아닌 정부의 규제에 복종하면서 그 안에서 우리가 할 수 있는 최선을 다하고자 했다.

조건도 달랐고, 규칙도 달랐으며, 정부 또한 상당히 달랐다. 그러나 그 초기에 이 예배 문제 때문에 야기되었던 마찰은 빠른 시일 안에 쉽사리 완화되거나 잊히지 않았다. 오히려 불행하게도 그 마찰은 악화되는 것 같

---

19 1915년에 개정된 사립학교 규칙을 말한다.
20 앞에서 언급한 천주교를 말한다.
21 1915년 사립학교 규칙 개정의 하나.

왔다. 형제들 사이에서 그리스도인답지 않은 일들이 실제 일어난 것도 아니고, 일에 지장을 줄 만한 장애가 생긴 것도 아니었지만 여전히 불행의 원인이 될 수 있는 감정과 거리감 그리고 불신이 팽배해 있었다.

아펜젤러와 언더우드가 지방에서 돌아온 것은 늦은 봄, 아마 5월이었던 것 같다. 그해 7월 초에는 몇 년 전 중국에서 일어났던 유명한 '영아 소동'(Baby Riots)[22]과 같은 아주 심각하고 광범위한 소요가 서울과 근교에서 일어날 조짐이 보였다. 그 당시 궁궐 사정을 알고 있던 사람들은 왕비(the Queen)의 파멸을 획책하는 왕비의 적들이 모든 문제를 고의로 일으키고 있다는 사실을 의심하지 않았다. 왕비는 진보주의적인 입장을 취하고 외국인들을 좋아했는데, 폭도들은 외국인을 대적하는 데 목표를 두고 있었던 것이다. 대원군(the Tai Won Kun)은 왕이 어리므로 나라를 대신 통치하던 섭정(the Regent)이었는데, 아들에게 통치권을 넘겨주어야 할 때가 훨씬 지났음에도 불구하고 자신이 권력을 쥐고 정사를 맡아 보고 있었다. 그러나 왕은 온화한 성품을 지녔기 때문에, 쉽사리 아버지를 물러나게 하지 못했다. 동양 종교(유교)의 규율과 관례는 아들이 아버지에게 무례하게 행동하는 것을 철저히 금지하고 있었다. 그러나 왕비는 왕과는 전혀 다른 인물로서 영특하고 강력하며 두려움을 몰랐다. 때문에 본래의 왕이 이렇게 하찮은 존재로 밀려나 있는 것을 참지 못하여, 갑작스럽게 쿠데타를 일으켜[23] 놀라고 격노한 늙은 섭정자를 밀어내고 고종을 왕좌에 앉혔다. 그날부터 대원군은 복수할 기회만 노리며, 왕비와 그 가족을 파멸시킬 음모를 꾸몄다. 그중 하나로 나타난 것이 1884년의 폭동이었으며,[24] 이 때문에 왕비는

---

22 이 점에 대해서는 강인규, '영아 소동'("한국 기독교사 연구" 제14호, 1987. 6., pp. 20-22) 참조.
23 고종이 친정(親政)하게 된 계기를 왕비의 쿠데타로 본 것은 표현이 지나치다. 10년간 섭정하던 대원군은 최익현의 상소로 물러나게 되었다.
24 1884년의 갑신정변이 아니라, 1882년의 임오군란이다.

농가 여인의 복장을 하고 서울을 빠져나가야만 했다. 또 하나의 음모, 마지막 음모의 결과로 나타난 것이 1895년 궁궐에서 일어난 민비시해사건이었다. 아마도 대원군은 왕비의 행동을 배은망덕하고 가증스럽다고 생각했을 것이다. 그녀를 왕비로 택한 것이 바로 대원군 자신이었으며, 그때는 왕비가 자신의 말을 다 들을 것으로 생각했을 것이기 때문이다. 그러나 고종은 대비가 양자로 택했기 때문에,[25] 대원군이 왕좌에 대해 요구할 것은 아무것도 없다고 생각할 수도 있었을 것이다. 하여간 다시 앞의 폭동 이야기로 돌아가 보자. 제일 처음 공격을 당한 사람들 중 한 사람은 왕이 아끼는 사람이었는데, 그는 가마(carring-chair)에서 끌어내려져 그 자신의 종자와 측근 들 가운데서 거의 죽임을 당할 뻔했다. 당시 왕과 왕비가 아끼는 기관이었던 병원은 특히 음험한 범죄의 소굴로 지목되었다. 거기서 아기들의 심장과 눈을 잘라 내어, 외국 관리와 선교사 들의 요리상에 진미로 바친다는 소문이 있었기 때문이다.

그래서, 병원 부근에서 커다란 소요가 있었다. 자기 아이를 데리고 가던 한 사람이 아기를 훔쳐 가는 것으로 오인받아 아무런 죄 없이 죽임을 당한 사건이 있었다. 성난 군중은 병원을 에워쌌다. 내 가마꾼들은 나를 다시 병원에 데려다주기만 하면 죽게 될 것이라는 협박을 받았다. 지금 생각하면 내가 다음 날 말을 타고 병원에 가겠다고 우긴 것이 아주 어리석게 느껴지지만, 그때만 해도 동양은 나에게 낯선 곳이었고, 또 최소한 경험 면에서 볼 때도 나는 무척 어렸었다. 언더우드는 나를 혼자 가게 내버려 둘 수 없다 하여 나와 동행했다. 그러나 우리는 아무런 해도 입지 않았다. 아마 우리 가마꾼들이 우리가 마술을 부린다는 이야기를 퍼뜨려,

---

25 고종은 흥선군 이하응의 아들이긴 하지만 익종(순조의 아들, 추존)의 비 신정징후 조대비가 고종을 양자로 맞아들여 즉위시켰다.

그들은 우리와 싸우는 것이 아주 위험하다는 생각을 갖고 있었던 모양이다. 만 명이나 되는 동학(Tonghaks) 군대도 이와 비슷한 미신 때문에 한 선교사[26]가 살고 있던 지방의 어느 작은 마을에 대한 공격을 포기한 적이 있었다. 그 군대는 선교사가 동학군들이 온다는 이야기를 듣자 자기 총을 산산이 부수어 버렸다는 소문을 듣고 놀라 겁을 집어먹었던 것이다. 그들은 그러한 마법사와는 감히 대면하지 못했다. 그러나 우리가 당한 '영아 소동' 사건에서 누구보다 가장 흥분한 사람들은 외국인 사회 안에 있었다. 그중 많은 사람들은 이 모든 문제가 지방을 돌아다니며 칙령을 어긴 선교사들 탓이라고 말하기를 주저하지 않았다. 개항장에 있던 군대들이 각 공관으로 출동하고, 제물포에는 배들이 속속 들어왔다. 사람들은 신호만 떨어지면 곧 공사관으로 달려갈 준비를 했고, 많은 사람들이 값진 물건을 챙겨 항구로 도망갈 준비를 했다. 또 내 기억에는, 무슨 일인지 잘 알지 못해 두려워하지 않았던 사람들도 우리 중에 몇 명 있었던 것 같다. 그러나 실제로 중국에서의 사건이 있은 후로 혹 일어날지도 모르는 심각한 사태에 대비해야 할 근거는 확실히 있었다. 하지만 우리는 아주 커다란 사태가 발생하리란 소문이 돌던 바로 그날 말을 타고 서울 이곳저곳을 마구 돌아다녔다. 별 이상이 없이 조용하기만 했다. 한두 사람이 얼굴을 찌푸리고 있을 뿐, 사람들은 평상시와 다름없이 일을 보러 다녔고 폭탄이 떨어지는 일도 없었다. 실제 큰 사태가 발생했다고 믿을 만한 근거가 없었기 때문에, 우리는 단지 표면상으로 동요가 일었던 것뿐이라고 생각했다. 그러나 폭도들이 우리 공사관들을 공격할 것이라고 예상하고 있던 어느 날 밤, 서울 근교에서 큰 화재가 일어났다. 그리고 북소리와 함께 사람의 혼을 빼는 듯한 외침 소리가 계속되고, 집들이 무너지고, 군중들이 이

---

26 소래의 맥켄지(W. J. Mckenzie) 목사.

리저리 몰려다녔다. 우리 모두는 이제 우리의 마지막이 다가왔다고 믿었다. 그러나 불은 꺼지고 우리는 아무 해도 입지 않고 편안히 잠자리에 들었다. 하나님이 우리를 보호하고 계셨고, 우리의 때가 아직 이르지 않았기 때문이다. 거리에 나와 있던 사람들은 누구든 아기를 먹는다는 이야기를 꺼내기만 하면 곧 잡혀간다는 것을 알게 되었고, 또 사실 두 사람 이상이 공공연히 길거리에 서서 이야기할 수도 없었기 때문에, 사태는 곧 진정되어 갔다.

언더우드는 건강에 해로운 그 무더운 여름 내내 집에 있지 않고 서울 중심에 있는 한 작고 초라한 오두막에서 살았다. 그곳에는 우리 선교회가 소유한 터가 있었는데, 언더우드는 장차 거기에 소년학교를 만들 희망을 품고 건물을 세우고 있었다. 당시에는 믿을 만한 건축가나 목수가 없었기 때문에 우리가 일하는 것 하나하나를 모두 감독해야만 했다. 아침에 잠시만 자리를 비워도 매우 중요한 일이 엉망이 되기 일쑤여서 모두 부수고 새로 지어야 했기 때문에 시간과 경비의 손해를 보았다. 또한 일꾼들은 심술을 부리고 일을 하지 않기도 했다. 한 감리교도는 지붕 일을 하던 일꾼이 일을 하지 않으려 하고 다른 사람도 구할 수 없게 되자, 다른 사람의 도움을 받지 않고 직접 지붕에 올라가 기와를 놓은 일이 있었다. 이것은 한국인들에게 큰 교훈을 주었다. 한국인들로서는, 학식 있는 교사이자 신사가 품팔이꾼이나 하는 막노동을 하는 것은 처음 보는 일이었기 때문이다. 사실 우리는 이제껏 한국인들에게 노동의 신성함을 중점적으로 가르쳐 왔다. 언더우드가 하는 일에서도 이와 비슷한 일이 자주 일어났다. 선교사들은 설교하고 가르치고 타자기를 사용하고 책과 설교문을 쓰고 지방을 걸어 다니는 능력만이 아니라, 좋은 길을 만들고 담과 집을 세우고 채소와 과수를 심고 가꾸며 돌보고, 또한 가축과 생선밖에 먹을 것이 없을 때는 백정 일도 할 줄 아는 능력이 있어야만 했다. 새로운 나라에 온 선교사, 특히 새로운 나라의 오지에 온 선교사는 만물박사가 되어야 하며,[27] 그가 이제까지 배운 모든 것이 정말 어떤 것이라도 도움이 되었다. 오랜 세월이 흐른 지금, 특히 서울에서는, 뉴욕이나 런던에서 하던 것보다 특별히 더 해야 할 일은 없다. 그러나 그해 여름 내내 언더우드는 지저분한 도시에서 고생하며 일했다. 지저분한 것들이 가득한 하수구, 지독한 냄새로 오염되어 있는 공기 그리고 그 속에 산으로 둘러싸인 도시가 놓여 있었고, 이 도시에서는 자비로운 하나님이 비를 쏟아부어 주셔서 독기를 씻어 버리실 때까지 이루 말할 수 없는 매연과 악취를 성난 하늘을 향해 뿜어 댔다. 어떻게 언더우드가 그곳에서 죽지 않았는가, 또 어떻게 사람들이 그 도시에서 여름을 견뎠는가는 인간의 지혜로는 풀 수 없는 의문이다. 다만 하나님은 누구도 자신의 때가 오기까지는 죽지 않도록 정하셨음을 상기해 볼 뿐이다. 언더우드가 그때 죽지 않은 것은 하나님이 아직도 그에게 시키실 일이 남아 있었기 때문임은 의심할 여지가 없다. 언더우드는 불굴의 의지를 지녔던 그의 아버지가 가르쳐 준 대로, 사람은 의무의 길을 따르는 한 항상 안전하다는 것을 지론(持論)으로 삼고, 평생 이 믿음에 의지하여 일해 왔음에 틀림없다. 그는 학교의 건축을 감독하면서도, 한편으로 사전과 한국어 참고서를 만드는 일에 열중했고, 전도 사업을 했으며, 또한 가능한 곳에서라면 어떤 방식으로든 복음을 전파하기에 힘썼다.

봄·여름에 걸쳐 우리는 몇 차례 궁궐이나 외부(the Foreign Office)에서 열리는 연회나 저녁 또는 점심식사에 초대되었는데, 왕실(the Court)은 모든 면에서 우리 선교회를 극진히 대우했다. 이러한 태도는 의심할 바 없이 주로 알렌 의사의 민 공에 대한 헌신적인 봉사,[28] 알렌 의사와 그의 후계자인

---

27 실제로 1888년 8월 25일자 편지에서 언더우드는 "한국 같은 지역에 파송되는 사람은 만물박사 (Jack of all trades)가 되어야 한다"고 써 놓고 있다.
28 1884년 갑신정변 때 알렌이 부상한 민영익을 치료했다.

헤론 의사가 새 병원에서 보여 준 인구에 회자된 기술 덕택이기도 했지만, 무엇보다 이것은 우리가 칙령을 무시했어도 아무런 반감을 불러일으키지 않았음을 보여 주는 증거였다.

4
기억할 만한 여행

나는 1888년 봄에 한국에 도착했다.[1] 그해 가을에는 훗날 기퍼드(Gifford) 부인이 된 헤이든(Hayden) 양과 새 의사가 도착했고, 12월에는 기퍼드, 게일 박사, 하크니스(Harkness) 부부가 도착했다.

1888년 가을, 언더우드와 필자는 약혼을 했다. 사실 언더우드는 미국을 떠나기 전에 다른 여자와 약혼했었다. 그러나 그녀는 선교에 대한 흥미도 없었고, 약혼자에 대한 관심도 없었으며, 광범위한 흥미에다 위대하고 영감을 주는 삶에 대한 이상도 없었다. 그녀는 외국 개척 선교사의 삶에서 일어나는 값진 곤경을 삶 속에서 대면하기 원하지 않았기 때문에 약혼자와 함께 가기를 거절했다.

나는 지금 사실을 이야기하는 것뿐이다. 왜냐하면 실제로 이와 비슷한 일을 겪은 선교사를 몇 분 알고 있기 때문이다. 분명 그분들 역시 동행하

---

1 1888년 3월 27일이다.

기를 원치 않는 여자에게는 동행하지 말라고 권할 것이다. 만일 그리스도를 위하여 희생하고자 하는 욕구, 위험과 곤경과 죽음 가운데서도 영광스러운 뜻과 영광스러운 주님에게 매혹되는 마음, 그리고 좋은 처지뿐만 아니라 나쁜 처지에서도 돌보아야 할 남편과 주위의 모든 것, 정말 모든 것을 함께 나누며 그를 이 세상 끝까지, 아니 이 세상을 넘어서는 곳까지라도 저버리지 않고 따를 마음이 없다면, 결정은 빠를수록 좋다. 그는 그렇게 된 것에 대해 다가올 미래에 하나님께 감사할 명명백백한 이유를 갖게 될 것이다.

나 자신은 언더우드를 만나기 전에 이미 선교에 뛰어들었기 때문에, 그를 받아들이는 데 희생할 것이 없었다. 오히려 그 반대였다.

12월 학교가 방학에 들어간 동안에 언더우드는 내가 아는 한 처음이자 마지막으로 사냥 여행을 떠났다. 언더우드는 자기 일에 치밀하고 지속적인 헌신을 해 온 탓에 무척 피로했기 때문에, 외무아문독판(外務衙門督辦)이 그를 걱정하여 서울 근교에서 일주일간 사냥할 시간을 마련한 것이다. 그래서 언더우드는 장소와 몰이꾼 등 모든 필요한 준비를 갖추었고, 분위기를 바꾸어 맑고 신선한 시골 공기 속에서 운동을 하기만 하면 되었다. 또한 친구들을 초청해도 좋다고 하여 스크랜턴·벙커·헐버트가 함께 갔다.

사냥감의 양만을 보자면, 그 사냥은 별 소득이 없었다. 아마 오리 한 마리를 잡았던 것으로 기억된다. 그러나 사냥을 하는 것보다는 친구들과 함께 어울린다는 것이 언더우드에게는 더 큰 의미를 지녔다. 운동을 통한 기분 전환 역시 아주 값진 것이었다. 훗날 나는 이 오랜 벗들이 함께 모여 크게 웃어 젖히면서 이 사냥을 회상하는 것을 자주 들을 수 있었다. 벙커와 헐버트가 한국의 호롱불(a Korean candle-chimney)을 난로로 잘못 알아 집에 불을 냈던 일, 헐버트가 부엌에서 뜨거운 물을 들어다 불을 끄려고 스크랜턴에게 물로 화상을 입힌 일, 한번은 언더우드가 말을 타고 다니면서 호주머니에 넣고 다녔던 일본식 손난로(kairo)에서 외투에 불이 옮겨 붙어 진짜 굴뚝처럼 연기를 뒤로 모락모락 내뿜으며 계속 나아갔는데 남들이 여러 번 소리쳤을 때에야 겨우 자신의 곤경을 알아차린 일 등등이 주로 화제에 올랐다. 그중에서도 단 한 마리 잡힌 가엾은 오리에 대한 추억은 두고두고 저녁 식탁에서 즐거운 화젯거리가 되었다.

1889년 3월 언더우드와 필자는 결혼했다. 이 결혼에 대한 이야기, 그리고 폐하께서 보내신 조정을 대표하는 귀빈들, 폐하의 많은 선물, 외국인 사회 전체의 선교사들이 필자가 내륙으로 여행하는 일에 반대한 것 등에 대한 이야기는 이미 자세히 말한 바 있으므로[2] 다시 반복해서 이야기하거나 눈을 돌릴 필요가 없을 것 같다. 다만 언더우드가 한번 옳다고 믿어서 길을 결정한 후에는 절대적으로 확고부동했다는 사실만은 밝혀 두고 싶다.

위험에 관한 한, 그는 이미 한국의 북쪽 국경까지 두 번이나 가로질러 갔었고, 그때마다 한국인들이 선의와 친절과 상냥함으로 그를 맞아들였기 때문에 걱정이 없었다. 오히려 언제 어디서 일어날지 모르는 모든 역경 가운데서도 하나님은 항상 우리를 보호하시고 인도하신다는 믿음만이 더욱 견고해졌을 따름이다.

미국 관리가 내어 준 통행증과 더불어 우리는 한국 정부로부터 받은 아주 유용한 통행증(호조: 護照)을 가지고 있었다. 이 통행증을 보이면 그 지방 관리는 우리가 요구하는 대로 관할구역 내에 있는 짐 싣는 조랑말이든 돈이든 침구이든 내주도록 되어 있었다. 물론 그 비용은 후에 우리가 서울에서 지불하는 것이었다.

---

[2] *Fifteen Years Among the Top-Knots* pp. 103-105[「언더우드 부인의 조선생활: 상투잽이와 함께 보낸 십오년 세월」(김철 역, 뿌리깊은나무, 1984) pp. 101, 102] 참조.

우리는 송도·평양·강계 그리고 북쪽 국경에 있는 의주까지 방문했다. 방문 지역에서 우리는 기독교에 대한 상당한 관심이 일깨워지고 있음을 볼 수 있었다. 그러나 많은 사람들이 자기가 하고 있는 일의 의미를 제대로 이해하지 못하고 있었다. 어떤 사람들은 일자리를 찾거나 돈을 벌 수 있다는 생각에서 일을 하고 있었다. 또 어떤 사람들은 기독교가 새로운 철학이라고 생각하고 있었다. 그러나 진실한 신자들도 있었으니, 그들을 만나 환영받는 것은 큰 기쁨이었다. 우리는 모험다운 모험은 별로 하지 못했다. 종종 끈질기고 무례한 구경꾼들이 열성적으로 몰려들기도 했다. 또 외국인을 싫어하는 몇몇 지방관들은 거친 군중을 피할 수 있는 은신처를 우리에게 제공하기를 꺼렸으나, 이때는 언더우드가 나서서 단호하게 법대로 시행하도록 했다.

우리는 밤중에 호랑이가 나오는 길을 걷기도 했다. 술 취한 패거리 때문에 본색이 드러나고 만 도둑 떼도 있었으며, 또 다른 도둑 떼를 간신히 피한 적도 있었고, 우리의 통행증을 잘못 챙긴 술 취한 감사(Governer)가 우리의 하인을 때리기도 했다. 그러나 모든 위험한 상황에서도 하나님이 돌보아 주신 덕택에 우리는 무사히 집까지 돌아올 수 있었다.

이 여행에서 생긴 한 가지 사건은 「언더우드 부인의 조선생활: 상투잽이와 함께 보낸 십오년 세월」(*Fifteen Years Among the Top-Knots*)에서 다시 인용해 볼 만하다. 이 사건을 통해 언더우드가 어떠한 사람이었는가를 알아볼 수 있으며, 또한 몇 가지 유형의 한국인들의 모습도 볼 수 있기 때문이다. 내가 그 책을 인용하는 이유는, 그것을 썼던 18년 전이 지금보다 모든 일에 대한 기억이 훨씬 선명하며, 또 그때는 언더우드가 곁에 있어 내 기억이 애매할 경우 틀린 곳을 바로잡아 주고 석연치 않은 부분을 밝혀 주었기 때문이다.

"산을 내려오면서 우리는 일행을 나누어 언더우드와 병사와 나는 뒤따르는 조력자들과 짐 싣는 조랑말과 마부들과 함께 남겨 놓고 서둘러 여관으로 점심을 주문하러 갔다. 우리의 짐이 오고 있다는 말을 듣자 남편은 여행 가방에서 작은 권총을 꺼내더니 호주머니에 집어넣었다. 우리 일행과 함께 거친 사람들이 오고 있으니 문제가 생길지도 모른다는 것이었다.

우리가 일행과 헤어져 오자마자 수많은 남자들이 우리 짐을 빼앗더니 마부 중 하나가 도둑질을 했다고 하면서, 자기들은 도둑맞은 물건을 찾으러 온 것이라 했다. 그들은 그 마부의 손을 묶고 조랑말과 짐을 빼앗은 다음 우리를 따라 여관으로 왔다. 문이 약간 열린 틈으로 내다보았을 때, 나는 믿을 수 없는 광경을 목격하게 되었다. 거기에는 20-30명은 됨직한 시골 사람들 한 무리가 모여 있었다. 내가 이제껏 보아 온 그 누구보다도 사납고 거칠게 생긴 사람들로, 그들의 머리카락은 다른 사람들처럼 상투를 틀지 않아 험상궂은 얼굴 위로 지저분하게 엉겨 붙어 흘러내리고 있었고, 그들의 성난 눈은 사납게 충혈되어 있었다. 짧고 굵은 몽둥이를 각각 하나씩 들고 한꺼번에 성난 목소리로 고함을 지르고 있었으며, 반면 손이 묶인 우리 마부나 남편, 그리고 순검, 병사, 조력자 들은 이 사나운 무리들 가운데 무력하게 서 있었다. 그 좁은 장소는 남자들과 왁자지껄한 소리로 가득 찬 것 같았으며, 놀란 마을 사람들은 대문 틈이나 담 너머로 들여다보고 있었다. 우리 가마꾼들은 어디론가 사라져 보이지 않았는데, 결과적으로 이것은 아주 감사한 일이었다.

그 사나운 무리는 화가 난 큰 목소리로 우리 마부가 자기네 돈과 모자와 그릇을 훔쳐갔다고 주장했다. 그 증거를 대라고 하자 그들은 그 마부가 쓰고 있던 다 떨어진 낡은 모자와 우리 짐 위에 놓여 있던 밥그릇, 그리고 아침에 우리가 보는 가운데 싸서 묶어 조랑말의 잔등에 실었던 우리 자신의 커다란 현금 뭉치를 가리켰다. 그들은 이것들을 돌려주지 않는 한, 마부를 풀어 줄 수 없다고 했다. 언더우드는 그들에게 모자와 돈은 우리 것이 틀림없지만, 그들과 함께 지방관 앞에 가 그가 결정하는 대로 따를 터이니, 우선 마부를 풀어 주라고 했다. 그들은 이 말을 들을 생각도 하지 않고 계속 돈을 돌려줄 것만을 고집했다. 언더우드는 단호하게 거부했다.

언더우드와 함께 있던 몇 사람은 매우 놀랐다. 사실 그들은 이 같은 비상시를 대비해 전혀 쓸모없는 무장조차 하지 않은 서울 사람들이었다. 그러나 언더우드는 다른 건물과 집 사이의 두 사람 정도가 겨우 들어갈 수 있는 좁은 공간에 작고 용감한 호위군과 함께 서서 호위군에게 마부를 묶은 끈을 자르라고 명령했다. 그 무리의 두목은 끈을 자르면 죽여 버리겠다고 위협했다. 그러나 그 병사는 언더우드를 향하여 "대인(大人)께서 자르라고 저에게 말씀하셨지요?"라고 묻고 언더우드로부터 그렇다는 대답을 듣자, 곧 마부의 손을 묶은 끈을 잘랐다. 악당들이 달려들었으나, 언더우드는 재빨리 마부를 등 뒤에 숨기고 옆의 좁은 공간에 서 있는 병사의 도움을 받아 앞에서 달려오는 사람을 뒷사람에게 밀어 버렸다. 잠시 거리가 유지되었다. 그러나 언더우드가 앞에만 온통 주의를 쏟고 있는 틈을 타, 뒤에서 몇 사람이 몰래 달려들어 팔을 뒤로 꺾고, 또 그러는 사이에 몇 사람은 마부를 낚아채 마을 밖으로 끌고 나갔다. 그들의 목소리는 멀리 사라지고 있었다. 한바탕 소동이 끝난 뒤 무서운 침묵 속에서 다음에 일어날 일을 기다렸다. 1년 같은 긴장의 시간이 흐른 뒤 그들이 마부는 데려오지 않고 다시 오더니 우리의 순검을 잡아끌고 갔다. 다시 불길한 침묵과 괴로운 긴장의 시간이 흘렀고, 이번에는 또 다른 사람들이 몰려와서 또 한 사람의 마부를 끌고 갔다. 만일 그 마부와 다른 사람들이 그 작은 병사의 반만큼의 용기를 보여 주고 자신들과 우리를 방어하려 노력했더라면, 더욱이 가마꾼들이 우리 곁에 있었더라면, 그 악당들을 물리칠 수 있었을 것이다. 그러나 현실적으로 우리는 무력했으며, 유일한 의문은 다음번에는 누가 끌려갈 것인가 하는 문제였다. 언더우드는 최악의 경우가 아니면 결코 권총을 쏠 생각이 없었다. 얼마 안 되는 우리 일행은 하나씩 하나씩 모두 끌려갔고 마지막에는 언더우드와 병사와 나만 남게 되었다.

훗날 우리는 이 사나운 무리 중 많은 사람들이 법망을 피한 도망자들이며, 거의 조직적인 도적 떼에 가까운 무리임을 알게 되었다. 그들이 우리 일행을 한 사람씩 데려갔을 때 내 가슴이 얼음처럼 싸늘해지도록 두려움을 느낀 것은 그들이 내 남편도 끌고 가서 죽일지 모른다는 생각 때문이었다. 그래서 나는 숨도 제대로 쉬지 못하면서 다음 차례를 기다렸다. 사실 내가 두려워한 이 행동을, 그들은 그렇게 하는 것이 외국인을 대접해 주는 올바른 방법이라고 이야기하면서 실행에 옮기려 하고 있었다. 그러나 일이 이 지경에 이르자 마을 사람들이 끼어들어 막았다. 마을 사람들은 도적 떼에게 우리 하인들과 돈을 가져가라고 했지만, 대궐에도 알려져 있고 통행증도 지닌 외국인들이 그 마을에서 죽임을 당한다면 마을 자체가 벌을 받게 될 것이므로 목숨은 살려 주어야만 한다고 말했다.[3] 아마도 사람들은 그 도적들이 가는 곳을 잘 알고 있었고, 그들의 얼굴도 기억하기 때문에 어느 정도는 그들을 좌지우지할 수 있는 것 같았다. 그래서 도적들은 침울한 표정으로 물러갔다. 그러나 그중 가장 사납고 혐오스러운 한두 사람은 여전히 떠나지 않고 주위를 어슬렁거리더니 한 명이 내 방으로 걸어 들어왔다(이것은 한국인들의 눈에도 모욕적인 일이었다). 그는 내 남편이 나가라고 소리칠 때까지 한참이나 무례하게 쏘아보다가 나갔다. 여관 주인은 150센티미터도 안 되는 작은 남자였는데, 온 힘을 다해 나를 안심시키고 편안하게 해주었다. 거기에서 가장 가까운 관청까지는 무려 40킬로미터나 되었기 때문에,[4] 우리가 전력을 다해도 그날 밤 안에 도착한다는 것은

---

3 당시 조선은 세금 납부, 치안 유지에서 마을별로 연대책임을 지우는 관례가 있었다.
4 조선시대 지방행정조직은 군단위까지만 구성되었고 면·리 조직은 없었으며, 면임(面任), 이임(里任)이라는 보조원만이 있었다.

무리였다. 그러나 우리의 얼마 안 되는 인원으로는 관아의 담 안에 있기까지 안전을 보장받을 수 없었으며, 또 그것은 그만두고라도 잡혀 있는 사람들에게 뭔가 도움을 주려면 빠를수록 좋았으므로, 우리는 가능한 한 빨리 출발하기로 결정했다.

겁을 집어먹었던 내 가마꾼들은 사태가 진정된 후에 숨어 있던 곳에서 나와 따뜻한 식사를 함께했고 우리는 곧 출발할 수 있었다. 남편은 한국산 조랑말을 한 마리 가지고 있었는데, 이 말은 마부와 주인 외에 자기를 건드리는 사람은 발로 차고 물어뜯는 묘한 특성을 가지고 있었다. 그래서 그 말은 도적들이 가져가지 못하고 남겨 두었던 것이다.

우리는 대부분의 짐들을 두고 떠나야만 했다. 우리가 주인에게 그 짐들을 이 집에 보관해 달라고 하자 그는 기꺼이 응해 주었다. 그러나 만일 주인이 우리나 우리 짐을 보호해 준다면 도적들이 내려와 집을 태워 버리겠다고 협박했기 때문에, 겁에 질린 주인의 아들은 그 짐들을 맡지 말라고 주인에게 애걸했다. 그럼에도 영혼이 육신보다 훨씬 큰 이 키 작은 주인은 그 협박을 웃어넘기면서 바로 우리를 공격했던 한 사람에게 짐을 들라고 하여 우리 트렁크 두 개를 자기 집에 갖다 놓고는, 찾으러 올 때까지 잘 보관하고 있겠노라고 했다.

그러는 동안에 언더우드는 나에게 빨리 식사를 하라고 재촉했는데, 나는 도저히 그럴 수 없었다. 사실 나는 잔뜩 겁에 질린 한 여성에 지나지 않았으며, 오직 빨리 먼 곳으로 도망가기만을 바라고 있을 뿐이었다.

우리가 막 떠나려고 했을 때, 두세 명의 마을 사람들이 와서 경미한 병에 필요한 약을 좀 달라고 했다. 그러나 우리 자신의 목숨뿐만 아니라 잡혀 있는 우리 일행의 목숨이 경각에 달려 있는 상황에서 도저히 그럴 여유가 없었다. 우리가 안전한 관아에 닿기도 전에 밤이 다 새어 버릴지도 모를 일이었다. 그러나 언더우드는 그렇게 말하지 않았다. 이 사람들은 우리가 베풀 수 있는 도움을 원하고 있다. 우리가 형제애와 사랑의 정신으로 왔음을 보여 주는 것은 우리의 의무이며, 그 의무를 다함으로써 주의 메시지를 전파하고 성경을 보급할 수 있는 길이 잘 열릴 수도 있다. 또 약을 주는 것은 시간이 걸리는 일도 아니다. 어쨌든 우리는 하나님의 손안에 있지 않은가? 그리하여 나는, 그 도적 떼가 다시 돌아와 우리를 끌고 가서 아까 끌려갔던 사람들과 운명을 같이할지도 모른다는 생각과 아마도 죽임을 당할지 모르며 최소한 고문은 당할 것이 확실하다는 생각에 조마조마해하면서 처방을 해주었다. 약을 주는 대신 독을 주는 실수나 범하지 않았으면! 마침내 모든 환자를 다 보고 약 가방을 꾸렸을 때, 또 환자가 나타났다. 다시 우리는 기다렸다. 내가 진단과 처방을 하고 언더우드는 약을 조제했다. 그러나 한 환자가 끝나면 다른 사람이 오고, 그런 후엔 또 다른 사람이 왔기에, 마침내 나는 오늘 떠나기는 글렀다고 생각하기에 이르렀다. 결국 모든 환자들을 다 돌보아 주고 우리는 2시도 훨씬 지난 다음에야 출발할 수 있었다."[5]

이 사건에서 특히 기억에 남는 사람은 키 작은 여관 주인이다. 우리는 이전에 한 번도 그를 만난 적이 없었다. 그럼에도 불구하고 그는 전혀 관계도 없는 이방인들에게 큰 친절과 호의를 보여 주었다. 나는 이 용감하고 열정적인 형제에게 항상 감사하고 있다.

우리가 바로 다음에 도착할 곳의 관리는 언더우드가 서울에서 만났던 많은 친구들과 마찬가지로 온후한 사람이었다. 그는 임지에 부임한 지 얼마 되지 않았는데, 우리를 따뜻하게 영접하고 우리 일행과 짐을 도로 찾을 때까지 그의 관아에서 대접해 주었다. 이로써 이 세상 어디서나 언더우

---

5 L. H. Underwood, *Fifteen Years Among the Top-Knots*, pp. 66-71(「언더우드 부인의 조선 생활」, pp. 70-74).

드는 자기가 가는 곳마다 항상 오랜 친구를 발견하거나 새로운 친구를 사귀게 된다는 사실을 알게 되었다.

여행길 도처에서 우리는 군중을 만났고, 그중에는 약간 거친 사람들도 있었지만, 언더우드는 일을 잘 처리해 나갔다. 그는 재능과 인내심과 유머가 풍부한 사람이었기에, 실제로 처리하기 난처한 일들은 일어나지 않았다. 만일 당시에 나를 인도하던 사람이 언더우드 아닌 다른 사람이었다면, 과연 모든 일이 그렇게 잘 처리될 수 있었을지 자신할 수 없다. 한국인들이 모두 험악하고 고의적으로 불친절하게 굴었다는 말이 아니다. 우리가 만난 많은 사람들이 시골의 무지막지한 사람들이어서, 그들은 여행하는 외국의 젊은 여인에게 경의를 표할 줄도 몰랐으며, 호기심에 가득 차 바다 건너에서 온 외국인들을 구경하려고 했다는 것이다.

아마도 언더우드는 세속적인 지혜가 요구하는 만큼 조심스러워하지는 않았던 것 같다. 그렇다면 그는 하나님을 지나치게 신뢰했던 것인가? 그는 용감한 반면에 무모한 면도 있었던 것인가? 그는 때때로 그 자신과 우리들, 그리고 자기가 어떤 의무에 헌신하는 것으로 인한 결과에 대해서는 염두에 두지 않았던 것으로 생각된다. 그러나 어쨌든 때로 아슬아슬하기는 했어도 정작 해를 입은 적은 없었다. 키플링은 "붉은 갈기가 달린 별에 매달려 있는 한 무모한 천사"에 대해 쓴 적이 있는데, 나는 내 경험이 그 천사와 마찬가지로 열심히 매달리는 것이었으며, 남편은 그 붉은 갈기가 달린 별과 같았다는 생각을 하곤 한다.

우리는 한동안 의주에 머물면서 그리스도인들을 가르쳤는데, 이윽고 내키지는 않았지만 돌아와야 할 때가 되었다. 돌아오기 전에 언더우드는 만주로 가서, 진실한 회개의 증거를 보이는 100명의 지원자 가운데서 약 30명에게 세례를 주었다. 미국 공사가 한국 땅에서는 세례를 주지 않겠다는 약속을 강요했었기 때문이다.[6] 언더우드는 그 관리가 중국에서는 관할

권이 없으며, 또한 한국인이 한국 밖에서 한 행동에 대해서도 법적 제재를 가할 수 없다고 생각했다. 그는 그런 부당한 요구 사항에 대해서는 이런 식으로만 복종하기로 했으며, 한국 내에서는 이제까지와 마찬가지로 충실히 그 요구를 들어주기로 했다. 이 사람들은 연합적인 유대를 필요로 했고 이 거룩한 세례 의식의 집행에 의해 받을 수 있는 축복을 원했으나, 우리는 그들을 그대로 남겨 둔 채 언제 다시 올지 모르는 길을 떠나야만 했다. 여기서 세례를 받은 사람들이 이 여행에서 언더우드가 세례를 준 유일한 사람들이었으나, 이 숫자는 그 이전이나 그 이후 얼마 동안 그가 세례를 준 사람을 다 합친 숫자보다 많았다.[7] 다른 선교지에서 나타난 결과와 비교해 볼 때, 우리의 짧은 선교 역사의 시점에서 이 숫자는 놀라운 것이었다. 훗날 소문이 퍼지면서 이 숫자는 과장되어, 언더우드는 숫자를 늘리기 위해 잘 알지도 못하는 소위 새신자들이라고 하는 사람들에게 무턱대고 세례를 주었다는 비난을 받기도 했다. 그러나 실은 그와 정반대로 그는 매우 양심적이어서 이들을 심사하는 데 괴로움을 느낄 정도로 심사숙고했다. 몇 사람들은 1년 넘도록 교육을 받으면서 오랫동안 준비해 왔다는 것을 언더우드도 알고 있었다. 또 어떤 사람들은 세례 받을 준비가 되어 있다고 서 씨[8]가 3년 전부터 보고해 온 이들이었다. 그러나 2년 동안

---

6 언더우드의 만주 지방에서의 세례와 관련, 출발에 앞서 미국 공사 딘스모어(Dinsmore)는 언더우드가 여행 중 전도를 하고 세례를 줄까 봐 그의 여행증 발급을 거부했다(1889. 3. 8, 호턴의 편지). 언더우드는 여행 중 전도와 세례를 하지 않겠다고 약속한 후에야 여행을 떠날 수 있었다 (1889. 3. 25, 헤론의 편지). 그러나 언더우드는 1889년 4월 8일자 편지에서 "내가 중국 지역에 들어가서 거기서 한국인 신자를 발견한다면, 그들에게 세례를 주겠다"라고 썼다. 여행에서 돌아온 후 5월 26일자 편지에서 언더우드는, "중국 통행증을 가지고 압록강을 건너가 설교하고 세례를 베풀었다"라고 보고했다.

7 역자의 조사에 의하면, 언더우드는 1887년 말까지 약 20여 명에게 세례를 베풀었다. 이만열, "徐相崙의 행적에 관한 몇 가지 문제"(「한국기독교와 민족의식」 지식산업사, 1991), p. 98 〈표3〉 참조.

8 영국성서공회(BFBS) 권서로 활동한 적이 있는 서상륜을 가리킨다.

아무도 이들을 방문할 수 없었다. 또한 더 많은 선교사가 필요하다는 이들의 청원에 대해 그때까지 아무런 응답도 없었다. 서울에서의 많은 일들과 병고 때문에 이 양 떼에게 가서 돌봐 줄 수 사람이 아무도 없었던 것이다. 인간적으로 말하자면, 목자도 없고 말씀도 거의 없는 상태에서 이들이 떨어져 나가 냉랭해지거나 모든 것을 망각했다 해도 놀라운 일은 아니었을 것이다. 그들은 의주시 출신이 아니라, 거기서 24-32킬로미터 떨어진 작은 마을 사람들이었다.[9] 그럼에도 불구하고, 우리는 지금도 이 초기 신자들의 이야기, 몇 알의 씨가 풍성한 열매를 거둔 즐거운 이야기를 때때로 듣고 있는 것이다.

2-3년 전에 우리의 북쪽 선교지부에 선교사로 있는 맥큔(McCune)이 어떤 이야기를 들려주었는데, 이 이야기는 나의 특별한 관심을 끌었고, 또 말씀의 씨가 어떻게 뿌리를 내리는가를 보여 주는 데 좋은 격려의 원천이 될 터이므로 여기에 소개하고자 한다.

나이 든 한 한국인 아주머니가 우리가 떠난 직후에 의주인가 의주 근처인가를 찾아와, 언더우드를 만나 보고 복음 이야기를 들었던 사람 하나를 만나게 되었다. 그 아주머니는 신약성경의 일부는커녕, 우리가 나누어 준 책자나 찬송가도 얻지 못했다. 따라서 그 아주머니가 사람을 통해 듣고, 또 들은 후에 이해하고 기억한 것은 진리의 극히 일부분이었음에 틀림없다. 그러나 그 작은 씨앗이 아주머니의 비옥한 마음의 땅에 깊이 뿌리를 내리게 되었다. "하나님은 오직 한 분만 계시므로 우리는 다른 신을 섬겨서는 안 된다." 이것이 아주머니의 단순한 신조 첫째 항목이었다. 둘째 항목은 이러했다. "우리는 우리 죄를 버리고 착하고 순수하고 진실해야 한다."

---

9 이 지역 사람들이 복음을 듣게 된 것은 1882년부터 만주에서 번역, 간행된 성경이 권서들에 의해 전해졌기 때문이다. 이들 중에는 만주에서 복음을 듣고 이주해 온 사람들도 상당수 있었을 것이다.

셋째는 "우리는 7일 중 하루를 거룩히 여기고 '예수의 피밖에 없네'[10]라는 노래를 불러야만 한다"였다. 이윽고 그 아주머니는 한참 남쪽의 선천(Syen Chun) 근처에 있는 집으로 돌아가, 새로운 신앙과 그 관례에 매우 기뻐하며 이웃들에게 이 이야기를 들려주었다. 곧 아주머니의 절친한 친구와 또 한 명의 벗이 아주머니와 함께 예수를 믿게 되었다. 이들의 변화된 삶은 그 마을 사람들의 눈길을 끌어, 얼마 안 있어 두 사람이 여기에 합세하게 되었다. 이들은 이 작은 마을의 영향력 있는 남자들이었는데, 그중 한 명은 악독하기로 유명했었다. 아마 직업적인 싸움꾼(prize-fighter)이었을 것이다. 그 둘은 모두 이 신앙에 순수하게 빠져들어 오직 한 분이신 하늘 하나님만을 섬기게 되었고, 깨끗하고 정결한 삶을 살면서 7일 중 하루를 온전히 하나님께 바치게 되었다. 이 네 명은 사람들의 주목을 받았고, 이들의 모범은 다른 모든 사람들에게 깊은 영향을 주게 되었다. 몇 사람이 더 이들의 모임에 동참하게 되었으며, 이 사람들은 그들이 아는 한에서 가장 최선으로 하나님을 섬기며 어느 정도 빛 가운데서 살게 되었다.

그러던 어느 날, 종교 서적을 보급하는 권서 한 명이 선천에서 이 마을로 오게 되었다. 그는, 오직 한 분인 진리의 하나님을 섬기는 사람들이 그 모임을 술집에서 갖고 있는 것을 보고 깜짝 놀랐다. 사실 이 마을의 첫 신자는 술집 주인이었던 것이다. 그러나 이 아주머니는 이것이 잘못임을 알게 되자 곧 모든 술을 하수구에 내다 버렸다. 그제야 그 교사는 이들이 뜻도 모르고 부르던 노래의 의미를 알려 주었고, 그 값진 '야소교리'(Jesus-doctrine)에 대해 가르쳐 주었다. 이들은 자신들을 위해 죽으신 구주를 알게 되자 곧 기뻐서 어쩔 줄 몰랐다. 또한 이들은 찬송가와 교리문답서도

---

10 저자는 이 말을 한글 독음대로 'Yesu We Pee Patkui Umnay'라고 쓰고 영어로 'Nothing But the Blood of Jesus'라고 표기해 놓고 있다.

얻게 되었으며, 그 전도자가 떠나기 직전에는 이미 모임의 수가 늘어났고, 몇 달이 지나자 다른 많은 사람들이 이 모임에 참여하게 되었다. 몇 년 후에는 교회가 세워졌고, 곧 증축을 하여 이제는 700명의 신도가 모이고 있다. 첫 신자 네 명 가운데 직업적인 싸움꾼은 정식으로 임명받은 목회자가 되었으며, 또 한 명은 장로가 되었다. 이 모두가 한 알의 작은 씨앗을 하나님이 축복하신 결과인 것이다!

1891년 의주를 방문 중이던 게일 박사는 이러한 편지를 보내왔다. "나는 귀하가 의주와 그 근방에서 하신 일의 결과를 보고 놀랐습니다. 이곳 사람들은 놀랍게 깨어나고 있습니다. 우리는 세례 받은 사람들 전부를 만나 보지는 못했지만, 만나 본 사람들은 모두 훌륭합니다. 귀하께서 나에게 의주에 대해 말씀하신 것 이상의 성과가 있습니다."

또한 우리는 다른 사람들로부터 복음 전파에 대한 보고를 듣기도 했다. 이로써 우리는, 하나님은 자신의 것을 돌보시며, 자신의 작은 양 떼를 지키신다는 믿음 안에서 안심할 수 있었다.

책도 다 팔았고, 소책자와 약도 전부 나누어 주었기 때문에, 우리는 서울로 돌아왔다. 돌아오는 길에 특기할 만한 일은 벌어지지 않았다. 우리가 도착한 때는 5월 중순이었다. 우리는 두 달간 1,600킬로미터가 넘는 거리를 여행하면서 600명이 넘는 환자들을 치료하고, 또 그 몇 배가 되는 사람들과 이야기를 나누었다.

5
문법학자이자 사전편찬자

　　　　　　　　　　　　　　　　　　　　우리가 서울로 돌아왔을 때, 우리 선교회는 앞서 말한 칙령에 복종하여 우리의 작은 집회 장소를 폐쇄해 놓고 있었다. 그러나 우리는 다시 그곳을 개방하여 예배를 드리기 시작했고, 이윽고 전 선교회가 이 작은 예배당을 다시 즐겨 사용하게 되었다. 언더우드는 공중 예배는 반드시 지속적으로 이루어져야 하며, 지속할 수 없는 이유가 과거에 있었다 해도 이제는 모두 사라졌다는 명확한 확신을 가지고 있었다. 그는 다른 사람들의 충고를 어기면서까지 행동하는 것을 좋아하지는 않았으나, 복음 사업은 그에게 특별한 일이었기 때문에 그가 해 왔던 대로 해야만 한다고 생각했다.

　　그해 여름은 국왕께서 우리에게 빌려주신 자그마한 여름 별장에서 보냈다. 이 집은 한강 수면에서 15미터 되는 곳에 커다란 고목들로 둘러싸여 있었다. 여기서 언더우드는 그 뜨거운 여름에 새벽부터 한밤중까지 사전 편찬에 매달렸다. 게일 박사와 힐버트가 번갈아 와서 이 일을 도와주었다.

　　1889년 가을에는 선교본부의 총무인 미첼(Mitchell) 박사와 그 부인이 우리 선교회를 방문했다. 이 방문 건은 예배 금지 칙령에 대한 의견의 불일치가 있었을 때부터 이미 조금씩 언급되어 왔다. 만일 이때 미첼 박사가 오지 않았더라면, 언더우드는 출판 준비가 되어 있었던 사전과 문법책의 출판에 대한 선교회의 동의를 얻을 수 없었을 것이다. 이 출판에 대해 반대 의견이 나올 것이 너무도 분명했기 때문에 아무도 발의를 하거나 말을 꺼내지 못했는데, 거기에 참석한 미첼 박사가 자신이 책임지겠다고 하면서, 언더우드가 그 일을 위해 일본에 가도록 허락할 것을 주장했던 것이다. 언더우드밖에 교열 작업을 할 사람이 없었고, 한국어 활자의 지형을 뜨는 일도 개인적으로 감독할 필요가 있었다. 당시에는 교육 및 전도 사업에 대한 압력이 있었기 때문에, 책을 만드는 것은 시기상조라는 의견에도 일리는 있었다. 그러나 새로운 일꾼들이 속속 들이닥치고 있었고, 이들을 기다리고 있는 수백만의 사람들에게 이 일꾼들이 효과적으로 접근하기 위해서는 도움이 될 만한 것이 필요했다. 당시 선교회에 있던 두세 사람이, 언더우드처럼 선교지에서 겨우 4년여밖에 근무하지 않은 젊은 선교사가 과연 믿을 만한 사전과 문법책을 제대로 만들 수 있을까 의심스러워한 것은 충분히 있을 수 있는 일이었다. 실제로 완성본이 그들 앞에 놓였을 때 그들이 깜짝 놀란 것을 보면, 그들에게 그런 의심이 있었던 것이 분명하다.

여기서 그 책이 1915년에 개정되었다는 사실을 밝혀 두어야겠다. 출간된 후 그 책은 25년간 선교사들이 지속적으로 애독했는데, 그동안에도 수차례에 걸쳐 저자는 재검토를 요구했다. 매우 엄격하고 면밀하게 수정 작업을 했으나 몇 가지 실수가 있었는데, 그것은 대부분 교열상의 문제로 나타났고, 또 다른 사소한 잘못만이 발견되었을 뿐이다. 그 책은 1888년과 1889년에 젊은 언더우드가 만들었던 것과 실질적으로는 같다.

바로 앞에서 언급한 선교지부 회의에서는, 가두설교 때나 종교 서적을 배포할 때는 그때마다 지부의 특별허가를 받아야 한다는 의견이 발의되어 가결되었다. 그러나 후에 언더우드가 미첼 박사에게 이것은 그리스도의 사업에 제한을 가하는 일이라고 환기시키자, 미첼 박사는 회의를 소집하여 선교사들로 하여금 전도 봉사를 방해하는 제도를 없애도록 했다.

미첼 박사 부부에 대한 이야기를 해 보자. 그들이 우리와 함께 있는 동안 진짜 가을 날씨가 시작되어서, 우리는 창밖에서 날카롭게 치고 들어오는 바람을 막기 위해 두터운 한국 창호지로 종이창의 구석구석을 발라야 했다. 우리 침대는 양옆에 창문이 나 있는 후미진 구석에 있었는데, 어느 날 밤 비바람이 몰아치자 창문[창호지]은 젖어서 축축한 펄프 조각이 되어 버려, 우리는 방수포와 우산을 침대 위에 펼치고 몸이 젖지 않게 해야만 했다. 우리는 이 일을 아주 재미있는 이야깃거리라고 생각하여, 다음 날 즐겁게 이야기했다. 이것은 예산이 매우 적다는 것을 주장할 근거를 선교본부 총무들에게 일깨우는 것이기도 했다. 미첼 박사는 예상한 대로 깜짝 놀라서 우리를 몹시 나무랐다. 그때부터 우리 집 창문은 거의 다 유리창으로 바꾸었다.

그해[1889년] 여름에 오스트레일리아의 데이비스(Davies) 목사가 그의 누이동생과 함께 한국에 왔다. 그는 언더우드와 똑같은 열정적인 정신, 똑같은 에너지, 똑같은 언어의 은사를 지닌 사람이었다. 이 두 사람은 완전히 마음이 통했으므로 언더우드는 그와 같은 조언자와 조력자로부터 앞으로 큰 축복과 도움을 받기를 원했다. 이 두 사람은 모두 기도에 강한 신앙인들이었기 때문에, 두 사람이 하고 있는 사업과 그들이 구원하기를 갈망하는 수백만의 사람들을 위해 함께 언더우드의 서재에서 기도하곤 했다. 그러다가 우리는 하나님이 일하시는 방법에는 알 수 없는 신비함이 있다는 것을 경험하게 되었다. 이듬해 늦겨울,[1] 이 아름다운 영혼이 하

---

1 데이비스 목사가 사망한 날짜는 1890년 4월 15일이다.

늘로 불려 간 것이다. 그는 내륙을 여행하는 도중 천연두에 걸려 가까스로 한국 남쪽 해안의 부산(Fusan)에 도착했으나, 그곳에서 흙으로 돌아가고 말았다.

1889년 가을 현재, 감리교와 장로교의 회심자들은 도합 100명을 약간 넘어서고 있었다. 그러나 4년간 100명이라는 숫자는, 선교사들이 파견된 대부분의 동양 국가의 느린 교회 성장 속도와 비교해 볼 때 굉장한 것이었다. 또한 기초를 착실히 다지기 위하여, 새로운 신도를 받아들이는 데 아주 세심하고 엄격한 기준을 정했다는 것도 감안해야만 한다.

그해 초가을 나는 궁궐에서 두 번의 알현 기회를 가졌는데, 한번은 왕비께서 결혼 선물로 나에게는 금팔찌 한 쌍을, 언더우드에게는 진주 반지를 하사하셨다. 그러나 이것은 우리가 물러나올 때까지 미처 준비되지는 않았다.

1889년 10월, 우리는 앞서 언급했듯이 선교 활동 계획에 따라 어학 참고서를 출판하기 위해 일본으로 갔다. 여기에는 훌륭한 한국인 학자 한 사람[2]이 동행했다. 언더우드의 감독하에 활자를 만들었기 때문에, 그는 다시 한 번 책을 검토하고 첫 부분을 완전히 새로 쓸 수 있는 시간적 여유를 가졌다. 제임스 밸러프(James Ballagh) 부부는 친절하게도 우리가 자기 집에서 하숙할 수 있도록 편의를 봐 주었는데, 그들의 융숭한 대접을 받으며 보낸 그 시절은 우리 생애에 가장 행복했던 추억으로 남아 있다.

언더우드는 예전처럼, 선원을 포함하여 영어를 사용하는 외국인들 사이에서 전도 부흥 사업을 하는 데 큰 몫을 담당했다. 그는 병원을 방문하기도 하면서, 언제든 시간만 나면 도움을 주었다.

---

2 언더우드의 어학 선생인 송덕조 혹은 송순용이었을 것이다. 송덕조와 송순용은 그 두 이름을 쓰는 한 사람일 가능성도 있다.

그런데 한국인 '선생'(teacher)이 문제였다. 그는 일본식 밥을 좋아하지 않았다(일본인이나 중국인, 그리고 한국인도 다른 민족이 요리하는 식의 밥은 좋아하지 않았다). 그는 이제껏 한 번도 스스로 밥을 지어 본 적이 없었기 때문에 스스로 밥을 지어 먹는 데 큰 어려움을 겪었다. 결국 그는 향수병에 걸려, 책이 나오고 교열을 보기도 전에 돌아가겠다고 결정했다. 반면, 언더우드는 그가 그대로 남아 있어야 한다는 생각이 더욱 확고해졌다. 언더우드를 아는 사람이라면 이후에 어떤 일이 벌어졌을지 대강 짐작하고도 남으리라. 그러나 쉬운 일은 아니었다. 타인의 뜻을 거슬러 어떤 일을 강요할 수는 없기 때문이다. 그래서 달래고 구슬리고 연기시키고 특별한 관심사를 제공하고 배의 항해를 알리는 서류를 숨기는 등, 그의 손발을 묶어 놓는 일 외에 할 수 있는 일은 모두 했다. 책은 완성되어야만 했고, 그 선생이야말로 꼭 필요한 사람이었기 때문이다. 그런고로 그는 머물러야 했으며, 결국 머무르게 되었다.

일본에 있는 동안 언더우드는 한참을 망설인 끝에 선교본부에 사표를 제출했다. 그가 서울을 떠나기 전, 미첼 박사의 임석하에 열렸던 마지막 선교부 회의에서 그가 일하는 방식에 대한 많은 반대 의견이 나왔다. 전도를 위한 그의 노력을 제한하고 방해하는 이러한 강한 반대의 흐름 때문에 이런 제약 아래서 그가 계속 선교 사업을 진행하는 것이 실제로 불가능해 보였다. 또한 그가 일본에 있는 동안에도 이와 똑같은 입장을 표명하는 편지들이 한국으로부터 날아들었다. 그래서 몹시 슬픈 일이었지만 다른 방도가 없었기 때문에 그는 이런 결정을 내리게 되었다. 얼마 후 선교본부 회장인 웰즈(Wells) 박사[3]로부터 답신이 왔다. 실로 그것은 현명하고 거룩한

---

3 웰즈(John D. Wells, 1815-1903)는 미북장로교 해외선교회 회장으로 한국의 선교 개시에 공헌이 크다. 본문에서 보이는 것처럼 언더우드를 격려하여 계속 한국 선교에 매진케 했을 뿐만 아니라 그가 별세하기 전 한국을 위한 기금을 모금했는데 그것으로 경신학교 교사를 지어 '존 D.

아버지가 아들에게 주는 듯한 편지였다. 그것은 인내와 오래 참음과 끈기를 가지고 하나님을 믿는 가운데 최선을 다하라고 격려하는 내용이었다. 언더우드는 이 편지에 깊은 감동을 받았다. 그는 이 문제를 놓고 무릎 꿇고 기도하면서 자신의 십자가를 지기로 했고, 주님이 면류관으로 바꾸어 주시기까지는 결코 다시 십자가를 내려놓지 않겠다고 결심했다. 또한 완전하게 된 의인들의 영혼에 동참하게 해 달라고 간구했다.

책은 1890년 4월 26일에 완성되었고, 우리는 그해 5월 한국에 돌아왔다. 곧이어 우리는 중국의 네비어스(Nevius) 박사[4] 부부의 방문을 받았다. 여러 면에서 우리와 비슷한 선교지에서 온 이 나이 많고 경험이 풍부한 선교사를, 우리는 하늘에서 내려 주신 사람처럼 영접했다. 언더우드는 이전에 현장 경험이 풍부한 사람을 보내 달라고 여러 번 편지를 쓴 적이 있다. 그는 너무 젊어서, 일을 하다가 여러 문제에 부딪히게 될 때 당황하는 경우가 많았기 때문이다. 네비어스 박사는 놀라운 도움을 주었고, 그가 중국에서 사용했던 자조적(自助的)인 방법들을 우리에게 설명해 주었기 때문에, 훗날 우리 선교회는 이 방법들을 상황에 맞추어 단순화하고 변용하여 채택했다.

그때 채택된 원칙들을 「한국의 부름」에 나오는 언더우드 자신의 말을 빌려 인용해 보자.[5]

"1. 각 사람이 자기가 있는 곳에서의 소명에 따르도록 하며, 각자가 그

웰즈 기념관'이라 이름 붙였으며, 이를 계기로 한때 경신학교를 '존 D. 웰즈 학교'(John D. Wells School)라 부르기도 했다.
4 네비어스(John Livingston Nevius, 1829-1893)는 미국 북장로교 선교사로서 중국 산동 지방에서 40년간 활동했으며 1890년 봄에 한국에 와서 선교사들과 함께 선교 방법에 대한 협의를 했다.
5 H. G. Underwood, *The Call of Korea*, Fleming H. Revell Co., New York, 1908, pp. 109-111. 「와서 우릴 도우라」(기독교문서선교회).

리스도를 위한 개인적 일꾼이 되어 그 이웃 가운데 그리스도가 살아 계시게 하도록 가르치고, 자신의 직업을 통해 자립하도록 하라.

2. 토착 교회가 돌볼 수 있고 운영할 수 있는 만큼만 교회 운영 방식과 기구 조직을 개발하도록 하라.

3. 교회 자체가 사람과 물질을 제공할 수 있는 범위에서 최대한, 이웃들 사이에서 전도 사업을 하는 데 가장 적합한 사람들을 따로 뽑아 놓도록 하라.

4. 자국인들로 하여금 자신의 교회 건물을 제공하도록 하며, 그 건물은 토착 교회가 지을 수 있는 대로 토착적인 모습을 갖추도록 하라.

처음으로 진리를 배운 사람들은 다른 사람들의 교사가 되었으며, 자연스럽게 그들이 시작한 그룹의 지도자가 되었다. 이 사람들은 지도자 양성을 위한 성경공부반으로 모였으며, 그들이 해야 할 일에 따라 그들이 맡고 있는 그룹을 가르치고 이끌 방법을 교육받았다. 이 지역 성경공부반 지도자들 가운데는 성경과 주님의 사업에 특별한 재능을 보이는 사람들이 하나둘 나타났으며, 선교사의 제안에 따라 그들 자신의 발의에 의하여 그런 사람을 그 지역의 책임자로 삼고 보수도 올려 줄 것을 여러 그룹들이 요청하게 되었다. 때때로 선교회는 새로운 지역에 격려의 의미로 처음에는 절반의 보수를 지급했으나, 이것은 잠정적인 것일 뿐이었다. 그때조차도 선교회는 특별한 경우를 제외하고는 두 사람의 유급 조력자를 둘 수 있는 이상의 자금 사용을 허락하지 않았다. 물론 이 지역 지도자들은 특별반에 편성되어 교육을 받았다. 이와 더불어 교회 성경공부반을 열어, 교육 단계에 따라 차등을 두어 가르쳤다. 이 모임은 모이는 사람의 수도 많아지고 그 크기도 방대해졌다."

내가 듣건대, 네비어스 박사가 속해 있던 선교회의 다수가, 그가 죽기까지 그리고 죽은 이후에도 오랫동안 그의 자조 계획에 반대하여, 중국에서는 그의 방법들이 제대로 시행되지 못했다고 한다. 그러나 지혜는 그 자손 세대에 가서라도 결국에는 인정을 받는 법이다. 우리 역시 네비어스 박사와 그의 충고에 매우 큰 도움을 받아 한국에서 놀라운 발전을 성취한 데 대해 하나님께 감사하고 있다. 더욱이 이제는 똑같은 방법이 아프리카나 중국 여러 곳에서도 사용되어 놀라운 성공을 거두고 있다. 특히 아프리카에서의 성공은 한국보다도 더욱 놀랍다. 네비어스 박사 역시 이것을 알고 이제 자신의 사업이 맺은 뒤늦은 열매를 보고 기뻐하고 있을 것이 확실하다.

> 파도에 파도가 몰려옴을 바라보는 피곤한 응시
> 그래도 조수는 점점 치솟아 올라
> 우리는 산호처럼
> 무덤에 무덤을 쌓아 오르지만
> 이렇게 태양을 향한 한길을 닦아 간다
> 수많은 싸움에서 패해 뒤로 물러나지만
> 우리는 새로운 힘을 허락받고
> 오늘 선봉대가 천막을 친 곳에서
> 내일 후발대들 편히 쉬리라.

명석한 두뇌를 지녀 멀리까지 바라볼 줄 아는 위대한 사람들의 대부분은 격렬한 반대에 부딪혀도 차분한 믿음 속에서 절대적인 희망을 갖는다. 그들은 비록 지금 이곳에서가 아니더라도 잠시 후면 주의 기쁨이 그들 안에 풍성하게 될 것을 알기 때문이다.

헤론 의사와 가족은 그해 여름을 서울에서 몇 킬로미터 떨어진 산속에서 보냈다. 그러나 병원에서의 일 때문에 그는 일주일에도 몇 번씩 서울에 와야 했다. 극심한 더위 속에서 여행을 하며 일한 것이 그를 완전히 탈진케 했고, 그런 상황에서 이질에 걸리자 그는 그 병을 이겨 낼 수 없었다. 그가 세상을 떠나자, 외국인 묘지를 선정하는 문제가 생겼다. 묘지로 적당한 부지를 사용하는 데 정부의 동의를 얻어 내기까지 많은 어려움이 뒤따랐다. 조약에 따르면, 한국 정부는 묘지 부지를 제공해야만 했다. 관리들은 장소를 연이어 추천했지만, 바람직한 부지의 구입에는 동의하지 않았다. 마침내 헤론 의사의 시신을 선교회 구내에 매장하자는 제안이 들어왔다. 그러나 사대문 안에 시신을 매장하는 일은 있을 수 없다는 강한 미신 때문에 겁을 낸 우리의 한국인 교사와 조사들이 완강하게 반대했다. 그들은 매장을 하게 되면 성난 사람들이 자기들을 죽이고 우리 집을 불질러 버릴 것이라며 강하게 애원했기 때문에, 우리는 자연히 망설이게 되었다. 이 무렵 우리의 취지를 알게 된 조선 정부는 미국 공사, 그리고 알렌(그는 선교사로 다시 돌아와 있었다)과 2-3일 동안 심사숙고한 끝에 타협을 하여, 서울에서 약 8킬로미터쯤 떨어진 강 위 절벽에 적당한 장소를 지정해 주었다.[6]

1890년 9월에는 우리에게 아들이 태어났다.[7] 그러나 고용할 간호사가 없었다. 더군다나 얼마 안 되는 선교사들은 모두 과로한 상태였다. 그럼에도 언더우드는 자신의 아내와 아이를, 훈련받은 간호사처럼 돌보았다. 때로는 자신의 아내가 어머니로서 할 일을 충분히 할 수 있었음에도 불구하고 이것을 일종의 권리로 생각하여 밤중에 아기를 지켜보며 돌보곤 했다.

아기가 두 달이 되었을 무렵, 내가 무척 아팠기 때문에 의사들은 바닷바

---

6 마포 양화진 외국인 공동묘지. 이만열, 「아펜젤러」, 연세대 출판부, 1985, pp. 217-219 참조.
7 H. H. 언더우드[Underwood, 원한경(元漢慶), 1890-1951]다.

람과 분위기 전환이 효과가 있을 것이라며 중국의 치푸(芝罘, Chee Foo)에 단기간 바다 여행을 다녀올 것을 권했다. 그러려면 하던 사업을 잠시 중단해야 했으나, 언더우드는 이번 여행을 중국에서 이루어지고 있는 복음 사업을 연구하고 그곳 선교사들의 경험을 들을 수 있는 기회로 삼기로 했다. 우리는 11월에 돌아왔고, 그는 다시 그가 할 수 있는 모든 일을 맡아 감당했다.

크리스마스 때 우리는 양 선교회의 새로 온 선교사들을 위해 만찬을 베풀었다. 이것은 언더우드가 한국에 있을 때 반드시 지키던 관례였다. 이때는 옛 일들을 다시 꺼내 이야기하고, 옛 노래를 부르고, 옛 놀이를 하고, 옛날에 입던 옷을 입었다. 그의 성격 중 사교적인 요소가 아주 강하게 드러났다. 그는 자기 주위에 사람이 모이는 것을 좋아했다. 빈번히 이런 작은 모임으로 모여 우정과 선의라는 밝고 맑은 빛을 지켜 나감으로써, 서로를 이해하여 마찰은 줄이고 인내는 키우면서 모두가 서로 돕는 가운데 함께 일해 간다는 선한 목적을 이루는 데 기여했다. 오랜 세월이 흐른 뒤엔, 감회가 새롭게도 몇몇 선교사의 자녀들이 부모 대신 오거나 부모와 함께 오곤 했다. 이때에도 마찬가지로 크리스마스 트리가 있었고, 그 곁에는 어린 스크랜턴들, 알렌들, 아펜젤러들, 헤론들이 공사관의 어린 일본인, 영국인, 러시아인 들과 함께 있었고, 세관의 아주 작은 중국인이 손님으로 와 있었다. 언더우드는 유별날 정도는 아니었지만, 남들만큼 이 파티를 즐겼다. 다음 날 밤에 언더우드는 한국 학생들을 모아 놓고 그들 모두에게 선물을 주었다. 팽이와 연필 깎는 칼, 공 등 소년들이 좋아하는 여러 가지를 선물로 주었으며, 사탕이나 케이크, 오렌지 같은 것들도 잊지 않았다.

우리는 축제일이면 항상 왕실로부터 오는 선물에 숨이 막히도록 놀라곤 했다. 수백 개의 달걀, 여러 줄의 곶감, 여러 봉지의 밤, 꿩, 수많은 쇠고기와 생선 등 그 선물은 어마어마했다. 그것은 병원 및 학교 공직자로서의 언더우드에게 주어진 몫과 왕비의 의사인 나에게 주어진 몫이었다. 물론 우리는 이 선물들을 우리 선교사들 및 한국인 친구들과 나누었고, 쇠고기와 생선은 학교로 보냈다.

설날 외국인들과 한국인들이 친구들을 방문하는 것은 그 당시 이후로 관례가 되어 왔다. 이것은 원래 한국의 오랜 풍습이었다. 외국 공사관의 관리들, 영국인, 러시아인, 일본인, 프랑스인, 중국인, 한국의 높은 관리와 양반-귀족[지금은 고인이 된 주한중국대사 통리조선통상교섭사의(統理朝鮮通商交涉事宜) 원세개(袁世凱)도 손님 중 한 명이었다]에서부터 선교사들, 교회 신도들, 교사들, 세배를 하러 오는 어린 학생들에 이르기까지 모든 사람들이 언더우드를 방문했다.

한국의 고위 관리들에게는 낮은 신분의 교회 신도나 학생들과 같은 방에서 음식을 드시라고 할 수 없었다. 그래서 여러 여성분들이 각기 다른 방에서 그들에게 작은 온실에 있는 꽃들을 보여 주고 음악을 들려주고 타자기와 재봉틀을 구경시키면서, 우의와 즐거움 속에서 하루를 보냈다. 마지막에는 남은 음식들도 치울 겸, 선교사 파티로 저녁을 보냈다.

언더우드는 항상 새해를 맞는 마지막 밤에 '철야(徹夜, watch-night)예배에 참여했기 때문에, 꼬박 36시간을 활동하는 셈이 되었다. 그러나 이는 주위 모든 사람들과 우호적이고 따뜻한 친교의 유대를 다지는 시간이었다. 여기에 모인 사람들은 단순히 선교사와 교회 신도, 교사와 학도, 혹은 경쟁 상태에서 일하고 있는 선교회의 회원이 아니라, 친교의 유대 안에서 진정한 선의로 가득 찬 따뜻한 사랑의 친구들이었다. 그래서 언더우드가 죽었을 때 한국 전역으로부터 탄식 소리를 들었던 것이다. "우리는 개인적인 친구를 잃었다. 이제 그 없이 어떻게 해 나갈지 모르겠구나."

1891년 2월, 언더우드는 새로 도착한 베어드(Baird)[8]와 함께 새로운 선교

---

8   베어드[Willian M. Baird, 배위량(裵偉良), 1891-1931 재한] 목사다.

지부를 세울 자리를 고르기 위해 부산에 가야 할 일이 생겼다. 거기서 우리의 작은 선교회를 출범시키기로 결정했기 때문이다. 게일 박사는 그곳에 영원히 있을 계획은 없었겠지만, 하여튼 거기에 한동안 머물러 있었고, 앞서도 말했듯이 데이비스[9]는 그곳에서 세상을 떠났다. 당시 부산은 한국인보다 일본인이 더 많은 것처럼 보였으며, 그곳에 있는 일본인들은 그 지방 사람들처럼 쉽게 접근할 수 있는 계층 사람이 아닌 것으로 여겨졌다. 그래서 언더우드는 선량하고 평범한 지방민들이 살고 있는, 부산에서 약 5킬로미터쯤 떨어진 곳에 부지를 매입하자고 주장했다. 현재 이 사람들이 한국교회의 근간을 이루고 있다. 그러나 베어드는 초기 단계에 외국 여인들이 시에서 그렇게 멀리 떨어진 곳에 살면 안전하지 못하다고 하여, 앞바다가 내려다보이는, 부산에서 아주 가까운 언덕 기슭을 구입하여 거기서 새로운 지부를 출범시키자는 의견을 강하게 갖고 있었다.

언더우드가 없는 동안에 나와 아기는 벙커 부부의 집에 살며 친절한 도움을 받았다. 내가 류머티즘열로 너무 아파서 남편이 없는 동안에 한국인 하인만 데리고 혼자 있을 수가 없었기 때문이다. 이 선한 친구들은 자기네 응접실을 침실로 바꾸고, 가능한 한 우리를 편안하게 해주려고 온갖 노력을 다했다. 그러나 내 병세는 점점 악화되어 갔고, 의사들은 미국으로 바다 여행을 떠나야만 나을 병이라고 말했다. 그들은 내가 다시는 돌아오지 못할 것이라고 예견했다. 한국의 기후에서 살아간다는 것은 불가능하며, 사실 일본이나 미국까지 살아서 갈 수 있을지도 의심스럽다는 것이었다. 물론, 언더우드는 그런 말을 전혀 믿지 않았으므로, 돌아와서 다시 사용하려고 짐들을 쌓아 놓았다. 우리는 통조림 음식을 사고 트렁크를

---

[9] 1889년에 한국에 파송된 데이비스(J. H. Davies)로서, 그는 부산까지의 지친 선교여행 끝에 1890년 4월 15일 부산에서 세상을 떠났다.

꾸렸다. 친구들은 앞다투어 넓고 관대한 마음으로 우리의 준비를 도와주었다. 이것이 바로 동양에 살고 있는 선교사들과 유럽인들의 뛰어난 점이었다.

나는 항구까지 45킬로미터나 되는 거리를 들것에 실려 갔다. 그리고 이어 우리는 한국에 '작별'을 고했다. 그러나 나의 의심이나 두려움에도 불구하고, 언더우드에게는 그것이 영원한 작별이 아니었다. 다시 만나자는 인사일 뿐이었다.

우리는 환자 때문에 고베에서 잠시 멈추었는데, 여기서 내게 약간 차도가 생긴 것 같았다. 태평양 횡단 여행 역시 놀라운 변화를 가져왔다. 우리는 또 태평양 해안에서 잠시 멈추었는데, 여기서 언더우드는 한국에 대한 이야기를 약간 했고 뉴브런즈윅 시절의 옛 친구인 이스턴 의사를 만났다. 그 후 우리는 점점 동쪽으로 나아가, 며칠 후 시카고에 도착하여 언더우드의 형님 집으로 갔다.

그가 떠난 후 고향에는 많은 변화가 있었다. 미국으로 가던 도중 요코하마에서 그는 얼마 전에 죽은 형 프레드의 부음을 들었다. 그는 내게 낙심되는 이야기를 하지 않는 버릇이 있었으므로 그 말을 해주지 않았다. 그러나 함께 저녁 기도를 하는 동안 그가 어떤 큰 문제에 봉착해 있는 것처럼 보여, 나는 그에게 무엇 때문에 슬픈지 이야기해 달라고 졸랐다. 그때서야 그는 흐느끼며 프레드의 죽음을 이야기했다. 그가 도착했을 때 누이들은 깊은 슬픔에 잠겨 있었다. 이복(異腹) 여동생 한 명이 그들과 함께 살고 있었고, 가족들은 브루클린으로 이사해 있었다. 우리는 한국에서 3월에 떠났지만, 도중에 가끔 멈추었기 때문에 오는 데 시간이 많이 걸려서 브루클린에 도착했을 때는 5월이 되었다.

우리가 2년 동안 미국에 머물러 있는 동안 언더우드가 했던 그 많은 일들을 자세히 다 기록할 수는 없을 것 같다. 다만 내 기억에 깊은 인상으로 남아 있는 몇 가지 일만을 이야기하도록 하겠다.

그가 처음 한 일 중 하나는 한국으로 보다 많은 일꾼을 보내도록 선교본부에 요청한 것이었다. 그러나 그들의 대답은 슬프게도 자신들이 부채 상태에 있으므로 돈도 없을뿐더러 가능한 인원도 없다는 것이었다. 따라서 언더우드가 돈과 인원을 마련하면, 선교본부는 그들을 임명하겠다고 했다. 그러나 언더우드는 전혀 실망하지 않고 문호 개방에 대한 이야기, 한국인들이 말씀을 잘 받아들인다는 것, 그들의 개인적인 일을 통해 드러난 그들 신앙의 열정적인 특성과 기도에 대한 믿음, 성경에 대한 사랑 그리고 그들의 뛰어난 재능에 대해 연설을 시작했다. 그는 결코 기부금을 요청하지 않았다. 그러나 그가 도착한 지 얼마 되지 않은 어느 주일, 그는 존 언더우드[10]로부터 사람만 찾아내면 여섯 명분의 보수를 지급해 주겠다는 약속을 받았다. 그는 계속해서 그 확실한 가능성에 대한 똑같은 이야기를 교회에서, 설교단에서, 대학에서, 신학교에서, 학생 자원 운동단체(Student Volunteer)에서, 면려회(Christian Endeavor) 총회에서 그리고 특별 만찬과 오찬석상에서 해 나갔다. 마침내 놀랍도록 빠른 시간 안에 여섯 명의 인원이 확보되었다.

그러나 그는 결코 만족하지 않았다. 그는 총회(General Assembly)에서 20분간 한국에 대해 연설하기 위해 오리건 주 포틀랜드에 오라는 초청을 받고 격노하지 않을 수 없었다. 한국에 대해 겨우 20분을 이야기하기 위해 그 많은 시간을 들여 그 먼 거리를 오라고 하다니! 그러나 결국 그는 만일 선교본부 총무들이 그를 좀더 일찍 보내어, 가는 도중에 거쳐 갈 큰 도시들에서 선교 연설을 하도록 해준다면 가겠다고 했다. 이것이 승인되어 그는 장기간 순회여행을 떠나게 되었다. 그는 평소의 그 세심한 주의력으로 가

---

10 언더우드의 큰형으로 타자기 회사를 차려 많은 돈을 벌었으며, 언더우드의 선교를 적극 후원했다.

능한 한 많은 곳에 갈 수 있도록 시간표를 짜고, 여행은 밤에만 하기로 했다. 그는 완벽한 시간표를 짜는 데 광적인 사람이었다. 그래서 여러 가지를 종합하여 아무도 생각지 못한 시간표를 짜 내어, 조금 일찍 도착하고 조금 늦게 출발함으로써 한국에 대한 이야기를 더 많이 할 수 있도록 해 놓고는 기뻐했다. 스피어(Speer) 박사[11]는 그에 대해 이렇게 기록했다. "그가 미국에 올 때마다 마치 타오르는 횃불이 오는 것 같았다. 그는 지치지도 않고 인내력도 놀라운, 불굴의 의지를 지닌 사람이었다."

그는 정확한 시간에 포틀랜드에 도착했다. 그리고 정성을 들여 중요한 항목은 모두 넣고 불필요한 말은 한마디도 들어가지 않도록 하여, 꼭 20분이 걸리는 연설을 준비했다. 그는 손에 시계를 들고 수차례 이 연설을 반복해 연습했다. 이름을 부르는 소리를 듣고 그는 두근거리는 가슴을 안고 단상에 올라갔는데, 올라가자마자 시간을 10분으로 줄여야 한다는 작은 목소리를 들었다. 그 말은 너무도 커다란 실망과 충격을 안겨 주어 잠시 동안 그는 한마디도 할 수 없을 것 같았다. 이야기를 다시 정리하거나, 어떤 부분을 생략하는 것이 가장 좋을지 생각할 여유도 없었다. 그는 20분 동안 해야 할 이야기를 10분에 하는 것은 불가능하다고 생각했던 것이다. 그러나 그는 최선을 다한 후, 깊은 슬픔에 잠겨 자리에 앉았다.

그러나 오후에 언더우드가 여성 집회에서 연설할 기회를 가졌을 때는 그 자리에서 여성 일꾼 한 명에 대한 보수를 제공받았고, 또 한 젊은 여성이 그날로 한국에 가기를 자원하는 기쁨을 맛보았다. 그래서 그는 자신의 여행이 헛된 것이 아니었다고 결론 내리게 되었다.

---

11 스피어(Robert E. Speer)는 미국 북장로교 해외선교부 총무로서 1897년에 한국을 방문한 바 있다.

6
바쁜 휴가

미국을 방문하는 동안[1] 호러스 언더우드는 내슈빌의 학생 회의에서 연설한 후, 버지니아와 노스캐롤라이나를 거치는 여행을 했다. 미국 남장로교 선교회(the Southern Presbyterian Mission)의 레이놀즈 목사가 "코리아 필드"(The Korea Field)에 쓴 편지를 인용해 보자.[2]

1891년 10월, 테네시 주 내슈빌에서 열렸던 전국 신학교 선교사 동맹(the Interseminary Missionary Alliance) 대표들은, H. G. 언더우드 박사와 당시 밴더빌트 대학(Vanderbilt University)의 학생이었던 윤치호(Yun Chi Ho)의 한국에 대한 연설에 깊은 감명을 받았다. 대표들 가운데는 맥코믹(McCormick)의 테이트

---

1 언더우드는 안식년 휴가로 1891년 4월 한국을 출발, 1893년 2월에 다시 한국에 도착했다.
2 아래의 인용된 내용은 W. D. 레이놀즈가 쓴, "Genesis of the Southern Presbyterian Mission" (The Korea Mission Field, Vol X, Jan., 1914, No.1, pp. 16, 17)에 수록되어 있다. 저자가 The Korea Field에 수록된 것으로 생각한 것은 착각이다.

(L. B. Tate), 버지니아 주 유니언 신학교(Union Theological Seminary)의 존슨(C. Johnson)과 레이놀즈가 있었다. 존슨과 레이놀즈는 절친한 동료 학생이었던 전킨(W. M. Junkin)과 함께 곧 한국에 관한 책을 읽기 시작했으며, 매일 기도와 회의를 위한 모임을 갖기 시작했다. 언더우드 박사는 버지니아와 노스캐롤라이나의 주요한 교회들을 여행하면서 선교지로서의 한국에 대한 관심을 일깨울 계획을 짰는데, 때때로 교회 신문에 그에 관한 기사가 실렸다. 네 명의 학생은 모두 선교회의 실행위원회(the Executive Committee)에 한국에 보내 달라고 신청했으나, "새로운 선교회를 만들 방법이 명확하지 않다"는 대답을 들었다. 그러는 동안에 하나님은 뉴욕에 사는 존 언더우드의 마음을 움직여 선교회 개설 비용을 부담하겠다고 제안케 하심으로써 그 방법을 명확히 하셨다. 학생들은 계속해서 기도하며, 또 계속해서 위원회에 새로이 신청을 했다. 1월에 그들의 기도는 위원회에서 보낸 전보의 형태로 응답을 받았다. "8월에 배를 탈 준비를 하라." 이렇게 두 선교회의 회원들 사이에는 처음부터 깊은 우정과 성실한 관계가 존재하고 있었던 것이다.

버지니아 여행 계획을 짜면서 언더우드는 3월에는 기후가 매우 좋을 것이라고 확신하여, 아내와 아이를 산속 아주 작은 마을에까지 데려갔다. 거기서 그는 아내의 류머티즘이 치유될 것을 기대했던 것이다. 그는 자신의 장난감 같은 시간표에 완전히 숙달되어 있었기 때문에 며칠에 한 번씩 우리를 보러 들를 수 있었다.

버지니아를 여행하는 동안에 언더우드는 무척이나 아슬아슬한 위기를 겪었다. 그는 연설에 지장만 없다면, 가능한 한 언제라도 가족들이 머물고 있던 W-에 가 보려고 계획하고 있었다. 이렇게 오가던 중 한번은 온다는 연락을 미리 해 놓고 밤 12시경에 우리가 있는 곳에 도착할 수 있도록 기차를 탔다. 기차를 탄 후 안내원에게 깨워 달라고 말해 두고는, 신발과 외투와 깃을 벗고 마음 편히 자기로 했다. 그러다가 갑자기 깨어 일어나 늦으면 어떻게 하나 걱정했으나, 안내원은 충분한 시간을 두고 깨워 주겠으니 걱정 말라고 했다. 그래서 그는 다시 잠이 들었다.

기차가 갑작스레 흔들리면서 멈추어 또다시 깨어나 창밖을 보니 바로 그가 내려야 할 역이었다. 그는 짐을 추스르고 가능한 한 빨리 옷을 입었으나, 기차는 벌써 출발하고 있었다. 그는 깊은 잠에 빠진 안내원을 깨워 앞의 역으로 되돌아가자고 요구했다. 그러나 이 안내원은 그럴 수는 없으나, W-까지는 다음 역에서 얼마 안 되는 거리이니 바로 그 지점에서 내려 주겠다고 했다. 맹렬하게 반박했지만 어쩔 수 없었기 때문에 그는 길이라고는 철도 선로 하나만 놓여 있는 가파른 둑방의 눈 위로 뛰어내렸다. 칠흑 같은 어둠 속인데 전등도 없는데다 잠에서 깬 지도 얼마 안 되어 어질어질해진 그는 그만 방향을 잘못 잡아 다른 길로 들어서고 말았다. 무거운 가방과 우산을 들고 한동안 걸어가는데, 길가에 'W-까지 3.2킬로미터'라고 표시된 돌이 보였다. 정반대 방향으로 걸어가고 있는 것 아닌가! 방향을 돌려 되짚어 오다가 처음 출발했던 철로를 지나 얼마쯤 갔을 때, 문득 옆에서 물이 흐르는 소리를 들었다. 무릎을 굽히고 팔을 내려 보니 깊고 넓은 개울의 가장자리에 자신이 서 있는 것을 발견했다. 그 위로는 철로와 침목만 가로놓여 있었다. 달리 돌아갈 길이 없었기 때문에 침목을 하나씩 하나씩 기어서 건너갈 수밖에 없었다. 당연히 짐 때문에 거추장스러워 빨리 나아갈 수가 없었다. 거의 다 건너갔을 때 그는 전등을 들고 빠르게 걸어오고 있는 여행자 같은 한 사람을 보았다. 가까스로 옆 선로로 뛰어 건넜을 때에야 그는 특급열차가 쏜살같이 달려오고 있음을 깨달을 수 있었다. 조금만 더 늦었거나 개울 위에서 잠시만 머뭇거렸다면 그는 틀림없이 죽었을 것이다. 그는 3시간 후에나 도착하여, 무슨 일이 일어난 줄도 모르는 채 걱정을 하며 서성거리는 나와 만날 수 있었다.

그 달에는 매일 눈이 와서 따뜻하게 지낼 수는 없었지만, 우리의 마음은 성공한 이야기로 기뻤다. 여기서 성공이란 돈이 아니라 네 명의 젊은이, 즉 테이트·전킨·레이놀즈·존슨이 한국에 가겠다고 한 것이었다. 그들 중 둘은 아내와 함께 가기로 했고,[3] 나머지 한 사람은 누이인 테이트 양이 동행하기로 했고, 데이비스 양(후에 해리슨 부인이 되었다)도 일행과 합류했다. 이 중 존슨은 선교본부의 선교사로서가 아니라 다른 곳의 후원으로 갔으며, 1년 후에는 한국을 떠나 일본으로 가서 수년간 일을 했지만, 항상 한국에 대해 큰 관심과 사랑을 가졌다.

언더우드의 남부 순회강연이 끝나 갈 무렵, 그는 리치몬드로 초청을 받았다. 거기에서는 꽤 큰 선교사 회합이 열릴 예정이었다. 아마 미국 남장로교 총회(the Southern Presbyterian Assembly)의 연례회의였을 것이다. 이 총회에는 많은 대표자들과 선교사들이 참석했다. 우리는 주지사의 저택에서 머물도록 초청을 받아 이를 매우 자랑스럽게 생각했다. 주지사와 가족은 선한 장로교도들이었다. 우리는 매우 융숭한 대접을 받았다. 아직도 그때 그 모든 사람들의 환대와 친절을 잊을 수 없다. 언더우드는 총회와 여성분과(the Women's Board)에서 수많은 연설을 함으로써 선교지 한국에 대한 그들의 관심을 심화시켰다.

그는 어떤 상황에서도 결코 자신의 이익을 취하거나 개인 경비로 쓰기 위해 기부금을 모으지 않았다. 헌금함에 모이는 돈은 그 액수가 얼마이든 반드시 해외선교부로 보냈다. 그 무렵 그는 뉴욕과 브루클린의 모든 주요한 장로교회에서 연설을 했다. 이 때문에 선교부로 보낼 많은 금액이 모였고, 한국과 한국인에 대해서도 큰 관심이 일어나게 되었다. 지금 생각해 보면 놀라운 일이다. 왜냐하면 1891년에는 사업이 그렇게 크게 번창하지

---

3 레이놀즈와 전킨이다.

않았기 때문이다.

그가 뉴욕 5번가 장로교회(the Fifth Avenue Presbyterian Church)에서 연설하기로 한 일요일 오후에 그 지방에서는 유례없는 큰비가 내렸다. 오후예배에는 통상적으로 출석률이 저조하다고 해서, 언더우드는 아침예배에서 연설하지 못한 것을 매우 섭섭해하고 있었다. 이런 상황에서 비까지 온 것이다. 어쨌든 홀(Hall) 의사[4]는 설교단에 설 예정이었기 때문에, 언더우드의 가족 중에는 거기까지 그 먼 길을 가 보았자 소용없을 것이라는 이야기를 하는 사람도 있었다. 전화를 걸어 약속을 취소하고 날씨가 좋을 때 가라는 것이었다. 그러나 그는 약속을 취소하지 않았다. 도중에 어려움이 있다고 해서 포기할 사람이 아니었으므로 그는 거기까지 갔다. 어두운 교회에는 소수의 신실한 심령들이 여기저기 흩어져 울적하게 앉아 있었다. 그러나 그는 밀집한 청중에게 하듯이 선교에 대하여 감동적인 연설을 했다. 기부금을 걷지 않았음에도 불구하고 그 일요일에 그와 선교본부에 보내진 돈은 수천 달러에 달했다. 한 부유한 사람은 자신이 이전에는 외국 선교에 관심을 가지지 않았으나 이제는 정기적으로 돈을 내겠다고 하면서, 그가 계시해 준 것에 대해 따뜻한 감사를 전하고 많은 돈을 보내왔다. 그때 언더우드의 연설을 들었던 또 한 사람은 그 이후로 한국에 가장 관대하고 우호적인 친구가 되었다.

언더우드는 토론토에서 열리는 학생 자원 운동 집회에서 연설해 달라는 초청을 받아 캐나다를 방문했다. 거기에서 선교에 큰 관심을 가진 지도자들과 만나 협의하고 수차례 연설을 했다.

4　홀(William J. Hall)은 캐나다 출신으로 뉴욕의 벨뷰 병원 의학 칼리지(Bellevue Hospital Medical College)를 졸업, 1889년부터 의사로서 메리슨 가의 감리교 의료선교기관에서 활동하다가 1890년 셔우드(Rosetta Sherwood)와 약혼했고, 약혼녀에 뒤이어 1891년 12월 16일에 제물포에 도착했다. 언더우드가 첫 휴가를 보내고 있을 때 홀은 뉴욕에 있었다.

애비슨(Avison) 박사[5]가 한국에 가게 된 것은 이 당시 언더우드의 연설과 개인적 호소의 한 열매임이 분명하다. 세브란스 병원과 의과대학 및 그것들과 관련된 교회를 세운 일, 의학 서적 출판, 학생과 젊은 의사들을 향해 뿜어 대었던 그 강력한 복음적이며 자기희생적인 정신, 한국의 모든 선교 기관에 대한 지원, 특히 그가 수년간 회장직을 역임한 YMCA 등을 통해 그가 하나님 밑에서 해 왔던 일들을 생각해 보면, 그때 언더우드가 캐나다로 보내진 것은 참으로 기뻐할 만한 일이었다. 또한 순전히 악한 것으로만 생각된 병이 우리로 하여금 그토록 우리를 필요로 하던 한국에서 미국으로 떠나게 하여, 더 많은 일꾼들을 불러 모으도록 한 것 역시 기뻐할 일이다. 이 모든 일에서 하나님의 손길을 명확하게 볼 수 있었다.

애비슨 박사는 데이비스가 남기고 간 빈 공간을 상당 부분 채워 주었다. 그는 처음부터 언더우드와 가장 마음이 통하는 동역자이자 조언자로서, 모든 곤경 가운데서도 그의 곁에서 23년간 섬김으로써 그의 근심과 노고를 함께 나누었다.

애비슨 박사는 뛰어난 전문인으로서의 경력을 포기하고, 많은 재정적 희생을 감수하면서까지 여러 아이들이 딸린 한 가정을 불결한 환경으로 이끌고 갔으며, 또한 우리 선교회에서 일하기 위해 감리교파를 떠났다. 그러나 내가 생각하기에는, 하나님이 그가 볼 수 있도록 허락하신 열매를 보면 그가 그리스도를 위해 치른 희생보다 훨씬 더 크게 보상받은 셈이라 할 수 있다. 그는 아마 앞으로 이 책에서 자주 언급될 것이다. 왜냐하면 내 생각에 언더우드의 생애는 그의 형제인 존 언더우드나 애비슨 박사를 빼놓고는 제대로 써 나갈 수 없기 때문이다.

---

5   애비슨[Oliver R. Avison, 어비신(魚조信), 1860-1956]은 언더우드의 한국 선교 보고를 듣고 한국 선교에 자원하여, 제중원 원장 역임을 비롯하여 세브란스 건립, 연희전문학교 교장 역임 등 한국 의료선교에 크게 공헌했다.

1891년 여름 뉴욕 대학은 언더우드에게 신학박사 학위를 수여했다. 그는 한 일도 별로 없는데 자신의 모교로부터 그런 고등 학위를 받는다는 데 대해 무척 명예롭게 생각하여 어린아이처럼 기뻐했으나, 한국에 대한 연설을 할 중요한 계획이 있었기 때문에 직접 가서 받을 수는 없었다. 그러나 다음 날 대학으로 돌아와서, 그는 옛 학창 시절과 그 시절의 우정을 새로이 하고 델타 웁사일런의 만찬에 참석하는 기쁨을 누렸다. 거기서 그는 아주 유쾌한 만찬 연설을 했다.

　미국에 머무는 동안 언더우드는 형으로부터 동업 제안을 받았다. 형은 고귀한 부르심을 받은 언더우드를 몹시 그리워하고 있었고, 또 언더우드 대신에 몇몇 사람이 한국에 가기로 되어 있었기 때문에 그런 제안을 한 것이었다. 언더우드는 이 제안에 대하여 심사숙고했다. 왜냐하면 그가 과연 주님의 사업을 위해 미국에서 더 많은 일을 할 수 있는지 아니면 한국에서 더 많은 일을 할 수 있는지는 사실 문제 삼을 만했기 때문이다. "당신이 당신을 대신해서 가는 몇 명의 사람들보다 더 가치 있다고 생각하지는 않겠지"라는 조롱 섞인 반박이 있었던 것이다. 그러나 그는 바울과 똑같은 심정이 될 수밖에 없었다. "만일 복음을 전하지 아니하면 내게 화가 있을 것이로다."[6] 또한 그는 브루클린에서 가장 크고 부유한 편에 속하는 교회로부터 와 달라는 제안을 받기도 했고, 세 번째로 한 여자대학의 학장직을 맡아 달라는 제안도 받았다.

　아내의 건강이 극도로 악화되어 동양에 돌아가 살아갈 수 있을지 없을지도 모르는 불확실한 상황에서 심약한 사람이나 고귀한 믿음이 부족한 사람이라면 하나님 나라에 대한 크고도 효과적인 섬김의 문이 활짝 열릴 이러한 제안들을 받았을 때, 상당히 머뭇거렸을 것이다. 그러나 언더우드

6　고린도전서 9:16.

는 잠시도 망설이거나 의심을 갖지 않았다. 그의 마음은 확고했다. 그의 소명과 그의 사업은 한국에 있었다. 병든 아내와 모든 것을 데리고 갈 일만 남은 것이다.

우리는 한 친절하고 다정한 의사와 상의를 했다. 그 의사는 한국에 대해서는 갓난아이와 다름없이 아는 바가 없었지만, 위생적이고 안전하며 견고하고 습기 없는 집에서 산다면 그의 아내가 미국에서와 마찬가지로 살아가지 못할 아무런 이유가 없다고 말했다. 그녀는 다시 한 번 한국에서 살아 볼 만반의 준비가 되어 있었다. 사실, 그가 한국에 돌아가는 것을 막느니 차라리 한국에서 죽는 것이 낫다고 생각했던 것이다. 언제든지 언더우드를 도와줄 마음이 있는 형은, 우리가 집 아래 지하실을 파고, 새 지붕을 달고, 뜨거운 물을 쓸 수 있게 목욕탕을 설치하고, 스팀 난방로와 장비를 놓을 충분한 돈을 주었다.

언더우드[7]는 한국 전체에서 연관공(鉛管工)이나 난방로를 놓을 사람이 없으리라고는 거의 생각지 않았다. 당시 연관공 조합(Plumber's Guild)은 공장업자나 상인들에게 온당한 연관공이 아니면 아무에게도 연장을 팔지 않는다는 가공할 맹세를 받아 냈기 때문에 비록 큰 어려움을 겪기는 했지만, 언더우드는 연관 연장을 겨우 구할 수가 있었다. 언더우드는 난방로 장사에게 묻고, 난방로 카탈로그와 서적을 구하고, 난방로 자체를 연구하면서 일에 착수했다.

그 난방로 이야기의 귀추를 여기서 미리 말해 두는 것이 좋을 것 같다. 난방로의 주요 부품들이 모여 그것을 적당히 조립했는데, 그때부터 진짜 일이 시작되었다. 난방로에서 뻗어 나와 집안 구석구석에 있는 라디에이터

---

[7] 저자는 여기까지는 Mr. Underwood라고 표기해 왔으나, 여기서부터는 박사 학위를 받은 후이므로 Dr. Underwood라고 표기했다. 그러나 번역에서는 구분하지 않았다.

까지 이어져 있는 스팀 파이프들은 수십 개(수백 개라고 말하고 싶을 정도다)의 짧고 작은 금속관들로 이루어져 있었다. 그 금속관 중에서 어떤 것은 왼쪽 끝에, 또 다른 것은 오른쪽 끝에, 또 어떤 것은 중앙에 L자 모양의 관이 붙어 있었고, 또 무릎 모양의 관이 똑같이 여러 군데 뒤죽박죽으로 수없이 붙어 있었다.

언더우드는 이를 알아차리고 제조업자들(그들은 우리 한국집의 구조를 알고 있었다)에게 각 부분들에 표시하고 번호를 매겨 달라고(1부터 시작해서) 부탁했다. 이렇게 하면 그 부품들이 들어 있는 상자를 꺼냈을 때, 거기 써 있는 표시대로만 하면 되는 것이었다. 이것은 기발한 계획이었다. 그러나 한국에서 짐을 풀었을 때, 상자에 해 놓았던 표시는 하나도 남은 게 없었다. 단지 잡동사니같이 쌓여 있는 파이프들뿐이었으며, 이것은 오직 한 가지 방법으로만 조립이 가능할 뿐, 그렇지 않으면 아무 쓸모가 없었다. 그는 곤혹스러웠다. 서울에서는 그가 난방로를 조립하지 못할 것이란 소문이 쫙 퍼져 있었다. 사람들은 노골적으로 이 소문을 전함으로써 언더우드를 낙심시켰다. 그러나 이것도 만일 그가 격려를 필요로 했다면 격려로 바뀌었을 것이다. 하지만 그는 그러지 않았다. 또한 그럴 리는 없었지만, 만일 그가 결단하는 데 자극이 필요했다면 그것은 자극의 역할을 했을 것이다. 그는 몸체는 조립해 놓았으니까, 논리적으로 볼 때 처음 시작되는 것은 처음에 놓고 그다음에 맞는 조각들을 하나씩 하나씩 맞추어 나가면 계획대로 파이프가 연결되어 나갈 것이라고 단정했다. 그리하여 언더우드는 명석한 두뇌와 상식과 그를 이끌어 줄 계획을 가지고 중국 수수께끼보다 더 어려운 곳에서부터 시작하여 곧 난방로를 작동하게 만들었다. 평생 연관이나 파이프 놓는 일을 해 본 적이 없는 일본인 양철공 한 사람이 그를 도왔을 뿐이다. 사람들은 난방로가 완성되었다는 이야기를 듣고도 좀체 믿지를 못했다. 그것은 거의 기적과도 같은 일이었기 때문이다.

난방로 이야기는 이쯤에서 끝내고 다시 미국 이야기로 돌아가 보자. 언더우드는 수많은 작은 마을에서뿐만 아니라, 보스턴, 시카고, 필라델피아, 워싱턴 등의 여러 큰 도시를 돌아다니며 강연을 했다. 그의 친가와 처갓집 가족들은 떠날 시간이 가까워 오자 온갖 좋은 것들로 그와 그의 아내를 대접하고자 했고, 그의 형제는 유럽을 경유하여 성지(the Holy Land)까지 짧은 여행을 하고, 홍해(the Red Sea)를 거쳐 한국에 돌아가도록 계획을 짜주었다.

언더우드는 영국에 충분히 머물면서 삼촌·숙모·사촌 들을 다시 한 번 만나 보았다. 또한 그는 성서공회 및 기독교전도문서회(the Bible and Tract societies), 런던선교회와 협의하고 여러 교회에서 한국의 문호 개방에 대해 연설했다. 그의 사촌인 레드패스(Redpath) 양은 우리의 어린 아들을 돌보기 위해 우리와 함께 한국에 가기로 했다. 내가 선교 사업에 보다 많은 시간을 쏟도록, 또는 내가 심하게 아플 때 어떤 식으로든 도움을 주도록 하려는 것이었다. 내가 과연 거기서 살아갈 수 있을지가 그들은 아직도 의문이었던 것이다.

돌아오는 항해 길에 우리는 수에즈 운하를 거쳐 포트사이드(Port Said)에서 하룻밤 묵고, 홍해를 거쳐 인도양으로 나아갔다. 콜롬보(Colombo)에서도 하루 머물렀는데, 거기서 어떤 상황에서도 결코 포기하지 않는 언더우드의 성품을 볼 수 있는 사건을 겪었다.

우리는 조심스럽게 어떻게 돈을 지불하는가를 알아본 후에 '개리즈'(garries)라 불리는 작은 운송수단을 빌렸다. 우리는 몇 가지 물건을 사고, 선교사 한 분을 방문한 뒤에 떠날 시간에 임박해서야 배로 돌아왔다. 그리고 그 운송수단을 돌려주고 정당한 가격을 지불하려 했지만, 운전사는 그 돈은 받지 않겠다며 엄청난 액수를 요구했다. 우리가 이방인이고 곧 떠나야 한다는 것을 알고는 분명 그것을 이용하고 있었다. 그는 엄청나게 크고

억센 흑인이었다. 나는 그 흑인이 무서웠고, 더군다나 흥정을 하고 있을 시간적 여유가 없었기 때문에 언더우드에게 원하는 대로 주자고 했다. 그러나 언더우드는 포기하지 않았다. 그는 나를 먼저 배에 태우고는, 배를 놓칠 위험이 있음에도 불구하고 그 사람에게 경찰서에 가서 이 문제를 해결하자고 했다. 그러나 그 사람은 그 시간에는 경찰이 없다는 것을 잘 알고 있었다. 경찰서에 갔으나 경찰관은 없었다. 미국 시골의 새벽 2시와 마찬가지로, 뜨거운 정오의 콜롬보 거리는 완전히 텅 비어 있었다. 이제 흑인은 호전적이고 위협적인 태도로 큰 소리를 치며 돈을 요구하기 시작했다. 물리적 힘으로 강제하지 않는 한, 언더우드가 정당하지 않은 돈을 몇 푼이든 더 내놓을 사람이 아니라는 것을 잘 알고 있는 나로서는 무슨 일이 일어날지 생각조차 할 수 없었다. 그러나 바로 그때 두 명의 네덜란드 선원이 다가왔다. 너무나 뻔한 상황을 한눈에 파악한 그들은 언더우드가 필요로 하는 것 이상으로 도와주었다. 거친 말이 오간 후 그 운전사를 가볍게 처리해 버렸던 것이다. 언더우드는 자신을 구해 준 선원들에게 최대한의 감사를 전하고 나서, 닻을 올리기 직전에 가까스로 갑판에 오를 수 있었다.

   우리는 상해에 내려, 거기서 일본의 나가사키로 가는 배를 탄 다음, 나가사키에 도착하여 한국으로 가는 배를 갈아타야 했다. 물론 우리는 그 짧은 기간 동안에 가능한 한 많은 중국 선교사들을 방문하고, 그들의 사업을 살펴보고, 그들의 경험과 사업 방식들을 연구했다. 우리는 그토록 자기희생적이고, 그토록 헌신적이며, 그토록 완벽하게 지치지도 않는 비이기적인 사람들과의 만남을 통해, 커다란 축복이 우리에게 다가왔음을 느꼈다. 낡고 유행이 지난 모자나 여인들의 옷차림, 소박하고 누추한 집들이 어디서나 볼 수 있는(일부러 전시해 놓은 것이 아니다) 희생과 자기부정과 충성의 아름다움으로 빛나는 것을 보면 누구든 이들을 사랑하지 않을 수 없으리라.

나는 고향에서 좋은 것을 너무 많이 가져온 것에 대해 부끄러움을 느꼈으며, 속세의 것에 대해서는 철저히 무관심한 이 고귀한 사람들에게 부러움을 느꼈다.

1   신학박사 알렉산더 와우 목사(언더우드의 외증조부): "관대한 마음 씀씀이, 넓은 박애심, 연합에 대한 사랑, 자비, 지도 및 조직의 자질, 지적인 은사 등에서 이 두 사람은 무척이나 유사하여 보는 사람을 깜짝 놀라게 할 정도였고, 이런 점에서 알렉산더와 호러스가 실제로 매우 가까운 사이였든지 아니면 최소한 알렉산더가 호러스에게 직접적인 영향을 끼쳤을 것이라고 생각하게 만든다."

2   존 언더우드(언더우드의 아버지): "호러스는 주의 재림에 대한 아버지의 갈망과 기다림을 완전히 물려받았다. 이것은 이후에도 그가 계속해서 생각하는 주제가 되었으며, 그는 자신의 시대에 영광된 재림이 이루어지기를 바라며 그것을 위해 기도하기를 멈춘 적이 없었다. 또한 그가 한국인들을 처음 가르칠 때부터 이 소망을 그들에게 전해 준 결과, 이제는 한국의 모든 교회가 그날을 바라고 기다리는 데 하나가 되어 있을 것이다."

3   언더우드(15세)
4   언더우드(24세)
5   언더우드(25세)

6	**최초의 자생적 목회자 서상륜:** "서상륜이라는 사람은 만주에 있을때 그곳 선교사인 로스와 매킨타이어로부터 기독교에 대해 배운 뒤, 몇 권의 책과 복음의 메시지를 들고 황해도의 소래마을로 돌아왔다. 그러고는 1886년에 서울로 와서 언더우드에게 자기 마을을 방문하여 '믿을 마음을 먹은' 사람들에게 세례를 베풀어 달라고 청했다."
7	**최초의 세례신자 노 씨(노춘경):** "그는 이 책의 놀라운 매력에 사로잡혔다. 이것은 편견에 사로잡힌 그의 마음에도 그저 아름다운 것일 뿐 아니라 진리로 받아들여졌다. 그는 밤새 그 책을 읽고 아침에는 그것이 진실로 하나님의 말씀이라고 완전히 확신하게 되었으며, 하나님을 위해서라면 기꺼이 목숨을 바치겠다고 결심하게 되었다. 그래서 그는 용감하게도 복음이 '좋고 웅대하며', 죽든 살든 믿음을 갖고 싶다고 언더우드의 서재에서 공개적으로 고백했다."
8	**이상재 선생:** "이상재도 역시 당시 감옥에 갇혔던 사람 중의 하나였는데, 이 사람은 유명한 감옥 그룹 중의 하나를 조직해 서울의 상류계급들에게 많은 영향을 끼쳤다. 그들은 낮에는 성경을 연구하고, 밤에는 함께 모여 토론을 했다."

9   한국 최초의 조직교회인 새문안교회가 시작된 언더우드 초기 사택의 사랑채
10   어느 그리스도인 가정의 식구들

11 소래교회: 자생적 회중에 의해 전적으로 세워진 최초의 한국 예배당
12 소래의 그리스도인들

13 형 존 T. 언더우드가 선물로 지어준 집: "언제든지 언더우드를 도와줄 마음이 있는 형은, 우리가 집 아래 지하실을 파고, 새 지붕을 달고, 뜨거운 물을 쓸 수 있게 목욕탕을 설치하고, 스팀 난방로와 장비를 놓을 충분한 돈을 주었다."

14 존 D. 웰즈 아카데미: 경신학교의 전신

15 　스위스에서 휴양중인 언더우드(1907년): "스위스에 도착하자마자 언더우드는 다시 병에 걸렸다. 의사는 완전한 휴식과 철저한 안정을 명했다. 따라서 무거운 의무와 힘든 문헌 사업에서 탈피해 정신적 안정을 취하자 육체도 동시에 쉬는 방향으로 나아가게 되었다."

16 존 R. 모트 박사와 그 일행: 뒷줄 가장 오른쪽에 언더우드와 애비슨이 있고, 오른쪽에서 다섯 번째에 이상재 선생, 그다음에 모트 박사가 있다. "1913년에는 에든버러 계속위원회를 대표하여 모트 박사가 한국을 방문해 대표적인 선교사들, 특히 각 선교회 여러 분야의 지도자들을 만났다. 모트 박사의 방문의 주요 목적은 외국 선교지의 선교회와 계속위원회가 어떻게 상호 협조적인 관계를 이룰 수 있는가에 대한 자료를 세계 선교사협의회 계속위원회에 제공하는 것이었다."

17 주일학교 기념 대회에서 연설하는 언더우드(1913년 4월 19일): "이 집회를 통해 어떤 일이 이루어졌든 간에, 그것은 모든 개별 교회들 사이에 연합된 느낌과 단합심, 형제애, 그리스도의 몸이라는 정신, 나라와 인종과 계급과 시대를 초월해서 모두가 하나라는 생각을 고양시키는 위대한 목적을 달성했다."

18 어린이들을 초청하여 정원에서 자리를 같이한 언더우드
19 한국성서번역위원회: "언더우드와 아펜젤러와 스크랜턴은 처음에 번역위원회 소속이었는데, 언더우드는 일생 동안 위원장직을 맡았다." 뒷줄 왼쪽부터 문경호, 김명준, 정동명, 앞줄 왼쪽부터 레이놀즈, 언더우드, 게일, 존스.

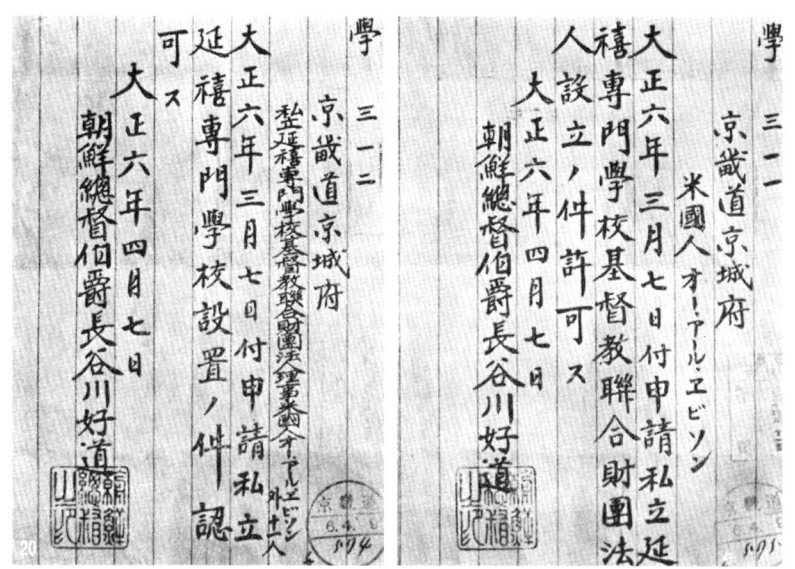

20 　연희전문학교에 대한 총독부의 인허장: "언더우드는 이곳저곳을 돌아다니며, 중요한 위원회를 계속 열어 장시간 협의를 거쳐 그의 부재중에 일할 계획을 세웠다. 그는 서 있기도 힘들었기 때문에 마차를 타고 애비슨 박사와 함께 관저로 가서 관리들과 대학설립 정관문제를 장시간 논의했다. 여기서 서로 충분히 이해하는 가운데 총독부의 교육법령 조항에 위배되지 않으면서도, 여러 면을 고려해 볼 때 그 기관의 기독교적 성격을 보증하는 설립 정관을 얻어 냈다."

7
다시 한국의 집으로

서울에 도착하니, 옛 친구들 몇 명과 새로 온 사람들 몇 명이 수많은 한국인들과 함께 우리를 맞으러 부두에 나와 있었다. 당시에는 항구에서 출발하는 기차가 없었기 때문에 우리는 작은 배를 타고 강을 따라 올라가야 했다. 언더우드는 흰옷을 입은 한국인들을 비롯해 새로운 선교사들도 보게 되어 무척 기뻐했다. 대부분의 새로운 선교사들은, 언더우드가 아내의 건강 때문에 한국행을 연기하라는 의사의 지시를 받고 미국에 체재하고 있는 사이에 한국에 도착했다.

집은 수리를 해야 하고 또 대부분 곧 다시 지어야 했기 때문에, 우리는 다시 한 번 친절한 친구인 벙커 부부 집에 초대받아 머물고 있었다. 그들은 집을 증축했기 때문에 우리를 위하여 크고 좋은 방을 내어 줄 수 있었지만, 어차피 우리의 사촌 레드패스 양의 잠자리를 위해서는 그들의 작은 응접실에 칸막이를 해야만 했다. 그들은 우리가 머물 곳을 안락하고 편안하게 꾸미기 위해 큰 수고를 했으며, 두 팔을 벌려 우리를 영접했다. 그들은 내가 다시 돌아올 것을 전혀 예상하지 못했었다. 아기와 아기를 위한 장난감·음식·옷 그리고 레드패스 양 때문에 마치 우리가 그 집 전체를 차지하게 해 달라고 요구하는 것 같아 무척 미안했지만, 그들은 우리가 있는 것이 아무런 폐도 되지 않는다는 듯이 친절하게 대해 주었다. 7-8월에 우리는 건강이 좋지 못한 아기를 데리고 바다 가까이에 머물기 위해 제물포로 갔다. 그곳은 매력적인 항구가 아니었다. 우리는 볼품없는 중국인 여관에 묵었는데, 어쨌든 이곳은 여름 휴양지로는 추천할 만한 곳이 못 된다. 언더우드는 주말에만 가족과 함께 있을 수 있었다. 그는 우리 집 수리를 감독하고 또 다른 일들도 해야 해서 서울에 머물러 있어야만 했다. 아이는 여름 내내 몹시 아팠는데, 적당한 음식을 먹을 수 없었기 때문에 사실상 굶는 것이나 마찬가지였다. 종종 죽음의 문턱에 다가서는 것처럼 보이기도 했다. 언더우드는 언제나 희망을 갖고 사는 사람이기에 절망할 줄을 몰랐지만, 아이가 괴로워하는 것을 보고는 무척 가슴 아파했다.

앞에서 말했듯이, 서울의 여름이란 항상 덥고 눅눅하고 건강에도 해로웠다. 그러나 언더우드는 비나 더위나 냄새나 모기에도 개의치 않고 일을 해 나갔다. 그해 여름 그의 주된 일은 찬송가를 편찬하는 것이었다. 그는 미국으로 가기 전에 이 일을 시작했고, 미국으로 떠나면서 이 일을 다른 사람들에게 맡겼다. 그는 이 일이 그가 돌아오기 전에 끝나기를 바랐었다. 그러나 2년 후 돌아와 보니 아무것도 진척된 것이 없음을 알게 되었다. 주한 선교회들은 연합찬송가를 만들기로 하고 감리교 선교회의 존스(Jones) 목사와 언더우드를 자료 수집 담당으로 임명했다. 그러나 존스 목사는 [미국으로] 떠나고 없었다. 언더우드는 일을 진행시켜 가능한 한 빨리 책을 끝내야 한다는 점을 스스로 인식하고 있었고, 뿐만 아니라 친구들의 재촉도 있었기 때문에, 항상 그렇듯이 그는 민첩하게 일에 착수했다.

찬송가 중 많은 수는 언더우드 자신이 번역한 것이고, 또 다른 많은 찬송가들은 다른 선교사들이 번역해 놓은 것이었다. 그러나 한국어가 틀린 곳이 많아서 대부분을 고쳐야만 했다. 문법만 틀린 것이 아니라, 의미 자체가 완전히 틀린 것도 많았다. 예를 들어, "예수 사랑하심을 내 아노니 성경에 그렇게 말씀하셨도다"라는 가사에서 뒤 구절을 이렇게 번역해 놓았다. "오, 성경이여, 그렇게 말해 주십시오."

어떤 찬송가의 번역은 누가 했는지도 모르는 것들이었다. 또 어떤 번역자들은 서울에서 매우 먼 곳에 살았는데, 교통수단이 나빠 그들과 대화하려면 일주일씩이나 걸리곤 했다. 사소한 내용을 바꾸기 위해 [서울에도] 없는 사람들을 찾아다니며 일일이 상의할 수도 없는 노릇이었다. 그래서 원래 찬송가는 선교사들이 지은 것도 아닐뿐더러 그 번역을 문학적 창작이라고 주장할 성질의 것도 아니라는 생각에서, 언더우드는 다른 사람들이 번역한 것뿐만 아니라 자기가 번역한 것도 모두 바꾸면서, 가사를 편집했다. 왜냐하면 사람들이 원하는 것은 개인의 저작권이 아니라 좋은 찬송가라는 확신 때문이었다. 그러나 기술적인 면에서 볼 때, 그가 잘못한 것은 확실하다. 설사 늦어지거나 질이 좀 좋지 않더라도, 찬송가를 번역한 각 사람들과 논의를 했다면 더 좋았을 것이다. 왜냐하면 그들도 자신의 작품 수정을 승인할 권리를 가지고 있기 때문이다. 자기 자신의 번역에 큰 가치를 두지 않은 탓에 언더우드는 이 작은 찬송가의 번역가들이 각자 자신의 번역에 두고 있을 가치조차도 크게 생각하지 않는 실수를 범한 것이다.

그의 형이 이미 출판 비용을 보내 주었기 때문에, 그는 여름 내내 일하면서도 가을 선교부 연례회의에서 기쁘고 놀라운 소식을 발표할 생각을 하며 기뻐했다. 악보가 있는 아름다운 찬송가 책을 내놓게 되다니! 그가 그렇게 빨리 일을 진척시켜 연례회의에 맞추어 책을 출판할 생각을 가지고 있다는 것은 아무도 모르고 있었다. 그것은 틀림없이 놀라운 일이 될 것이며, 그들 모두를 기쁘게 할 선물이 될 것이었다. 그러나 일이 아직 진행 중일 때 그는 그가 수정한 것에 대해 평가를 받기 위해, 이제까지 완성된 부분을 판단할 만한 능력이 있는 한국인 학자나 나이 든 선교사들(그들은 모두 처음이었다)에게 보여 주자 반대와 비판이 일어났다.

번역을 수정한 방식이나, 대부분의 선교사들이 좋아하는, 기독교의 신(神)에 대한 한국의 고유어인 '하느님'이라는 이름이 등장하지 않는다는 사실이 그들을 불쾌하게 했던 것이다. 언더우드가 이 찬송가들을 만들면서, 기독교의 신에 대해 사용한 단어는 '여호와'와 '아버지'밖에 없었다. 그는 문제가 있다고 생각했기 때문에 신중하게 생각하여 '하느님'(Hananim)이라는 이름과 '신'(Shin)이라는 용어를 고의로 빼 버렸다. 그는 연합찬송가는 누구든지 사용할 수 있는 것이어야 한다고 믿었기 때문이다. '아버지'나 '여호와'와 같이 아무도 반대할 수 없는 말을 써야만 그 찬송가를 누구나 기꺼이 사용하리라는 생각이었다.

그러나 막상 작업이 끝나 교정지가 10월에 한국의 연례회의에 도착하자, 선교회는 그 책[찬송가]을 거부했다. 언더우드는 자신의 정당한 의도, 동기의 순수성, 아무도 이런 단순하고 불완전한 번역에 대해 저작권을 주장하지 않으리라는 순수한 생각, 용어 문제에 관한 한 모든 교파들이 받아들일 수 있도록 하고 싶어 그렇게 했다는 희망 등을 밝히려고 애썼으나 아무 소용이 없었다. 그 모든 것이 아무런 효과가 없었던 것이다. 선교회에서 통과되기도 전에 언더우드가 책을 출판하려 했다는 것에 대해서도 애비슨 박사와 무어[1]를 제외하고는 모두들 좋게 여기지 않았다. 이렇게 되어 선교회에서는 그 책을 채택하거나 사용하지 않겠다는 결정을 내렸고, 다른 찬송가위원회를 임명하여 새로운 찬송가를 가능한 한 빨리 만들도록 했다.[2] 우리와 함께 머물고 있던 친구들은 나중에, 언더우드가 회의장

---

1 무어[Samuel F. Moore, 모삼열(牟三悅), 1846-1906]는 미국 북장로교 한국 선교사로 백정(白丁)선교에 앞장섰으며 곤당골교회(뒷날 승동교회)를 세웠다.
2 이렇게 하여 출판된 것이 선교사 리(G. Lee)와 기포드(M. H. Gifford) 부인이 편찬한 「찬셩시」다.

에 들어갈 때의 환한 모습과 나올 때의 낙심한 모습이 얼마나 대조적이었던가에 대해 이야기했다.

비록 상처받고 섭섭하고 실망하기는 했지만, 언더우드의 희망과 신앙은 워낙 큰 것이어서 그는 결코 오래도록 낙담해 있지는 않았다. 어떤 괴로움도 그의 태양과 같이 환한 본성을 오랫동안 어둡게 하지는 못했다. 선교회가 그의 찬송가를 거부했지만, 그는 결코 그것이 완전히 무용하게 되지는 않으리라고 믿었다. 이 책이 출간되자[3] 남장로교 선교회(the Southern Presbyterian Mission), 몇 명의 감리교도, 무어와 애비슨 박사 및 이들의 한국인 교회들, 그리고 언더우드가 맡은 서울 및 지방의 여러 지역 등에서 수년간 이 책을 사용했다. 그러나 한국교회에서 연합찬송가[4]가 쓰이게 되자 언더우드는 자신의 책을 출판 중지했다.

'용어 문제'는 이미 다른 책[5]에서 충분히 다루었지만, 당시에는 이것이 매우 어려운 문제로 등장했기 때문에 여기서도 다시 한 번 짚고 넘어가야 할 것이다. 중국·일본·한국의 전 지역에서는 우리 말[영어]의 신(God)을 그들 언어로는 어떻게 가르쳐야 하는지가 선교사들 사이에서 아주 곤혹스러운 문제였다. 각 나라의 사람들은 자신들의 주된 신에 대해서 나름대로의 이름을 가지고 있었다. 그러나 많은 선교사들이 이 이름을 계속 사용하면 잘못될 수도 있다는 생각을 지니고 있었다. 왜냐하면 이 사람들은 그 특정한 한 신을 섬기는 데만 익숙해 있지 않고, 동시에 다른 많은 신을 섬겼기 때문이다. 만일 신들의 이름 중 하나를 사용하게 된다면 거기에는 다른 신들이 함께 포함될 가능성이 있었으므로, 다른 모든 신들을 배

3　1893년에 언더우드가 출판한 「찬양가」다.
4　1908년에 장로교와 감리교가 합동으로 만든 282곡의 「찬송가」를 말한다.
5　[원주] *Fifteen Years Among the Top-Knots*, pp. 103-105(「언더우드 부인의 조선생활」, pp. 101, 102) 참조.

제하는 포괄적인 용어를 사용할 필요가 있었다[우리 말의 '신'(God)이라는 말은 실제로는 이름이라기보다는 용어이다]. 사도들은 헬라인들이 그들의 가장 큰 신으로 제우스(Zeus)를 섬기고 있음을 알았다. 그러나 만일 바울이 헬라인들에게 "너희들이 원한다면 여호와를 제우스라고 불러라. 그러나 실제로는 여호와만이 유일한 신이다. 여호와는 너희들이 제우스에 대해 생각하는 것과는 다르다. 그러나 여호와를 제우스라고 불러도 좋다"라고 권고했다면, 바울은 '고귀하신 하늘님'(The Honorable Heavens)이라고 번역할 수 있는 '하ᄂ님'이라는 용어에 대해 우리 선교사들이 한 것과 같은 행동을 한 셈이 되었을 것이다. 우리 중 어떤 사람들 역시 이렇게 말하곤 했다. "한국 사람들은 '하ᄂ님'이란 말을 이해한다. 그들은 이미 하ᄂ님을 섬기고 있었다. 우리는 단지 그들에게 하ᄂ님이 한 분뿐이며 유일하신 신이라고 가르치고 그의 모든 속성을 말해 주면 된다. 그러면 모든 일이 쉬워질 것이다." 한국 사람들 역시 이 방법을 좋아했다. 그들은 자신들의 오랜 신인 하ᄂ님을 알고 있었기 때문에, 하ᄂ님이 가장 높이 섬김을 받아야 하며 다른 신들은 무시해야 한다는 것을 이해하기가 쉬웠던 것이다. 이것이 문제를 푸는 쉬운 해결책이었으며, 또한 이런 식으로 잘 풀려 나가는 것처럼 보였다. 그러나 내 판단으로는, 이것은 성경의 가르침과 모범을 엄격하게 따르는 것이 아니다. "만국의 모든 신들은 우상들이지만 여호와께서는 하늘을 지으셨음이로다."⁶ 처음 사도들이 헬라인들에게 기독교를 가르쳤을 때, 그들은 모든 잡신들을 포괄할 수 있는 일반적 용어를 채택했다. 실제로 그들은 이렇게 말했다. "주는 천하 만국에 유일하신 하나님이시라. 주께서 천지를 만드셨나이다."⁷ 중국의 많은 선교사들도 이 과정을 따랐다.

---

6 시편 96:5.
7 이사야 37:16.

중국어나 일본어나 한국어에는 대문자가 없으며, 'the' God이라고 할 때의 정관사도 없다. 이런 것들이 없을 때는 그것을 명확히 대신하여 지적할 수 있는 특정 '용어'가 있어야만 한다. 그분 자신의 '이름'이 아닌 다른 '이름'을 사용한다면, 그것은 여호와를 모독하는 것에 가깝다. 중국의 모든 로마 가톨릭, 그리고 소수파이지만 상당히 많은 수의 개신교 선교사, 일본의 모든 선교사들과 한국의 성공회와 로마 가톨릭 선교사들은 한국에서의 '하ᄂ님'과 같은, 그 나라 특유의 가장 높은 신의 이름을 채택하길 거부하고, 모든 신들을 총칭할 수 있는 용어를 선택해 한 분뿐이며 유일하신 참된 여호와를 부를 용어로 적용했다. 성경의 초기 시대에 이방인들 사이에는 '많은 신과 많은 주'가 있었다. 그러나 성경의 선교사들(Bible missionaries)은, 아무 신이나 언급할 수 있는 이방인들의 '테오스'(theos)라는 말을 채택하여 이것을 하나의 유일한 신을 가리키는 용어로 사용하도록 가르쳤다. 이것이 당시 이 문제에 대한 언더우드의 생각이었다. 한동안 그는 '하ᄂ님'이란 말을 빼고 다른 말로 대치하여 출판한 성경과 찬송가와 전도 문서를 몇 권 가지고 있었는데, 이렇게 하는 것은 점점 더 어려워지게 되었다. 사실 그가 이런 생각을 계속 고집한다면 선교회에 남아 있는 것 자체가 불가능해질 정도였다. 그러던 얼마 후 빛이 다가와, 언더우드는 그 자신이 잘못된 방식으로 일해 왔음을 알게 되었다. 중국과 초기 한국의 종교를 탐구하는 동안에 옛 한국의 일부였던 고구려 왕국(the Kingdom of Kokurei)에서는 하ᄂ님이라 불리는 유일한 신만을 섬겼다는 사실을 발견했다.[8] 그 단어는 설명적인 용어로, 크고 '유일한' 한 분(only One)을 가리키

---

8 저자의 주장이 어떤 것인지 분명하지 않다. 고구려에 대한 최초의 기록이라 할 삼국지 위서 동이전 같은 데서도, 고구려는 영성(靈星)과 사직(社稷)에 제사한다든지, 10월에 수신(隧神)을 맞아 동쪽으로 가서 제사를 지낸다든지 하는 기록은 있으나 이 책에 나오는 이 같은 내용은 보이지 않는다. 좀더 상고해 보아야 할 내용이다.

는 것이었다. 이것은 이제까지 '하느님'이란 용어 사용을 한국인들이 이해하고 있는 바에 대해 그가 발견했던 것과는 달랐다. 그러나 고구려 시대의 그 의미가 원래의 의미이고 지금의 의미는 거기서 파생된 것임이 틀림없었으므로, 언더우드는 이 본래의 의미에 담긴 속성을 가지고 이 말이 사용되어야 한다고 결론을 내렸다. 그렇게 사용되면, 그 본래의 의미가 한국인들의 가슴속에 쉽게 살아날 것이었다. 새로운 발견을 통한 이 빛 속에서 이전에는 자신이 거부했던 그 말을 사용하는 것이 이치에 맞다고 생각되었다. 더불어 이제까지 대치하려 했던 모든 용어들의 사용에는 큰 어려움이 있음을 알았기 때문에 기꺼이 이 '하느님'이란 말을 사용하기로 했다.[9]

그해 늦가을과 초겨울에는 세인트루이스에서 "진리"(Truth)라는 작은 정기간행물이 발간되었다. 거기에 실린 한 기사는 언더우드를 소개하면서 그가 한국에서의 성공을 허풍을 떨며 과장했다는 내용을 담고 있었다. 또 그 기사는 언더우드가, 자신들이 무슨 의식을 거행하는지도 모르는 많은 사람들에게 성급하게 세례를 주었다고 하면서, 그 구체적 사례로 소래마을에서의 일을 들었다. 그곳에서 100명의 사람들이 준비도 하지 않고 심사도 받지 않은 상태에서 모자도 벗지 않은 채 갑자기 세례를 받았다고 했다.

실은 소래마을 사람들은 원래 모자를 쓰지 않기 때문에, 그 기사는 첫

---

[9] 한글성경에서 용어 문제(Term Question)는 외국에 비해 심각하지는 않았으나, 1893년 언더우드의 찬송가로 인해 그 논쟁이 본격화되었다. 1894년에는 복음서들이 '텬쥬'본과 '하느님'본이 동시에 출간되었는데, 이후 1906년까지 '텬쥬'와 '하느님'을 비롯해 '샹뎨', '참신' 등이 사용되다가 1906년 「신약전서」 공인본이 '하느님'을 채택하면서 이 논쟁은 막을 내렸다. 그때까지 언더우드는 '텬쥬'를 주장했는데, 이것이 '샹뎨'나 '하느님'과는 달리 새로 만든 창조어일 뿐 아니라 영국 성공회와의 연합에도 도움이 된다고 보았기 때문이었다. 그러나 천주교와의 구별 문제와 유일성의 강조 등으로 인해 '하느님'을 수용하게 되었다.

눈에도 오류가 있음을 알 수 있는 것이었다. 그러나 언더우드 자신과 신문에 글을 투고할 수 없는 한국 사람들을 제외하면, 실제로 언더우드가 무엇을 했는지 바르게 증언해 줄 사람은 아무도 없었다. 따라서 이러한 중상모략은 아무런 반박도 받지 않고, 선교부와 선교사들에게 반대하는 그런 이야기를 믿기 좋아하는 많은 사람들의 마음속에 분명 잘못된 인상만을 심어 놓았을 것이다.

언더우드는 이 때문에 무척 마음이 상하고 혼란스러웠다. 이 일로 인해 자신의 명성이 손상되는 것이 주된 문제가 아니라, 선교회에 대한 하나의 충격으로서 한국에서의 사업에 대한 미국교회의 신뢰를 크게 흔들어 놓을 것이기 때문이었다. 그 기사를 썼던 젊은이는 사악한 마음을 지닌 한국인으로부터 잘못된 정보를 얻은 것이었다. 그래서 나중에 자신의 잘못을 발견한 그는 그것을 보상하려고 백방으로 노력했고, 서울에 있는 선교사 채플의 설교단에서 자신의 잘못을 고백하고 사과하기까지 했다. 그러나 이미 글로 쓰여 인쇄된 모욕적인 글을 한번 본 사람이 다시 그것에 대한 정정문을 보는 일은 드물기 때문에 오도된 내용은 지워지지 않고 언제까지나 위세를 떨칠 것이다.

1893년 가을, 언더우드는 가족들과 함께 절반쯤 완성된 집으로 이사했다. 그들은 그곳에서 늦가을과 겨울의 몇 주 동안을 마치 천막에서 캠핑하는 사람들처럼 살았다. 벽은 아직도 서너 군데가 축축한 진흙이었으며, 또 창문 몇 개에는 유리가 없어서 온 가족이 지독한 감기에 걸려 고생을 했고, 나의 류머티즘은 예전처럼 악화되었다. 그러나 여건상 우리는 완성도 안 된 집에서 살 수밖에 없었다. 집이 워낙 부족해서 다른 집을 사거나 빌릴 수가 없었고 또 우리가 투숙할 수 있는 호텔이나 하숙방도 없었다. 그러나 일시적인 병을 제외하면 다른 결과가 초래된 것은 아니었다.

그해 가을에 라브라도르(Labrador)의 선교사였던 맥켄지(McKenzie)[10] 목사가 한국에 도착하여 곧바로 언더우드에게로 왔다. 그는 어떤 선교부에도 속하지 않았는데, 다만 그와 선교에 관심을 가진 사람들의 지원을 받을 뿐이었다. 서울에 몇 개월 머문 뒤에 그는 소래마을로 갔다. 당시 그곳은 언더우드의 관할구역이었는데, 맥켄지 목사는 언더우드로부터 한국 사람들을 소개받아 그곳에 거주하며 한국말을 배우고 소박한 시골 사람들 사이에서 그리스도를 몸소 생활 속에 드러내려고 했다. 그는 헌신적인 사람이었기 때문에 짧은 기간 동안 머물렀음에도 불구하고 한국인들 사이에서 불멸의 기록을 남겼다. 선교지에서 미처 열매를 맺기도 전에 죽은 많은 고귀하고 유용한 일꾼들과 마찬가지로, 그의 삶의 방식에서 예방할 수도 있었던 실수들로 인해서 그는 그리 길게 머무르지 못했다.

이 성스러운 선교사의 삶과 성품은 한국인들에게 깊은 인상을 주었다. 그들은 그의 자기부정의 영성과 신앙을 존경했다. 원래 소수였던 그리스도인의 무리는 이웃에 감화를 주어 온 마을에 믿지 않는 사람이 거의 없을 정도로 숫자가 불어났다. 마침내 그 마을에는 외부의 도움 없이 한국인들의 힘만으로 지은 최초의 교회가 서게 되었다. 어떤 사람들은 재목을, 어떤 사람들은 노동력을, 심지어는 여인들과 아이들도 어떤 식으로든 기여를 했다. 드디어 교회가 완성되었고, 맥켄지 목사는 언더우드를 불러 헌당식을 하려 했으나, 이 일이 이루어지기도 전에 그는 병이 들어 아무런 도움도 받지 못한 채 죽고 말았다. 영국 영사는 언더우드에게 맥켄지 목사의 장례를 절차대로 집행하고, 그의 유품을 보호하며, 그의 죽음의 원인을 조사하도록 요청했다.[11] 우리는 지독한 장마철에 강가의 집에서 날을 택해 금

---

10 캐나다인으로 혼자 한국에 나왔던 맥켄지[W. J. McKenzie, 금세(金世) 매견시(梅見施), 1893-1895 재한]를 말한다.
11 맥켄지의 생애에 대해서는 맥컬리(Elizabeth A. McCully)가 쓴 *A Corn of Wheat or The Life of Rev. W. J. McKenzie of Korea*(Toronto, The Westminster Co., 1903)를 참조하라.

식기도를 하는 동안 그 슬픈 소식을 들었다. 언더우드는 한시의 지체도 없이 민첩하게 준비를 했다. 운전사도 있어야 했고, 3주 동안 집을 나가 있으려면 옷·음식·취사도구·침구·간이침대·성경책·전도 문서 등이 반드시 필요했으나 심부름꾼들을 급히 보내 가져오게 한 후 물건을 대강 챙겨 밤이 되기 전에 웰즈(Wells) 의사와 함께 슬픈 여행을 떠났다.

소래에 도착했을 때, 그는 맥켄지 목사가 큰 고통을 겪고 나서 아주 갑작스럽게 세상을 떠났으며 기독교 의식을 거친 후 교회에서 그리 멀지 않은 곳에 묻혔다는 것을 알게 되었다. 또한 언더우드는 예전에는 우상을 섬기던 집이 있던 낮은 언덕지대에 한국 건축 양식으로 아주 아름다운 교회가 서 있는 것을 보게 되었다. 한국에서 가장 좋은 재료로, 그들이 아는 가장 아름다운 양식으로 지은 교회였다. 또한 그는 세례문답을 거쳐 세례 받기 원하는 신자들의 선한 무리를 만났는데, 이들은 맥켄지 목사의 삶과 가르침의 열매였다. 그가 그 귀한 친구를 위한 추모예배를 드리던 바로 그 날 헌당식을 거행하고 새 그리스도인들에게 세례를 주었을 때 그는 여러 가지 착잡한 감정으로 뒤섞였다. 복음의 전파라는 기쁨 위에는, 언더우드가 오랫동안 지도자가 될 것으로 바라 마지않던 하나님의 사람을 잃었다는 데 대한 커다란 슬픔의 그림자가 드리워져 있었던 것이다.

그러나 맥켄지 목사의 짧은 생애와 슬픈 죽음은 많은 사람들에게 지대한 영향을 미쳤다. 한국인들은 맥켄지 목사를 파송해 준 캐나다 교회에 보다 많은 선교사들을 원한다는 호소의 편지를 썼고, 언더우드는 이것을 번역해 동부 캐나다에 있는 그 교회의 지도자들에게 보냈다. 이 편지는 그곳의 지도자들을 감동시켰으며, 그의 외롭고 영웅적인 삶과 죽음은 그들에게 영감을 주었다. 그리어슨(Grierson) 의사는 여러 곳에서 수차례에 걸친 연설을 통해 많은 사람들의 관심을 불러일으켰고, 곧 캐나다 장로교 한국 선교회(the Canadian Presbyterian Mission to Korea)가 설립되어, 1898년에 첫 선교사 그리어슨 의사 부부, 푸트(Foote) 의사 부부, 덩컨 맥레(Duncan MacRae) 등이 파송되었다. 어느 여름날 언더우드는 강변 도선장에 나가 그들을 우리 집으로 데리고 왔다. 선교지에서 새로운 일꾼들을 맞아들이는 것은 정말로 기쁜 일이었다.

1893년 말 언더우드는 시외에 수목이 울창한 언덕을 한 군데 사서 거기에 훌륭한 한국식 집을 지었다. 이곳은 교파에 상관없이 의사와 간호사들이 와서 버려진 병자들을 돌볼 휴양소로 삼을 계획이었다. 이것은 성교서회와 성서공회를 제외하면 한국에서는 첫 번째로 초교파적인 기관이었다. 그 당시에는 죽어 가는 상태에서 길거리에 버려져 있거나, 작은 초가 천막에서 때로는 아무 거처 없이 여름의 뙤약볕이나 겨울의 살을 에는 바람을 맞는 사람들을 보는 것이 비일비재했다. 그들은 대개 하인들이거나 연고지가 없는 자들로 한국인들이 매우 두려워하는 어떤 전염성 열병에 걸려 길가에 내버려진 사람들이었다. 언더우드는 이것을 볼 때마다 깊은 동정심에 사로잡혀, 어떤 식으로든지 이들을 데려다 치료할 수 있는 집을 사거나 지을 계획을 가지고 있었다. 미국에 있는 동안에 언더우드는 여러 사람으로부터 이 목적을 위하여 약간씩 돈을 기부받았으므로, 한국에 돌아왔을 때 첫 번째로 한 생각이 바로 이들을 위한 장소를 마련해야겠다는 것이었다. 그는 그곳에, 죽은 형을 기념하여 '프레드릭 언더우드 휴양소'(the Frederick Underwood Shelter)[12]라는 이름을 붙였는데 이곳은 수년간 고통받는 사람들을 위한 축복의 휴양소가 되었다. 그 때문에 한국 정부는 외국인들이 버려진 한국인 병자들을 돌본다는 사실을 알게 되어, 병자들을

---

12 빈튼이나 애비슨 같은 선교사들의 보고에는 'The Shelter'로 표현되어 있다. 당시 영은문(迎恩門, Peking gate) 근처의 언덕 위에 건립한 것으로 '염병'에 걸린 사람들이 와서 대부분 치유를 받았다. 빈튼(C. C. Vinton)의 1893년 개인 보고서 및 언더우드의 "Our Mission in Korea"(*The Church at Home and Abroad*, 1894, Aug. P. 124) 참조.

문밖에 내버리는 이 잔인한 관습을 금지시켰다. 돌볼 병자들이 줄어든 것은 사실이지만, 이후로도 이 휴양소는 계속 유용하게 사용되었다.

이 장소를 매입함과 동시에, 그곳으로부터 멀지 않은 곳에 길 옆의 작은 땅을 무척 싼 값에 매입하여 작은 진료소를 세웠다. 이 대금은 외아들을 기리기 위하여 뉴욕의 휴 오닐(Hugh O'Neil) 부인이 우리에게 준 돈이었기 때문에, 그 진료소 이름을 휴 오닐 진료소(the Hugh O'Neil Dispensary)라고 붙였다.[13] 이곳에서 나는 수년간 약을 나누어 주고 여성성경반을 담당했다. 이곳에서는 오늘날까지 주 중과 저녁에 기도회가 열리고 있으며, 주일예배와 어린이 노방 주일학교가 열리고 있는데, 아이들의 숫자와 아이들에게 미치는 영향력에서 매년 큰 진보를 보이고 있다.

이 진료소 자리를 매입하기 전에, 언더우드는 도심에서 가까우면서도 아주 아름답고 편리한 장소를 구입할 기회가 있었다. 그곳은 사람들과 접촉하기도 쉽고, 교회와 선교회 거주지를 세우기에도 좋았다. 그가 모든 수속을 밟은 후 돈을 건네주고 증서를 받으려는 바로 그때, 다른 선교회의 한 대표로부터 편지를 받게 되었다. 그 편지에는 그 장소를 매입해서는 안 된다는 내용이 적혀 있었다. 그들은 자신들이 길 건너에 학교와 교회를 지을 좋은 장소를 갖고 있으므로 이곳 역시 구입해야 한다는 것이었다. 또한 그는 장로교 선교회에서 이곳을 구입하게 된다면 양 선교회 사이의 우의를 해치게 되리라고 적었다. 언더우드는 두 선교회가 가까이 붙어 있는 것이 왜 둘 사이의 우의를 해치는지 이해할 수 없었으며, 오랫동안 그곳에 마음을 두고 있었기 때문에 포기할 생각이 없었다. 그러나 이 문제를 가지고 성심껏 기도하고 계속해서 성경을 보며 답을 구한 뒤, 그는 다른 선교회의 간청을 들어 그곳을 포기하는 것이 온당하다는 결정을 내렸다. 그러나

---

13 1894년 9월에 진료를 시작했다.

그렇게 좋은 장소로 여겨졌던 그곳에 지금은 어떤 선교회나 선교사도 없으며 그 가격도 선교회나 선교부가 구입할 수 있는 가격을 훨씬 웃돌고 있다. 그러나 언더우드의 빠른 결단은 두 선교회 사이의 우의와 주 안에 같은 형제로서의 신뢰를 촉진시키는 데 크게 기여했다.

언더우드가 돌아온 뒤 2-3년 동안 수많은 사건들이 잇달아 일어났다. 감리교와 장로교는 모두 평양에서 일을 시작했는데, 거기서 심각한 문제가 발생했다. 즉 점쟁이와 귀신을 섬기는 사람들이 거세게 반대했던 것이다. 홀 의사의 조력자와 그에게 집을 팔았던 사람이 감옥에 들어갔다. 마펫 박사의 조력자 역시 체포되었고, 그의 집의 전 주인과 양 선교회의 그리스도인들이 잔혹하게 태장을 맞았다.[14] 감사와 평양인들의 눈에는 우리 선교사의 방이 동료들의 방보다 더 좋게 보였다는 암시 외에는 다른 이유를 알 수가 없었다. 홀 의사는 서울로 전보를 쳤고, 곧 모든 선교사들은 언더우드의 집에서 기도회를 열었다. 모든 사람이 모였다. 그러나 이들 모두는 기도하는 것뿐만 아니라 인간적인 노력도 믿는 사람들이었기 때문에, 지체 없이 영국 공사관과 미국 공사관을 통하여 한국 정부로 하여금 평양 감사에게 잡혀 있는 사람들을 모두 풀어 주고 손해배상을 하라는 명령을 내리도록 했다. 하지만 이 명령이 내려진 뒤에도 한국인들은 전보다 더 심하게 맞았으며, 물지게꾼이 홀 의사의 집에 물을 나르는 것도 금지되었다. 또한 사람들이 이 집에 돌을 던져 집을 둘러싼 흙담이 무너졌다. 옥에 갇힌 그리스도인들은 사형수 감방으로 이감되어 곧 사형이 집행되리라는 말을 듣고도 신앙으로써 꿋꿋이 견뎠다. 서울로부터는 두 번이나 급보(急報)

---

14 1894년 5월 10일에 일어난 평양의 그리스도인 박해사건으로, 그전에 선교사가 평양에 진출하면서 부동산을 구입한 데서 발단되었다. 당시 평양 감사 민병석은 선교사 대신 조사 김창식(감리교)과 한석진(장로교) 등을 체포, 구금했으나 영국·미국 공사관의 항의로 석방했다. 김승태, '1894년 평양 기독교인 박해사건'("한국 기독교사 연구" 15·16집, 1987. 8.), pp. 19-22 참조.

가 갔으나 여전히 아무런 변화의 기미도 보이지 않았다. 우리는 모두 홀 의사와 가족에게 무슨 일이 생길까 염려하여, 그를 지키기 위해 우리 중 몇 명이 평양에 가기로 결정했다. 그러나 돌발적인 위기 상황이 도래하면 '기다리는 것' 외에 무엇을 해야 할지 아무도 몰랐다. 그렇다 해도 한 지방에서 형제 선교사와 한국의 그리스도인들이 고통을 겪으며 생명의 위협을 받고 있는데, 우리만 서울에 편히 앉아 있을 수는 없었다. 이런 특별한 시기에 평양은, 방문하면 환대를 받을 만한 곳은 아니었으나, 어떤 면에서는 끌리는 곳이었다. 그래서 모두들 가고 싶어 했는데, 선교사들은 협의를 한 끝에 가족이 없는 남자만이 모험을 감행해야 한다고 결정했다. 이런 이유로, 평양 선교회에 속해 있을 뿐 아니라 자신이 개심시킨 사람들과 집이 평양에 있었던 마펫 박사, 그리고 그때 막 도착했던 맥켄지가 그 영광을 받기에 가장 적합한 사람으로 판명되었다. 평양까지 가는 데는 5일이 걸렸는데, 두 사람이 도착하기 전에―비록 나중에 다시 매와 돌을 맞기는 했지만―그리스도인들은 풀려났다. 서울에 있는 사람들이, 감사가 말을 들을 강경한 방책을 강구하라고 외부[외무아문]를 공박했다 하더라도, 모두가 가장 높으신 권능자(the Highest Power)에게 구원을 구했기 때문에, 우리 모두는 그 소식을 들었을 때 누구에게 감사해야 할지 잘 알고 있었다. 이 승리는 사람들에게, 선교사들이 자신들의 친구이며, 선교사들 뒤에는 수령이나 감사들도 이길 수 있는 권능자(a Power)가 계시다는 사실을 깨닫게 해주었다.

선교사들이 이런 힘을 지니게 되었다는 것, 또한 나아가 한국인들이 그것을 알게 되었다는 것은 어떤 면에서는 위험한 일이었다. 왜냐하면 신앙심이 돈독하지 못한 사람들이 [선교사들의 위세에 의지하여] 교회에 들어와서 여러 면으로 해를 끼칠 수 있기 때문이었다.[15] 그러나 이 일을 통해 많은 사람들이 신앙에 관심을 가지게 되고 일을 할 수 있는 여건이 좋아진 것도 사실이었기 때문에 우리 선교사들은 신입교인을 받아들이는 데 매우 세심한 주의를 기울였다. 또한 모든 선교회에서는 그 이후에 체포되거나 옥에 갇힌 한국인 그리스도인들의 석방을 위하여 한국인 관리들에게 영향력을 행사하는 데에도 역시 현명하게 주의를 기울였다. 언더우드는 한국 관리들을 만나기만 하면, 그를 비롯한 모든 선교사들이 교회에 속했다는 것을 방패 삼아 법을 어기려고 하는 것이 아니라, 오히려 그와 정반대로 정당한 벌은 받겠다는 입장이라고 말했다. 이렇게 말할 필요가 있었던 이유는, 때로 거짓된 신자들이 자신이 그리스도인이란 이유로 면책 특권을 주장했기 때문이다. 한편으로 지방관들은 자신의 구역에서 가장 훌륭한 사람들은 그리스도인들이라고 단언하곤 했다. 사실 어떤 지역의 지방관은 그리스도인에 대한 고발이 들어오면 구태여 그를 체포할 필요가 없다고 말하기도 했다. 그저 자기한테로 왔으면 좋겠다는 소식만 전해 놓으면, 틀림없이 출두한다는 것이었다. 어떤 관리는 사람들을 그렇게 변화시킨 책을 보고자 했으며, 또 외국 서적을 판다는 이유로 그리스도인을 책망한 어떤 사람은 그 판매자가 과연 이 책이 생각처럼 나쁜지 한번 읽어보라고 하는 권유에 설득을 당했다. 그 관리는 책을 읽더니만, 돌아가서 원하는 대로 책을 팔라고 허락했던 것이다.

---

15 이런 사건들 후에 사이비 그리스도인들이 외세(선교사)의 힘을 의지하고 한국의 관헌과 백성들에게 행패를 부리는 사례가 늘어나게 되었다. 이만열, '한말 기독교와 관련된 외세의존의 문제 I' ("동방학지" 61집, 1989. 3.) 참조.

8
한국에서의 운명의 날들

1894년 여름 청·일전쟁이 시작되었다. 대부분의 사람들이 알고 있듯이, 이 전쟁은 중국 쪽에서, 일본과 맺은 조약, 즉 상대방의 동의 없이는 어느 쪽도 한국에 군대를 진주시키지 않는다는 조약[1]을 위반하고 한국 정부를 지원하여 '동학군'(Tong Haks)이라 불리는 약탈자들을 진압하기 위해 한국에 파병함으로써 일어났다. '동학'이라는 말의 뜻은 '동양의 학'(Eastern Learning)으로 한국에 들어오는 서양 세력에 강력히 반대하는 사람들의 무리에 붙여진 이름이다. 그러나 실제로는 중국에서 북청사변을 일으킨 사람들(the Boxers of China)[2]과 다소 비슷한데 그들은 법을 무시하는 거친 사람들을 한꺼번에 끌어모아 전국을 공포의 도가니에 몰아넣었다. 그들의 표어는 '한국인들을 위한 한국'(Korea for Koreans)이었다. 동학군들은 모든 사람들에게서 세금을 거두어들였는데,

---
1 1885년에 청과 일본이 맺은 천진조약이다.
2 1900년에 일어난 의화단 사건을 말한다.

이 무리 중 많은 사람들은 이름만 동학도였지 사실 살인자와 진배없었다.[3] 중국의 행동을 '개전(開戰)의 이유'로 여긴 일본은 당시 여러 면에서 한국과 첨예하게 대립하고 있기도 했기 때문에 곧 한국에 군대를 파병했다. 그들은 곧 궁궐을 장악하고, 제물포에서 중국군들을 수송하는 배를 침몰시키기도 했다. 상황이 이렇게 되자 각 공사관의 요청에 의해 외국 군함들이 도착했으며, 우리를 보호하기 위해 미 해병대가 서울까지 들어왔고, 전쟁 동안에는 모두 서울에 남아 있으라는 명령을 받았다. 그래서 무척 무덥고 건강에도 해로운 여름날, 방 안에만 갇혀 지내던 많은 선교사들이 병에 걸렸다.

일본군이 처음에 도착하여 궁궐을 장악하자, 서울 장안의 모든 사람들은 혼비백산해 짐을 꾸려서는 긴 행렬을 이루며 시골로 피난 가는 것 같았다. 사람들은 다만 외국 군인들에게서 도망가자는 한 가지 목적만을 가지고 어디로든 가는 것이었다. 언더우드는 도망갈 생각도 없고, 어떤 위험에 대해 두려움도 느끼지 않으며, 곁에서 지켜 주겠다고 말함으로써 하인들과 그리스도인들을 안심시켰다. 그들은 모두 언더우드와 하나님에 대한 깊은 믿음을 지니고 있었고, 대부분 우리와 함께 서울에 남았다.

사대문에서 조금 떨어진 곳에 살았던 전킨 목사 부부도 우리 집에 와서 우리와 함께 여름을 보냈다. 그러나 애석하게도 그해 가을 그들의 아이 하나가 죽었는데, 이는 서울에서 그 몇 주 동안의 뜨거움(열기) 때문에 희생된 한 예였다. 언더우드와 나의 어린 아들도 여름 내내 앓았다. 애비슨 가(家)의 두세 명, 알렌 가의 두 명, 아펜젤러 가의 두 명도 마찬가지였다. 스크랜턴 가의 아이들은 열 때문에 쇠약해졌다. 홀 의사는 서울에서 중국군들이 패퇴한 뒤에 평양에 갔었는데, 그해 가을에 발진티푸스 열병에 걸

---

3 이런 서술은 1894년의 동학농민운동에 대한 이해의 부족을 보여 준다.

려 서울로 돌아오다가 죽었다. 빈튼(Vinton) 의사 부부의 아기도 그해 여름에 죽었다.

가장 더위가 심할 때면 우리는 매일 비교적 시원하고 바람이 부는 '프레드릭 언더우드 휴양소'로 가, 그 꼭대기에 텐트를 쳐 놓고 살았다. 언더우드는 가마에 실려 그곳을 오가곤 했다. 그는 너무 아파서 옮겨 다니는 것이 사실 무척 힘든 일이었지만, 그래도 차라리 옮겨 다니는 쪽을 택하는 편이 나았다. 그 정도로 사대문 안에 있는 우리 집은 무척 더웠고 공기도 매우 나빴던 것이다. 병이 든 애비슨의 아이들과 빈튼 집안 사람들도 당시 얼마 동안 휴양소 신세를 졌다.

그러는 동안에 언더우드는 한강변에 있는 언덕 위에 여름 별장을 지을 만한 매우 아름다운 장소를 살 기회를 얻었다. 75달러밖에 하지 않아, 미국의 경우와 비교하면 엄청나게 싼 값이었다. 그는 이곳을 애비슨 박사, 밀러(Miller) 목사[4]와 함께 구입하여, 각각 작은 방갈로를 지었다. 덕분에 그 가족들은 수년간의 여름 동안 서울의 성벽에 갇힌 비위생적인 환경으로부터 피할 장소를 얻게 되었다. 그곳은 서울에서 7킬로미터 정도밖에 떨어지지 않은 곳이었기 때문에 언더우드는 주일마다 교회에서 예배를 드릴 수 있었다. 또한 그는 그 오두막에서 많은 일꾼들을 접견했으며, 여름 내내 그곳에서 성경 번역을 할 수도 있었는데, 새벽 일찍 일어나서 오후 4시 30분이나 5시까지 일을 했다. 그다음은 아이들과 함께 어울리는 시간이었다. 아이들은 와자지껄 소리를 지르며 몰려들었는데, 언더우드는 그들을 데리고 강으로 미역을 감으러 갔다. 그럴 때면 그는 책을 옆으로 밀쳐 두고 완전히 동심으로 돌아가, 수영복을 입고 물속에서 아이들과 함께 놀았다. 그

---

[4] 한국명은 민노아(閔老雅, 1866-1937)로 1893년에 내한, 경신학교의 전신인 예수교학당을 경영, '민노아학당'이라 했으며, 서울·경기남도를 거쳐 1900년 이후에는 청주를 중심으로 충북 일대에 선교 활동을 전개한 미북장로교의 선교사다.

러고 나서는 모두 현관이나 가까운 절벽 부근의 아름다운 곳에 모여 차와 생강빵이나 과자를 먹었다. 저녁에 언더우드나 다른 사람이 거룻배나 낚시질에 쓰이는 바닥이 평평한 한국식 작은 배를 빌려오면, 모든 가족들과 친구들이 덮을 것과 바이올린 등을 가지고 배에 올라 즐거운 시간을 보냈다. 우리는 강 위에서 비치는 달빛을 보며 노래를 부르거나 이야기를 나누면서 긴 밤을 보냈는데, 이것은 그 길고 견디기 힘든 여름을 한결 가볍게 해 주었다.

이 시기에는 선교사들이 거의 순회여행을 하지 않았다. 계속해서 내리는 큰비로 인해 지체되거나 어려움이 많았기 때문이다.

이런 면에서 볼 때 맥켄지 목사가 죽었던 그 장마철에 언더우드가 소래까지 지방여행을 떠난 것은 무척 위험스러운 모험이었다. 특히 당시는 열병과 이질이 창궐했기에 비에 젖은 옷을 입고 하루 종일 여행하는 사람들은 더위와 습기 때문에 탈진해 결국 수막염이나 일사병으로 드러눕고 마는 것이다. 그 비슷한 여행을 하는 동안 언더우드는 발걸음조차 뗄 수 없는 빠른 물살 속을 목까지 잠긴 채 건넌 적이 몇 번 있었다. 몸까지 젖었지만, 짐에도 완전히 물이 스며들어 갈아입을 옷이 하나도 없는 상태에서, 언더우드는 몇 시간씩 숙박소를 찾아 다녔으나 헛수고였다. 그가 돌아오는 것이 지체되자 가족들은 무슨 일이 일어난 것 아닌가 하고 몹시 걱정했다. 그도 그럴 것이, 당시 한국은 몹시 불안정한 상황에 처해 있어 언제든지, 특히 깜깜한 밤중에는 유랑하는 동학군들을 만날 가능성이 컸던 것이다. 하지만 늘 그렇게 순조롭게 지낸 것처럼, 근심에 가득 찬 아내가 막 그를 찾으러 떠나려고 할 때 그는 집으로 돌아왔다.

이 지방 순회여행이라는 주제와 관련하여, 언더우드가 매우 유능한 한국인 조력자들을 항상 많이 데리고 있었다는 이야기도 해 두는 것이 좋겠다. 그러나 앞서도 말했듯이 선교의 규칙상, 아무리 많은 그리스도인을 거느린 사람이라 할지라도 선교회가 보수를 지급하는 조력자는 두 명 이상 데리고 있을 수가 없었다. 그러나 당시에는 목사에게 보수를 지급하는 한국인 교회가 있다 해도 아주 소수에 불과했지만, 시간이 갈수록 쌀을 주거나 또는 논이나 집의 사용권을 제공하면서 전도사나 학교 교사를 고용하는 교회가 늘어 갔다. 이들은 이방인들 사이에서 복음의 소식을 전파했다. 그런 지도자[5]들을 위하여, 앞 장에서도 이야기했듯이, 서울과 지방에서 성경과 그 교리를 가르치는 성경공부반이 운영되었다. 꼭 영수가 아니더라도, 많은 사람들이 자신이 먹을 것을 들고 80킬로미터도 훨씬 넘는 거리를 걸어서 이들 성경공부반에 참석하러 왔다.

정규교육을 받은 이 조사와 영수들 외에도, 언더우드에게는 시간을 내어 일을 해주는 아주 많은 사람들이 있었다. 수많은 젊은이들이 기꺼이 그리고 자랑스럽게 여기저기서 특별 선교를 위해 봉사했다. 청년선교회(the Young Men's Missionary Society)는 체계적인 복음 사업을 위해 조직되어, 매주 전도 문서를 배포하거나 말씀을 전하기 위하여 여러 마을을 방문했다. 언더우드는 일찌감치 감리교회의 반별 모임 방식을 채택하여, 반 지도자들로 하여금 일주일에 한 번씩 그를 만나 반과 반원들의 영적 건강에 대해 보고하도록 했다. 이 사람들과 지방의 영수들은 언제나 자기 근방의 일에 재량권을 가지고 있었다. 가정이 있어서 복음 사업에 무보수로 많은 시간을 쏟을 수 없는 사람들에게는, 직접적으로 금전적 도움을 받는 것이 아니라 작은 서점을 맡게 하여 자신이 판 책의 수입 중 몇 퍼센트를 갖게 하는 방식으로 도왔다. 또 어떤 사람들은 작은 설교 처소(Preaching station)나

---

5 원문인 Leader를 지도자로 번역했으나 경우에 따라서는 영수(領袖)로 번역하는 것이 타당할 것이다. 선교 거점에서 선교사의 어학 선생 등으로 선교사를 돕는 사람을 조사(Helper)라고 했고, 선교 지점에서 선교 공동체의 책임자로서 활동하는 사람을 영수라 불렀다. 지금도 영수의 직책을 유지하는 교단도 있다.

예배당 혹은 진료소를 맡음으로써 가사를 꾸려 나갔고, 또 어떤 사람들은 키니네를 팔아서 경비를 부담했다.

한국에 간헐열이나 기타 다른 열병들이 만연한다는 사실은 널리 알려져 있었으며, 한국인들은 매우 일찍부터 그 열병에 대한 키니네의 가치를 발견하고 비싼 값에도 기꺼이 그것을 샀다. 많은 값싼 물건들이 아주 비싼 값에 팔린다는 것을 알고, 이에 착안하여 언더우드는 사람들과 그리스도인 사역자들을 도울 수 있다는 생각을 하게 되었다. 일급 물품을 싼 값에 팔아 그들을 도움으로써 그리스도의 뜻을 선양할 수 있다는 것이었다. 그래서 그는 믿을 만한 미국의 도매 약품회사에 편지를 하여 키니네를 아주 저렴한 가격에 대량으로 주문했다. 약병은 모두 다 한국에서 언더우드가 디자인한 양식을 따라 미국에서 인쇄한 깨끗한 전도 문구로 포장되어 있었다. 거기에는 "키니네는 육체의 어떤 병에는 효과가 있지만 이 약으로 인간의 영혼은 구원할 수 없으며, 인간의 영혼을 구할 수 있는 약은 따로 있다"고 쓰여 있었다. 그다음으로는 영생에 이르는 방법이 몇 마디로 적혀 있었고, 지금 곧 선교사를 방문하거나 가까운 교회를 찾아가서 생명의 책을 읽으라는 가르침이 적혀 있었다. 이윽고 매우 신실하고 지적이고 잘 훈련받은 권서들은 키니네를 받아 팔 수 있게 되었다. 키니네를 판 가격의 몇 퍼센트가 그들의 봉사에 대한 보수였다. 그들은 곧 복음의 메시지를 전하고, 성경책과 전도 소책자를 팔게 되었다. 키니네는 그 놀라운 효과로 인해 곧 유명해지게 되었다. 판매망은 아주 널리 확장되었는데, 1년쯤 지난 후 언더우드는 그렇게 큰 사업에 신경을 쓴다는 것이 시간적으로나 노력 면에서 너무 값비싼 대가를 요구한다는 것을 알게 되었다. 또한 회사들이 상업적인 일에 뛰어든 선교사들을 질시하게 되었다는 사실과, 그의 젊은 이들 가운데 몇몇이 이윤을 얻게 되자 세상의 것과 돈에 대한 욕심에 이끌리고 있음도 알게 되었다. 때문에 그는 망설이다가 결국 이 사업을 그만

두기로 결정했다.[6] 그러나 이 작은 전도 문구는 한국 전역에 널리 퍼져 나갔으며, 그리하여 선한 사람들은 구원의 소식을 퍼뜨리며 여러 마을과 작은 읍을 몇 주, 몇 달 동안 여행할 수 있게 되었다.

한편 1895년 봄, 언더우드가 돌보고 있던 새문안교회(the Sai Mon An Church)는 이제껏 사용해 왔던 선교회의 작은 객실이 너무 좁아서 예배를 드릴 수 있는 보다 넓은 집이 필요하게 되었다. 그러나 그리스도인들은 모두 가난했다. 대개가 교사·목수·상인·농부·경찰·통역사 들로서, 그들은 한 달에 5달러 이상 벌지 못했다. 선교사들은 건물을 짓는 데 필요한 2천 달러 대부분을 모으려 생각했으며 한국인들에게도 자신이 낼 수 있는 만큼 성의껏 내라고 했다. 이렇게 모금을 권유하는 동안 언더우드는, 기독교는 외국 종교인데 왜 외국인들이 그 경비를 대지 않는지 알 수 없다는 한국인들의 반론에 부딪히게 되었다. 그는 이렇게 대답했다. "만일 기독교를 전파하는 데에 외국 돈을 사용한다면, 기독교는 계속 외국 종교로 불릴 것입니다. 그러나 여러분이 여러분의 힘으로 교회를 짓고 전도사를 파견하고 여러분의 학교를 지원한다면, 여러분을 비롯한 다른 사람들은 기독교가 더 이상 외국인의 문제가 아니라 여러분 자신의 문제라고 생각할 것입니다." 이 말을 듣고 사람들은 수긍하여 자신들의 교회를 짓기로 결정했다. 이것을 본 언더우드는 놀라서, "여러분은 이렇게 가난한데 어떻게 그것이 가능하겠습니까?"라고 물었다. 이에 믿음이 깊은 사람들은, "하나님이 우리와 함께하시는데 불가능한 것이 있다고 말할 수 있겠습니까?"라고 대답했다. 언더우드는 더 이상 할 말이 없었고, 사람들은 용감하게 그 일에

---

6 언더우드는 키니네 외에도 석유·석탄·농기구 등을 수입한 적이 있으며(*The Independent*, 1898. 8. 23.) 빈튼은 재봉틀을 수입했다. 초기 선교사들의 상업 활동과 관련된 문제는 해링턴(F. H. Harrington)의 *God, Mammon and Japanese*(이광린 역, 「개화기의 한미관계」, 일조각, 1973) 참조.

착수했다. 목수들은 번갈아 가며 무임으로 일을 했고, 한 번도 손으로 하는 작업을 해 본 적이 없는 교육받은 계층의 사람들 중에도 숙련되지 못한 조력자로서 건축 일을 돕는 사람들이 있었으며, 소년들조차 자기 몫을 다했다.

그러나 교회 건물이 채 완성되지 못하고 자금이 절실히 필요하던 그때, 혹심한 더위가 찾아오고 무시무시한 콜레라가 퍼지기 시작했다. 정부는 서울 근교의 크고 낡은 막사를 콜레라 병원으로 택했고, 애비슨 박사는 당시 상당수에 달했던 일군의 선교사들과 함께 그 병원을 맡았다. '휴양소'(The Shelter) 역시 콜레라 병원으로 전환하여 웰즈 의사,[7] 언더우드 그리고 그의 아내가 일을 맡았다. 언더우드가 담임하던 교회의 한국인 그리스도인들도 간호사로서 봉사할 것에 동의했고, 언더우드도 자신의 지식을 총동원하여 이곳을 어떤 식으로든 도움이 될 만한 온갖 약과 설비를 갖춘 곳으로 만드는 데 심혈을 기울였다. 어디에서 돈이 나올지 모르고, 사실 아무 데서도 나오지 않으리란 것을 명확히 짐작할 수 있었음에도 불구하고, 언더우드는 돈을 물 쓰듯 쓰면서 상해와 일본으로 살롤(salol)을 사러 보냈다. 또 물 대신 사용하기 위해 다량의 얼음을 준비해 놓고 가난하고 목마른 사람들이 물을 요구할 때를 대비했으며, 포도주와 장뇌(樟腦)와 흥분제 등도 준비해 놓았다. 그는 거의 밤낮을 가리지 않고 일했고, 서울 시내 수많은 지역의 검역소의 책임도 맡았는데, 검역소에서 오는 보고는 모두 급히 손을 써야 한다는 것이었다. 병자들은 병원으로 이송되거나 가정에서 치료를 받았고, 집과 건물의 구내는 소독되었다.

언더우드는 많은 청년 그리스도인들을 훈련시켜 이 일을 하게 하고, 각

7　웰즈[James H. Wells, 우월시(禹越時), 1866-1938]는 1895년 미국 북장로교 의료선교사로 내한하여 주로 평양을 중심으로 활약했다.

마을의 조력자들에게 어떻게 집을 정화시키고 소독하며, 응급조치를 해야 하는지에 대해 가르쳤다. 일꾼들은 모두 적십자 배지를 달고 있었는데, 이 표시는 곧 서울 전체와 근교에서 구원과 사랑과 자비의 상징으로 유명해 졌다. 청년들은 찬탄할 만한 용기와 지성과 능력을 가지고 일을 했다. 이런 것을 보면, 언더우드는 대체로 조력자들에게 자신의 그러한 자질로 영감 을 주는 능력이 있거나, 아니면 이미 그러한 자질을 잠재적으로 가지고 있 는 사람을 골라내는 능력이 있었던 모양이다.

우리는 자주, 한국인들은 그들이 가장 가치 있다고 생각하는 일에서는 매우 높은 수준의 발전을 이룰 수 있는 것 같다고 말하곤 했었다. 그리고 그들은 또 자신들이 잘 알고 있는 서구인들의 생활 방식과 정신을 모방한 다는 점에서는 중국인들과도 비슷하다. 이렇게 '휴양소'에서는 아주 높은 회복률을 보였다. 이곳에서는 환자들을 따뜻한 온돌바닥에 있게 했는데, 이것이 한기와 몸이 허약해지는 것을 막는 데 놀라운 효과를 보여 주었다.

정부에서는 선교사들이 한 일을 알고 매우 기뻐하여 미국 공사를 통 해 감사의 편지를 보내왔다.[8] 또한 한국 정부는 사용된 약값을 지불했으 며, 병실에서 봉사한 그리스도인들 모두에게 보수를 지불하겠다고 선언했 다. 또 병자들을 돌보는 역할을 했던 선교사들에게는 내부(the Home Office)

---

8 [원주]   "외부
            504년 7월 3일
            1895년 8월 22일

외부장관 김
    미합중국 공사 실(Sill) 씨에게
근계
본인은 우리 정부가 H. G. 언더우드 박사 및 그 친구들께 심심한 사의를 표하고 있음을 알리게 되어 영광으로 생각합니다. 그들은 약을 구입하는 데 많은 돈을 소비하고, 콜레라를 방지하는 데 노력한 결과 많은 병자들을 치료했습니다. 본인은 각하께서 본 정부를 대신하여 그들에게 사 의를 전하여 줄 것을 당부합니다. 본인은…등등

김윤식 (서명)"

의 이름과 한국 국화인 무궁화꽃 그리고 십자가의 표시가 그려져 있는 은제 잉크병을 보내왔다. 한국산 비단 두루마리와 진귀한 강화 화문석도 보내왔는데, 이 한쪽 끝에는 고귀한 핏빛의 붉은 십자가 표시가 그려져 있고, 또 한쪽 끝에는 내부의 이름이 적혀 있었다.

콜레라가 계속 만연하는 동안 정부는 사대문에, "예수 병원(Jesus Hospital)에 가면 살 수 있는데 왜 죽으려 하는가?"라는 벽보를 붙여 놓았다. 그래서 콜레라는 최소한 전 서울과 그 근교에 그리스도의 존재와 복음의 성격에 대해 알리는 계기가 되었으며, 동시에 많은 사람들이 참진리를 알고 구원을 얻게 되었다.

어느 날 아침 동도 트기 전에 언더우드가 서둘러 병원으로 가고 있는 것을 길옆에 서서 본 한 품팔이 일꾼이 다른 사람들에게 이렇게 물어 보았다고 한다. "이런 시간에 저렇게 급히 길을 가고 있는 저 외국인은 누구요?" 그러자 옆에 있던 사람이 "그것도 모르오? 우리를 매우 사랑하기 때문에 밤낮으로 병자들을 돌보며 일하는 예수쟁이(the Jesus man) 아니오?"라고 대답했다 한다. 이런 얘기를 듣고 나니 폼프턴의 한 나이 든 부인이, "언더우드는 그들을 사랑하여 하나님의 나라로 이끌 것이다"라고 말했다 해도 그분의 지적은 그렇게 틀린 것은 아니었다는 생각이 든다.

이 외국인들로부터 일을 얻거나 무슨 방법으로 돈을 벌 수 없을까 하는 기대로 서성거리고 있던 한 구경꾼은, 이 민족에 대한 그들의 놀라운 사랑(그는 "그들은 우리 서로가 보여 줄 수 있는 사랑보다 더 많이 우리를 사랑했다"라고 말했다)에 감동하여 크게 개심하고는 다른 사람들을 구하기 위하여 강 아래로 달려갔다. 이 사람에 대한 이야기는 나중에 더 하게 될 것이다.

콜레라 전염병의 직접적인 결과, 아니 최소한 그 병이 만연하는 가운데 보여 준 그리스도인들의 행동의 직접적 결과의 하나는, 새문안교회의 그리스도인들이 이전에 자신들이 한 번에 만져 볼 수 있으리라 꿈꾸었던 것보다 훨씬 더 많은 돈을 갖게 되었다는 것이다. 이들은 아무도 누가 어떻게 하라고 말하지 않았지만 이 돈을 가지고 해야 할 유일한 일은 새 교회를 짓는 일이라고 똑같이 생각했다. 그들이 가장 하고 싶어 한 일은 남들에게 베푸는 것이었는데, 이제 아주 좋은 기회가 생긴 것이다. 앞서도 말했듯이, 그들 중 대부분은 재산을 가진 자들이 아니었다. 사실 그들 대부분은 하루 벌어 하루 먹는 상태였는데, 그럼에도 불구하고 그들은 그 돈을 자신들을 위해 쓴다고는 꿈조차 꾸지 않았던 것이다. 그 돈을 교회에 헌금한다는 것은 그 돈을 가장 좋은 곳에 쓰고 싶다는 그들 자신의 생각에 따른 것이었다. 이로써 교회는 가장 좋은 기와와 재료를 사용해서 꾸며진 일급의 한국 양식으로 지어졌다.

이전 겨울(1894년과 1895년의 겨울) 동안에 왕비께서는 나를 몇 번 궁궐로 초대했다. 때로는 나에게 나의 친구들도 초대해 함께 궁궐 연못에서 스케이트를 타라고 했는데 그때마다 그곳의 한 궁에서 왕비가 명령하여 준비된 다과를 대접받곤 했다. 왕비는 항상 우리 모두에게 겸손하고 호의적이었다. 우리는 왕비를 우러러보고 매우 존경하게 되었으며, 서너 번이나 왕비에게 복음의 메시지를 전할 기회를 갖는 기쁨도 누릴 수 있었다. 왕비는 복음에 큰 관심을 가지고 있는 것처럼 보였으며, 폐하와 그 아들에게도 그 이야기를 되풀이하여 들려주었다. 또한 그들을 위하여 크리스마스 트리를 장식하여 주고, 크리스마스 이야기를 들려주기도 했다. 설날에 왕비께서는 꿩·달걀 등 관례적인 선물과 함께 3백 달러를 주시면서 언더우드 부인이 진주를 사는 데 쓰라 하시고 또 어린 아들에게 선물을 사 주라고 하셨다. 유난히 아이들을 좋아하셨던 왕비는 언더우드의 아들을 불러들였으며, 폐하께서는[9] 아이를 쓰다듬고 안아 주셨다. 아이를 집으로 보낼 때는 궁궐의

---

9 [원주] *Fifteen Years Among the Top-Knots*.

제복을 입은 하인들의 행렬을 딸려 보냈는데, 그들은 손에는 멋진 비단 등을 들고 머리에는 밤·과일·과자·떡 등이 든 쟁반을 이고 왔다. 덕분에 학교 학생들은 이 좋은 음식을 배불리 먹을 수 있었다.

1895년 봄, 왕비가 보내어 우리에게 총리대신(the prime minister)이 찾아왔다. 왕비께서 양반 자제들이 다닐 학교의 계획을 세우고 견적을 뽑는 일을 언더우드가 해주길 바라신다는 것이었다. 학교 장소는 이미 동궁과 서궁 사이의 한 장소가 선정되어 있었다. 또 왕비께서는 언더우드가 추천하는 미국인 교사들을 위한 주택을 짓겠다고 제안했다. 왕비께서는 건물을 짓는 데 3만 달러, 1년 운영 경비로 2-3만 달러를 준비하고 계셨다. 이 예기치 않은 제안에 언더우드는 몹시 기뻐했다. 실질적으로 젊은 양반들을 그리스도의 품에 들어가게 할 수 있는 기회였기 때문이다. 그는 계획 초안과 견적서를 만들어서 승인을 받기 위해 궁궐로 보냈다. 이것은 왕비의 몇 가지 제안이 추가되어 반송되었다. 그는 곧 수정 계획안을 만들어 마지막으로 왕비께서 읽어 보실 수 있도록 보냈다. 그러나 이때 왕비가 갑자기 시해되었고,[10] 이어 오랜 기간 정치적 격동이 뒤따랐다.

왕비가 죽자 궁궐 담 안에 살고 있던 수백 명의 사람들 사이에는 큰 혼란과 공포가 생겨났다. 모두들 극도로 흥분된 상태에서 신변 안전을 위하여 공사관이나 외국인의 집으로 몰려갔다.

왕은 왕비가 죽게 하는 데 주도적인 역할을 했던 당파의 손에 의해 궁궐에 갇혀 있었다. 이 당파의 중심인물은 전 섭정자인 대원군, 즉 앞서도 말했듯이 왕의 아버지로, 왕비의 철천지 원수였다. 왕은 그 충격으로 인해 극도로 쇠약해져서 시간이 갈수록 자신이 다음번 희생자가 되리라고 생각하게 되었다. 러시아·영국·프랑스·미국의 공사들이 매일 왕을 방문했다.

---

10 [원주] *Fifteen Years Among the Top-Knots.*

그들 역시 왕의 신변을 걱정하여 가능한 한 모든 도움과 격려를 주려고 조바심을 냈기 때문이다. 그러나 그들의 전함은 항구에 있었으므로, 어려운 상황을 해결하기 위해서는 먼 거리를 갈 차비를 하고 있어야만 했다.

언더우드는 미국 공사를 위해 통역해 달라는 요청을 받았는데, 그 일을 하면서 때때로 러시아와 영국 관리들을 위해 그의 능력을 발휘하기도 했다. 한편 프랑스 대표부의 통역은 프랑스 주교가 맡아 했다.

수인(囚人)이 되다시피 한 왕은 궁궐에서 준비되는 모든 음식을 의심했기 때문에 러시아 공사관과 언더우드의 집에서 번갈아 가며 음식을 가져갔다. 그 음식은 주석 금고에 넣어 예일(Yale)제 자물쇠로 잠근 다음, 열쇠는 언더우드가 직접 왕에게 건네 드렸다. 또한 매일 밤 두 명의 외국인이 왕 곁에 남아 왕을 지켰다. 왜냐하면 이렇게 목격자가 있으면 왕에게 직접 위해를 가하는 일은 피할 수 있을 것이라고 여러 선교사들이 생각했기 때문이다. 언더우드도 자주 한밤중에 경계를 섰다.

왕으로부터 많은 친절과 호의의 표시를 받은 바 있는 모든 외국인들은 낙망한 왕에 대한 동정으로 가득 차, 가능한 모든 방법으로 자신들의 선의를 보여 주려고 애썼다. 그러는 동안에도 왕비의 죽음과 연관된 사람들을 찾아낸다는 명목하에 무수한 재판과 고문과 처형이 진행되었다. 또한 사치를 금지하는 법률을 비롯해 새 법률들이 새로이 제정되고 있었는데, 이를 통해 진보를 촉진시킨다고들 했다. 즉, 이제는 더 이상 소매가 넓은 옷을 입거나 긴 담뱃대를 사용해서는 안 되며, 여인들은 길을 갈 때 얼굴을 가려서는 안 되고, 갓의 챙을 좁게 줄여야 한다는 것이었다. 서울과 지방을 막론하고 이런 개인적 자유와 오랜 관습에 대한 간섭 때문에 흥분과 분노가 일었으며, 지위 고하를 불문하고 많은 한국인들이 이 문제를 가지고 언더우드에게 찾아왔다. 다소 무용하고 해로운 새 법률들 가운데 상투에 대한 것이 하나 있었는데, 이것은 조상 대대로의 전통을 매우 소중히 여기는 사람들에게 결정적인 충격을 주었다. 당시는 결혼을 할 때 처음으로 상투를 트는데, 오직 승려와 천한 계급의 사람들만이 머리를 잘랐다. 따라서 이 새로운 법률은 전국에 걸쳐 숱한 탄식과 눈물과 폭동과 봉기를 불러일으켰다.

어느 날 밤, 늙고 충성스러운 왕의 측근인 윤 장군(General Yun)[11]이 한 친구와 함께 우리 집에 와서 자기들 둘이서 대화를 좀 나누게 해 달라고 청했다. 언더우드는 동의했지만, 그 대화에는 끼지 않았고 그들의 이야기를 듣지도 않았다. 다음 날 오후, 애비슨 박사가 방금 들었다는 소식을 가지고 언더우드에게 왔다. 왕을 구출하여 안전한 곳으로 모시기 위해 왕당파가 전날 밤 궁궐을 공격하려 했다는 것이었다.[12] 언더우드는 그런 이야기를 들은 적이 없었기 때문에 이것이 잘못된 보고라고 생각했다. 두 사람이 이런 이야기를 나누고 있을 때 미국 공사관의 비서관이 들어오더니 전날 밤 그러한 일이 있었다는 정통한 소식을 알려 주었다. 그러면서 미국 관리들은 이런 일에 끼어드는 것이 허락되지 않으므로 미국 민간인 한두 명이 빨리 궁궐로 가서 왕과 함께 있어 주었으면 좋겠다는 이야기를 했다. 그래야만, 감금 상태의 왕을 빼내려고 한다는 것을 안 적들이 왕을 시해할 가능성을 줄일 수 있다는 것이었다. 만일 거기에 목격자가 하나도 없다면 적들은 왕을 시해하고도 그 책임을 다른 사람들에게 전가할 수 있으므로 시해의 가능성은 높아질 것이다. 애비슨 의사는 그의 전문적 지식으로 인해 왕으로부터 초청을 받고 있었기 때문에, 그날 밤에는 그와 언더우드가 궁궐에 있기로 결정했다. 그러나 이미 대궐 문들은 잠겨 있을 것이 분명하

---

11 윤웅렬(尹雄烈)이다.
12 이 사건을 소위 '춘생문(春生門) 사건'이라 한다. 이는 1895년 11월 28일 미명에, 을미사변으로 두려워하고 있던 고종을 대궐 밖으로 이어하려다가 실패한 사건이다. 윤경로, '춘생문 사건과 기독교'("한국 기독교사 연구" 1호, 1985. 4.), pp. 10, 11 참조.

여, 미국 공사 실(Sill)은 자신의 명함을 언더우드에게 주면서 경비병들이 들여보내려 하지 않을 때 도움이 되길 바란다고 했다. 역시 경비병들이 처음에 문을 열길 꺼렸기 때문에, 그것은 아주 현명한 배려였다. 경비병들은 이들이 미국 공사가 보낸 사람인 것을 알자 마음을 바꾸었다. 한편 헐버트는 그날 저녁에 언더우드와 애비슨 의사가 궁궐에 간다는 말을 듣고 동행하기로 결정했으나, 그가 도착했을 때는 이미 문은 다시 잠겨 있었다. 그러나 헐버트가 자신이 앞서 들어간 사람들과 동행임을 알리자 그도 들어갈 수 있었다. 이렇게 되어 세 명의 외국인들이 그날 밤 궁궐에 있게 되었고, 더불어 궁궐 경비대의 훈련을 맡고 있는 미국 장교들도 함께 있었다.[13] 언더우드는 애비슨 의사가 그의 전문적인 일로 알현하는 데 동행했다가, 물러나와 미국 장교 숙소에 머물면서 일어날 일들을 기다렸다.

아무 일도 없이 고요했기 때문에 세 사람은 좀 쉬는 것이 낫겠다고 생각했다. 그러나 12시가 지나자마자 총소리가 들려왔고 그들은 놀라 일어났다. 언더우드를 앞세우고 세 사람은 곧 왕의 숙소로 달려갔다. 길을 따라 군인들이 어깨를 맞대고 일렬로 서 있었다. 언더우드가 다가가자 "정지!" 하는 날카로운 외침이 들려왔다. 그러나 그들에게 신경 쓸 여유가 없었기 때문에 언더우드는 그대로 그들을 지나쳐 달려갔고, 상황을 깨닫지도 못하고 어떻게 해야 할지 결정하지도 못한 채, 애비슨 의사와 헐버트도 뒤따랐다. 바로 문 뒤에는 두 명의 장교들이 칼을 서로 엇갈리게 들고 길을 막고 있었다. 언더우드는 권총으로 그 칼들을 제치고 달려 들어갔고 바로 뒤에 두 명이 뒤따라 들어왔다. 그때 "외국인들은 어디 있는가? 외국인들은 어디 있는가?"라는 왕의 목소리가 들렸다. 훗날 그들은 경비병들을 통과할 때 소름이 끼쳤던 것을 그날 밤의 찬 공기 그리고 외투를 잊고 입지 않

---

13 이 당시 궁성 시위대의 교관은 미국인 다이(Dye) 장군이었다.

앉던 탓으로 돌리며 웃음으로 넘겼다. 물론 그들이 떤 것은 밤의 찬 공기 때문이라기보다는 흥분된 신경 때문이라는 것을 그들은 잘 알고 있었다. 왕과 세자는 생명의 위협을 느껴 벌벌 떨면서 외국인들을 자기들 곁에 있게 했다. 그들은 몇 사람의 각료가 권하는 대로 다른 방으로 나가지 않고, 외국인들의 손을 잡고, 있던 곳에 그대로 머물러 있었다. 그런 밤중에 장소를 옮긴다는 것은 적들이 왕을 납치하거나 시해하기가 아주 쉽고 또 누가 했는지 밝혀내는 것도 어렵다는 것을 언더우드는 잘 알고 있었다. 이렇게 아침이 밝을 때까지 그대로 있다가 왕의 친구들이 배신당했다는 것과 실패했다는 것을 알게 되었다. 이제 내각은 보다 확고한 권력을 잡았으므로 궁궐 침입에 관련이 있는 모든 사람들을 고압적으로 고문하고, 유배 보내거나 죽였다.

그 침입을 계획하고 지도한 사람들이 침입 전날 밤 늦게까지 언더우드의 집에 있었고, 또 언더우드 자신이 침입이 있던 날 밤에 궁궐에 있었기 때문에, 사람들은 실패로 끝난 그 계획에 언더우드가 관련되어 있다고 생각했다. 그래서 그와 관련된 사실을 밝혀내려는 조사가 진행되었으나 아무런 증거도 발견되지 않았다. 사실 언더우드는 그 일과 관련이 없었을 뿐 아니라, 실제로 미국 공사관의 비서관이 정보를 알려 주기 전까지 그 일에 대해 전혀 모르고 있었다. 그러나 왕의 둘째 아들인 의화군(Prince Wewha)[14]이 우리 집에 한동안 피신해 있었고, 또 윤 장군[尹雄烈]의 아들인 윤치호(Yun Che Ho, 尹致昊)가 그해 겨울에 우리 집에 손님으로 있으면서 자기 아버지가 한국으로부터 탈출하는 데 상당한 역할을 했기 때문에, 언더우드는 의심과 적의의 표적이 되었다.

윤 장군의 탈출은 상당히 흥미로웠다. 궁궐 침입이 있는 다음 날 아침,

---

14 의화군은 고종의 둘째아들(堈)이며 1900년에 의친왕에 피봉되었다.

언더우드는 그가 우리 집 문간방에 있는 것을 발견했다. 그는 우리 집에 피신해 있기를 바랐는데, 누구누구가 체포되었다는 이야기를 듣자 그는 "그러면 나는 죽은 사람이로다"라며 탄식했다. 이미 붙잡힌 사람들을 고문하면 그가 했던 일이 드러날 것임을 알고 있었기 때문이다. 그는 언더우드의 오랜 친구였으며, 오랫동안 변치 않고 합법적인 통치자를 모셔 온 진실하고 충성스러운 신하로서, 단지 왕을 모시려고 한 죄밖에 없었다. 그래서 언더우드는 그를 구하는 데 최선을 다했다. 그날은 언더우드 자신이 관리하는 한국 집에 그를 숨겨 주었다. 그리고 어두워진 후에 그와 그의 친구는 면도를 하고 선교사의 옷을 입은 후 얼굴을 가리기 위해 털모자를 썼다. 그리고 언더우드가 한 편에 서고 다른 선교사가 또 한 편에 서서 우리 관내를 지나 러시아 공사관 땅에 이르렀고, 또 거기서 서대문 맞은편 길로 나아갔다. 거기에는 경비병이 있었지만 잘 아는 두 명을 포함한 네 외국인이 지나가는 것을 보고 아무것도 묻지 않았다. 서대문 밖으로 얼마 동안 가자 인력거 두 대가 놓여 있었고, 거기 또 다른 선교사 한 사람이 타고 있었다. 이 선교사는 45킬로미터의 거리에 있는 제물포 항구까지 동행해 주었다. 거기서 그들은 러시아 전함의 해군들을 만나 러시아 배를 타고 중국의 치푸(芝罘)까지 갔다. 거기서 그들은 상해로 가는 기선을 탔는데, 상해에서는 다른 선교사들이 안전하게 돌아갈 수 있을 때까지 몇 달 동안 그들을 보호했다. 윤 장군은 기독교 신자가 되기는 했지만, 오랫동안 그리스도께 그의 마음을 바치지는 않았던 것으로 생각된다. 그러나 임종 전에는 진실한 그리스도인이 되었다. 그리고 비록 그는 세례를 받지 않았지만, 그의 아내는 윤 장군이 임종하는 자리에서 언더우드에게 세례를 받았다.

이 오랜 친구를 탈출시킨 책략이 언더우드가 관여한 유일한 일이었지만, 첩자들은 수개월 동안 그의 문 앞에서 서성거렸다. 그리고 그의 하인과 교사 두세 명이 찬탈 내각(the userping cabinet)[15]의 돈을 받고 그들의 행동거지를 일일이 밀고하는 것 같았다.

앞서도 말했듯이, 왕비가 죽기 전에, 어떤 위기가 닥칠 것을 두려워한 고관들은 자문을 구하기 위해 거의 매일 언더우드를 방문했다. 그러나 그 슬픈 사건이 일어난 후에는 왕비를 위한 복수를 하고 왕을 구출하고 싶어 하는 왕비의 친구들 그리고 언더우드를 함정에 빠뜨려 그가 알고 있거나 관여했다고 생각되는 책략을 밝혀 보려는 적들, 양쪽 모두가 그의 도움과 충고를 얻기 위한 온갖 제안과 계획을 가지고 찾아왔다. 그러나 이미 말했듯이 그는 결코 조금도 그들의 뜻에 따라 주지 않았다. 그는 남들이 자신에게 한 말을 밝히지도 않았거니와 어떤 책략에도 연루된 바가 없었기 때문이다.

그러나 공사관 관리, 상인, 선교사 등 외국인들 사이에서는 감정이 고조되어 갔다. 모두가 불쌍한 왕을 동정했으며, 왕을 수인처럼 취급하고 있는 당파의 손아귀에서 왕이 빠져나오도록 돕고자 하는 마음이 더욱 커졌다.

언더우드의 성품에는 주의력이라는 든든한 자산이 있었다. 그는 합당한 이유 없이는 정신(廷臣) 등을 신뢰하지 않았으며, 그가 아는 한에서는 평생 동안 어떤 식으로든 그리스도의 뜻을 거스르지 않았고, 또한 마찬가지로 선교 사업에 위험을 가져오는 행동이나 말을 하지 않았다. 그는 이 당시에 바로 그런 행동과 말을 한다는 비난을 받았으나, 그것은 전적으로 잘못 생각한 것이다. 그럼에도 경솔하고 무책임한 기자들은 미국 신문에 '책략가 언더우드', '언더우드의 시행착오'라는 제하(題下)에 언더우드를 소개하고, 미국 선교사가 궁궐 침입을 주도했다는 스릴 있는 이야기를 실었다.

---

15 을미사변 후에 들어선 친일내각을 말한다.

9
순회 선교사

왕이 여전히 궁궐에서 밀착감시를 받고 있는 동안, 언더우드는 북쪽으로 긴 순회여행을 떠나야만 했다. 전에 언더우드를 방문한 적이 있는 어떤 사람이 예의상 복음서 몇 권을 사들고 곡산(Kok San)에 있는 자기 집에 가져간 적이 있었다. 그는 복음서를 수개월 동안 읽지도 않은 채 선반 위에 놓아두었는데 마침내 한 손님이 호기심이 나서 그것을 읽게 되었다. 그는 문자 그대로 마법에 걸리고 말아 밤낮을 가리지 않고 탐독하고 친구들에게도 그 이야기를 해주었다. 드디어 그를 비롯한 친구들은 기독교로 개종했는데, 놀랍게도 그 마을에서 가장 악하고 완고한 죄인 중의 하나도 그 성격과 행동이 완전히 변하게 되었다. 그러나 이들은 그리스도인이 되기는 했지만, 자신들이 성경을 제대로 알고 있는 것이 아님을 확인해 주면서 그 의미를 좀더 완전하게 설명해 줄 교사가 없다면 더 이상 진전이 없을 것이라고 생각했다. 그래서 언더우드를 청하기 위해 편지를 한 통 써서 멀리 서울까지 사람을 보냈던 것이다. 하지만 언더우드는 곧바로 떠날 수가 없었기 때문에 답신과 함께 더 많은 책을 보내고 가능한 한 빨리 방문하겠다고 약속했다. 그러다 일이 계속 밀려 몇 달이 흘렀다. 번역자위원회(Translating Board), 콜레라, 왕의 문제, 또 기타 여러 일들이 겹쳐 언더우드는 계속 그 계획을 미룰 수밖에 없었다. 곡산 마을 사람들은 드디어 세 번째로 매우 간곡한 호소와 함께 사람을 보내왔다. "우리는, 누가 와서 구원의 올바른 길을 알려 주는 것도 하나님이 허락하시지 않을 정도로 큰 죄인일까요?" 이 편지를 받자 언더우드는 여전히 갈 수 없는 상황이었음에도, 가야만 한다고 생각했다. 그리고 애비슨 의사가 동행하기로 결정했다.

한국에는 아직 일반화된 우편 체계가 없었지만, 언더우드와 애비슨 의사는 여행길에 서울로 오는 사람들과 자주 만났기 때문에 때로 나는 인편으로 [두 사람이 보낸] 편지를 받아 볼 수 있었다. 그렇게 편지를 가져오던 사람들 중 두 여행자는 자기들이 도중에 아주 좋은 숙박소를 발견하여 좋은 한국 음식을 먹을 수 있었고, 그 덕분에 자기들이 꾸려 왔던 준비물들은 거의 쓰지 않았다고 했다. 이 이야기를 듣고 언더우드와 애비슨 의사의 편지를 전달한 사람이 돌아간 후에, 나와 애비슨 부인은 두 사람에게 필요한 것이 별로 없으리라고 생각했다. 그러나 우리는, 항상 좋은 숙박소가 발견되는 것은 아니라는 사실과 하루 종일 길을 걷는 사람이라면 짧은 시간에 아주 많은 양의 음식을 먹어 치울 수 있다는 사실을 잊고 있었다. 우리는 무언가 보내고 싶어 조바심을 냈지만 그들에게 음식을 보내 주어야 한다는 것을 미처 생각지 못하고 다만 편지와 함께 커다란 고무장화 한 켤레만 보냈다. 애비슨 부인은 이것을 아름답게 두 개의 꾸러미로 포장했다. 지금 생각해 보면, 그들의 준비물은 점점 부족해졌던 것 같다. 그들은 한국 음식에 질렸기 때문에 다른 음식을 먹고 싶어 했다. 그래서 여행길에 먹을 수 있으리라 기대했던 빵과 케이크, 파이와 요리한 고기 등이 오기를 고대했다. 그들은 상대방의 부인은 어떻게 하든, 자기 부인은 자기가 좋아하는 이러저러한 음식을 보내 줄 것이라고 서로 자랑했다.

마침내 심부름꾼이 도착했을 때 그들은 우선 꼭대기에 놓여 있는 커다란 짐을 풀어 보았다. 거기에는 식욕도 나지 않고 소화시킬 수도 없는 고무장화가 들어 있을 뿐이었다. 화가 나서 방구석에 던져 버리고는, 또 다른 짐을 풀어 보았다. 거기에도 장화만 들어 있을 뿐 다른 것은 아무것도 없었다. 믿을 수 없는 일이었다. 그 장화 역시 먼저 장화와 같이 내던져 버렸다. 가장 필요할 때 남편들의 욕구를 채워 주지 못한 나와 애비슨 부인은 양심이 찔렸을 뿐 아니라 남편들로부터 끊임없는 비난을 감수해야 했다. 남편들이 이 일을 상기할 때마다 큰 웃음과 잔인한 조롱을 보이는 것을 감수해야 했던 이 두 부인의 절망과 수치와 슬픔을 상상해 보라.

그러나 그들의 육적인 사람은 굶주렸던 반면, 마음속 내적인 사람은 기쁨으로 가득 찼다. 생명의 말씀에 목말라 있는 진실한 그리스도인들의 무리가 그들을 마치 천사인 양 반겼기 때문이다. 그들은 이야기를 더 듣고 자신들이 새로이 발견한 기쁨에 대해 대화를 나누고 싶어 했기 때문에 언더우드나 애비슨 의사에게는 식사하거나 잠잘 시간도 거의 주지 않았다. 이 두 사람을 둘러싸고 늦은 밤까지 사람들이 모여 있다가, 마침내 대부분의 사람들이 돌아가고 세 사람만 남았다. 그때 그들에게는 한 가지 의문이 생겼다. 하나님의 명령은, 회개하고 믿고 물로 씻는 의식을 가지라는 것이었다. 회개하라! 그들은 진실로 회개하고 모든 우상과 죄를 없애 버렸다. 믿으라! 그들은 전심(全心)으로 믿었다. 그러나 물로 씻는 의식, 이것은 아무도 행할 줄 아는 사람이 없었다. 따라서 하나님의 명령을 완전히 지키지 못했는데, 죽음은 다가올 것이었다. 그래서 그들은 기도하면서 오랫동안 기다린 후 서로 의견 일치를 보고는 각자 집으로 돌아가서 아버지와 아들과 성령의 이름으로 목욕을 했다. 교사는 이것에 대해 뭐라고 말씀하실까?

미국에서는 게으르고 무관심하고 복음을 적대시하는 불신자들을 위해 생수가 매일매일 펑펑 쏟아지는데, 이곳에서는 이렇게 순종하고 신실하고 하나님의 축복을 갈망하는 영혼들이 무시받고 굶주려 있는 것을 생각해 보라. 언더우드와 애비슨 의사는 이들이 스스로 집행한 의식을 인정할 수밖에 없었다.

그들은 또 다른 여러 사람들에게 세례를 주었고, 수많은 입문자들을 받아들여 명쾌하고 세심한 가르침을 전달한 후 성찬예배를 드렸다.

그러나 그들은 시끄러운 사건들 때문에 갑작스럽게 서울로 소환되었다. 몇몇 궁궐 여인들에 의해 세밀하게 짜인 계획에 속아 넘어가 왕의 감시병들이 경계를 늦추고 배불리 먹은 뒤 곯아떨어진 것이었다. 이 틈을 타 왕과 왕자는 이른 새벽에 가마를 타고, 배불리 먹은 보초가 곯아떨어져 있는 대문을 몰래 빠져나와 러시아 공사관으로 향했다.[1] 이 사실은 이내 널리 퍼져 나갔고 전 서울과 그 근교는 격한 소요 상태에 들어갔다. 군인, 경찰, 충성스러운 사대부, 심부름꾼 들 등 실제로 거의 모든 사람들이 거리로 쏟아져 나와 수천 명의 포효가 공기를 가득 채웠다.

그때 언더우드의 집은 러시아 공사관 부지와 같은 거리에 있었고, 또 그 두 건물은 바로 붙어 있었기 때문에 그의 가족은 이 모든 일들을 직접 눈으로 목격할 수 있었다.

모반 내각(rebel cabinet)[2]은 목숨을 건지기 위해 도망쳤다. 어떤 사람은 지방으로 피신하고, 또 어떤 사람은 제물포로 가려 했는데, 한두 사람은 성난 군중들에 의해 길거리에서 몸이 찢겼다.[3] 왕의 잘못 하나만으로 그들이 그렇게 흥분한 것은 아니었다. 정작 분노에 불을 붙인 것은 단발령으로, 그

---

1 1896년 2월 11일 새벽에 일어난 '아관파천'이다.
2 민비가 시해된 '을미사변' 후에 성립된 내각을 말한다.
3 총리대신 김홍집, 농상공부대신 정병하, 탁지부대신 어윤중이 피살되었다.

로 인한 분노는 한동안 연기만 내는 듯하다가 이렇게 극심하고 잔인하게 터져 나온 것이었다.

나는 문득, 한국인들이 자신들의 모든 문제를 그들이 적대하고 있었던 외국인과 일본인 들의 탓으로 돌리고 있어 이들이 지방에서 큰 위험에 처해 있다는 생각이 들었다. 성난 폭도에게 잡혀 죽은 사람들이 많은 것으로 보아, 그것은 사실이었다. 그래서 우리는 애비슨과 언더우드가 빨리 돌아오지 못하리라고 생각했다. 나는 즉시 두 명의 심부름꾼을 택하여 각기 다른 경로를 통해 서신을 보냈다. 한 명은 동학의 무리에게 잡혀 되돌아왔다. 그러나 다른 한 명은 무사히 목적지에 도착했기에 두 사람은 지체하지 않고 서울을 향해 출발할 수 있었다. 그들은 밤낮을 가리지 않고 거의 걸어서, 60시간에 320여 킬로미터를 주파했다. 그들이 걱정한 것은 자신들이 아니라, 격심한 소란에 휩싸인 서울에 있는 가족들이었다. 그러나 전해의 콜레라 사건을 통한 경험으로 군중은 선교사들이 친구임을 알았기 때문에, 괴롭힘을 당한 사람은 없었다.

나는 남편에게만 심부름꾼을 보낸 것이 아니라, 러시아 공사에게도 편지를 써서 호위병을 보내 언더우드와 애비슨 의사를 보호해 달라고 청했다. 친절하게도 이 요청은 수락되었으나, 호위병과는 길이 엇갈려 두 선교사는 그 어떤 호위도 없이 서울로 돌아왔다. 서울에서 약 80킬로미터 떨어진 송도에 사는 한 부유한 한국인 양반은 그들이 있는 곳과 그들이 위험하다는 사실을 알고 호위하기 위해 경호단을 파견했으나 그들 역시 너무 늦고 말았다. 그러나 두 선교사는 비록 몹시 지치기는 했지만 무사히 서울에 당도했다.

그때 강변의 행주(Haing Ju)에서 시작되고 있던 작은 기독교 교회가 우리의 관심을 끌었다. 이것은 명백히, 콜레라에 전염된 사람들을 위하여 간호하고 치료했던 선교사들이 한 일의 결과였다. 뒤에서 언급하게 될

신(Shin)[4]이라는 성을 가진 사람은, 자신의 민족을 향한 선교사들의 수고와 사랑을 보고 그리스도의 복음이 놀라운 힘을 가졌다는 것을 알게 되었다. 이 사상은 그의 마음을 감동시켜 그는 그리스도인이 되었고, 아무에게도 알리지 않은 채 짐을 나르는 도구('지게', jicky)를 메고 16킬로미터 떨어진 행주로 내려갔다. 그는 거기서 품팔이꾼으로 일하면서 사람들에게 그리스도에 대해 이야기했다. 얼마 지나지 않아, 하나둘 믿는 사람들이 생기기 시작했다. 어떤 사람은 예배를 드리도록 자기 집을 내주었고, 아이들은 교회에서 찬송가를 배웠다. 언더우드는 문답을 거쳐 세례를 받겠다고 요청하는 사람이 100명이나 된다는 통보를 받았다. 그래서 그는 그 마을로 내려갔는데, 그곳에서는 아이들이 마을 입구에서 2-3킬로미터쯤 되는 곳까지 늘어서서 찬송가를 부르며 언더우드를 맞이했다. 그를 비롯한 다른 선교사들이 한 번도 방문한 적이 없고, 몇 달 전만 해도 그리스도의 이름을 들어 본 적도 없는 마을에서 이런 모습을 볼 수 있다는 것은 놀랍고도 즐거운 일이었다. 그는 이 마을 사람들에게서 진실로 변화된 삶의 모습을 보았다. 주막 주인은 굶을 각오를 하고 술을 모두 길에다 버려 그의 가족은 굶어 죽을 지경에 있었다. 또 점쟁이는 자기의 생계 수단이었던 점치는 일을 그만두고 자기 양심에 무겁게 걸려 있던 죄들을 고백하여, 마을 사람들 모두가 우상들을 치워 버렸다. 이 마을은 본래 도둑질과 온갖 사악한 행동으로 악명이 높았으나 곧 그 성격이 변하기 시작했다. 그래서 다른 마을 사람들도 언더우드에게 와서 행주 사람들을 이렇게 변화시킨 책들을 구했으며, 이들 역시 보다 나은 삶을 영위할 가능성을 갖게 되었다.

　언더우드는 우리를 데리고 행주에서 비교적 큰 배를 타고 강을 따라 내려갔다. 우리는 똑바로 앉을 만한 높이도 안 되는 갑판 아래 커다란 물방

4　신화순이다. 「조선예수교장로회 사기」(1928), p. 39.

개들이 우글거리는 곳에서 하룻밤을 잤다. 배의 끝에서는 선원이 때때로 내려와 물을 퍼내곤 했다. 다음 날 우리는 배에서 내려 해주(Hai Ju)로 향했다. 이곳은 황해도의 지방 수도로 아주 넓고 거친 곳이었는데, 여기에도 소수의 그리스도인들이 있었다.

해주에서 출발하여 우리는 사경회를 열기 위해 첫 교회가 세워졌던 소래로 가서, 그곳에서 따뜻한 환대를 받았다.

언더우드는 늘 자기 아내에게 자상하고 사려 깊었는데, 관습에 따라 결코 집안 여인들과 함께 길을 나서지 않는 한국인들은 자신들과 언더우드의 이런 차이에 놀랐다. 한국인들은 집에서도 남자와 여자가 거처하는 방이 달랐다. 그들은 교회에 갈 때에도 함께 가지 않았으며, 교회에서도 따로따로 앉았다. 남자들은 겉으로는 여자들에 대해 어떤 배려도 드러내지 않았는데, 그들은 언더우드의 자상함을 보고 놀라서 이렇게 말했다. "언더우드가 자기 아내를 얼마나 사랑하는가 보라." 이윽고 언더우드가 모범을 보인 결과가 조금씩 조금씩 드러나기 시작했다. 관습이 변하여 젊은이들은 이제 자기 부인들과 함께 길을 걷고, 아내에게 여러모로 배려와 관심을 기울인다.

어느 날 아침, 한번은 소래에서 언더우드가 자신을 초청했던 사람과 함께 앉아 있다가 그 사람의 아내가 무거운 물동이를 머리에 이고 언덕을 올라가는 것을 보았다. 언더우드가 "김 씨가 오늘 아프신가 보군요. 왜 말하지 않았습니까?"라고 하니 김 씨는 "아프다니요. 무슨 말씀이십니까? 난 아무렇지도 않은데요"라고 대답했다. "아니, 그러면 당신이 아프지도 않은데 부인께서 물을 이고 저 먼 거리를 걷도록 놓아두시는 것입니까?"라고 물었다. 그러자 그의 말에 김 씨는 얼굴을 붉혔다. 그 후 그는 자신이 물을 나르지는 않았지만, 곧 집 가까이에 우물을 팠고, 여자들의 방에 시계·등잔·유리창 등을 설치해 주었다. 언더우드가 다시 그를 방문했을 때,

그는 아주 자랑스럽게 이것들을 언더우드에게 보여 주었다.

　세례를 받고자 원했던 사람 가운데 이전에 동학도였던 사람이 하나 있었다. 그는 어떤 사람을 죽였기 때문에 관헌들에게 쫓기고 있었는데, 자신을 숨겨 줄 것을 바라며 그리스도인들에게로 피신했다. 그러나 그리스도인들과 함께 있는 동안에 그는 진실로 회개하고 자신의 범죄를 고백하게 되었다. 그가 "어찌해야 합니까?"라고 지도자에게 물었고, "가서 자수해야 한다"는 대답을 들었다. 받아들이기에 무척 힘거운 충고였으나 그는 자수하러 가서 결국 사형선고를 받았다. 그럼에도 그는 찬송가를 부르며 무척 행복해 보였기에 간수들은 놀라고 말았다. 사형선고를 받고도 이렇게 평화와 기쁨이 가득한 사람은 처음 보았던 것이다. 몇몇 다른 수인들도 그를 통해 회개하게 되었다. 그러다가 왕이 피신했을 때 일반 사면이 선포되고 그는 풀려나게 되었다. 이렇게 되어 그는 이곳에 있게 된 것이었다. 교회에 오려면 그는 산을 넘어 16킬로미터나 걸어야 했지만, 매 주일 빠지지 않고 예배에 참석했다.

　가족을 데리고 순회여행을 한다는 것이 얼마나 어려운 일인지는 이번 여행에서 드러났다. 바람이 잘 들어오는 작은 토담집에서는 우리 아이가 위막성 후두염에 걸렸고, 또 어떤 곳에서는 한 지붕 아래 외양간이 있어 우리가 자는 방의 미닫이문 바로 옆에서 커다란 황소 두 마리가 큰 소리로 울며 싸우기도 했다. 또 한번은 이런 일도 있었다. 한국 사람들은 방을 따뜻하게 하기 위해 군불을 때는데, 그날은 바람이 잘못 불어 방바닥 밑의 연기가 굴뚝으로 빠지지 않아 언더우드의 아내는 그 연기를 마시고 말았다. 그래서 언더우드는 잠도 제대로 자지 못하고 아내를 돌보아야만 했다. 하루는 얕은 강물을 가로질러 뻗어 있는 소달구지가 다니는 좁은 길을 가야 했는데, 언더우드의 아내가 탄 가마와 어린 아들이 탄 달구지가 가기에는 너무 멀고 험한 길이었다. 그 지방은 때때로 호랑이와 강도도 나타나는 위험한 곳이었기 때문에 가마꾼들에게는 그 길이 너무 멀었지만, 언더우드에게는 멀게 느껴지지 않았다. 왜냐하면 그는 아내의 가마 곁에서 걷다가 잘 가고 있으면 아들과 달구지가 잘 따라오는지 알아보기 위해 재빨리 걸어가 보고, 그러다가 다시 아내에게로 돌아오고 하면서 숙박소에 다다를 때까지 내내 왔다 갔다 했기 때문이다. 그런데 어둑해질 무렵 그가 아내와 함께 여관에 도착했을 때, 아들이 탄 달구지가 보이지 않았다. 이미 어두워졌는데도 그 달구지는 아직 한 군데를 더 건너야 했던 것이다. 어둠은 들짐승들이 활동하기 좋은 때라서 더욱 위험했기 때문에 언더우드는 몹시 피로한 가운데서도 혼자서 어둠 속으로 아들이 탄 달구지를 찾으러 나갔다. 그는 한마디 신경질이나 불평 혹은 피로한 기색도 없이, 언제나처럼 환하고 명랑한 기분으로 나갔다.

언더우드는 이런 순회여행을 할 때마다 우리를 몹시 데려가고 싶어 했으며, 우리가 가면 방해가 되고 성가실 것이라 해도 그는 그저 웃어넘겼다. 그리고 여행에서 아무리 어려움을 겪었다 하더라도 다음에 갈 때는 또 데려가고 싶어 했다.

국왕의 생신은 9월이었다. 이것을 모르진 않았는데, 1년 동안 거의 잊고 있다가 생신 이틀 전에야 생각이 났다. 언더우드는 이날이 반드시 기념되어야 할 뿐만 아니라, 이러한 일에는 당연히 선교사들과 한국인 그리스도인들이 앞장서야 한다고 생각했다. 그가 원하는 바대로 하기에는 시간이 충분치 못했으나, 남아 있는 시간만큼은 1초도 낭비하지 않았다.

언더우드는 우선 서울 북쪽에 있는 사대문 밖에 커다란 공공건물을 사용할 허가를 얻어 냈는데, 그 건물은 천 명 정도를 수용할 수 있었다. 사대문 안에는 적당한 장소가 없었다. 그 안에는 커다란 극장이나 강연장이 없었기 때문에, 지금도 가장 큰 홀을 가지고 있는 YMCA조차 천 명을 수용하지는 못한다. 그런 다음에 언더우드는 왕의 생신을 기념하는 그리스도인들의 기도 및 찬양 집회가 열릴 것이라고 널리 선전했다. 단상이 세워지고, 건물은 깃발로 덮이고, 내각의 몇 명과 뛰어난 한국인 연설가 두세 명이 연설을 하도록 초청되었다. 단상에는 수많은 귀빈들을 위한 의자와 함께 오르간이 놓였다. 누구도 왕의 생신을 소홀히 한 사람으로 지목되고 싶지는 않았을 터이므로, 평민들뿐만 아니라 조정의 대신들도 그 사실을 알고 있는 한 모두 참석했다. 물론 선교사들도 대부분 참석했다.

건물 안에 사람들이 꽉 들어찼을 뿐만 아니라 건물 밖에도 온갖 계급과 연령과 지위의 사람들이 긴 행렬로 빽빽하게 둘러차 있었다. 이전의 어떤 사건도 이만큼 기독교를 선전해 준 일은 없었다. 이를 예견한 언더우드는 밤새 몇 가지 책자를 수천 부 인쇄하여 젊은 그리스도인들과 학생들에게, 역시 자신이 준비한 찬송가와 함께 하루 종일 서울 전역에 배포하도록 했다. 건물 둘레의 군중은 서로 먼저 가지려고 아우성을 쳤다. 그 책자는 복음을 간략하고 명쾌하게 설명해 주고 있었다. 찬송가는 "아메리카"(America)라는 곡에 붙인 것으로, 왕에게 복을 내려 주시며 그 몸을 모든 병에서 보호하시고 하늘의 은혜를 내려 주시도록 하나님께 간구하는 내용이었다. 3절의 가사는 다음과 같다.[5]

당신의 전능하신 힘으로
우리 국왕 폐하는
왕위에 오르셨습니다.
당신의 성령께서
우리나라를 지켜 주시며,

---

5 「새문안교회 70년사」(1958), pp. 33, 34에는 이 축가의 1-5절이 다 소개되어 있는데, 이 축가는 "피난처 있으니 환란을 당한 자 이리 오게"의 곡조에 맞추어 불렀다고 한다.

당신이 붙들어
국왕으로 만수무강케 하옵소서.

또 5절은 다음과 같다.

조물주요 하늘의 왕이신
유일하신 주님 당신께
우리는 찬양을 드립니다.
모두가 당신께 경배드릴 때,
당신의 웃음 밑에서
우리나라는 행복해질 것이며
부강하고 자유로워질 것입니다.

글을 아는 모든 사람들은 그 찬송가를 읽어 보고, 글을 모르는 다른 사람들에게도 읽어 주었다. 이것을 읽어 본 사람들은 기독교가 충성을 권장하며 하나님은 한 분밖에 안 계시고 오직 그 하나님을 섬김으로써만 번영이 온다는 사실을 알게 되었다.

건물 안에서의 예배는 기도로 시작되었다. 그다음에 주로 신앙적인 연설이 행해지고 찬송가도 부른 다음, 마지막으로 모두 한목소리로 주기도문을 외움으로써 끝을 맺었다. 그런 웅장한 소리로 주기도문이 외워지는 것을 들었을 때 온몸에 전율이 흐르는 것 같았다.

우리가 다른 입장에 직접 서 보기 전에는 이 모임의 전반적인 결과가 어떠했는지 알 수 없는 것이지만, 기독교가 전국에 알려지고 호의적으로 선전되었다는 것만은 알 수 있었다. 기독교는 선하고 충성스러운 교리를 가지고 있어, 한번 생각해 볼 만하며, 훌륭한 사람들도 그것을 호의적으로 생각하고 있다는 소문이 퍼져 나갔다. 기독교는 어둠 속에 숨어서 사람들을 수고하게 하는 마법이나 비밀스런 요술 같은 것이 아니라 전능하신 하나님의 권능을 공개적으로 선포하고 그 은혜를 구하는 것이다. 이 모임을 통하여 수천 명의 사람들이 복음에 귀를 기울이게 되었으며, 그것에 대해 더 알고 싶어 하게 되었다는 것은 의심할 여지가 없다. 또한 수천 명의 사람들이 그렇게 열성적으로 얻고자 한 책자를 통해 많은 사람들이 그리스도께로 향하게 되었다는 것도 충분히 있을 법한 일이었다. 그러나 가장 명확하고 큰 열매는 이 일을 통하여 황해도에, 가장 번창하게 되었다고 볼 수 있는 한 교회가 탄생했다는 것이다. 행주교회가 콜레라 퇴치 사업의 산물이었던 것처럼, 은율(Eun Yul)교회는 이 국왕 탄신 기념식에서부터 시작된 것이다.

그 마을의 촌장은 벼슬을 하나 사겠다는 생각으로 서울에 왔다. 이것은 보기 드문 일이 아니었다. 그러나 이 목적을 달성하기 전에 그는 국왕 탄신 기념식에 눈이 끌리게 되어 힘들여 참석했다. 그는 자신이 처음 보고 듣는 것에 놀랐다. 그는 이전에는 복음에 대해 전혀 알지 못했었다. 그는 책자를 읽고 기독교 서적을 구입하여, 그것을 주의 깊게 탐독하고는 그것에 대해 그리스도인들과 대화를 나누고 질문을 했다. 이렇게 하여 그는 굳건하고 열정적인 개종자가 되었다. 그는 작은 벼슬을 하나 사는 대신에, 수십 권의 기독교 서적을 싣고 갈 수 있는 힘센 당나귀 한 마리를 샀다. 이렇게 복음을 싣고 서둘러 은율로 내려가서, 또 쉴 틈도 없이 이웃들에게 그가 발견한 보물에 대해 이야기했다. 책들은 널리 배포되었고, 오래지 않아 한 무리의 신자들이 언더우드에게 편지를 썼다. 와서, 세례를 받고 싶어 하는 많은 사람들을 심사해 달라는 내용이었다.

바로 그때 정말 우연의 일치로 그 지방의 행정관으로 임명된 한 양반이 떠나기 전에 언더우드를 방문했다. 그는 자신이 서울에서 한적한 지방

고을로 좌천된 것을 매우 섭섭해하며, 언더우드에게 그곳에 내려와 자기를 한번 방문해 달라고 간청했다. 그러나 언더우드는 이렇게 대답했다. "가겠지만 조건이 하나 있습니다. 당신도 아시다시피, 제가 지방으로 여행을 떠나는 것은 그리스도의 복음을 가르치기 위해서입니다. 만일 당신이 관사에 큰 방을 마련하여 제가 사람들을 모아 설교하게 해주신다면 저는 기꺼이 가겠습니다. 그렇지 않다면, 저는 당신을 보고 싶기는 하지만 갈 시간을 낼 수는 없습니다." 어떤 종교에든 다소 무관심한 이 수령은 언더우드가 어떤 대우를 받고 있는지를 알고 있었기 때문에 기꺼이 동의했다. 이런 일이 있은 지 하루가 지난 후에 앞에서 이야기한 바와 같은 언더우드의 방문을 요청하는 편지가 은율로부터 도착했던 것이다.

이 교회의 두드러진 성장에 대해 여기서는 지면상 자세히 말할 수가 없다. 물론 이 마을도 앞서 언급한 마을과 마찬가지로 사람들은 첩과 악습과 우상을 버리고 교회와 선교사들을 위한 휴식처를 세웠으며, 조상 숭배용 석물(石物)을 교회의 계단으로 사용하는 등 놀랍도록 완전히 변화된 삶을 살아갔다. 또한 복음에 대한 지원에 아낌이 없었으며 계속해서 믿지 않는 친구들에게 말씀을 전파하고, 큰 믿음과 기쁨으로 성경을 연구했다. 벌써 그 교회가 세워진 지도 어언 20년이 되어 가는데, 지금도 그 교회는 하나님의 나라를 위하여 선한 사업들을 하고 있다.

그런데 선교사들의 눈에는 이상해 보이는 것들이 많았다. 그중에서도 언더우드에게 충격을 주고 마음을 사로잡은 문제는, 훌륭한 독서 인구로 성장할 잠재력을 지닌 매우 문학적인 사람들에게 신문이나 정기간행물이라고 할 만한 것이 하나도 없다는 사실이었다. 이것을 보고 기독교 언론의 가능성과 그런 간행물들을 만들어야겠다는 생각이 언더우드를 강하게 사로잡았다. 그는 의사이자, 교수 및 강연자이고, 감독, 목수, 연관공이었으며, 왕의 경호원이며, 외교관이었다. 그리고 이 모든 것이 그리스도를 위한 것이었다. 그런 그가 이제 편집자가 되지 말란 법이 있는가? 그것이 무척 힘든 일이 되리라는 생각도 그를 꺾지는 못했다. 그는 자신이 하고자 하는 일의 정확한 규모를 잘못 재는 일이 없었다. 그는 일을 반쯤 해 놓고 그만두는 법도 없었으며, 자신도 모르는 일에 추측만으로 뛰어드는 법도 없었다. 먼저 가장 훌륭한 기독교 계통 및 세속적 정기간행물을 면밀히 연구하고, 기술적인 어려움들을 주의 깊게 고려해 본 뒤에, 그는 미국과 영국의 지도적인 편집자와 언론인, 그리고 출판사에 편지를 띄워 그 문제에 대해 정규 심포지엄과 맞먹을 정도의 자문을 구했다. 그런 다음 일본의 한 인쇄소를 섭외하고, 능력 있는 한국인 실무진을 뽑았다. 그리고 한국에서 첫 교회가 되는 영광을 얻었던, 언더우드의 부지에 있는 한 작은 건물이 첫 기독교 신문사로 변신하여 그리스도를 위하여 보다 큰 영향력을 행사할 수 있는 장소가 되었다.

편집자로서의 언더우드의 목적은 기독교 교회에 자문과 위로를 주는 것이었으며, 노동자와 지주, 서울과 지방의 한국인들에게 기독교를 실제적으로 제공하는 것이었다. 이것은 각 영역과 직업에 종사하는 사람들에게 나름대로의 흥미를 주었으며, 그들에게 먼 곳에서 벌어지는 일들의 소식을 전해 주었다. 이렇게 "주간 그리스도 신문"(The Weekly Christian News)[6]은 멀리 있는 지방 관리에게 '관보'(Palace Gazette)를 전했으며, 관심거리로서 도움도 되는 주제에 대한 기사와 외국 소식도 전해 주었다. 또 농부들은 다른 나라의 목화와 담배 경작에 대한 이야기와 개선된 시비(施肥) 방식, 간단하면서도 더 나은 농기구에 대한 정보를 들을 수 있었다. 상인들은 해당란에서 상업에 대한 소식과 기사를 볼 수 있었다. 주일학교(the weekly Sunday

---

6 1897년 4월 1일 창간되었다. 이보다 앞서 2월 2일 "죠션 크리스도인 회보"가 미국 북감리교의 아펜젤러에 의해 주간으로 간행되었는데, "주간 그리스도 신문"의 간행은 아펜젤러로부터 자극된 바가 크다.

School) 수업, 뛰어난 영적 능력을 지닌 사람들의 저술 번역, 교회 소식 등에 대해 그것을 받아 보는 작은 모임의 그리스도인들은 열심히 찾아 읽었다.

우리 모두는 이 세상에 살고 있고, 어느 누구도 이 세상의 일이 미치지 않는 지점에 떨어져 살 수는 없다. 미국의 교파 기관들만 보아도 교회의 일이 세상의 일과 얽혀 있음을 잘 알 수 있듯이, 언더우드는 신문사가 복음을 전파하는 기관이 되기를 바랐지만, 신문은 본질적으로는 기독교적인 것이 아닌 많은 것을 전달해야만 했다. 또한, 미국의 모든 사람들이 알고 또 이제는 한국의 선교회도 알게 되었듯이, 언더우드는 신문이 구독료만으로는 수지가 맞지 않는다는 것을 잘 알고 있었다. 그래서 언더우드는 자신이 게재하는 광고의 종류에 대해 적절한 주의를 기울였으나, 담배 경작에 대한 것과 같은 세속적인 기사도 실었다. 동시에 신중한 편집자의 마음에 드는 많은 광고주들이 있었다. 모든 지방 감사들과 고을의 수령들은 이 신문을 보았다. 13개 도의 370명의 수령들은 각각 1부씩 주문했다.[7] 2부는 궁궐로 보내졌는데, 왕은 그 신문의 성격에 대해 아주 친절하고 정중한 찬사를 보내 주셨으며, 편집자의 노고도 칭찬해 주셨다. 점증하는 구독료, 광고주의 증가, 점점 확장되어 가는 관심과 찬사는 이 신문의 성공을 증명해 주는 것이었다. 언더우드는 이 신문의 영향력이 향후 장기간 동안 계속 증가하리라고 기쁘게 예상할 수 있었다. 언론 사업에 대한 신속한 파악, 신문 제작의 기술적 세부 사항과 대중의 주목을 끌 수 있는 특징을 이해하는 그의 정신적 능력 등은 놀라운 것이었다. 컬러판 부록도 있었는데, 여기에는 저명한 화가들이 그린 기독교 인물들의 그림과, 같은 호의 신문 내에 그 그림에 대한 간략한 설명이 실린 그림 이야기, 그리고 폐하의

---

7 백낙준 박사는 「한국 개신교사」 p. 355에서, 미국 북장로교 연례보고서(1898)를 인용하여, "한국 정부가 이 신문 467부를 사서 전국 367군과 정부 10부처에 각각 한 부씩 배부"했다고 썼다.

너그러운 윤허에 의해 국왕 폐하의 초상화가 실리게 되었다.

그러나 선교회의 어떤 사람들은 선교회로부터 독립하여 한 선교사가 잡지를 낸다는 것을 달가워하지 않았다. 그들은 또한 그것이 운영되는 노선도 인정하지 않았기에 덜 세속적인 소재를 원했고 광고도 원하지 않았다. 한마디로 그들은 신문에 대한 언더우드의 관점이나 이상과는 전혀 다른 견해를 지니고 있었다. 어떤 사람들은 이런 일 때문에, 또 어떤 사람들은 저런 일 때문에 불쾌해했다. 여기서도 역시 '용어 문제'가 중요한 요인을 이루고 있었다. 그래서 그 사람들이 아주 확고한 반대 입장을 표명하면서 계속해서 언더우드에게 신문을 그만두라고 요청하자, 친선을 위하여 신문을 그만두는 것이 낫다고 생각하게 되었다. 불화의 뿌리를 계속 남겨두는 것보다는 차라리 그만두는 것이 더 낫다고 생각하게 된 것이다. 그는 신문에 대해 아주 밝은 비전을 가지고 있었고, 또 그것이 할 수 있는 위대한 일들도 예견하고 있었기 때문에 그런 결론을 내리는 것이 쉽지는 않았다. 그러나 일단 그렇게 결론을 내리자, 조용하고 단호하게 처리했다. 이제 그 일은 닫아 놓은 책과 같이 되었다. 이 문제에 대해 그가 말한 것이나 행동한 것만 보면, 마치 신문 같은 것은 있은 적도 없었던 것 같았다. 어쨌든 이 문제에 대하여 언더우드의 입장에서는 어떤 종류의 개인적 불쾌함도 없었다.

선교본부의 총무 한 명은 그에 대해 다음과 같이 썼다. "내가 듣기로는, 언더우드는 그 어떤 거친 표현이나 불친절한 표현을 쓰는 실수를 한 적이 없고, 또 그런 유혹을 받은 일도 없는 것 같다. 나는 그가 아무런 감정이나 생각이 없는 것인지, 혹은 그의 내적 정신은 질투나 악의나 불친절과는 거리가 먼 것인지 때로 의아해했다."

그는 1897년에 신문을 발행하기 시작하여 1901년까지 운영했다.[8] 신문의 성격과 계획에 대해 그가 선교회와 선교본부에 제출한 보고서는 한번

눈여겨볼 필요가 있다. "그 목적은 그리스도의 진리와 선교회의 목적을 보여 주는 것입니다. 거기에는 항상 일반적 주제에 대한 논설을 싣고 있으며, 한 면은 농업에, 또 다른 면들은 가정·예술·과학에 대한 항목에 할당되어 있습니다. 또한 관보(the Royal Gazette)의 번역, 국내외의 전문들, 주일학교 수업의 연재, 기도회 주제, 교회와 외국 선교사 소식 등이 실려 있습니다."

몇 년 후, 언더우드는 다른 신문의 감독을 도와 달라는 요청을 받았다. 그 성격은 선교회의 통제를 받는 경우와는 전적으로 달랐다. 그런 상황에서 그는, 그동안 그가 시간을 내 해 왔던 다른 수많은 활동과 함께 그 일을 할 수 있었다. 그러나 상황은 이미 변했다. 여러 세속적 신문들이 출범했기 때문에, 그는 황금 시기가 이미 지나 버렸음을 깨달았다.

1915년, 선교회 연합사업에 대한 보고서에서 나는 다음과 같은 구절을 발견했다.

> 감리교와 장로교는 모두 자신들의 교파적인 신문들이 그것을 계속해 나갈 만큼 조화를 이루는 성공을 거두지 못했다고 생각했기 때문에, 양 선교회가 발행하는 유일한 신문이 될 연합신문을 발행하기로 결정했다.

언더우드가 죽은 후 평양 제일교회에서 기념예배가 열렸을 때, 담임목사인 길 목사[9]는 설교에서, 자신이 회개한 것은 "그리스도 신문"에 실린 기사 때문이었다고 말했다는 것을 알게 되어 매우 깊은 인상을 받았다. 시각

---

8   "그리스도 신문"은 1901년 4월 25일까지 언더우드의 책임하에 간행되다가 5월 1일부터 게일의 이름으로 간행하게 되었고, 1905년 7월 1일부터 장로교·감리교 연합신문인 "그리스도 신문"이 되었으며, 1907년에는 제호가 "예수교 신보"로 바뀌어 1910년까지 발행되다가 1910년에 다시 "예수교 회보"로 바뀌었으며, 1915년에 이르러 감리교의 "그리스도 회보"와 합동하여 "긔독신보"(基督申報)로 발전, 1937년까지 계속되었다.
9   길선주 목사를 가리킨다.

장애인 설교자인 길 목사는 매우 영적인 인물로, 한국교회의 지도자들 가운데서도 강한 영향력을 지니고 있었으며, 한국에서 가장 크고 강력한 한국인 교회의 담임목사였다. 언더우드는 자신의 신문이 하나님의 교회와 뜻을 위해 일하는 한 사람을 구원했다면, 신문을 발행하는 데 썼던 그 모든 노력과 시간과 돈 그리고 그것을 포기하면서 겪었던 고통이 가치 있는 것이었다고 생각했을 것이다. 그가 살아서 이 사실을 알았더라면 얼마나 좋았을까. 북쪽 지방에서의 복음의 영광된 승리에 그가 참여했던 부분을 알았더라면, 그는 얼마나 기뻐했을까. 그러니 저 세상에서 하나님은 자신의 일꾼들을 위해 얼마나 놀랍고도 아름다운 일을 해 놓고 계실까!

이제 전 선교회의 연합 발간물이 된 "크리스천 메신저"(Christian Messenger)[10] 편집국의 그리어슨 의사, 저다인(J. L. Gerdine) 목사, 스와인하트(M. L. Swinehart) 등이 만든 결의문에는 이렇게 쓰여 있다.[11]

한국에서의 첫 교회 신문은 언더우드 박사가 시작하고 지휘하고 재정을 대고 편집하여 수년간 개인적으로 담당한 신문이었다. 일찍이 그는 그런 교회 계몽 기구의 필요성을 느껴, 지금 한국 대부분의 선교회를 대표하는 편집국에 의해 어렵게 진행되는 일을 혼자서 했던 것이다. 본 편집국은 다른 많은 분야와 마찬가지로 이 분야에서도 그에게 개척자로서의 영광을 돌린다.…

그해 초봄, 브라운(McLeavy Brown, 柏卓安) 박사[12]를 통한 왕의 요청에 따

---

10 "긔독신보"(基督申報, 1915-1937)를 말한다.
11 그리어슨 의사는 캐나다 선교사로 함경도에서, 저다인 목사는 미국 남감리교의 선교사로 송도에서, 그리고 스와인하트는 미국 남장로교 선교사로 광주에서 각각 활동했다.
12 영국인으로 한말 재정고문으로 부임하여 황실과 정부의 재정을 안정시켰고 일본에 대한 국채상환에도 남다른 수완을 보였으나, 러시아 세력의 진출로 물러났다. 그는 YMCA가 창설되자 재정 담당으로 활약했다.

라 언더우드는 임무를 띠고 일본에 가기로 했다. 당시, 왕위를 이어받을 가능성이 제일 높았던 왕자가 일본에 있었다.[13] 이 왕자가 미국에 가서 우리 선교본부의 감독하에 일급 교육 기관에 들어가고, 거기서 해군사관학교나 육군사관학교에 입학하여 교육받는 것이 왕의 희망이었다. 일본에 있는 친구들을 통하여 이 계획을 달성하려고 몇 번 시도했으나, 그때마다 극복할 수 없는 어려움이 생겨 실패하고 말았다. 왕자가 가고 싶어 하지 않았거나, 주변 환경이 그를 일본에 계속 머물게 했거나 했던 것 같다. 어쨌든, 왕의 계속되는 명령에도 불구하고 왕자는 가지 않았다.

언더우드는 평범한 정치적 임무를 받아들이는 사람은 아니었으나, 이번 경우는 한국에서 그리스도로 인하여 전개될 미래의 복지에 장차 중요한 결과를 낳을 큰일이라고 생각했다. 그의 모든 행동은 한 가지 생각, 즉 이것이 그리스도의 대의에 어떤 영향을 미칠까 하는 것에 의해 좌우되고 있었다. 그래서 그는 다른 일에 몰두하고 있기는 했지만, 앞으로 인용할 그의 그해 보고서에는 그가 그 일을 맡기로 한 것으로 나타나 있다. 언더우드는 왕자의 생활비, 차비, 그리고 그가 일본에서 졌을지도 모르는 빚을 갚을 돈을 마련하여, 명령을 받아 배를 타고 왕자를 보러 갔다.

혐오스러운 한편 재미있는 일로서, 우리는 언더우드가 집을 떠난 날부터 도처에서 첩자에게 미행당하고 있다는 사실을 알게 되었다. 그가 쓴 편지도 다른 사람들이 읽었으며, 정당한 수신자에게 보이기도 전에 그 내용이 발설되었다. 심지어는 첩자가 우리 집 문밖 계단에서 잠을 자기까지 했기 때문에, 언더우드가 이 첩자를 따돌리고 거리에 나가는 것은 거의 불가능했다.

언더우드는 왕자가 미국에 별로 가고 싶어 하지 않는다는 것을 알게 되

---

13 문맥으로 보아 뒷날 의친왕으로 된 의화군을 말한다. 이 사건은 1897년에 일어난 것이다.

었다. 왕자는 온갖 반박할 이유를 구구절절 제기했으나, 왕의 강한 명령을 더 이상 무시할 수는 없었다. 가장 좋은 옷을 준비하고 빚을 갚고 여행 계획을 짰다. 도쿄의 한국 공사관과 협의하고 일본과 한국 정부 사이에 한두 번 전문이 오간 후에, 왕자의 항해는 시작되었다. 따라서 한국의 왕은 매우 기뻐했으며 언더우드에 대한 신뢰도 더욱 깊어졌다. 그러나 좀더 깊이 생각해 보면, 왕자를 미국에 보낸 것은 별 도움이 되지 않았던 것 같다. 하지만 미국에서의 그의 활동은 여기서 다룰 이야기는 아니다.[14]

그해 여름에 언더우드는 아주 오랫동안 심한 열병에 시달렸다. 나는 이처럼 혹독하며 사람을 기진맥진하게 하는 증상을 그때까지 본 적이 없었다. 이러한 탈진 상태에서 영양가 높은 음식을 먹는다는 것은 어려운 일이어서, 몸을 지탱해 나갈 수 있는 것은 오로지 튼튼한 체력밖에 없었다. 그가 막 아프기 시작했던 한두 주일 동안은 가족과 함께 강변의 작은 오두막에 살았다. 그러나 그곳에는 불편한 점이 많았다. 8킬로미터 내에는 의사도 약국도 없었으며, 간호사도 없었다. 또한 그해 여름에는 산꼭대기에서 어린아이들 여럿을 데리고 사는 바쁜 아주머니 한 분을 제외하고는 이웃도 없었다. 맥아유도 얻을 수 없었으며, 우유도 깡통에 든 것밖에 없었다. 밤낮으로 간호하느라 지친 나를 돌보아 줄 사람도 아무도 없었다.

어느 날 밤, 큰 위기 상황이 고조되었다. 밖에는 폭풍을 동반한 장대 같은 비가 퍼붓듯 내렸으며, 귀를 멍멍하게 하는 천둥과 번개가 내리쳤고, 초라한 초가지붕은 체처럼 비가 줄줄 샜다. 여닫이창 둘레에는 빗물이 흘러들고 있었고, 곧 언더우드의 침대에까지 물이 흘러들었다. 언더우드는 인사불성 상태에 있었으며, 때때로 일어날 때마다 심한 구토를 했다. 그는 머

---

14 의화군(義和君)은 가톨릭교회의 통역관을 대동하고 미국으로 갔다(*Fifteen Years Among The Top-Knots*, p. 202). 언더우드는 뉴욕까지 의화군을 수행한 사람은 박 씨라고 했다(1897년 4월 16일자 편지).

리조차 들 수 없었다. 나약한 그의 사촌 누이와 나는 물이 흐르는 것을 막기 위해 무겁고 단단한 나무 침대를 매우 힘들여 옮겼지만 그것도 아무 소용이 없었다. 틈틈이 우리는 부엌에서 물 받을 그릇을 가져와 여러 곳에 떨어지는 빗물을 받았으며, 목욕 수건과 비옷을 가져다가 창과 문의 물이 스미는 곳을 막았다. 약한 집은 폭풍우에 몹시 흔들렸으며, 무력한 우리 두 여인은 심하게 아픈 언더우드와 함께 외로이 있었다.

아침에 애비슨 의사가 와서 우리에게 환자를 서울의 자기 집으로 옮기라고 했다. 그의 집은 병원 근처의 신선한 바람이 부는 언덕 꼭대기에 있었다. 게다가 애비슨 의사 자신이 함께 있으면서 돕고 간호하겠다는 것이었다. 그래서 길고 편안한 등나무 의자에 환자를 앉힌 후 담요와 비옷과 우산을 덮고, 예닐곱 명의 건장한 일꾼들이 조심스럽게 서울로 운반해 옮겼다. 애비슨 의사의 집 한 채는 거의 쓰이지 않고 있었는데, 우리는 이곳에 우리의 살림살이를 정리해 놓았다. 애비슨 부인을 돕기 위하여 요리사와 심부름꾼 소년이 왔으며, 나도 가능할 때마다 도와주었다. 당시에는 간호사를 구하는 것이 불가능했지만, 설사 구할 수 있다 하더라도 나는 언더우드를 직접 돌보는 쪽을 택했을 것이다.

그러나 서울에 도착한 직후 우리 아들 역시 언더우드와 똑같은 열병에 걸렸기 때문에, 그 역시 사촌과 함께 자상하고 너그러운 애비슨 의사의 집으로 보내야 했다. 사촌은 간호에 대해서는 아무것도 몰랐고, 의사는 한 환자에게 매달려 있었으며, 병원 일로 너무 바빴기 때문에 한 명의 간호사가 3주간 환자 둘을 돌보아야 했다. 마침내 병과 비 모두가 환자들을 강변의 오두막으로 옮길 수 있을 만큼 완화되었다.

이렇게 초기의 개척 시대뿐만 아니라 지금까지도 지방의 선교지부에서는 선교사들이 종종 친구의 신세를 져야 했기에 그들의 집은 실제로 곤란한 환경에 있는 친구들 마음대로 사용될 수 있었다. 언더우드 역시 아픈 사람들을 수 주 동안 자신의 작은 여름 별장에 묵게 하는 일이 빈번했다. 때때로 그가 없는 동안에는 집도 무료로 사용하게 했는데, 이것은 다른 친구들 역시 마찬가지였다.

오랫동안 아팠기 때문에(실제로 그는 수주간 죽음의 문턱에 있었다) 아버지와 아들은 모두 허약해졌다. 당시 서울에서 열리고 있던 연례회의에서 의사들은 언더우드 가족이 일본이나 중국으로 바다여행을 해야 한다는 데 동의했다. 또한 애비슨 부인도 지독한 말라리아에 걸렸고 자녀 몇 명은 이질에 걸렸기 때문에 이들 역시 여행을 해야 하므로 선교본부에서 경비를 부담하도록 선교회가 추천하기로 결정했다. 그래서 두 가족은 남들이 보기에는 마치 즐거운 여행을 떠나는 것처럼 일본으로 향했다. 그러나 이들의 창백한 얼굴과 여윈 몸을 본 사람들은 그렇게 생각하지 않았으며, 두 사람을 알고 또 끝없이 일에 매달리는 그들의 정열을 아는 사람들은 결코 그렇게 생각하지 않았다.

그들은 일본으로 출발하기 전에 이전 해에 한 일에 대한 보고서를 작성했다. 언더우드의 보고서의 개략을 간단히 이야기해 보겠다.

언더우드는 자신에게 할당된 지역에 세 번 지방 순회여행을 떠났는데, 이 여행에는 꼬박 10주가 걸렸다. 서울 교회에서는 주마다 집회가 열렸고, 매일 오후 집회에서는 100명의 세례 신청자가 심사를 받았다. 지도자들을 위한 반별 모임이 마련되었으며, 그가 돌보고 있는 한국 교인들에 대해서는 십일조의 원칙을 채택하도록 영향력을 발휘했다. 장연(Chang Yun) 사람들은 외국인 선교사를 후원하기로 제안했으며, "그리스도 신문"이 발간되기 시작했다. 왕실과 돈독한 관계를 유지하며 거의 매일 알현할 기회를 얻었다. 하루에 서너 시간 내지 여섯 시간 동안 꾸준히 성경을 번역했으며 찬송가 4판과 네비어스 부인의 교리문답(Mrs. Nevius's catethism) 5판이 출판되었다. 주일학교 수업 책자가 번역, 출판되었다. 모두 합쳐서 1,049,500페이지가 인쇄, 출판되었다.

그는 몇 가지 재미있는 이야기를 했다. 어느 악한 수령이 그리스도인 뱃사공을 쫓아 버렸다고 해서 그리스도인들이 선교사에게 찾아와 상급 기관에 이야기를 좀 해 달라고 호소했는데, 그 후 그 수령이 갑작스럽게 개심했다는 이야기도 있었다. 당시 언더우드는 이 사람을 고발할 것을 거부했는데, 갑자기 그 수령이 놀랍게 개심한 후에는 그 뱃사공도 복직되었다고 한다. 그 외 몇몇 다른 수령도 개심하여 그리스도인이 되었다는 말을 들었다. 또 어떤 마을은 그 마을 사람 거의 모두가 그리스도인이 되었으며, 한 그리스도인 가정은 기도를 통해 기적적으로 홍수에서 구조된 적도 있었다.

왕실과의 관계에 대해 언더우드 자신은 별로 크게 언급하지는 않았지만, 왕실 주변에서는 언더우드가 가장 총애를 받는다는 사실이 잘 알려져 있었다. 왕은 공개적으로 그를 형제라고 말했으며, 자신이 어려울 때 그를 위해 언더우드가 한 일을 결코 잊을 수 없다고 했다. 왕이 거의 매일 언더우드를 부르러 보낸다는 사실과, 고관들이 땅바닥에 엎드리고 있는 곳에서 왕이 일어나 친절하게 어루만지며 언더우드를 맞이한다는 사실 그리고 언더우드가 왕 앞에 서서 국가 복지에 관한 문제에 대해 가장 친밀하고 중요한 대화를 나눈다는 사실을 모든 사람들이 알고 있었다. 왕은 때때로 언더우드에게 그의 지방여행과 기독교의 발전에 대해 묻기도 했다. 또한 지방 수령과 그들의 직무 유기에 대해 묻기도 했는데, 한번은 언더우드가 좋은 보고를 올리지 않은 사람이 면직된 일도 있었다. 그러나 그는 복음에 대해 좋은 결과를 가져올 수 있을 때를 제외하고는 정치에 끼어들거나 영향력을 행사하는 데 매우 조심했다. 그러나 오랜 병과 그에 뒤따른 몇 주간의 불가피한 여행 때문에 이 알현은 당분간 중단되었다.

두 가족은 일단 건강 회복을 위하여 일본에 가기로 했다. 그들은 나가

사키 만을 건너 운젠의 멋진 유황탕에 갔다가 거기서 놀라운 온천을 보았다. 그것은 정말 자연의 경이로, 마치 지구 내부의 불이 바로 사람의 발 아래 있는 듯했다. 또한 그들은 멋있는 산의 경치를 보기도 했으나 건강은 별로 나아지질 않아 중국의 치푸로 가서 바다 공기를 마시기로 결정했다. 거기에 가려면 기선 항로를 따라 상해를 거쳐 가야만 했다. 상해에서 아내들은 진짜 가게라 할 만한 곳에서 살림에 필요한 것들을 사는 동안에, 남자들은 한국의 문제에 대하여 중국의 선교사들과 의논했다.

어떻게 보면 심각하다고 할 수도 있는 꽤나 즐거운 일이 하나 생겼는데, 그것은 은행 사무원이 언더우드의 구좌에 그가 생각하는 것보다 100달러 정도가 더 있다고 주장하면서 시작되었다. 언더우드는 통장을 잃어버렸기 때문에 아무래도 사무원이 잘못 알고 있는 것 같다고 부드럽게 이야기했지만, 그 오만한 사무원은 "이 은행은 절대로 실수가 없어요"라고 쏘아붙이면서 돈을 강제로 떠맡겼다. 얼떨떨한 상태에서 우리는 분별력이 없을 정도로 가게에서 물건을 가득 사서 싣고 선량한 선교사가 할 수 있는 만큼 최대한 상해를 맘껏 누렸다. 한국에서 수년간 있었던 우리들은 런던이나 파리, 뉴욕에서 할 수 있던 것보다 더 큰 흥분 속에서 기뻐할 수 있었다.

기선이 마련되자 우리는 곧 치푸로 떠났다. 여기서 우리는, 퉁초우(Tung Chow, 쯉州)에서 선교사가 되기로 작정하고 미국을 막 떠나온 신혼부부를 만났다. 신랑은 그들과 함께 퉁초우로 가서 학교를 구경하자고 자주 권했다. 그곳은 셴자(shenza)를 타고 이틀만 여행하면 갈 수 있는 거리였다. 셴자는 앞뒤의 두 마리 노새에 의해 움직이는 덮개 덮인 들것과 같은 이상한 운송수단이었는데, 여러 기묘한 운송수단을 이용해 본 나에게조차 가장 위험하고 불편한 운송수단이라고 생각될 정도였다. 여기에는 세 가지 움직임이 있다고 했다. 상하로 움직이는 후추가루통의 움직임, 앞뒤로 움직이는 날개의 움직임, 양 옆으로 움직이는 요람의 움직임인데, 이 세 가지가 모두 한꺼번에 움직였다. 언더우드는 류머티즘이 있는 아내가 이틀 동안이나 그토록 흔들리는 것을 원치 않았기 때문에 가마가 어떠냐고 했다. 그러나 지금까지 섬세하고 약한 부인들이 30년 동안이나 치푸에서 퉁초우까지 이렇게 왔다 갔다 했으며, 셴자 외에 가마나 다른 운송수단은 없다는 말을 듣게 되었다. 퉁초우로 이틀 동안 가마를 끌고 갈 가마꾼들이 없다는 것이었다. 그러나 언더우드는 믿지 않았다. "불가능을 일소에 부치고 그것이 반드시 될 수 있다고 말하라"가 그의 표어였던 것이다. 우리는 한국 내륙에서 함께 수 주 동안 가마를 타고 다니는 데 습관이 되어 있었다. 그래서 언더우드는 통역사 한 명과 함께 가마꾼들이 모이는 곳으로 갔다. 그는 비싸지 않은 값에 가겠다는 사람을 금세 찾아냈다. 곧 한 선교사로부터 가마를 빌리고, 애비슨 의사와 자신과 아들을 위해 당나귀도 빌린 다음 출발했다. 이로써 언더우드의 아내는 처음으로 퉁초우에 가마를 타고 간 선교사가 되었다.

우리는 심신이 회복되어 한국에 돌아왔다. 그러나 뜻밖에도 선교본부는 우리의 여행 비용을 대 줄 것을 거절했다. 또한 상해의 은행에서는 알고 보니 자신들이 실수를 했다는 편지를 보내왔다. 우리에게 지불되었던 구좌는 중국 내륙의 다른 언더우드라는 사람의 것으로, 우리가 다 써 버린 돈을 돌려주어야 한다는 것이었다. 그러나 다행스럽게도 바로 이때쯤 미국에 있는 형이 수표를 보내왔다. 아마도 이심전심으로 우리에게 돈이 필요하다는 것을 알았음에 틀림없다. 하지만 건강 회복이 절박했음에도 미국에 자신을 도와줄 형제가 있지도 않은 애비슨 의사가 문제였다. 선교본부는 후에 이것을 측은히 여겨 그 비용의 절반을 부담해 주었다.

10
옹호자-화평케 하는 자
-대사

1898년 언더우드는 미국 공사의 요청에 따라, 살인 혐의로 고소된 한 불쌍한 미국인을 변호하는 변호인 역할을 맡는 데 동의했다. 당시 한국과 같은 나라에서는 미국인들이 저지른 모든 범죄는 미국 공사관에서 재판을 해야 했기 때문에, 미국 공사는 기소하는 검사의 역할뿐 아니라 재판관의 역할도 해야 했다. 이것은 '치외법권'(extra territoriality, 治外法權)의 한 면모였다. 설상가상으로 이 불쌍한 죄수는 상급 법원에 상고할 수도 없었다. 다른 한편으로, 그에게 사형선고는 내릴 수 없었고 징역형만 가능했다. [사건의 전모는 대략 다음과 같다. 상당한 재산을 가지고 제물포에 살고 있던 한 미국] 시민이 밤중에 살해되고 집이 털렸다. 그는 푸줏간에서 쓰는 무거운 철제 도구로 살해되었다. 당시 2층의 미국인 집과 발코니로 연락되는 한 푸줏간이 이웃이었는데, 이곳의 주인은 중국인이었다. 살인 사건 후에 그 푸줏간 주인은 가게 문을 닫은 채 사라져 버렸음에도 불구하고 한 가난하고 방탕한 미국인에게 혐의가 주어졌는데, 이 사람은 죽은 사람의 친구이자 동료였다. 그는 분명 다소 쓸모없는 사람이었으나, 자기 자신을 제외한 누구에게도 해를 끼치거나 잘못을 저지른 적이 없었다. 하여간 그는 체포되었으며, 우리의 법에 따르면 가능한 한 누군가가 그를 변호하기 위한 변호사로 나서야 했는데, 언더우드가 바로 적격이었다. 가망 없는 일을 위하여 싸우는 것, 모든 사람들이 경멸하는 약하고 버림받고 무력한 사람들을 돕는 것보다 그가 더 좋아하는 일은 없었다. 만일 그가 옛날에 태어났더라면, 틀림없이 그는 모험을 찾아 편력하는 기사(騎士)가 되었을 것이다. 그러나 그는 그의 변호 활동에 대해 혹심한 비판을 받았다. 사람들은 "뭐라고? 선교사가 살인자를 변호한다고?"라고 말했다. 그러자 언더우드는 이렇게 답변했다. "그렇게 말하는 것은 공정하지 못합니다. 그가 살인자라는 것이 증명되기 전까지는 그를 살인자라고 불러서는 안 됩니다. 그는 가난하고 친구도 없는 사람으로, 그가 저지르지 않았을지도 모르는 범죄로 고소되었습니다. 나는 그가 살인자로 증명되기 전까지는 무죄라고 믿을 겁니다." 물론 언더우드는 법을 공부한 적이 없었다. 그러나 그는 서울의 법률가로부터 책 몇 권을 얻어 예의 그 철저한 방식으로 일에 착수했다. 빡빡한 선교 사업 일정 속에서도 시간을 내어 제물포로 가서 모든 증거들을 수집하고 목격자들을 조사했으며, 이를 통해 피고를 위한 멋진 소송 사건 적요서를 작성했다. 또한 그는 그 가난한 사람과 오랜 대화를 나눔으로써 그의 신뢰와 호의를 얻어 냈으며, 약간의 반대되는 상황적 증거에도 불구하고 그의 무죄와 사라진 중국인의 유죄에 대해 점차 확신을 갖게 되었다. 그는 이 사건을 해결하기 위해 중국까지 쫓아가거나 더 많은 증인을 모을 수 있는 시간과 돈이 없음을 개탄해 마지않았다. 이 사건에서 보인 그의 활동은 사람들에게 놀라움과 찬탄을 불러일으키는 한편, 그러나 빈둥거릴 뿐 백해무익한 사람이라는 그 혐의자에 대한 편견과 비난은 그를 불리하게 만들었다. 미국인이 살해되었으므로 본보기를 보여 주어야 한다는 것이었다. 그 가난한 사람은 유죄가 선언되어 종신형을 선고받았다. 내가 보기에는 대부분의 선교사 및 외국인 사회에서는 그가 유죄라고 생각했던 것 같다. 그중 어떤 사람들은 그가 유죄라고 믿었기 때문에, 언더우드의 변론에 귀를 기울이려고도 하지 않았다. 그 후 그 불쌍한 사람은 오랫동안 감옥에 있다가 거기서 세상을 떠났다. 그가 죽은 지 몇 년 후, 그 중국인 푸줏간 주인은 다른 죄로 체포되어, 언더우드가 변호한 사람이 뒤집어썼던 살인 행위도 모두 자백했다. 억울한 누명을 썼던 그 불쌍한 사람은 편견과 혹독한 비난의 희생자가 된 셈이다.

1897년 10월, 왕은 자신을 황제로, 죽은 왕비의 지위를 황후로 선포하고,[1] 이어 11월에는 그때까지 관에 넣지 않고 궁궐에 안치하고 있던 왕비의 유해를 성대한 장례식을 치른 후에 묻었다. 모든 궁궐 관리들은 왕비의 죽음 후에 깊은 애도의 분위기에 잠겨 있었으며, 매달 두 번씩 제사를 지냈다. 이 장례식에서는 수고와 경비를 아끼지 않았다. 여기서 지면상 그 장례식에 대해 자세히 묘사할 수는 없지만, 동양의 군주가 자신이 사랑했던 고인을 명예롭게 하기 위해 생각할 수 있는 모든 것을 다했다는 정도만 말해 두겠다. 수백 명의 손님들이 왕의 극진한 환대에 응하여 밤낮으로 참석해 왕비를 추모하고 존경의 뜻을 표했다. 물론 언더우드와 가족도 영광스럽게도 초청자 명단에 들어 있었고, 자랑스럽게 그 초청을 받아들였다. 5천 명의 군인, 4천 명의 등 붙드는 사람, 650명의 순검, 모든 계급의 민간 및 군의 고관 등이 장지까지 가는 상여 행렬에 참가했다. 왕비가 잔인한 적들에게 희생당할 때 이 많은 사람들 중 단 몇 명만이라도 그 일을 막았더라면! 구식과 신식 무기를 든 다양한 복장의 군인, 정신(廷臣), 관리, 가신, 하인, 가마꾼, 마부 들의 다채로운 옷과 제복은 말로 표현할 수 없는 광경을 이

---

[1] 황제 즉위식을 거행하고 국호도 대한제국이라 했다.

루었다. 황제는 언더우드에게 상여의 고관 행렬에 참가하라고 특별히 초청했으나, 그날이 마침 안식일이었기 때문에 그는 저녁이 될 때까지 기다린 다음 조용히 개인 문상객으로서 방문했다. 죽은 왕비가 안식하던 그날 밤은 유난히 별이 초롱초롱 빛나는 한국 특유의 밤 중 하나로 영혼의 세계가 한층 가까이 다가와 있는 것 같았다. 상여를 따라가는 당당한 군인들과 기수, 등불을 든 사람들은 앞뒤로 빽빽이 서서 양쪽에 두 줄씩 행진했으며, 행진하는 동안 모두 낮고 운율이 고르게 곡을 했다. 관은 오전 3시에 언덕을 올라 무덤에 도착했다. 이 행렬보다 더 인상적이고 엄숙한 것은 본 적이 없었다. 다음 날 아침에는 조의와 고별인사를 표하도록 초청받은 사람들의 알현이 이루어졌다.

황제는 너무 오랫동안 러시아 공사관에 머물렀기 때문에 러시아의 영향력이 우세해질지 모른다는 두려움으로 인해 불편한 듯했다. 가엾은 한국은 항상 그 주변 강대국들인 중국·일본·러시아에 대한 공포로 시달려왔다. 그래서 왕비는 언제나 이 나라들을 반목시키는 동시에 서양의 강국들, 특히 영국과 미국의 알선에 힘입으려 했다. 청·일전쟁의 결과 한국의 진정한 독립이 선포되었고, 이어서 독립협회(Independence Club)가 조직되어 다시 한 번 그 사실을 강조했다. 이전에 중국에 공물을 바치던 궁궐 옆의 장소에는 독립문(Independence Arch)이 세워지고,[2] 독립관(Independence Hall)이라 불리는 큰 건물이 협회 사무를 위해 따로 세워졌다.

이 협회는 모든 한국인들에게 인기가 높았다. 이 협회의 진정한 목적은 모든 외세로부터 한국의 독립을 유지하고, 가능하면 외국인의 월권(越權)을 막고, 민족의 권리와 국가의 독립을 위해 싸우는 것이었다. 재능 있고, 총

---

2 독립문이 세워진 곳은 영은문(迎恩門)이 있던 자리였고, 그 옆에는 중국의 사신을 맞는 모화관(慕華館)이 있었다. 저자는 모화관을, 공물을 바치던 궁궐로 착각하고 있다.

명하며, 웅변력 있는 서재필[So Jay Pil, 영어로는 필립 제이슨(Philip Jaisohn)]이 이 협회의 회장이었다.[3] 그는 양반 가문에서 태어나 미국의 가장 훌륭한 기관에서 교육을 받았다.[4] 그는 항상 개혁을 위해 싸워 왔으나 1884년의 [갑신]정변을 주도한 개화당(the Progressive Party)에 속해 있다는 이유로, 조국을 떠나지 않으면 안 되었다. [이때에도] 그는 참을성 없이 무턱대고 몰아치는 성격 탓에 외교적 기술이 부족하여 많은 적을 만들었다. 그래서 그는 목적을 제대로 달성하지 못한 채 미국으로 돌아가고 말았다. 서 씨에 이어 윤치호가 회장 자리에 올랐다. 이분은 앞서 언급한 바 있는 윤 장군의 아들이다. 그 역시 외국에서 교육받았고, 훌륭한 문필가이자 연설가였으며, 열렬한 애국자인 동시에 개화주의자였고, 매우 뛰어난 능력을 지닌 사람이었다.[5] 이 지도자들은 많은 젊은이들의 인기를 끌었다. 그러나 이 젊은이들 역시 정열적이고 애국적이었으나 인내와 참을성과 건전한 판단력이 결여되어 있었다.

1898년 2월, 당시 한국은 완전히 러시아의 통치하에 놓이는 듯했으며, 때문에 독립협회는 황제에게 정부의 고문 및 교련관으로 있는 모든 러시아인들을 쫓아 버리라는 상소를 올렸다.[6] 황제는 그들의 청원을 수락하면서 아울러 그렇게 되어야 한다는 자신의 희망을 표현했고, 러시아인들을 모두 면직했다.[7] 아더 항(Port Arthur, 여순항)이 1898년 4월에 러시아에서 일본으로 양도되었는데, 나는 이 일과 한국에서 러시아가 물러난 일은 서로

---

3   서재필은 독립협회의 창립을 돕기는 했으나 외국인으로서 회장이 될 수 없었다. 저자는 뒤에서도 이 점을 착각하고 있다.
4   조지 워싱턴(George Washington) 대학에서 의학을 공부하여 의학박사가 되었다.
5   윤치호는 윤웅렬 장군의 아들로 중국의 남경과 미국의 밴더빌트(Vanderbilt) 대학, 에모리(Emory) 대학 등에서 수학했다.
6   1898년 2월 20일, 독립협회는 탁지부 고문과 교련관이 철수할 것을 건의하는 상소문을 황제에게 올리기로 결의했다.
7   이해 4월 12일자로 한국에 고용되었던 러시아인들은 철수하게 되었다.

상당히 연관된 것이라고 생각했다.[8]

독립협회는 점점 인기가 상승했으며, 부패한 관리들과 그들의 부당한 법을 비난했다. 또 그 회원들은 한국이 곧 자유로운 정부와 국민을 갖게 되리라는 희망에 가득 차 있었다. 그들은 대규모의 대중집회[만민공동회]를 열었다. 이로 인해 많은 사람들이 자극을 받았으며, 정부를 향해 개혁 및 보다 큰 자유를 요구하는 상소를 올렸다.

오랜 관습에 따라 그들은 수천 명이 함께 궁궐 앞에 앉아 14일 동안 밤낮으로 황제에게 직접적인 호소를 하며 응답 듣기를 기다렸다. 그러나 며칠 후 보부상(the Peddler's Guild)들이 몰려와 이 비무장의 평화적 시민들을 습격했다. 이 보부상들은 요청을 받으면 계약하에 군사력으로 봉사하고, 그 대가로 정부로부터 장사의 특권을 받는 아주 강력하고 치밀하게 조직된 집단이었다. 독립협회는 이들을 서울 밖으로 몰아냈고, 마침내 왕이 손수 외국 공사들과 한국 관리들 앞에 나와 그들이 요구하는 모든 것을 들어주겠다고 약속했다. 그러나 이 엄숙한 약속이 지켜지지 않아 사람들이 다시 모이려 하자, 군대와 경찰들이 서울 전역에 진주했고 많은 사람들이 체포되었다. 서너 명만 모여도 해산되었고 집회는 금지되었으며, 독립협회 건물과 재산은 몰수되었고 독립협회는 폐지되었다. 당시는 때가 무르익지도 않았고, 국가는 준비되지 않았으며, 기독교도 아직 그들이 자유를 받아들이도록 할 만큼 충분히 대비되어 있지 않았던 것이다.

사람들은 모두 독립만을 생각했지만, 그들 대부분은 그 의미를 제대로 이해하지 못하고 독립을 그저 자기들이 좋아하는 대로 하는 자유와 방종으로 혼동했는데, 이런 생각이 교회에까지 전염되는 것은 당연했다. 서울

---

8 저자는 여기서 착각하고 있다. 여순항은 1898년 러시아가 청나라로부터 조차했고, 러시아가 한국에서 물러나게 된 것은 1904년 러·일전쟁에 의해서다.

중앙교회(the Central City Church)가 모든 선교회의 통제를 벗어 버리고 독립을 선포했다는 정보가 선교회에 들어왔다. 과연 그 결과가 어떻게 될지 크게 근심이 되었다.[9] 그 당시에는 그 교회에 정식 외국인 선교 목사가 없었거나 아니면 휴가 중이었을 것이다. 그때 그 교회는 자체 운영 경비도 지불하지 못하고 있었다. 언더우드는 모든 일이 잘되리라 확신하고 사태의 추이를 지켜보자고 권고했다. 언더우드가 이 소식을 들은 1주일쯤 뒤에, 독립을 선포한 그 교회의 위원회가 언더우드를 찾아왔다. 자기들이 내디딘 발걸음에 대해 이야기하고, 새 교파를 출범시키는 그 주일의 예배를 맡아 달라고 요청하기 위해 온 것이었다. 교회 권위에 항거를 표명하고 선교사들의 충고와 도움을 던져 버리려고 하는 바로 그 순간에, 그들이 외국인 선교사에게 와서 자기 교회에 출석하여 후원해 줄 것을 요청한 것은 상당한 의미가 있는 일이었다. 또한 바로 가겠다고 동의한 것은 언더우드의 성품 그대로였다.

언더우드가 동의한 것을 안 그의 친구들은, "뭐라고? 가서 그들이 잘못하고 있는 것을 치켜세워 준다고? 폭도들에게 가서 설교를 한다고? 먼저 그들이 와서 회개하고 교회에 다시 받아 달라고 빌게 해야지!"라며 반대했다. 그러나 언더우드는 누구든지 자기를 원하는 사람들에게는 설교를 할 것이라고 말했다. 그는 그 요청을 결코 거절할 수 없었다. 그래서 그는 정해진 시간에 설교단에 섰다. 사람들은 자신들의 견해를 명확히 표명하는 독립적인 찬송가를 준비하고 있었다. 칠판에 쓰인 그들의 독립 선포는 그리스도인의 것이라기보다는 무정부주의자 모임의 강령 같아 보였다.

개회 순서 뒤에 언더우드는 그들에게 독립과 상호의존에 대하여 설교

---

9 독립협회와 만민공동회의 활동 및 당시의 상황에 대한 저자의 기술은 소략하고 와전된 부분이 더러 있다.

했다. 그는 그들에게 이 세상에서 어떤 사람이건 집단이건 완전히 독립할 수 있겠느냐고 물었다. 그리고 또 예수로부터도 독립하고 싶으냐고 물으면서, 만일 그렇지 않다면 어떻게 주의 교회와 주의 명령으로부터 독립할 수 있겠느냐고 물었다. 확실히 그들은 서로 독립해 있을 수 없었다. 따라서 언더우드는 부드럽지만 명확하게 그들로 하여금 자신들의 입장이 성립할 수 없음을 알게 하고, 그들에게 혼자서 살거나 혼자서 죽지 않는 그리스도인들의 진정한 태도를 보여 주었던 것이다. 또한 사제가 지배하는 사회(priest-ridden societies)와 달리 민주적이고 자치적인 장로교회의 독립성을 보여 주었던 것이다. 그 안식일 이후로는 그 교회뿐만 아니라 언더우드가 관련을 맺고 있는 어떤 교회에서도 독립에 관한 이야기는 더 이상 들려오지 않았다. 내 생각에는 그들이 새로운 건물의 증서를 가져와 언더우드에게 준 것 같은데, 그 해결의 자세한 내용에 대해선 나는 확실히 알지 못한다. 그 후 이 큰 교회는 비난이 아니라 인도가 필요한 어리석고 방황하는 양 떼와 같이, 선한 목자에게 이끌려 온순하게 우리 안으로 되돌아왔다.

1898년 언더우드가 선교회에 제출한 연례보고서를 보면, 그가 신약성경의 번역 사업뿐만 아니라, 합의에 따라 혼자서 시편의 3분의 2가량을 번역했음을 알 수 있다. 또한 그는 언제나처럼 주일학교 공과와 기도회 주제를 준비했고, "그리스도 신문"을 확장하여 매주 10페이지 분량으로 만들면서 부활절, 성탄절, 추수감사절과 같은 특별한 날에는 특집호를 냈다. 그는 양력과 음력이 함께 들어 있는 아주 매력적인 달력을 준비하여 출판했는데, 여러 가지 색깔을 사용하여 부활절과 성탄절, 달의 모양, 예수 탄생의 그림, 적절한 성경구절들, 기도회를 위한 주제들과 여러 흥미로운 주제들, 그리고 서울의 교회들과 목사들을 찾는 방법 등을 표시한 것이었다. 이 달력은 놀라울 만큼 인기가 좋아서 판매 이익금이 출판 비용을 넘어섰다. 또한 기도회 주제는 따로 소책자로 만들어졌다.

이렇게 언더우드는 그해에 1,756,500페이지를 출판, 배포했다.

언더우드와 1893년에 도착했던 에비슨 의사는 우리 선교회와 호주 선교부의 요청으로 부산을 방문하여 한 달가량 그곳 선교회의 어려운 일들을 조정하는 것을 돕게 되었다. 그 어려운 일이란, 외롭고 사람도 별로 없는 선교지부에서는 아주 흔히 일어나는 오해의 한 가지였다. 곰곰이 생각해 보면, 서로가 너무 쉽게 의심하는 태도와 오직 외양으로 금세 판단해 버리는 태도만 버리면 아무도 비난받을 사람이 없다는 것을 깨닫게 해주는 그런 문제였다.

그는 10주 동안 세 번의 지방 순회여행을 했는데, 여행 동안에는 책을 팔고, 세례 지원자들을 문답하여 세례를 주고, 그리스도인들을 깨우치고, 성례를 주재했다.

당시 새문안교회라고 불렸던 언더우드의 서울 교회에서는 매주 17개 구역에서 37회의 모임이 열렸고, 그 청년전도회(Young People's Missionary Society)는 서울의 다른 두 지역에서 일을 해 왔다. 이 교회에서는 42명이 세례를, 48명이 학습을 받았다. 각 반 지도자들, 주일학교 교사들, 교회 직원들은 일주일에 한 번씩 언더우드의 집에 모여 성경을 공부하고 [교회의] 업무에 대해 협의했다. 통진(Tong Jin) 지방의 두 마을에서는 모든 이방신을 섬기는 자취가 사라졌다. 서울의 새문안교회와 지방의 장연교회[소래교회]는 각각 많은 전도사들을 파송했는데, 신도들이 그들을 지원했다. 또한 언더우드는 수많은 서점을 경영했는데, 이들 대부분은 자립하고 있었다. 황해도에서는 그리스도인들이 새 교회당 하나를 지었고, 다른 곳에서는 예배를 위한 건물 셋을 확보했으며 예배 처소로 활용하기 위해 건물 셋을 수리했고, 두 건물을 더 세울 기금을 한국인들 스스로 모았다. 그곳의 그리스도인들은 두 명의 교사와 세 명의 전도사를 지원했으며, 임시로 다른 여러 사람들을 고용했다. 당시 황해도에서 언더우드가 책임지고 있던 지역에서는 아홉 교회가 조직되어 자립하고 있었으며, 교회 건물 14개가 있었고, 42개의 집회 장소(그리스도인 가정의 방 같은 곳)가 있어서 92개의 모임이 매주 정기적으로 열리고 있었다. 그해에 237명이 세례를 받았으며 252명이 학습을 받아, 그곳에는 모두 합쳐 642명의 세례교인과 352명의 학습교인이 등록되어 있었다. 따라서 총 994명이 우상을 버리고 그리스도를 따르는 신앙을 고백한 그리스도인이 된 셈이었다.

여기서 학습교인(catechumens)이란 세례를 신청한 사람들로서, 이교도적인 관습을 버리고 그리스도인으로서 살려고 하는 사람이지만 아직 세례는 받지 않아 완전한 교회 신도로서는 받아들여지지 않은 사람을 가리킨다.

각각 약 열흘간 열렸던 조사 훈련반과 사경회반은 매일 각 반에서 몇 시간 동안 개인적으로 가르치고 노래를 부른 후에 저녁에는 전도집회를 드리는 것으로 이루어졌다.

이 보고서에 나오는 한 가지 이야기는 다시 반복할 만한 가치가 있다. 왜냐하면, 이 이야기를 통해 그 일의 성격, 발전 방식, 일꾼이자 선교사인 언더우드의 성격을 잘 알 수 있기 때문이다. 행주와 그쪽 강변 마을에서 일하고 있던 신 씨[10]는 어느 날 밤 이상한 꿈을 꾸었다. 마치 원 목사(Won Moksa: 언더우드)가 그에게 와서 [언더우드가] 지방여행을 할 때는 항상 가지고 다니던 지팡이로 자기를 쿡쿡 찌르며, "일어나시오, 일어나시오. 왜 여기서 잠들어 있습니까? 통진 사람들이 당신을 필요로 합니다"라고 이야기하는 것 같았다. 그 꿈이 너무도 현실처럼 느껴져서 신 씨는 깜짝 놀라 깨어났으나 아무도 없어 다시 잠들었는데 또 똑같은 꿈을 꾸었다. 이런 일이 세 번 반복되자 신 씨는 이것이 하나님의 메시지라고 생각했다. 강 건너에서

---

10 신화순이다.

어떤 일이 시작되었다는 소식도 들은 적이 없었지만, 바로 그곳으로 가 보았더니, 어떤 그리스도인이 종교 서적을 배포한 결과 기독교에 대한 큰 관심이 일어나고 있었다. 그들은 교사와 조사를 필요로 하고 있었던 것이다. 그곳에는 굳건한 교회가 서게 되었다.

1899년의 보고서는 1898년의 보고서와 매우 비슷하다. 당시 언더우드의 비서였던 휴 밀러(Hugh Miller)[11]에 의해 기도회의 주제를 엮은 소책자가 마련되었고, 기도 주간의 주제는 지방 사람들도 사용할 수 있도록 미리 "신문"(그리스도 신문)에 실었다. 미국에서 우편물이 도착하는 것이 대단히 느리던 때에 이것은 하나의 큰 공적이었다. 그것은 여러 교회에서 사용할 수 있도록 각각 별도의 종이에 인쇄되었다. 언더우드는 12주 동안 1,600킬로미터를 걸어서 다섯 번의 지방여행을 했다. 그는 이 여행 동안 네 군데에서 훈련반 모임을 열었고, 548명이 세례와 학습을 받았다. 물론 이전과 마찬가지로 성경 번역 및 다른 저술 작업도 계속했다.

지방여행 중 한번은 그리어슨 부부, 맥레가 동행했다. 이들은 (1898년 가을 캐나다에서 왔는데) 한국 사람들과 언더우드의 일하는 방식에 대해 무언가 배우고 싶어 했다. 그해에 조사 훈련반이 황해도의 지방 수도인 서해안의 해주에서 열렸다. 언더우드는 이 훈련반에서 매일 5시간씩 가르쳤는데, 매일 오후 한 시간은 노방 전도를 했다. 이때 캐나다 친구들은 노래를 부르고, 코넷(cornet)을 연주하고, 전도 소책자를 배포하는 등 큰 도움을 주었다. 더불어 기도와 성경 연구를 위한 일반 모임이 매일 저녁 열렸다. 모임이 끝나면 언더우드는 항상 자기가 담당하고 있는 지역의 구역들을 돌아보았는데, 그가 전번에 왔을 때보다 놀랄 만큼 늘어난 그리스도인 생활의 새로운 중심지들을 발견하곤 했다. 사람들이 언더우드에게 헌신하는 것

---

11 뒷날 영국성서공회(BFBS) 한국 지부의 총무로 일하게 되는 민휴(閔休)다.

을 보면 감동적이었다. 그들은 열심에 가득 차 몇 킬로미터나 걸어 언더우드를 만나러 왔고 한번 만나면 헤어지기 싫어했다. 그래서 그가 떠날 때면 멀리까지 함께 가곤 했는데, 어떤 젊은이들은 더 공부하기 위해 다른 마을까지 따라가는 것을 허락해 달라고 간청했다. 장래성 있는 젊은 그리스도인이 보이면 언더우드는 종종 그를 데려가기도 했고, 드문 경우이긴 했지만, 그들을 서울로 데려와서 도움을 주어 교육을 시키기도 했다.

사람들은 언더우드가 자기들에게 영적 삶에 대한 눈을 뜨게 해주었기 때문에 '아버지'라 부르기도 했다. 그가 그리스도인들을 방문할 때면 사람들은 자기 집에서 가장 좋은 것을 가져와 그를 영접했다. 닭·달걀·꿀·사슴고기·꿩·감·밤·사탕 등 너무 많은 음식을 가져왔기 때문에 우리가 그것을 다 먹는다는 것은 불가능했으며, 짐이 너무 많아져서 오히려 어려움을 겪었다. 그것을 거절한다는 것은 그들의 감정을 상하게 하는 것이므로 안 될 일이었지만, 그들의 가난한 생활을 볼 때 그렇게 많은 것을 가져가는 것도 내키지 않는 일이었다.

1900년에 언더우드는 다시 가족을 이끌고 황해도로 갔다. 장연 마을에서 훈련반을 열 계획이었는데, 거기서 지금은 오웬(Owen) 부인이 된 의학박사인 화이팅(Whiting) 양과 나는 여성반을 열기로 했다. 최근에 해안을 부지런히 내왕하기 시작한 작은 한국 기선 덕분에 시간을 절약할 수 있었다. 그 기선에는 작은 선실이 둘 있었는데, 둘 다 너무 낮아서 보통 키의 사람도 똑바로 서 있을 수 없었다. 게다가 온갖 계급의 사람들, 또 한국인, 중국인, 일본인 등으로 혼잡했는데, 모두 담배를 피워 공기가 매우 탁했다. 어떤 사람들은 자기 나라 술이든 외국 술이든 가리지 않고 고주망태가 되도록 마셔 댔다. 이 배는 강을 따라 북쪽으로 나아가 바다에까지 이르렀는데, 해주항에 닿으려면 이 하구를 건너야 했다. 우리가 여행을 할 때는 강이 온통 우리가 탄 배보다 더 큰 얼음 조각으로 덮여 있었다. 모든 얼음 조각들이 우리 배를 깨뜨리려는 것처럼 보여 자주 주춤거리고 몇 번 충돌을 하기도 했지만 이 작은 배는 무사히 바다에까지 가닿을 수 있었다. 바다는 매우 거칠었다. 그곳은 항상 그렇게 거칠다고 했는데, 그러한 바다를 우리는 서너 시간이 넘도록 짜증스럽게 지나야 했다. 간조 때 항구에 닿았기 때문에 춥고 피곤했지만 거의 무릎까지 차는 눈과 진흙을 헤치며 해안을 걸어갈 수밖에 없었다. 또 그런 밤중에는(8시에서 9시 사이였는데) 해주까지 6킬로미터를 실어다 줄 운송수단이 없다는 것이었다. 그러나 여자들도 아이들도 그렇게 먼 길을 걸을 수가 없었다. 한 사람은 류머티즘에 걸려 있고 다른 이들은 너무 피곤하고 지쳐 있었기 때문이다. 하지만 그 초라하고 작은 항구에는 묵을 수 있는 방이 하나밖에 없었고, 이 방에는 불을 땔 수도 없었다. 그래서 우리는 피로에 지친 젖은 몸에, 저녁도 못 먹은 채 재주껏 누워 잠을 잘 수밖에 없었다. 화이팅 양이 열이 나는 것을 보고, 우리가 보수를 받기 위해 이런 일을 한다고 생각하는 사람이 있다면 한번 와서 해 보라고 하고 싶다고 한마디 했을 뿐이다. 언더우드는 아내와 신경이 예민한 아이들만 걱정했을 뿐 귀찮다는 말이나 표시는 하지도 않았다. 그는 불편한 일도 웃어넘기고 모든 것에서 가장 좋은 것만을 취하여 우울해하는 가족들을 즐겁게 해주려는 사람이었다. 사실 그와 함께 있을 때는 어떤 상황에서도 오랫동안 우울해하거나 불만을 갖고 있기가 힘들었다.

비교적 해주까지 오는 데 별 어려움이 없는 거리에 있는 지방 모임들에서 온 거의 모든 지역 영수와 교역자 들이 이 훈련반에 참석했다. 그들은 자발적으로 가정전도회(Home Missionary Society)를 조직하고 부부별로 일을 하기로 했다. 각 부부에게는 최소한 한 달에 한 번은 방문해야 할 안 믿는 마을이 넷씩 할당되었고, 모두는 그해 동안 매주 이 일을 하겠다고 서약했다. 이 일을 감독하고 언더우드에게 보고하기 위하여 두 명의 책임자가 선발되었다. 모든 사람들은 각각 자신의 경비로 일을 했다.

우리가 다닌 여러 마을에는 흥미로운 사람들이 많았다. 한 여인은 오랫동안 죄의 짐에 짓눌려 있다가 그 죄들을 용서하고 씻어 주실 수 있는 분[하나님]의 음성을 듣게 되었다. 또 한 행상인은 항상 손해를 많이 보았는데 그 이유는 그녀가 일요일에는 장사를 하지 않았기 때문이다. 또한 사람들이 물건을 사는 그 지방의 장날(Fair Day)이 종종 일요일과 겹치기 때문이기도 했다. 유일한 소득원인 술장사를 그만두는 사람도 있었으며, 조상들의 비석(ancestral stones)을 교회의 계단으로 사용하라고 내어 주는 사람도 있었다. 귀가 먹은 한 노파는 몹시 세례를 받고 싶어 했지만 질문을 들을 수도 없었고 거기에 대답을 할 수도 없었다. 마침내 한 질문은 이해할 수 있었다. "돌아가셨을 때 어디로 가고 싶으십니까?" "예수님께로요." 이것이 그 할머니가 기뻐 어쩔 줄 몰라 하면서 한 대답이었다. 천국이나 면류관이나 황금 길에 대한 이야기는 없었다. 오직 예수님만이 그 할머니의 희망이었던 것이다.

다음 목적지에서 우리는 한 집의 영접을 받았다. 떠날 때에야 알게 된 일지만, 그들은 우리에게 방을 내어 주기 위하여, 천연두에 걸려 심하게 앓고 있는 아이를 딴 방으로 옮겨 놓았다. 그 마을에는 거의 모든 집이 이 병에 걸려 있었다.

계속 여행을 하다가 우리는 하나님을 믿는 산사람들(mountaineers)이 모여 사는 두 마을을 발견했다. 이 마을에 말씀이 전해진 것은 아들과 함께 소래에서 이사 온 그리스도인 할머니에 의해서였다.

이 순회에서 언더우드는 150명을 문답하여 75명에게 세례를 주었고, 40명가량에게 학습을 주었다.

1900년 가을, 우리는 선교회 연례 회의에 참가하기 위해 평양을 방문했다. 그리고 거기서부터 또다시 오랜 지방여행을 시작했는데 여기에는 화이팅 양, 체이스(Chase) 양, 지금은 웰번(Welbon) 부인이 된 너스(Nourse) 양 등 세 명의 젊은 여인들이 동행했다. 화이팅 양은 여성반을 진행하는 데 도움을 줄 계획이었고, 체이스 양은 바깥 생활을 함으로써 몸을 튼튼히 할 계획이었고, 그해에 새로 온 너스 양은 한국인들과 한국어 그리고 선교 방법에 대해 연구할 계획이었다. 그 후 언더우드가 죽은 다음, 이 세 사람은 자신들의 선교 생활에서 가장 큰 영감을 받은 것은 그 여행에서 본 언더우드의 열성과 헌신이었다는 편지를 나에게 보내왔다.

이 당시에 평양에는 학습교인과 세례교인을 모두 합쳐 2,042명의 등록된 그리스도인이 있었다. 더불어 수많은 출석교인들(adherents)[12]이 있어서, 가히 북쪽 지방에 있는 교회의 성장을 짐작할 만했다.

우리는 평양에서 진남포까지 작은 일본 기선을 타고 여행했으며, 거기에서 다시 낡고 초라한 돛단배를 타고 강을 건넜다. 그 배는 날씨만 좋지 않았다면 우리 모두와 함께 강물 속으로 처박힐 것같이 보일 만큼 낡고 항해에 적당치 못한 배였다. 밤에는 무척 더웠는데, 여관은 화덕 같았고 징그러운 벌레들로 가득 차 있었다. 그래서 우리는 서둘러 남자반과 여자반이 열릴 은율로 떠났다.

은율[13]의 한국인 그리스도인들은 당시 그 지방의 불신자들을 대상으로 일하도록 두 명의 전도사들을 고용했다. 그리고 그 지방의 여러 지역에 12개의 훈련반을 열어 그중 여섯은 가장 나이도 많고 경험도 많은 그리스도인 중 한 사람인 서 씨(Mr. Soh, 서상륜)가 맡게 하고, 나머지 여섯은 다른 지도자가 담당케 했다.

다음 정착지에는 그리스도인들이 거의 없었다. 그러나 대개 밖에서만

---

12 [원주] 예배에 참석하고 기독교 집안의 사람이며 기독교에 호의적인 사람들을 '출석교인'이라고 불렀다.
13 저자는 은율을 Eun Yul로 계속 표기하고 있다.

서성거리며 처음에는 우리에게 모습을 드러내려 하지 않던 불신자들이 조금씩 조금씩 우리 이야기를 듣기 시작하면서 문 안으로 들어오고 마침내 앞자리에 앉아서 계속 "매우 좋다"고 말하기까지 되었다. 이것은 가히 즐거운 일이었다.

산길을 가로질러 언더우드 일행은 다시 소래에 도착했다. 거기서부터 미리 짠 계획에 따라 언더우드는 바다를 건너 40킬로미터쯤 거리에 있는 백령도(the Island of White Wings)로 갔다. 거기에는 열렬한 그리스도인 모임이 막 생겨나고 있었다. 그곳에 유배되었던 한 사람이 성경을 가지고 있어 그것을 읽음으로써 회개하고 이웃 사람들에게도 전하기 시작하여 작은 교회가 서게 된 것이다.

이렇게 우리는 곡산·은율·백령[도] 등지에서 인쇄된 말씀을 통하여 많은 사람들이 구원받는 것을 보게 되었는데, 이것은 전국에 공통된 현상이었다.

백령[도] 사람들은 대표를 육지로 보내어 서 씨가 와서 자기들을 가르쳐 주기를 청하는 한편, 성경을 사고 자신들이 섬기던 우상을 버리고 작은 교회를 세웠다. 그들은 언더우드를 하나님이 보낸 사자라고 칭송하며, 그가 전하는 말씀에 매달리고 항상 더 많은 것을 배우고자 갈망했다. 언더우드에게 가까이 갈 수 없었던 여인들과 몇몇 농부들은 나, 그리고 나와 동행했던 김 부인(Mrs. Kim) 주변에 모여 기쁨에 넘쳐 예수의 말씀과 찬송가를 들었다. 한국 여인들은 이것을 특별히 좋아했다. 이 열성적인 사람들을 떼어 놓는 것이 힘들 정도였다.

소래로 돌아가는 길에 작은 배는 거센 폭풍우를 만나 거의 전복될 뻔했고, 사람들은 모두 놀라 뱃멀미를 했다. 그러나 언더우드는 폭풍우가 몰아쳐 올 때는 호흡을 가다듬어 노래를 부르기 시작했다. 그런 궂은 날씨 속에서 그렇게 고집스러울 정도로 명랑할 수가 없었다. 그 노래는 그가 그

때 막 번역하고 있던 구세군 찬송가 중의 하나로 "네가 주를 사랑하지 않으면 네가 죽을 때 천국에 가지 못하리라"는 가사였고, 후렴은 단조로 "네가 죽을 때, 네가 죽을 때, 네가 죽게 될 때"라는 내용이었다. 그러잖아도 나는 무척 심란하던 차에, 그 장송곡 같은 노래를 들으니 울음이 터져 나올 것 같아, 이럴 때 그런 노래는 부르지 말아 달라고 애원했다. 그는 그 노래가 그렇게 들릴 줄은 몰랐다며 웃으면서 사과했다. 그러나 그는 무의식적으로 또다시 "네가 죽을 때, 네가 죽게 될 때"라는 음울한 후렴을 반복했는데, 듣기에 괴로운 사람이 항의하여 그 상황을 깨우쳐 주었을 때에서야 그만두었다.

우리는 상륙할 만한 적당한 항구를 찾지 못하여, 하는 수 없이 가장 가까운 해안에 상륙했다. 간조 때였기 때문에 우리 배는 돌에 부딪히면서도 안전하게 해안에 상륙했다. 이제 몸을 말리는 것이 문제였는데, 이것도 쉬운 일이 아니었다.

그날 저녁 우리는 다시 소래에 도착했다. 그런 상황에서는 그곳이 마치 내 집처럼 느껴졌다. 우리가 떠나기 전에 추수감사예배가 열렸는데, 그들은 쌀과 곡식뿐 아니라 영적 추수에 대해서도 하나님께 감사했다. 그해에 2백 명이 넘는 사람들이 그들의 노력을 통해 세례를 받았고, 많은 학습교인들도 받아들여졌던 것이다. 또한 그들은 교회와 학교 교실을 늘리고, 복음 전도자와 학교 교사들을 위한 집을 지었으며, 또한 주일마다 멀리 외지에서 와서 예배에 참석하는 사람들을 맞을 집도 지었다.

잠시 소래에 머물렀던 어떤 선교사들은 침례를 추천했는데, 소래마을 사람 몇몇도 그 형식을 더 좋아했지만 언더우드가 그것을 허락하지 않으리라고 생각했다. 그래서 그들이 원한다면 그런 식으로 세례를 주어도 된다고 언더우드가 흔쾌히 응낙하는 걸 보고선 그들은 깜짝 놀랐다. 그러나 언더우드가 왜 자신이 물을 뿌리는 세례 형식을 더 좋아하는지 그 이유를 그들에게 설명하자 그들은 더 이상 침례를 요구하지 않게 되었다. 만일 언더우드가 즉각 그들에게 반대 의사를 표했더라면 아마도 분열이 생겼을 것이다.

침례교도들에 대한 언더우드의 태도는 침례교 선교사들이 한국에 왔을 때 잘 드러났다.[14] 그는 그들을 기쁘게 맞이하여 그들이 우리 선교공의회에 참가하도록 요청을 받을 것으로 기대했으나, 이것은 우리 선교회 대다수에 의해 기각되었다. 이러한 태도는 언더우드를 몹시 슬프게 했다.

우리는 서울로 가는 배를 타기 위해 소래에서 해주로 갔으나, 며칠 기다려야만 했다. 그러나 우리가 해주에 도착하자마자 은율로부터 한 사람이 급히 달려와 한국 정부가 각 지방의 여러 수령들에게 보낸 비밀 서신이 도착했다는 놀라운 소식을 전했다. 그 서신에는 모든 유생들은 15일 후인 다음 달 2일에 각 지방의 가장 가까운 사당에 모여, 거기서부터 집단적으로 서양인들과 서양 종교를 추종하는 사람들을 죽이러 가고, 그들의 학교와 집과 교회를 파괴하라는 명령이 적혀 있다고 했다. 선교회의 친구이자, 은율의 지도자급 그리스도인의 친척이며, 지방관아의 아전으로 있던 한 사람이 그 편지가 도착했을 때 마침 수령의 방에 있다가, 수령이 그 편지를 읽고 놀라 당황하며 곧 조심스럽게 챙겨 넣는 것을 보고, 어찌어찌하여 그것을 열고 그 내용을 읽었다는 것이었다. 즉시 그 발 빠른 사람을 통해 그 소식이 언더우드에게 전해지자마자 우리는 놀라 몸이 굳어 버릴 정도가 되었다. 각지에 흩어져 있는, 우리가 방금 떠나온 그 행복하고 아무런 해도 끼치지 않는 그리스도인 모임들, 새로 찾은 기쁨에 가득 찬 모든 사람들, 무력한 여인들과 아기들과 할아버지 할머니들, 이들 모두가 야만적으

---

14 한국의 침례교는 1889년 캐나다 토론토의 YMCA에서 파견된 펜윅(M. Fenwick)에서부터 시작된다고 한다. 교단 조직이 이루어진 것은 1906년 충남 강경에서다.

로 살해당할 운명에 놓여 있다는 생각 때문이었다. 가슴이 갈가리 찢어지는 듯했다. 그 당시 우리는 한국의 도시들 가운데도 가장 좋지 않은 상황에 속하는 곳에 있었다. 또한 우리는 보려고만 하면 누구나 볼 수 있는 처지에 놓여 있었으며, 아주 강한 호기심의 대상이었고, 밤이든 낮이든 수십 명의 사람들의 눈을 피해 움직일 수 있는 곳은 없었다. 더구나 항구는 약 5킬로미터나 떨어져 있어, 우리가 아무리 한밤중에 조용히 떠난다 해도 금방 알려질 것이었고, 누군가 우리를 멈추게 하려고만 하면 아주 쉽게 그럴 수 있었다. 우리 일행에는 젊은 여자 두 명과 어린아이 한 명이 끼어 있었다. 비록 감사는 우리의 친구였고 언더우드와는 오랫동안 알고 지낸 사이였으나, 그런 편지가 그의 수중에 있는 한 과연 우정이 얼마나 힘을 미칠 수 있을지 알 수 없는 일이었다. 그러나 한 가지는 확실했다. 가능한 한 빨리 그리고 은밀하게 서울에 있는 우리 공사관에 그 소식을 전해야 한다는 것이었다. 그러나 만일 우리가 어떤 적의를 가진 사람들에게 감시를 받고 있다면, 우리가 미국 공사관에 보내는 전보는 그 어떤 것이든 의심을 사 중간에서 가로채어질 것이며, 그것이 어떠한 현대 언어로 쓰여 있다 하더라도 정부는 그것을 해석할 사람을 구할 것임을 우리는 알고 있었다. 그래서 언더우드는 라틴어로 애비슨 의사에게 전보를 보내기로 결정했다. 언더우드는 라틴어 성경을 번역하면서 자주 사용해 왔던 실력을 가다듬고, 한두 가지 의심스러운 부분은 어린 아들의 라틴어 문법책을 참고하여, 곧 그 칙령에 담긴 명령과 그것의 시행 날짜에 관련된 내용을 작성했다. 이것은 조용하던 서울의 선교사와 외국인 사회에 폭탄 같은 충격을 주었다. 그 라틴어 전보는 판독되자마자 곧 공사관으로 보내졌다. 공사관에서는 처음에는 이것이 있을 수 없으며 믿을 수 없는 일이라고 여겼지만, 언더우드를 아는 사람들은 언더우드가 그저 겁을 주거나 하잘것없는 소문을 믿어 그대로 옮길 사람이 아니라는 것을 기억했다. 공사는 한국 외부와 협의했다.

이곳에서는 절대 그럴 리 없다고 부정했지만, 기술적인 심문을 통해, 그 무렵 중국의 의화단 사건[15]에서 영감을 받았거나 궁궐의 열렬한 불교 신자 한두 명에 의해 영향을 받은 보수적인 반(反)외세파들이 황제의 옥새를 구해 이런 명령을 내렸음이 명확히 밝혀졌다. 정부와 관계를 맺고 있었던 다른 그리스도인들을 통해서도 똑같은 소식이 강화도와 북쪽 지방의 몇몇 선교사들에게 전해졌다.

언더우드는 서울에 이 소식을 전한 직후 곧 평양과 황해도의 가톨릭 사제에게도 사람을 급파했다. 그러는 동안 외국 공사관들은 시급히 지난번 편지를 완전히 철회하는 다른 회람을 보내도록 압력을 넣음으로써 모든 것이 잘 해결되었다.

해주에 있는 우리로서는 조금도 편하지가 않았다. 우리는 서울에서 어떻게 일이 진행되고 있는지, 언제 우리에게 재난이 닥칠지 알 길이 없었다. 우리는 우리를 해주에서 떠나게 해줄 기선을 초조하게 기다렸으나, 언더우드는 갈 수 없다고 했다. 아무 힘도 없는 신자들이 자신들을 위로하고 도와줄 목자도 없이 대량학살을 당하게 놓아둘 수는 없다는 것이었다. 우리는 우리 자신의 생명이 위험한 상태에서는 다른 사람을 위해 아무것도 할 수 없다고 그를 설득했으나, 그는 막무가내였다. 그러나 희생을 치를 필요 없이 평안해지리라는 소식을 접하게 된 이후에야 우리는 함께 서울로 떠날 수 있었다. 한 가지 확실한 것은, 그가 그렇게 신속하게 우리 공사에게 알리지 않았더라면 일이 너무 늦어져서 전혀 다른 결과가 발생했으리라는 점이다.

---

15 1900년에 중국의 산동성에서 일어나 각국 공사관을 포위하여 배외(排外)투쟁을 벌였는데, 한국에서도 그 영향을 받아 기독교배격운동이 일시적으로 일어났다.

11

넓어지는 강

                                 1900년 가을에서야 신약전서가 출판되었다. 그러나 이것은 전적으로 번역자위원회의 작품은 아니었다. 어떤 부분들은 한 개인이 작업을 한 후에 독회(讀會)에서 번역자위원회에 의해 다시 수정되었다. 물론 이 초기 번역본들은 잠정적인 것이었다. 벅찬 복음 사업과 부족한 선교사 수 때문에 1년 내내 정기적으로 회의를 연다는 것은 불가능했다. 그래서 개인들이 가능한 한 하루에 한두 시간씩 시간을 내어서 사람들의 손에 들려 사용될 수 있는 번역본을 준비했다. 선교사들은 시험역본을 조심스럽게 사용하면서 의심스러운 부분에 대해서는 한국인 학자들에게 자문을 구했는데, 이 시험역본들은 훗날 번역자위원회에서 만든 공인역본의 실질적인 기초가 되었다.

  신약전서를 완성한 이 기쁜 일을 기념하기 위해 감사예배가 열렸다. 이 예배를 담당한 미국 공사는 번역자위원회의 위원들과 그들의 한국인 조사들에게 책 몇 부를 선물했고, 감사의 말들이 있었다. 당시 번역자위원회는 H. G. 아펜젤러 목사, 게일 목사, 레이놀즈 목사, 언더우드와 W. B. 스크랜턴 목사 등으로 이루어졌고, 회장은 언더우드였는데, 언더우드는 죽는 날까지 이 직책을 맡았다.

언더우드는, 양반과 사대부(the nobility and gentry) 들에게도 복음을 전하기 위해 노력해야 한다고 오래전부터 생각해 오고 있었다. 그가 본 그들은 기독교를 받아들이는 데 온갖 종류의 장애물들로 울타리를 두르고 있는 것 같았다. 예를 들면 황제가 종묘(the royal shrines, 宗廟) 앞에서 정기적으로 배례할 때마다 모든 공직자들은 함께 경배를 드려야만 했다. 더구나 대부분의 관리들은 대가족의 가장으로 가문의 위패를 책임지고 있었으며, 뿐만 아니라 중요한 산소(山所)들을 보살피고 제삿날이 돌아오면 엄격하게 제사를 모셔야 했다. 더불어 이들 대부분은 최소한 두 아내와 그에 따르는 가족과 자녀들을 거느리고 있었다. 그들은 이 가족들에게 상당한 애착을 가지고 있었는데, 실제로 대부분 본부인보다 후처에게 더 애착을 가지고 있었다. 그 이유는 본처와는 대부분 매우 어렸을 때 본인의 의사와는 관계없이 부모가 짝지어 주는 대로 결합했기 때문이다. 이렇게 그들 생활의 모든 사회적·정치적·종교적 영향력들이 교회로부터 멀어지게 하는 것이었다. [양반·사대부로서] 장래의 정치적 명예에 대한 모든 희망을 포기하거나 현재 가진 것을 포기하는 것, 가장 큰 애정을 가지고 있는 아내와 자식들로부터 떨어지는 것, 수입을 잃고 가정에 재난을 초래하는 것, 모든 친족들로부터 비난을 듣고 동료들로부터 배척을 받는 것 등은 믿고 있는 양반들조차도 오랫동안 망설이게 만들었다. 새로운 신앙을 받아들인다는 것은 이토록 커다란 희생을 요구하는 것이었다. 그러나 언더우드는 늘 모든 사람들의 회개를 바랐기 때문에, 거의 불가능해 보이는 상황이라 할지라도 그들을 잊지 못했고, 항상 그들을 얻기 위해 이모저모로 노력하고 있었다. 그는 확실히 그들의 진정한 우정을 얻었고, 그들은 우정의 증거를 지속적으로 보여 주었다. 즉, 그들은 그에게 선물로 값비싼 과일이나 한국의 특산품들, 멋진 병풍, 자신의 사진 등을 보냈고, 서로 자주 초청하거나 방문했으며, 공적인 의식을 행할 때에도 큰 관심을 보여 주었다.

그들에게 교회에 나오라고 하는 것은 말도 안 되는 일인 게 분명했지만, 언더우드는 신앙 문제에 대해 이야기를 나누자는 내용의 초청장을 많은 사람들에게 보냈다. 이 요청에 응한 고위층의 한국 양반들이 우리의 큰 방 두 개를 꽉 채웠다. 그들은 공경(princes), 장군, 내각의 대신 들 등 모두 높은 가문에 속한 사람들이었다. 대부분 주의를 기울여 이야기를 들었으며, 많은 사람들이 신중한 질문을 함으로써 언더우드에게서 들은 이야기에 큰 관심을 가지고 있음을 보여 주었다. 어떤 사람들은 성경책을 갖고 싶다고 요청했으며, 또 어떤 사람들은 그 옛날 니고데모처럼 개인적으로 만나 이야기를 나누자고 거듭 요청했다. 모임은 정기적으로 일요일 오후에 열렸는데, 어느 날 저녁 언더우드는 예수의 생애를 환등기로 보여 주었다. 이런 경우, 언더우드는 대체로 한국말을 자유롭게 하고 청중의 주의를 끌 수 있는 다른 선교사와 동석했다. 그 당시 직접적인 회개가 있었는지 없었는지는 모르겠지만, 이들 가운데 몇 명은 훗날 그리스도인이 되었다. 최소한 이들은 모두 친구이자 복음의 지지자가 되었으며, 가족들 중 누가 세례를 받아도 반대하지 않았고, 더 나아가 어떤 사람들은 기독교가 나라를 정결케 하고 나라의 수준을 끌어올리는 힘이라고 말할 정도에까지 이르렀다.

이 무렵 언더우드는 한국에 국가장로교회(State Presbyterian Church)를 세우는 데 도와 달라는 제안을 받았다. 또한 황제 자신과 모든 궐내 사람들이 세례를 받겠다고 했다.[1] 당시 그들은 러시아의 힘과 영향력을 두려워했기 때문에, 강제로 그리스 정교에 속하게 될까 봐 걱정하고 있었다.[2] 왜냐

---

1   이 서술은 아직 다른 자료에 의해서 입증되지 않았다.

하면 그렇게 된다는 것은 곧 러시아 황제 차르의 신하가 된다는 것을 의미했기 때문이다. 따라서 만일 외국의 종교를 받아들여야만 한다면, 공격적인 이웃 국가의 종교를 채택하기보다는 거리가 있는 미국인들의 종교를 택하려 했던 것이다. 물론 언더우드는 마음이 내키지 않아 이 제안을 거절했으며, 우리의 교회란 그렇게 조직되는 것이 아니며, 그런 식으로 사람들을 교회에 받아들여서도 안 된다고 설명했다.

그러나 이 작은 나라에 재난이 휘몰아치고 많은 사람들이 감옥에 갇히거나 도피하는 등 생명에 위험이 도사리는 가운데서도 몇 사람은 그들이 들었던 가르침을 기억하여 진실한 그리스도인이 되었다.[3]

이 무렵, 우리는 우리 가족의 병 때문에 회복을 위해 블라디보스톡까지 바다여행을 해야만 했다. 우리는 일본으로 건너가 거기서 전쟁에 대비하여 만든 새 병원선의 첫 항해에 편승하여 한국의 해안을 따라 올라갔다. 여행 중에 원산에 며칠 머물면서 그곳에서 새 선교 사업을 펼치고 있던 그리어슨 가족, 푸트 가족, 맥레 등[4] 그의 친구들을 만나 보았다. 다행히 이때는 기분 전환이 된 상태였고, 바다 공기 덕분에 완전히 회복되어, 우리는 다시 서울로 돌아오게 되었다. 그러나 바다여행 전에 나는 수주 동안 심하게 앓았었다. 이때 언더우드는 애비슨 박사의 간호를 돕게 되었다. 당시 애비슨 박사는 발진티푸스로 몹시 아팠는데, 그 외에도 몇몇 선교사가 같은 병을 앓고 있었다.

기독교의 영향을 입었던 다른 나라에서와 마찬가지로 한국에서도 기독교는 계급 차이를 없애 평등하게 하고, 인간이 만든 지위의 상하 구분

---

2 러시아 정교회가 한국에 전파되고 세력을 갖게 되는 데 대해서는 이만열, "한말 러시아 정교의 전파와 그 교폐 문제", 「한국기독교와 민족의식」(지식산업사, 1991) 참조.
3 독립협회 사건 뒤에 이상재·남궁억·이원긍 등이 기독교로 개종한 것을 말한다.
4 모두 캐나다 장로교의 선교사들로서 함경도 지역에서 선교하고 있었다.

을 타파하는 존재라는 사실을 보여 주고 있었다. 그러나 이것은 기독교가 받아들여져 사람들의 마음속에 경이로운 역사를 일으킨 연후에야 가능한 것이다. 민주적인 미국에서도 가난한 선교회의 회원들과 뉴욕 5번가 교회의 회중은 잘 섞이려 하지 않는데, 하물며 봉건적인 한국에서 양반과 중·상류 계급은, 바로 그들 자신들의 필요 때문에 그리스도의 복음이 큰 호소력을 가지는 하류 계급들과 섞이는 것을 경멸하지 않겠는가.

앞에서 보았듯이 기독교 대표자들은 일찍부터 관리들의 호의를 입어 왔다. 관직의 장(長)들은 선교회에 속한 많은 사람들에게 벼슬을 주는 것을 즐거워했다.[5] 그러나 이런 사람들을 어떻게 하면 생명력 넘치는 복음의 힘에 접촉하게 할 것인가의 문제가, 언더우드가 오랫동안 생각해 온 과제였다. 자신의 지위에 자부심을 가지고 있는 양반들과 그 가문의 젊은이들은, 그들의 깨끗한 두루마기가 이전에 종이었던 사람들의 옷과 접촉하여 더럽혀지거나 품팔이꾼들이 말을 걸지도 모르는 교회에 발을 들여놓으려 하지 않았다. 숙고하고 기도하고 이야기하는 가운데 언더우드는 이 문제를 풀기 위해서는 클럽을 하나 만들면 된다는 결론에 이르렀다. 당시 한국에는 저녁 시간을 즐겁게 보낼 만한 곳도 없었고, 오락이나 교훈을 제공할 만한 클럽도 없었기 때문에, 만나는 장소가 하나 있다면 미국의 어느 기관보다 몇 배나 더 큰 관심을 끌게 될 터였다. 따라서 어디로 가면 그리스도인 클럽 조직에 대한 지지와 후원을 얻을 수 있을 것인가의 문제는 쉽게 해답이 나왔다. 친구들과 감리교 선교회 관계자들의 자문을 구한 뒤 아펜젤러와 언더우드는 각각 미국 YMCA에 편지를 보냈다.[6] 당시에는 우편이 오래 걸렸지만 마침내 YMCA로부터 이 기회를 통해 우리를 돕겠다

---

5   알렌 등 주로 의료선교사들이 자주 궁실에 출입할 수 있도록 작위를 받았다.
6   YMCA의 설립이 반상의 차별이 심한 한국에서 양반 자제들의 기독교 접촉을 용이하게 만들게 하기 위함이라는 것은 널리 알려진 사실이다.

는 답신이 왔다. 더구나 1901년에 방문한 총무 질레트(P. L. Gillette)는 힘과 열정이 넘치는 젊은 사람이었다. 처음에 이 열정은 언어를 배우는 데 필요했고, 또 전부 그것에 사용되었다. 언더우드 역시 이야기하고 제안하고 자신의 열정을 다른 사람들에게 전하는 데 온 힘을 기울였다. 이런 노력들을 통하여 클럽을 조직하기에 적당한 장소가 마련되었다. 그 일부는 한국의 양반이 제공한 것으로,[7] 그는 먼 미국에서 온 사람들이 자신의 동포들을 위하여 일하려고 한다는 언더우드의 이야기에 마음이 움직여 자신도 자기 민족을 위해 무언가 해 보고자 했던 것이다.

1903년, YMCA는 게일 목사를 초대 회장으로 세우고 열심히 일을 시작해 나갔으며,[8] 몇 달이 되지 않아 263명의 회원이 등록했다. 그 일이란 전 세계의 YMCA와 동일하므로 여기서 상술할 필요는 없을 것이다. 그러나 그 호소력은 우리가 애초에 상상했던 것보다 훨씬 컸다. 초기의 어려운 시기를 견디어 내자 YMCA는 오늘날까지 지속되어 한국에서는 단일기구로 가장 큰 편에 속하게 되었으며, 기독교냐 아니냐를 떠나서 전국 대부분의 학교에 영향을 미치게 되었다.

이 일에 대한 언더우드의 관심과 열정은 단 한 번도 시든 적이 없었다. 앞으로 그의 이런 노력에 대해서는 자주 말할 기회가 있겠지만, 가르치고 이사회에서 활동하고 회장으로 일하면서, 그런 기관이면 늘 겪게 마련인 몇 번의 힘들고 어려운 시기를 헤쳐 나갔다.

이 무렵 언더우드는 어처구니없는 자전거 사고를 당했다. 당시 서울에는 커다란 배수로가 있었는데, 그 바닥엔 단단한 돌과 자갈이 깔려 있었다.

---

[7] 현흥택으로서, 대지의 일부와 거액의 건축기금을 헌납했다. 그는 1883년 민영익을 수행하여 미국을 다녀왔고, 새 군제가 편성되었을 때 정령(正領)에까지 오른 인물이다.
[8] 1903년 10월 28일에 28명의 정회원과 9명의 준회원으로 황성기독교청년회가 조직되었는데, 창립총회의 사회를 헐버트가 맡았고, 1년 후 1904년 가을에 회장에 게일, 부회장에 헐버트가 각각 피선되었다고 한다.

대부분 물이 거의 없거나 완전히 말라 있었지만, 우기에는 사납게 소용돌이치는 물을 강으로 흘려보냈다. 이 배수로는 길에서 3~3.6미터쯤 아래 있었으며 곳곳에 돌다리가 있었다. 이 다리에는 난간 같은 것이 전혀 없었고, 이 좁은 공간은 소, 가마, 짐 싣는 조랑말, 남녀 아이들로 늘 북적댔다. 건기(乾期) 때 하수구에 물이 없던 어느 날, 언더우드는 자전거를 타고 이 다리 중 하나를 건너가고 있었다. 그때 갑자기 자전거 앞바퀴 밑으로 어린아이 하나가 소인지 조랑말인지를 피하기 위해 뛰어들었다. 그 상황에서 갑자기 멈춘다는 것은 도저히 불가능했다. 그 순간에는 옆으로 방향을 틀 수도 없었다. 왜냐하면 그의 오른편에는 사람이 있었고 왼편에는 다리의 가장자리가 있었기 때문이다. 그는 그 아이를 구하기 위해서는 다리 밑으로 뛰어드는 수밖에 없다고 생각했다. 그는 정말로 위험을 무릅쓰고 3~3.6미터 아래의 하수구 돌바닥으로 곧장 떨어졌다. 그는 심하게 충격을 받기는 했지만, 아무 상처도 입지 않고 무사히 빠져나왔다. 나에게는 늘 이것이 기적처럼 느껴진다. 언더우드의 발이 돌에 부딪히지 않도록 천사들이 손으로 그를 들어 올려 준 것 같은 예감이 들었던 것이다. 아마 평범한 우리라도 무엇을 해야 할지 결정할 충분한 시간이 있다면 언더우드처럼 행동했을 것이다. 그러나 재빠른 상황 파악과 즉각적인 결정은 그만이 지닌 특성이었다.

    그해에 우리 선교회는 우리 집과 소유지를 정부에 팔라는 요청을 받았다. 소유지는 미국과 러시아 공사관 사이, 프랑스 공사관을 마주 보는 곳에 있었다. 우리 집뿐만 아니라 다른 두 선교사의 집도 크고 경치 좋은 그 택지에 있었는데, 황제께서 특히 이곳에 거처를 짓고 싶어 하신다는 것이었다. 언더우드는 이 소식을 듣고 섭섭해했다. 왜냐하면 이 집은 시내 교회 가까이에 있고 서울에 있는 다른 사람들과도 가까울 뿐 아니라 모든 그리스도인들에게 잘 알려져 있어 그들이 방문하기도 편하기에 그의 일을 위해서는 더없이 좋은 장소였기 때문이다. 또한 순전히 개인적인 이유도 있었다. 언더우드는 이곳에서 15년간 살아오면서 아내를 얻고 아이를 낳았으며, 이곳을 중심으로 소중한 인간관계가 얽혀 있었던 것이다. 또 정원에는 아름다운 꽃과 덩굴과 과실수로 작은 숲이 이루어져 있었다. 언더우드는 꽃을 사랑했는데, 당시 그에게 유일한 물질적 쾌락이 있다면 화초를 가꾸는 것이었다. 또 언더우드는 형의 재정적 도움으로 집을 개수하여 스팀을 장치하고 뜨거운 물과 찬물이 나오게 했으며, 세 방에 커다란 난로를 설치했고, 작은 온실도 마련해 놓았다. 이 모든 작업을 하는 데는 돈뿐만 아니라 시간과 에너지도 많이 들었다. 그래서 애착이나 돈 때문에라도 서울의 다른 집을 구할 수는 없었으며, 또 이 집을 팔면 다른 집을 짓는 데 더 많은 돈과 노력이 들 터였다. 2년 전에 언더우드는 형의 제의에 따라 선교회에 그 소유지를 사겠다는 제안을 한 적이 있었으나, 그가 사적으로 집을 갖는 데 대해 몇 사람이 완강히 반대했었다. 그래서 언더우드는 자신이 그 제안을 포기하면 그 집은 언제나 그의 거처로 인정해 주겠다는 약속을 받았었다. 그러나 원칙의 문제가 아닐 때는 항상 그러했듯이, 반대하는 분위기가 강할 때 그는 자기 자신의 희망을 포기했다. 이제 선교회는 언더우드가 양보하고 정부가 그 부지를 사도록 해야 한다고 생각하고 있었기 때문이다.

황제는 미국 공사를 불러 선교회로 하여금 언더우드에게 그 소유지를 팔라고 명령을 내리도록 요청했다. 공사는 황제의 기분을 상하게 하지 않도록 조심하면서 자신이 공사이긴 하지만 미국인에게 무엇을 팔라고 명령할 힘이 없음을 설명했다. 그러자 황제는, "그러면 미국 정부에 전문을 보내서 미국 정부가 그들에게 팔라는 명령을 내리도록 요청하시오"라고 말했다. 미국 정부라 할지라도 아무리 천한 미국인에게조차 그의 뜻을 거스르면서 무엇을 팔라고 할 힘이 없다는 설명을 듣자 황제는 더욱더 놀랐다.

그래서 공사는 우리에게 와서 단지, 황제를 불쾌하게 하는 것은 우리 사업에 도움이 되지 않는다고 권고했을 뿐이다. 언더우드는 다른 무엇보다도 일이 잘되는 것이 우선임을 인정하고 집과 정원을 정부에 팔기로 했다.

집은 팔렸고 가구 대부분은 경매에 붙여졌다. 나머지는 조심스럽게 짐으로 꾸렸다. 왜냐하면 언더우드의 휴가가 다가오고 있었고, 그가 돌아왔을 때 과연 다시 집을 차지할 수 있을지 알 수 없었기 때문이다.

당시 또 하나 언더우드와 애비슨 의사의 지혜와 인내를 필요로 했던 일은 애비슨 의사가 세우려고 했던 새 병원에 대해 거센 반대가 일어난 문제였다. 세브란스(Severance)는 새 병원의 건립과 설비를 위해 1만 달러를 내놓았다. 상대적으로 병원이 거의 없다시피 한 동양에서는 병원이 훨씬 더 필요했다. 수십만 아니 수백만 달러가 들어가는 미국 병원을 생각하면, 병원을 위한 이 돈은 그리 거액도 아니었지만 이것은 한 사람이 내기에는 매우 큰돈이었다. 더군다나 그 사람의 다른 수많은 자선 사업을 함께 고려해 볼 때는 더욱 그러했다. 하지만 한국에다 실제로 좋은 건물, 좋은 설비를 갖춘 병원을 짓는 데는 그리 많지 않은, 오히려 부족하다고 할 수 있는 돈이었다. 이렇게 생각한 언더우드는 가능한 한 가장 좋은 병원을 짓겠다는 애비슨 의사의 결심을 적극 지지했다. 그러나 이 결심에 대한 반대자들은, 너무 좋은 병원을 짓는 것은 선교회에서 기관우선주의(institutionalism)를 확장하는 것이고, 기관우선주의는 복음과 영성을 축출할 것이라며 염려했다. 그러면서 동양의 다른 나라에서 교육·의료기관 때문에 복음 사업이 뒤로 밀린 선교회의 경우를 예로 들었다. 그들은 만일 자신들이 병원 건립에 동의할 경우 애비슨 의사는 1만 달러 이상을 써서는 안 되고, 서울의 병원에는 의사를 한 명만 둘 것을 애비슨 의사가 약속하도록 요구했다. 그러나 애비슨 의사와 언더우드는 전체 선교부의 지원을 받아 그런 정책의 채택을 거부하고 이 문제를 선교본부에까지 밀고 갔다. 그 후 한국 및 다른 선교지에서의 지속적인 발전은 의료선교의 상당한 물질적 가치뿐만 아니라 영적 선교의 가치도 보여 주었다.

어느 날 무디(Moody)[9]의 생애에 관한 글을 읽어 본 나는 언더우드의 성격 그리고 선교회에서의 그의 경험을 그대로 묘사해 놓은 것과 같은 문장을 발견하게 되었다. "무디는 종종 그의 친구들에게는 현명해 보이지 않는 방식을 택했다는 사실에 주목할 필요가 있다. 이는, 그의 친구들이 넘을 수 없는 장애물로 보이는 것들 때문에 시야가 혼란스러웠다는 것을 의미했다. 그러나 그런 장애물이 무디의 비전을 희미하게 하지는 못했다. 그는 일단 달성할 목표라고 생각하면, 확고한 인내력을 겸비한 열정과 에너지로 그 일을 밀고 나갔다. 만일 용기와 인내력이 부족한 사람이었다면 그 많은 업적들을 이루지 못했을 것이다. 그에게 장애물이란 보다 큰 노력을 기울이게 하는 계기에 불과했다." 이것은 언더우드를 그대로 묘사한 것이나 다름없었다. 다만 한 가지 차이점은, 무디는 반대에도 불구하고 비교적 자유롭게 자기가 하고 싶었던 것을 한 데 반해, 언더우드는 때로 그가 최선이라고 여긴 것을 하려고 할 때 그가 사랑하는 선교회와 부딪히거나 갈라서지 않고는 할 수가 없었다.

미국의 선교본부는 한국의 의료 사업에 보다 관대한 정책을 추진하라는 결정을 내렸다. 이로써 원래 너무 많다고 생각했던 1만 달러보다 훨씬 더 많은 15만 달러를 들여 병원을 지었고, 그렇게 지어진 세브란스 연합의과대학과 병원은 모든 사람들에게 선교회의 기독교화를 위한 노력 중 가장 도움이 된 요인 가운데 하나로 여겨지게 만들었다. 사실, 이제 그 병원은 모든 선교회의 지지를 받으며 그들에게 진심 어린 협력을 요구하고 있다.

---

9   무디(D. L. Moody, 1837-1899)는 미국의 부흥 운동가.

1901년, 그의 정기휴가가 다가와 그와 가족은 고향으로 향하게 되었다. 태평양을 거쳐 가나 인도양을 거쳐 가나 시간과 경비는 거의 차이가 없었으므로 그는 인도양을 거쳐 가는 쪽을 택했다. 언어가 통하지 않아 연설을 할 수도 없는 유럽 아무 나라에서나 푹 쉰 다음에 미국에 가라는 충고를 받았기 때문이다. 우리는 나폴리에 내려, 음악과 사람들과 아름다운 해안을 즐기며 시간을 보냈다. 또 우리는 허르쿨라네움과 폼페이를 방문하여, 문명이나 예술이 사람들의 도덕적 수준의 향상에는 얼마나 할 수 있는 것이 적었는지에 대한 마음 아픈 이야기를 들려주는 유적들을 큰 관심을 가지고 살펴보았다. 예술이 만들어 낸 모든 것과 조화를 이루는 그곳의 자연의 아름다움도 보다 고상한 자연[인간]을 대속하는 데는 아무런 역할도 하지 못했다.

　로마의 성 베드로 성당을 관람하는 동안, 언더우드는 한기를 동반한 심한 열병에 걸렸다. 당시 로마는 건강에 좋지 않은 계절이었는데, 여행자들이 두려워하는 이 로마의 열병은 아주 위협적이었다. 그러나 언더우드에게는 아직 할 일이 남아 있었기에 정신력으로 이겨 냈다. 하루가 지나자 그는 일어났으며 우리는 여행을 계속할 수 있었다. 피렌체와 베네치아에서 며칠씩 머물렀지만, 건강에 좋지 않은 계절인 그 도시에 머물러 있기에는 별 도움이 되지 않았으므로 우리는 발걸음을 재촉했다. 그래서 루체른으로 서둘러 가, 거기서 비교적 싼 집을 빌려 여름 몇 주간을 보내려고 계획했다.

　그러나 스위스에 도착하자마자 언더우드는 다시 병에 걸렸다. 의사는 완전한 휴식과 철저한 안정을 명했다. 따라서 무거운 의무와 힘든 문헌 사업에서 물러나 정신적 안정을 취하자 육체도 동시에 쉬는 방향으로 나아가게 되었다. 그는 마침 아주 싼 값에 빌릴 수 있는 멋진 농가를 하나 찾아냈다. 호수와 산들이 바라다보이고, 간단하지만 영양가 있는 음식을 먹을 수 있으며, 선량한 이웃들이 있는 루체른 호숫가 웨기스(Wegis) 마을에서 언더우드는 가족과 함께 여름 몇 달을 보냈다.

가을에는 그의 병에 차도가 있어 우리는 파리로 갔다. 거기서 곧, 다시 영국으로 가서 몇 안 되는 친척들과 인사를 나누었다. 그는 성서공회 사람들을 만나 몇 차례 연설을 했다. 우리는 다시 안트워프(Antwerp)를 거쳐 미국으로 서둘러 갔다.

언더우드는 예전보다 몸이 상당히 좋아져, 교인들의 마음속에 한국에 대한 보다 깊은 관심을 불러일으키는 한편, 선교 사업을 위해 사람과 돈을 모으는 등 미국에서 일을 할 수 있게 되었다. 그는 사방으로 쉬지 않고 오가며 수천 킬로미터를 여행했고, 필요하면 밤에도 여행을 계속했으며, 또 밤낮을 가리지 않고 연설했다.

휴가 기간 동안 언더우드는 미국 뉴욕 대학교의 졸업예배에서 학위수여 설교를 했으며, 뉴욕에서 열리고 있던 총회의 '외국선교의 밤'에는 카네기 홀에서 많은 청중에게 선교에 대해 연설했다. 그는 장애나 반대에 부딪혔을 때 낙심하거나 용기를 잃지 않은 것과 마찬가지로, 연설로 인해 커다란 찬사를 받을 때도 우쭐해하지 않았다.

미국에 있을 때는 늘 그러했듯이, 그의 가족은 그의 형이나 누이들과 함께 지냈다. 초여름에는 그의 두 누이가 가족과 함께 살고 있는 오션 그로브(Ocean Grove)에 잠시 다녀온 뒤, 우리는 한국으로 돌아가기 위해 서부로 향했다. 가는 길에 주최 측의 요청에 의해 한 주간 위노나(Winona)에서 열린 회의에 참석하면서 몇몇 모임에서 연설을 했다. 그곳에서 언더우드는 미국에서 가장 큰 영향력을 지닌 복음 지도자들을 많이 만날 수 있었다.

12
어둠과 빛

우리가 미국에서 돌아온 지 얼마 되지 않아, 언더우드가 목회를 담당하고 있던 황해도에 많은 문제가 생겼다. 어떤 가톨릭 교도들이 농민들로부터 돈을 강탈하고, 법을 시행하는 관리들에게 도전하고, 게다가 관리들을 체포하기까지 한 것이다.[1] 그들이 이런 행동을 한 것은, 오랫동안 홀로 지내면서 거의 미쳐 버린 사제 때문이었다.[2] 우리도 이런 문제들을 겪은 후 그가 미쳤다고 믿을 수밖에 없었다. 어쨌든 그 사제와 그를 추종하는 사람들의 행동은 완전히 이성을 잃은 것 같았다. 그 사제를 알고, 이전에 전도여행 때도 몇 번 만난 적이 있었던 언더우드는, 처음에는 그 사제가 자기 지방에 어떤 일이 벌어지고 있는지 모르고 있을 것이라 생각해 그에게 친절한 편지를 써 보냈다. 그러나 그 사제는 매우 도전적인 투의 답장을 보내왔다. 그가 책임지고 있는 모든 것들

---

1 1900년부터 몇 년간 황해도 일대에서 일어난 해서교안(海西教案)이다.
2 한국명 홍석구(洪錫九)로 통하는 프랑스 신부 요제푸스 빌렘(Josephus Wilhelm)이다.

을 솔직하게 받아들이면서, 한편으로는 그것을 변호하려는 것이었다. 이들에게서 고문을 당하고, 물건을 빼앗기고, 땅문서를 내놓아야 했던 많은 사람들은 불신자들이었지만, 그중에는 상당수의 개신교인들도 있어서 그들의 불평은 선교사들의 귀에까지 들어가게 되었다. 두세 명의 농부들은 자신들의 문제를 들고 프랑스 공사관에 찾아갔지만, 거들떠보지도 않아 결국에는 한국의 일간신문에 이 사건이 보도되고야 말았다. 그러자 처음에는 그 사건의 내막을 이해하지 못했던 프랑스 공사는 나중에서야 정부에게 그 사람들을 잡아 가두어 달라고 요청했다. 게일 박사와 언더우드는 외부로 찾아가서 그들의 일을 탄원하고, 이 문제를 미국 공사인 알렌 박사에게로 가져갔다. 알렌 박사는 한국 정부로 하여금 황해도 지방 수도인 해주로 파견할 위원단을 임명하여 이 사건을 조사하도록 조치했다. 우리 선교회의 언더우드와 마펫 박사는 그곳에 가서 한국인들이 사건을 진술할 때 뇌물을 받거나 협박을 당하지 않도록 하여 그 사건의 내역을 정확히 보고해 달라는 요청을 받았다. 한편 이 사건 조사를 막고 지연시키려는 온갖 술수가 자행되었으며, 재판관을 괴롭히거나 협박을 한다든지, 서울의 정부에 특별 사자를 파견하거나 전문·서신을 보내 재판관의 권한을 약화시켜 그의 작업을 방해하고, 또 수도에서는 그를 중상모략했다. 언더우드는 면밀히 살펴본 결과, 재판이 아주 정의롭고 지혜롭고 공정하게 진행된다고 생각했다. 하지만 사핵사(查覈使)는 지치고 겁에 질려 끝내 서울로 사직서를 보냈는데, 이것은 받아들여지지 않았다. 드디어 모든 잘못된 행위들이 완전히 판명되었다. 언더우드와 마펫 박사는 이 사건을 주의 깊게 조사하면서 해주에서 몇 주간을 보냈다. 이 조사 기간 동안 전 사회에 공갈조직(system of blackmail)이 스며들어 있음이 드러났다. 더구나 사핵사가 임명되었을 때,[3] 사람들은 정말로 막 봉기하려는 찰나였다. 재판 결과, 재판에 불려 나온 사람들의 죄가 판명되었음에도 불구하고, 죄의 확증에 따른 대가는 전혀 만족스럽지 못했다. 더구나 잡히지 않았던 대다수는 벌을 받지 않았다. 그러나 잔학한 행위들은 그쳤으며, 그때부터 지금까지 그런 일이 다시 일어났다는 이야기를 들어 본 적이 없다. 따라서 미국인들이 참석했던 이 재판은 예방조치로서의 효과가 있었다.

장로회신학교는 마펫 박사가 책임을 맡아 1902년에 문을 열었다.[4] 그 첫 졸업생들은 1907년에 목사 안수를 받았다. 언더우드는 미국에서 돌아온 뒤, 그 학교가 개교할 때부터 학기 중인 3개월 동안[5] 매일 몇 시간씩 과목을 가르쳤다. 그러나 그 후에는 다른 일들이 너무 밀려서 6주간만 강의했고, 나머지 기간 동안에는 다른 사람들이 그를 대신했다. 종종 언더우드는 게일 박사와 이런 식으로 번갈아 가며 강의했다.

미국에서 돌아오자, 우리는 다시 예전에 살던 집으로 들어갔다. 아직 정부에서 그 집을 인수할 준비도 안 되었고, 우리가 달리 묵을 곳을 찾기도 사실 힘들었다. 그러나 언더우드는 여전히 집 지을 곳을 찾아야 했다. 그는 선교회의 돈이 아닌 자신의 경비로 집을 짓기로 했으며, 이전처럼 스팀과 목욕탕과 온실을 갖추기로 했다. 설사 선교회가 그럴 수 있고 그렇게 해주겠다 해도, 언더우드는 선교회로부터 그런 제공을 받지 않기로 했다. 더불어 그는 자신의 개인적 필요와 취향에 따라 마음대로 지을 수 있는 장소를 갖는 것이 가장 좋다고 여겼다.

여기서 한 가지 설명을 덧붙여 두는 것이 좋겠다. 어떤 사람들의 말처럼 '백만장자 선교사'(millionaire missionary)는 아니었지만, 그는 나름대로 개인 재산을 가지고 있어 좋은 집을 지을 수가 있었다. 또한 일에 대한 매우 조

---

3 해서교안이 일어나자 중앙정부에서는 1903년 1월 22일 당시 외부(外部) 교섭국장 겸 변리공사 이응익을 사핵사로 임명하여 그 사실을 조사토록 했다.
4 평양의 장로회신학교는 일반적으로 1901년에 개설된 것으로 이해되고 있다.
5 학생 중에는 장로회신학교의 교역자들이 있었으므로, 학제를 1년간 3개월 동안 개강하는 제도로 만들었고, 졸업 때까지 5년간 공부하도록 했다.

심스러운 감독과 이것저것 불필요한 것들에 미련을 갖지 않는 그의 태도 때문에 스팀과 목욕탕을 설치하는 데는 그다지 커 보이지 않는 어떤 선교사의 집에 설치된 것보다도 비용이 훨씬 적게 들었다.

언더우드는 새 집 지을 장소를 구하는 데 많은 어려움을 겪었다. 건축하기에 적당한 땅을 골라 놓고 몇 명의 소유자들과 거래까지 했는데, 뒤에 나타난 어떤 부정직한 토지 거간꾼이 그 땅의 많은 부분을 사들였던 것이다. 그래서 그가 예상했던 비용이 이미 초과한 데다, 좋은 부지를 위해서 꼭 필요한 땅의 가격이 걷잡을 수 없을 정도로 갑자기 올라 버렸다. 틀림없이 그 거간꾼은 언더우드가 백만장자라는 소문을 믿고 자기가 사들인 땅이 얼마라 할지라도 지불할 것이라고 생각했을 것이다. 그러나 모든 일은 막다른 골목에 이르고 말았다. 시간이 촉박해지자 언더우드는 이미 투자한 돈을 손해 볼 각오를 하고 다른 곳을 구하기로 결정했다. 얼마 지나지 않아, 서울의 다른 곳보다 높은 곳에 위치한, 경관이 매우 좋은 곳이 발견되었다. 이곳은 합당한 가격에 쉽게 살 수 있었다. 일꾼들은 곧 땅을 고르는 일에 착수하고 기초를 놓을 준비를 하기 시작했다. 그때 갑자기 그 일꾼들이 잡혀가게 되었고, 그제야 언더우드는 자신이 잘못을 저질렀다는 것을 알게 되었다. 이 장소는 바로 절 위에 있을 뿐만 아니라, 궁궐 내부까지 바라다보이는 곳이었다. 언더우드는, 외국인은 누구도 그 땅을 소유할 수 없으며, 만약 그가 그 권리를 포기하기만 하면 다른 모든 곳은 요청하는 대로 그의 것이 되리라는 말을 들었다. 그는 타협을 하기 전에 우선 그의 죄 없는 일꾼들을 풀어 줄 것을 주장했다. 그리고 그것이 받아들여지자 기꺼이 다른 곳을 택하는 데 동의했다. 그는 황제를 기분 나쁘게 할 생각은 추호도 없었음을 이야기하고, 그가 처음에 골랐던 부지를 요청했다. 정부 사람들은 그 부정직한 토지 거간꾼으로부터 그 땅을 공정한 가격에 사서 관대하게 언덕 위의 땅과 교환해 주었다. 이 땅[6]을 산 것은 1903년 봄이었다. 언더우드는 곳곳에 나무와 관목을 심기 시작했고, 원래 그곳에 있었던 나무와 작은 꽃나무에도 세심한 주의를 기울이도록 지시했다. 정원과 나무는 그가 매우 귀하게 여기는 것이었기 때문이다. 또한 그는 이 집을 전에 오랫동안 살던 한국 집과 동일하게 만들기로 계획했다. 즉, 위안과 편의의 면이 극대화되고, 미국식으로 지어졌지만 그 선은 원래 한국 건축을 따르는 식으로 짓고자 했다. 병원과 의사 및 간호사들의 집도 멀지 않은 곳에 지어지고 있어, 복음의 일꾼과 의료 일꾼들이 가까이 있게 됨으로써 서로 혜택을 입게 되었다.

미국에서 돌아온 언더우드는 콜레라가 번졌을 때 교인들이 모은 돈으로 지은 새문안교회가 너무 작다는 생각이 들었다. 교인들은 쉬지 않고 불어났으며, 세례를 기다리고 있는 사람들도 많았다. 교인은 1889년에 263명이던 것이 1901년에는 401명이 되었다. 또 언더우드는 그들이 서울의 반경 8킬로미터 되는 곳에 다섯 개의 전도단을 파견하여 예배당을 지었으며, 다른 지역에도 몇 개의 전도단을 파견하여 개인 거주지에서 예배를 드리고 있음을 알게 되었다. 교인들이 이 모든 일을 하고 있었다. 또한 그들은 학교와 교회 경비, 자선 사업, 복음 및 선교 사업 등을 위해 1년에 268.18달러의 헌금을 내고 있었다. 당시는 일당 임금이 20센트 정도밖에 안 되었으며, 대부분의 사람들이 노동 계급이었음을 여기서 기억해야 할 것이다. 여인들을 위한 여섯 개의 사경회가 매주 여러 곳에서 열렸으며, 몇 명의 여인들은 여선교사들과 6주간의 지방여행을 떠나 전도 사업을 돕기도 했다. 그래도 그들은 단지 여행 경비만 받으려 했다.

그리스도인 그룹들이 가장 활발하게 활동하고 있는 곳 중 하나인 잔다리(Chan Dari)[7]는 새문안교회의 직접적인 지도 아래 수년 전에 시작되었다. 시

---

6 남대문 밖의 복숭아골(도동)로, 세브란스 병원과 가까운 곳이었다.

작 당시 중요한 위치를 차지한 두 사람이 있었다. 한 사람은 고 씨로서 어느 양반의 가족 묘지를 돌보던 묘지기였는데 회개를 하자 이 묘에서 정기적으로 제사드릴 때 준비하던 일을 그만두기로 했다. 이것은 그의 수입 전부와, 그가 오랫동안 살아왔고 자녀들이 태어났던 집을 포기하는 것을 의미했다. 그러나 그 묘지의 주인은 그의 사직을 받아들이지 않았다. 그는 오랫동안 일한 신뢰할 수 있는 사람이었기 때문이다. 그래서 그 양반은 다른 사람을 고용하여 제사 준비를 시키고, 고 씨는 그대로 남아 묘만 지키도록 했다. 이렇게 하여 그는 그 작은 교회의 기둥으로 남게 되었다. 또한 아주 변덕스럽고 충동적인 이 씨라는 젊은 사람이 있었는데, 이 두 사람[8]이 서울의 일꾼들의 도움을 받아 먼저 그 마을의 가정들을 믿게 하고 작은 예배당을 짓게 했다. 그러던 한참 후, 플리머스 형제단(Plymouth Brethren)[9]이 이 작은 무리의 성장을 방해하기 시작했다. 이 씨의 변덕스러운 성질이 완전히 드러났던 것이다. 그는 교회 조직이 비성경적이며, 목사가 보수를 받는 것은 잘못이고, 교회는 해산되어야 한다고 생각하기 시작했다. 언더우드를 비롯한 몇몇 지도자급의 그리스도인들은 이 젊은이를 비롯해 여러 교인들과 많은 이야기를 하고 기도한 끝에 대부분의 교인들이 결국 돌아오게 되었다. 그러나 그들의 말도 이 씨에게는 받아들여지지 않았다. 그래서 우리가 미국에서 돌아왔을 때 잔다리는 두 개의 교회로 나뉘어 있었다. 언더우드가 없는 몇 달 동안 우리의 선한 친구인 헐버트가 정기적으로 그곳에서 설교했다. 또 종종 그는 새문안교회의 강단에 서기도 했다.

북쪽에 위치한 궁궐의 여름 정자에서 일본의 고위층 손님을 접대하기

---

7 경기도 고양군 세교리로서 현 서울 마포구 서교동에 해당되며, 잔다리교회는 현재 서교동교회를 말한다.
8 고군보 씨와 이용석 씨로 추정된다.
9 1830년경 영국의 플리머스와 더블린에서 일어난 근본주의 성격의 복음주의 운동. 여기서는 이 씨의 행동을 빗대 말한 것이다.

위해 형식을 갖춘 공식만찬이 열린 것은 이 무렵이었던 것으로 기억된다. 그곳은 오래되고 웅장한 나무들, 멋진 여름 별장, 연꽃이 피어 있는 연못, 풀밭과 꽃밭 등으로 이루어져 있어 무척 아름다웠다. 이 만찬에는 외국 공사 부처들과 오래된 선교사 몇 명만 초대되었다. 이때 언더우드와 그의 아내는 피치 못할 사정으로 늦게 참석했는데, 공식적으로 높은 계급과 지위를 가지고 있는 한국 양반들 중에서도 왕의 총애를 흠뻑 받고 있던 사람들이 우리에게 경의를 표해 주었다. 또한 그들의 상이 치워지고 새 상이 놓이기 전에, 황태자는 재빨리 일어나 언더우드 부인에게 의자를 내어 주고, 시종을 물리친 다음 직접 시중을 들어 주었다. 지위와 계급을 중시하는 동양의 관념으로 생각해 볼 때 이것은 굉장한 겸양이었으며, 선교사에 대한 특별한 우의의 표시였다. 황태자는 아마 그 이전에는 평생 다른 누구를 위해 접시나 잔을 나르거나, 심지어는 자기 자신을 위해서조차 아주 사소한 것이라도 집어 와 본 적이 결코 없었을 것이다.

언더우드가 미국에서 돌아왔을 때, 초기에 그가 맡아서 일을 하던 황해도의 선교지는 선교회가 인계해 맡고 있었다. 그곳 사람들은 언더우드를 아버지처럼 사랑했는데, 그때의 어린아이들은 젊은이가 되어 있었고, 예전엔 한 손에 꼽을 수 있던 그리스도인들의 숫자는 수천 아니면 수백으로 늘어나 있었다. 원래는 규칙상 어떤 사람이 처음 씨를 뿌리고 돌보아 놀라운 성장으로 이끈 곳은 그의 동의 없이는 선교회가 맡을 수 없게 되어 있었다. 그러나 우리가 없는 동안에 규칙이 바뀌어 이제 그가 그 담당 책임을 계속 맡을 것인가는 그의 선교지부의 결정에 따르게 되었다. 이 선교지는 무척 광대하고 서울에서도 멀리 떨어져 있었기 때문에, 다른 선교사들은 언더우드의 여러 일로 미루어 보아 그가 제대로 이 선교지를 돌보면서 다른 일도 계속 잘해 나갈 수 있으리라고 생각하지 않았다. 그래서 언더우드가 두 가지 일을 다 잘할 수 있으며 과거에도 충분히 그렇게 해 왔음을 지적했음에도 불구하고, 그들은 언더우드가 보통 사람 이상으로 일할 수 있다는 사실을 미처 깨닫지 못했다. 즉 그들은 언더우드의 불굴의 의지, 다방면의 재능, 산더미 같은 일을 해치우는 데에 자신과 다른 사람들의 능력을 적절하게 사용하는 능력 등을 고려하지 않았던 것이다. 이런 연유로 그곳 사람들과 그들이 사랑하는 목사는 헤어지게 되었다. 그들이 얼마나 간청했던가! 그들은 그들의 목회자를 자신들에게 돌아오도록 하기 위해 거듭 대표를 보내 간청했다! 그들이 목사님을 돌려보내 달라고 얼마나 빌었던가! 그러나 아무 소용이 없었다.

아마도 사람들이 한 사람에게 너무 의존해 있는 것처럼 보일 때, 그들이 혼자 걸을 수 있도록 가르치는 것이 하나님의 방법인 모양이다. 처음에는 해로워 보이더라도, 결국에는 오직 하나님께만 의존하는 보다 나은 방법을 배우게 되는 것이다. 이 글을 쓰고 있는 순간에도 한국인들은 다시 울부짖고 있다. "우리는 그에게 희망을 가졌으나 그 희망은 아무런 소용이 없게 되고 말았다!" "우리가 의지할 사람이 아무도 없으니, 우리가 무슨 말을 할 수 있겠는가!" 우리가 오직 예수만을 바라보게 하기 위해 하나님이 우리의 지주를 가져가 버리는 경우가 얼마나 많은가! 나는 아마 이것이 하나님이 의도하신 바였을 것이라 말하고 싶다. 그러나 이 경우에는 하나님이 그렇게 내버려 두시는 것보다는 뭔가를 더 하실 일이 많지 않았을까 하는 생각이 들기도 한다. 하나님은 선하게 일을 해 나가시겠지만, 인간의 관점에서 볼 때는 연장자인 선교사의 충고와 경험에도 불구하고 그렇게 시행한 것이 큰 실수로 보이기도 한다. 그러나 언더우드는 매우 섭섭하긴 했지만, 아무런 불평도 하지 않고 오히려 새로운 목사에게 순종하도록 사람들을 타이르려고 노력했다. 그는 새 목사의 요청에 따라 그곳에 가서 연례회의를 열기도 했다.

이 무렵, 뉴욕 "옵저버"(The Observer)지의 편집자이며 목사이기도 한 데

빈스(Devins) 박사가 세계일주를 하던 중에 잠시 한국을 방문했다. 그는 언더우드의 오랜 친구이기도 했기 때문에, 언더우드는 그에게 '귀신이 출몰하는 궁궐'이라고 불리는 아름다운 뜰과 정원 그리고 멋진 건물들을 보여 주고 싶어 했다. 그래서 미국 공사관에 신청을 했더니 궁궐은 몇 달 동안 아무 방문객도 받지 않으며, 아무리 높은 외국 관리라 할지라도 다른 방문객들을 위한 허가를 얻어 낼 수 없다고 했다. 미국 공사는 자신이 한 번 이상 실패했기 때문에, 다시 시도해 보아야 소용이 없다고 덧붙였다. 그러나 언더우드는 결코 실망하지 않았다. 그는 직접 황제에게 어떤 친구들에게 궁궐 뜰을 보여 주고 싶다는 청을 넣었다. 그러자 이에 대한 답으로 황제는, 언더우드가 자신에게 한 봉사를 잊을 수 없으며 둘은 형제라는 사실을 상기시키는 친절한 전갈과 함께 특별 허가를 내려보냈다.

궁궐 대문에 친구들과 함께 도착하자, 한 관리가 기다리고 있다가 일행을 이끌고 안으로 들어갔다. 구경을 모두 마친 다음에 이들은 정자로 갔다. 그곳에는 맛있는 식사가 준비되어 있었는데, 이것은 황제가 언더우드와 손님들을 위하여 자신의 요리사를 보내 특별히 만든 음식이었다. 이 일은 시골의 농사꾼인 평민들뿐 아니라 왕이나 고관들도 얼마나 이 선교사를 따뜻하게 대해 주었는가를 보여 준 예다.

1903년 말에 원산에서는 놀라운 부흥이 시작되었다. 나는 늘 이것이 그로부터 3년 후 한국의 전 교회에 쏟아부어진 놀라운 복의 시초였다고 믿고 있다.[10]

당시 원산에 살고 있던 하디(Hardie) 의사[11]는, 그리스도인 여인 두 명이 소나기와 같은 은혜가 퍼부어지도록 매일 얼마나 열심히 기도했는지, 또

---

10 평양대부흥운동은 1907년 1월에 일어났으므로 1903년에서 3년 후에 일어난 것으로 묘사한 것 같다.
11 남감리교 소속의 하디[R. A. Hardie, 하리영(河鯉永)] 선교사로 1903년 부흥 운동의 선각자다.

그 당시 어떻게 집회가 준비되었는지를 이야기해 주었다. 그는 몇 주간 동안 선교사들의 성경 연구를 지도해 달라는 요청을 받았으나, 그것을 준비하는 동안에 느낀 냉랭함과 약점들 때문에 큰 슬픔과 후회에 사로잡히게 되었다. 그래서 그는 한국인 교회와 선교사들 앞에서 공개적으로 그것을 고백하고, 그들의 기도를 요청했다. 다른 사람들 역시 비슷한 죄책감과 후회에 사로잡혀 기도하기 시작해 마침내 모든 선교사들과 한국인 그리스도인들이 불의 세례를 받기에 이르렀다. 원산에서의 이 놀라운 경험에 대한 이야기는 한국 전역에 퍼져, 1906년 봄과 초여름에는 그와 비슷한 놀라운 부흥이 남장로교 선교지부 한 곳[12]을 휩쓸었으며, 1907년에는 북부 지방의 그리스도인이 있는 곳이라면 어디든 커다란 부흥이 뒤따랐다. 그 부흥들은 성격이 모두 똑같았고 한국인뿐만 아니라 외국인에게도 영향을 미쳤는데, 그 특징은 아무리 작은 죄라도 감추어 놓고 있으면 사람을 못 견디게 하는 것이었다. 그래서 회개하는 사람들은 종종 바닥에 뒹굴거나 두려움과 슬픔에 사로잡혀 무섭게 경련을 일으켰다. 뒤이어 하나님의 거룩함에 거역한 모든 생각과 말과 행동의 고백이 있었고, 마음에서 우러나오는 기도가 계속되었다. 또 전 회중은 통성으로 크게 기도했으며, 함께 울고 기뻐했다. 특히 1905년과 1906년 사이의 겨울에는 모든 선교회들이 성령의 은혜를 갈구하며 끊임없이 기도했기 때문에 각지에 축복이 다가오고 있다는 분위기가 감돌았다.

    이러한 부흥들의 뚜렷한 유사성에서 볼 때, 이 부흥들은 선한 두 여인의 기도로 이루어진 원산의 작은 선교 공동체에서 시작되었음에 틀림없다. 언더우드는 병 때문에 지방에 갈 수 없어 당시 북쪽의 그 부흥을 직접 볼 수는 없었지만, 현장에서 그 힘을 느낀 사람들의 생생한 묘사가 담긴

---

12 목포를 말한다.

편지를 보고 그의 마음은 기쁨으로 가득 찼다.

프레드릭 언더우드 휴양소는 더 이상 내버려진 병자들의 요양원으로 사용될 필요가 없었기 때문에, 1902년과 1903년에는 빈곤한 아이들의 집으로 사용되었다. 언더우드는 이곳에서 선한 두 여인이 봉사하도록 했는데, 그들은 자신들의 개인 경비로 또는 여러 곳에서 들어온 헌금으로 집 없는 몇몇 아이들을 돌보고 가르쳤다. 언더우드가 포함된 선교사들의 위원회가 이 사업 운영을 담당했으며, 그 부인들이 일하면서 맞닥뜨리게 되는 여러 문제들에 대해 조언을 해주었다. 이처럼 수많은 어린아이들이 이곳에서 도움을 받았으며, 교회의 품에서 양육되었다. 다른 여러 일들로 늘 분주했지만 그가 이 집에 들인 시간과 노력은 상당했다.

1904년 봄, 황제가 살고 있던 궁궐에서 한밤중에 불이 나 왕의 가족은 언더우드의 집 이웃에 있던 서재 건물로 옮겨왔다. 이곳은 외국인이나 다른 저명인사를 영접하기 위해 세운 건물이었다. 또한 왕가의 일부 사람들은 언더우드의 집 바로 뒤에 있는 러시아 공사관 옆 건물에 와서 살게 되었다. 물론 넓은 궁궐들이 있었지만, 가슴 아픈 일들이 연상되거나 사용할 준비가 되어 있지 않았기 때문에 그곳으로 온 것이었다. 특히 황제는 왕비의 죽음과 그 자신의 강제 구금 이래로 외국 관리들의 이웃에 있기를 선호했다.

불이 났던 새벽 두 시에 언더우드는 그의 집을 황제가 필요로 하므로 당장 비워 달라는 이야기를 들었다. 이것은 정말로 갑작스러운 소식이었다. 그때 그의 새 집은 아직 완성되지 않아[13] 방 한 칸도 사용할 수 없었고, 일꾼들은 마루를 놓고 칠을 하는 등 여러 곳의 마무리 손질을 하고 있었다.

---

[13] 정동에서 복숭아골로 이사한 것은 1905년경으로 추정된다. 그러니까 1904년 봄에는 아직 정동에 거주했다. 화재가 난 궁궐은 오늘날의 덕수궁이다.

물론 일꾼들이 일을 서두르는 시늉은 했으나 언더우드가 보기에 실제로 서두르는 것 같지는 않았다. 동양인들을 일정 한도 이상으로 재촉한다는 것은 불가능한 일이었다. 그는 수도관을 놓고 히터와 라디에이터를 설치하는 일을 그 추운 겨울에 손수 다 했다. 당시에는 아직 그런 일을 할 수 있는 숙련공이 없었기 때문이다. 파이프를 맞추고 스크루를 자르고 조인트를 끼우는 등의 일이었지만, 나 역시 이런 일은 거의 모르는 여자에 불과했다. 그러나 건강과 편리함을 줄 수 있는 집, 그러면서도 너무 비싸지 않고 선교 사업을 계속해야 한다는 조건을 만족시키는 집으로 만들기 위해서는 그의 일상생활 수년에 맞먹는 육체적 힘과 에너지의 소모가 필요했다. 당시 그는 솔직하게 긴장감을 내비쳤다. 또한 언더우드와 계약을 맺은 중국인 건축업자는 가능한 한 모든 방식으로 자재, 일꾼의 수, 시간 등을 속이려 했는데, 마지막에는 아예 계약서에 명기된 것보다 더 많은 돈을 얹어 주지 않으면 일을 끝마치지 못하겠다고 했다. 게다가 아주 치밀한 감독 없이는 일이 종종 미뤄지거나 되풀이되고, 때마다 품팔이꾼들은 파업을 하곤 했다. 이 품팔이꾼들은 아침 일찍 나왔지만 두 시간마다 20분씩 담배를 피우기 위해 일을 쉬었는데, 이것은 사람들에게 빨리 집에 가고 싶다는 마음만 일게 만들었다. 하지만 그 계약자를 물러나게 하고, 오랜 친구인 해리 장(Harry Chang)[14]에게 일을 맡기자, 이때부터는 일이 잘 진행되어 나갔다. 이 중국 신사가 거의 30년 동안 언더우드에게 어떠한 친구였는지, 그리고 얼마나 여러 가지로 친절을 베풀었는지 말할 수 있는 지면이 있었으면 좋겠다. 이 두 사람 사이에는 항상 따뜻한 존경과 호의가 지속되었다.

그러나 이렇게 두 사람이 최선을 다했음에도 불구하고 집은 완성되지 않았다. 우리가 있던 집은 팔렸고 황제가 우리에게 나가라고 명령했기 때

---

14 황성기독교청년회관도 건축한 중국인이다.

문에 어디론가 가는 수밖에 별 도리가 없었다. 그러나 다행히 우리의 새 땅에는 괜찮게 수리해 놓은 멋진 한국 집이 하나 있었는데, 언더우드는 본채에서 가구와 다른 짐들만 넣어 둘 공간을 찾을 수 있으면 당분간 거기서 야영하기로 계획을 세웠다. 지하실에 그것들을 쌓아 둘 만한 방이 한두 칸 있었으므로 날이 밝기 전에 아연으로 주름진 커다란 상자를 다락에서 가져와, 그림·양탄자·린네르 등을 집어넣었다. 그런데 물건들을 산더미처럼 쌓아 놓을 무렵, 다른 관리가 오더니 언더우드에게 황제께서 그 집을 필요로 하지 않으시니 있고 싶은 대로 계속 있어도 좋다고 전했다. 그렇다면 먼젓번 전갈은 과잉 충성을 발휘한 어떤 관리가 보낸 것임에 틀림없었다. 이 새로운 소식 덕분에 우리는 안도했다. 이렇게 우리의 가재들은 정돈된 곳에서 다시 꺼내져 그전에 있던 장소에 몇 주간 더 있게 되었다.

    관리가 돌아가자마자 또 다른 사람이 왔다. 일곱 살쯤 먹은 가장 어린 왕자가 호기심에 가득 차 외국 아이와 외국인의 집을 보러 온 것이다. 그가 혼자 오거나, 아니면 시종을 한두 명만 데리고 왔다면 좋았을 텐데! 그와 함께 온 교사들, 통역사들, 온갖 연령과 지위의 시종들이 무리를 이루어 우리 집을 가득 채웠다. 물론 쌓아 놓았던 짐들은 미처 제자리에 갖다 놓지 못했기 때문에 우리는 밤새 서 있어야만 했다. 그러나 매우 엄격한 형식이 요구되었기 때문에 이 어린 신사는 모든 것을 다 구경하고 우리가 제공할 수 있는 가장 좋은 것으로 대접받았다. 그는 같은 날 두세 번 더 우리 집을 방문했는데, 올 때마다 우리 아들이 뛰놀고 미국식 게임을 하고 나무 타는 모습을 보는 게 지겹지도 않은 모양이었다. 어느 날 내가 왕자를 맞으러 급히 나가다 발목을 삐게 되자 그는 매일 친절한 안부인사와 함께 꽃뿐만 아니라 신선하고 달콤한 과일을 많이 보내왔다. 또 이 어린 친구는 아침에 우리가 일어나기도 전에 두세 번 안부를 물으러 사람을 보내거나 자신이 직접 오기도 했다.

13
일본의 보호국

우리의 새 집이 완성되기 전에, 오랫동안 발생할 것 같았던 러시아와 일본의 충돌이 드디어 현실로 다가왔다.[1] 전함들이 각 공사관으로 여러 국적의 해군들을 풀어놓았기 때문에 서울은 군인들로 꽉 찼다. 그러나 이렇게 많은 군인들이 있었음에도 불구하고 서울은 비교적 질서가 잘 잡혀 있었다. 일본은 거의 동시에 북으로 향하는 경의선과 남쪽으로는 부산에 이르는 경부선 철도 및 도로를 놓는 일에 착수했고, 이 밖에도 시모노세키(下關)로 향하는 직접적인 통로를 많이 만들었다. 이는 시모노세키의 부대가 배로 와서, 다시 철로를 통해 만주까지 운송될 수 있게 하기 위해서였다. 군인들은 조용하고 질서가 잡혀 있었지만, 군 부대를 따라온 많은 사람들은 한국인들과 외국인들을 매우 거칠게, 때로는 야만적으로 다루기까지 하여 결국 자신의 민족에게 오명을 남겼다. 물론, 당시 일본 정부는 나라를 다스릴 기술이나 그런 사람들

---

1   러·일전쟁이 일어난 것은 1904년 2월이다.

을 통제할 수단을 갖추고 있지 못했다. 거친 사람들은 때로 개인 집에 들어가거나 개인 정원의 나무를 자르기도 했으며, 심지어 우리 하인들에게 욕을 하는 등 정말 역겨운 모습을 드러냈다.

이 무렵 일어난 한 사건은 한국의 불안한 상황과 언더우드의 성격을 동시에 보여 주기 때문에 언급해 둘 만한 가치가 있다. 당시에는 경원선 철도가 건설되는 중이었다. 그때는 한강(Han Kang)이라는 마을을 통과하는 곳에 철도가 놓이고 있었는데, 이 마을은 우리의 강변 집에서 걸어가면 5분도 안 걸리는 곳으로, 갓 결혼한 어느 선교사 부부가 이곳에서 신혼생활을 하고 있었다. 어느 가을날 오후, 언더우드는 어린 아들과 함께 그 마을에서 예배를 인도하기 위해 걸어가고 있었다. 이전에 내 가마꾼이었던 강변 집의 별장지기는 65세의 노인으로, 그리스도인은 아니었지만 언더우드와 그 모임에 동행했다. 오후 늦게 언더우드보다 조금 뒤떨어져 돌아오던 이 김 노인은 한 일본인 인부가 매우 거친 말을 쓰면서, 길에서 나뭇더미를 아직 치우지 않았다고 강변 마을에 사는 한국인들에게 심하게 대하는 것을 보았다. 김 노인은 그 일본인을 꾸짖으면서, 일하는 시간은 끝났고 다음 날 아침까지 기다리면 다 되어 있을 것이라고 말해 주었다. 그러자 그 일본인 인부는 김 노인에게 대들어, 결국 두 사람은 곧 주먹질까지 하게 되었다. 힘에서는 김 노인이 상대에게 열세였지만, 발로 일본인을 힘껏 걷어차자 그 일본인은 강둑 아래로 굴러 떨어지면서 고통과 분노에 찬 소리를 내질렀다. 최소한 여기까지는 우리도 들은 이야기다. 언더우드는 너무 앞서가고 있어 무슨 일이 일어났는지 보지 못했기 때문이다. 그러나 언더우드가 시끄러운 소리를 듣고 되돌아가 보았을 때는, 그 일본인 인부가 숨을 헐떡이며 죽이겠다고 협박하면서 김 노인을 뒤쫓기 위해 친구들을 부르러 가는 길이었다. 언더우드는 우선 거칠게 뛰어오는 김 노인을 숨기려 했다. 그러나 김 노인은 혈기가 솟구쳐 그러지 않겠다고 고집을 부렸다. 언더우드는 이런 계급의 일본인들이 지닌 성격을 어느 정도 알고 있었기 때문에, 그 화가 난 인부가 친구들과 함께 되돌아와 김 노인을 발견하면 김 노인의 생명을 없애는 깃쯤은 우습게 여기리라는 것을 잘 알고 있었다. 그래서 언더우드는 그곳에서 8킬로미터 떨어진 서울에 있는 아내에게 보내는 쪽지를 써서 곧장 그리고 가능한 한 빨리 그것을 자신의 아내에게 갖다 주라고 김 노인에게 명령했다. 그것이 지금 벌어진 문제와 어떤 관련이 있을 것이라고 생각한 김 노인은 평소에도 절대적인 순종에 익숙해 있었기 때문에 급히 달려갔다. 곧 무슨 일인가 벌어지리라고 예상한 언더우드는 다시 여름 별장으로 돌아가 차 한 잔 하자고 친구들을 불렀다. 그러고는 아무 일도 없었다는 듯이 그들과 함께 이야기를 나누며 웃었다. 조금 있자 그 마을의 청·장년들이 떼 지어 몰려와 공포에 질린 표정으로 숨겨 달라고 간청하면서, 지금 철도 인부들이 아무나 잡고 때리고 있다고 말했다. 그래서 언더우드의 아들이 이들 중 몇 명을 다락과 헛간에 숨겨 주었다. 잇따라 일본인 철도 인부 무리가 곡괭이를 들고 살기등등한 모습으로 들이닥쳤다. 이들은 마을의 노인 한 사람을 끌고 왔다. 그들은 이렇게 호전적인 태도로 언더우드에게 다가왔지만, 언더우드는 침착하게 차만 마시고 있었다. 폭도들이 몰려와 성난 목소리로, 자기들이 끌고 온 노인이 자기들의 친구에게 모욕을 주고 거의 죽일 뻔한 사람이냐고 물었다. 언더우드는 조용히, 지금 그들이 잡고 있는 사람은 아무 죄도 없으며, 그들이 쫓고 있는 사람은 지금 이곳에 없다고 말했다. 더불어 그는 그들이 찾고 있는 사람이 자신의 하인이기 때문에, 다음 날 그들과 함께 영사를 찾아갈 것이며 원한다면 그때 김 노인을 데려가겠다고 했다. 그러나 일본인들은 언더우드가 김 노인을 그 집에 숨기고 있다고 믿고는, 그가 거짓말을 한다고 소리치며 그 사람이 여기 있으니 자기들이 찾아내어 때려 주겠다고 했다. 그러면서 그들은 위압감을 주며 언더우드 주위로 모여들었다. 기분 상할 말 한 마디나 표정 하나로 심각한 사태가 벌어질 판이었다. 혈기가 솟구친 사람들은 성급하고 무모하여 결과를 생각하지 않고 행동하기 때문이다. 그러나 언더우드는 흥분하거나 화를 내거나 놀라지 않았다. 오히려 마치 친구처럼 차근차근 설명하면서, 다시 한 번 영사관에 김 노인을 데리고 나가 그들을 만나게 해줄 것이며, 누구든 잘못한 사람은 벌을 받아야 할 것이라고 이야기했다. 분노를 가라앉히는 부드러운 말로, 언더우드는 화가 난 그들을 누그러뜨렸다. 이윽고 그들은 잠잠해져서 아무런 보복도 하지 않고 돌아갔다. 언더우드는 문제가 해결되었기를 바라며 안심하고 서울로 돌아왔다. 그런 계급의 사람들은 한번 화가 나면 거의 제어할 수 없다는 사실에 비추어 보아 이것은 기록할 만한 승리라고 볼 수 있었다. 바로 이즈음, 두 명의 선교사들과 함께 한국을 방문한 한 감리교 감독이 다른 지방에서 철도 인부들의 성을 돋우어 심하게 얻어맞은 사건이 있었던 것이다.[2]

언더우드는 서울에 도착하여 김 노인을 만났다. 김 노인은 그 마을로 출발하기 전에 용기를 갖기 위해 술집에서 술을 마시고 있었다. 만일 그 일본인들에게 잡혔다면 정말 심한 욕을 당했거나 목숨을 잃었을지도 모르므로 술이 필요했는지도 모른다. 지금은 전국적으로 치안이 잘 유지되어 그때와 상황이 달라졌지만, 그런 거친 시기에는 살인이 보기 드문 일이 아니었던 것이다. 언더우드는 김 노인을 데리고 서울로 돌아왔다.

그날 저녁 8시나 9시쯤 되었을 때, 그 강변 집에 있는 우리 친구들로부터 어수선한 소식이 들려왔다. 그 인부들이 몹시 화가 나서 다시 돌아

---

[2] 한국을 방문한 미국 북감리교의 무어(David H. Moore) 감독이 H. G. 아펜젤러와 함께 1902년 6월 1일 경기도 시흥군 소래면에 있는 무지내교회에 가다가, 근처에서 철도 공사를 하던 일본인 인부들과 싸움이 벌어진 사건을 말한다. 이 사건으로 아펜젤러는 재판에 증인으로 출석하기 위해 목포에서 열리는 성서번역위원회 모임에 며칠 늦게 참석하게 되었는데, 6월 11일 기선 편으로 목포에 가는 도중 군산 앞바다의 어청도 근처에서 선박 충돌사고로 운명하게 되었다.

와 김 노인을 찾겠다며 집에 들어가게 해 달라고 요청했다는 것이었다. 그때 홀 부부[3]는 다른 사람도 없는 터라 들어오게 하기도 겁나고 또 거절하는 것도 망설여져 어쩔 줄 몰라 하고 있었다. 당시 그들 사이에는 줄로 대강 엮은 문 하나밖에 없었기 때문에 언제라도 그들이 강제로 들어오려 하면 들어올 수 있었다. 그들이 아직도 화가 나 문 앞에서 협박하고 있는 상태에서 그 소식이 우리에게 전해진 것이다. 지체할 시간이 없었다. 언더우드는 일본인 순경이나 관리를 한 명 데리고 가려 했으나 실패하여, 외국인 한 명만 데리고 급히 강으로 갔다. 그는 가면서 우리에게 쪽지를 보냈는데, 거기엔 자기가 간 곳이 적혀 있었으며, 관의 도움을 받지 못했으니 미국 공사에게 연락해 지원을 얻어 보도록 하라는 내용이 담겨 있었다. 언더우드 부인은 놀라 급히 애비슨 박사의 집으로 달려갔으나 그의 가족은 모두 잠들어 있고, 또 애비슨 박사는 아팠기 때문에 그들을 깨우는 데 힘이 들었다. 다행히 나는 그의 집에 들어갈 수 있었다. 애비슨 박사는 미국 공사관에 통보를 했지만, 공사와 서기관은 모두 저녁을 먹으러 나가고 없었다. 그들을 찾으러 나선 우리들은 서기관인 패독(Paddock)과 공사관 순경의 도움을 얻는 데 성공했다. 완전무장한 그들과 함께 우리는 말을 타고 강으로 달려갔다. 그러나 언더우드와 그 친구가 도착하기도 전에, 일본인 인부들은 문을 부수고 들어가는 것이 낫겠다고 판단하여 오두막으로 쳐들어갔다. 거기에서 홀의 요리사를 발견했는데, 그들은 이 사람이 그 싸움과는 아무런 관련이 없다는 것을 알면서도 김 노인 대신에 이 요리사를 데려가기로 결정했다. 체면을 세우기 위해 그들에겐 희생자가 필요했고, 그 요리사는 단지 홀의 가족과 함께 있었던 연유로 고통을 당해야만 했다.

---

3 어니스트 홀(Ernest F. Hall) 목사 부부를 가리킨다. 이들은 1903-1908년에 서울과 청주에서 활동한 미국 북장로교 선교사였다.

영사관으로 가면 복수할 수 있는 가능성이 거의 없다는 것을 알고 있었기 때문에, 애초부터 그들은 영사관에 가지 않을 생각이었다. 그래서 그 불쌍한 요리사는 흠씬 두드려 맞고, 그들 모두에게 담뱃값과 술값을 지불해야만 했다. 언더우드는 앞으로 무슨 일이 벌어질지도 모르는 채 묶여 있는 그를 발견했다. 언더우드가 요청하자 일본인 인부들은 그를 풀어 주었다. 언더우드는 홀의 가족과 함께 머물면서 그날 밤에 아무 일도 없었음을 확인하고 이 일로 누구도 목숨을 잃지 않은 것에 감사하며 서울로 돌아왔다. 그 이후의 사태는 이 약한 펜의 힘으로는 다시 되짚어 보기조차 힘들다. 다음 날 그 요리사가 서울로 와서 김 노인과 흉금을 터놓고 이야기했다. 대신해서 매를 맞은 것과, 친구로 하여금 대신 매를 맞도록 두고 도망가 버린 사람을 원망하는 소리는 400미터 바깥까지 들릴 지경이었다. 이 일이 있은 지 얼마 지나지 않아 홀의 가족은 서울로 돌아오기로 결정했다.

1905년과 1906년 헐버트가 없는 동안에 언더우드는 헐버트가 수년간 발행해 오던 "코리아 리뷰"(The Korea Review)[4]라는 월간지의 편집을 맡았다. 언더우드는 일이 너무 많다는 이유로 다른 일을 맡지 못한다거나 친구를 도와주지 않는 법이 없었는데, 마찬가지로 헐버트 역시 언더우드가 없는 동안에 대신 설교단에 서 주는 등 언더우드를 크게 도와주었다.

1905년 일본은 이토 후작(Marquis Ito, 伊藤博文)을 통하여 한국 황제와 그 내각에게 일본이 한국을 보호국(protectorate)으로 떠맡도록 하겠다는 공식 요청 문서에 서명하라고 요구했다. 이 일은 한참 지체되었으나, 수상이었던 한 장군(General Han)[5]의 단호한 반대에도 불구하고 결국 이 문서는 서명되

---

[4] "코리아 리뷰"는 1901년 창간된 월간지로 일반적인 시사와 선교사들의 한국 연구 논문이 실렸다. 1906년까지 발행되었다.
[5] 참정대신 한규설(1856-1930)이다. 그는 무과에 급제한 후 참정대신에까지 이르렀다.

었다. 이렇게 일본의 보호국이 됨으로써 한국은 [러·일]전쟁이 시작된 이래 실제로 한국을 통제해 왔던 일본 정부의 손에 공식적으로 넘어가게 되었다. 이것은 그전부터 여러 사람들에 의해 예견되어 온 바였지만, 막상 현실로 닥치자 상당히 격앙된 공기가 감돌았다. 이 시기는 한국 조정, 실제로는 한국 전역이 커다란 곤경을 맞은 시기였다. 황제는 매일 언더우드에게 사람을 보내어 당시 일어나고 있던, 또한 일어날 것 같은 온갖 문제에 대해 그의 자문을 구했다. 언더우드는 내각으로부터 정부의 후원하에 일간신문을 맡으라는 권유를 계속 받았다. 그러나 그는 이미 "그리스도 신문"을 편집하여 그와 비슷한 일을 하고 있던 중이라 또다시 편집 일에 많은 시간을 낼 수 없었다. 더욱이 복잡한 정치 상황에 말려드는 것은 경솔하다고 생각했기 때문에, 그 제안을 거절했다. 또한 그는 한국의 독립 유지에 대한 지원을 요청하기 위해 황제가 미국에 보내는 대표단과 동행할 것을 권유받기도 했다. 또 정부의 학부(學部) 고문의 직책을 맡아 달라는 권유를 계속 받았으나 이것 역시 받아들일 수 없다고 생각했다.

일본과 한국 사이에 보호국 협정이 이루어지기 얼마 전에, 언더우드에게는 황제의 개인적 투자를 맡을 수 있는 기회가 찾아왔다. 이 사업들을 미국인 재정가에게 맡기면 왕의 이익도 보장될 것이며, 그 조약들에 관계된 사람들에게도 많은 이윤이 보장될 것이었다. 그러나 언더우드는 황제를 도울 수 있는 일이라면 무슨 일이든 기꺼이 적절하게 할 수 있었지만, 이러한 정치적 상황에서 그런 사업에 참여한다는 것은 선교회를 난처하게 할 일임을 예견했다. 크든 작든 다른 모든 일과 마찬가지로 이 일에서도 언더우드는 하나님의 지혜와 인도를 구했던 것이다.

보호국으로 선포된 직후, 언더우드의 친구였던 민영환 공이 자결했다. 그는 장래 이 나라의 독립에 대한 희망을 잃었기 때문에 그런 상황에서 살아남아 조국의 수치를 보지 않겠다는 동양적 애국의 길을 따른 것이었다.

그는 진실로 나라에 봉사했으며, 진정한 진보의 친구였고, 기독교에도 호의적이었다. 많은 한국인들이 성심으로 그를 애도했다. 이러한 동기로 인해 그 밖에도 많은 사람들이 자결했다. 만일 언더우드가 다른 그리스도인 교사들과 함께 현 상황에 대해 희망찬 견해를 표명하지 않았거나, 사람들에게 정신적·영적 태도로 영감을 주지 않았더라면 틀림없이 이 같은 일은 더 많이 일어났을 것이다.

"이 글을 서술해 가는 동안 필자에게 점점 더 명확해졌던 사실은, 그의 전 생애 가운데 하나의 두드러진 특징, 즉 하나의 지배적인 성격이 바로 사랑이라는 점이었다. 이것은 교파나 인종이나 시간, 장소와 같은 좁은 테두리에 얽매이지 않고, 하나님과 인간에 대해 무한히 넘쳐흐르는 위대한 사랑이었다."

1   **중년의 언더우드 부부(1901년 5월):** 2차 안식년 기간 미국 방문 중에 찍은 사진. "언더우드는 예전보다 몸이 상당히 좋아져, 교인들의 마음속에 한국에 대한 보다 깊은 관심을 불러일으키는 한편, 선교 사업을 위해 사람과 돈을 모으는 등 미국에서 일을 할 수 있게 되었다. 그는 사방으로 쉬지 않고 오가며 수천 킬로미터를 여행했고, 필요하면 밤에도 여행을 계속했으며, 또 밤낮을 가리지 않고 연설했다."

2   **아들 원한경과 함께(1893년):** "1890년 9월에는 우리에게 아들이 태어났다. 그러나 고용할 간호사가 없었다. 더군다나 얼마 안 되는 선교사들은 모두 과로한 상태였다. 그럼에도 언더우드는 자신의 아내와 아이를, 훈련받은 간호사처럼 돌보았다. 때로는 그의 아내가 어머니로서 할 일을 충분히 할 수 있었음에도 불구하고 이것을 자신의 일종의 권리로 생각하여 밤중에 아기를 지켜보며 돌보곤 했다."

3   **언더우드 학당 학생들:** 김규식(앞줄 왼쪽), 원한경(오른쪽). "당시 '김규식' 혹은 '변갑이'라 불리던 어린 존을 맡게 된 것도 이 학교와 관련하여 이루어진 일이었다.····그 아이는 틀림없이 죽을 것이며, 그렇게 되면 그 죽음에 대한 책임을 언더우드 자신이 져야 한다는 의사들이나 선교사들의 반대에도 아랑곳하지 않고, 언더우드는 아이를 집으로 데려다가 극진히 간호했다. 결국 그 어린 생명은 정상으로 회복되었다."

4 　**고아들을 위한 집과 학교**: 언더우드는 1886년 초 서울 정동 32번지에 고아들을 위한 집과 학교를 열고 언더우드 학당이라고 불렀다. 후에 경신학교로 발전한 이 학교에서 김규식, 안창호 같은 인물이 배출되었
5 　다.
　　정동 사택(1890년대): 현재의 예원학교 부지에 위치했던 언더우드의 첫 번째 보금자리

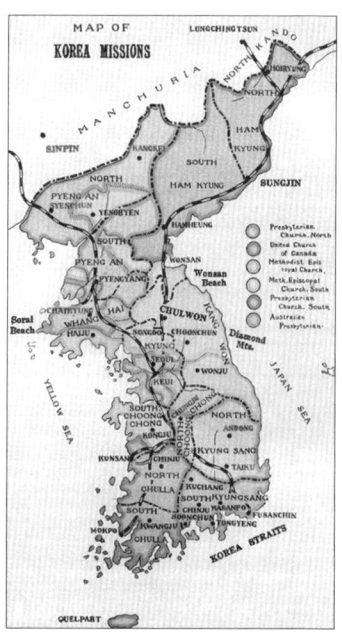

6   **언더우드 가족의 전도 여행(1894년):** 황해도와 서북 지역을 중심으로 언더우드 가족의 전도 여행이 이루어졌다. 맨 앞에 언더우드가 있고, 호턴 여사는 가마를 탔으며, 가마 옆에 있는 아이가 원한경이다.
7   **전도 여행 중의 휴식(1894년):** 아랫줄이 언더우드 부부이고, 중간에 선 아이가 원한경이다.
8   **선교지 분할 지도(1887년):** "여러 선교회에 의해 선교지역 분할을 조정할 위원회가 구성되어 이미 각 선교회에 줄 적당한 양의 선교지역을 조정해 놓았다. 그리고 그들은 1909년 9월 서울에서 만나 그 조정 결과에 따라 어떻게 선교지역을 분할할 것인가를 의논하고 기존 교회의 교파 관계에 가능한 한 적게 영향을 미치는 방향으로 그 작업을 진행시켰다."

9   **평양 장로회신학교 학생들과 함께(1905년):** 한국 장로교 목회자 양성의 요람인 평양 장로회신학교의 발전에도 언더우드는 많은 공헌을 했다. 뒷줄 맨 왼쪽이 언더우드, 그 옆은 마펫이며, 앞줄에 성경책을 든 사람이 김선주 목사, 태극기를 든 사람이 한석진 목사다. "장로회신학교는 마펫 박사가 책임을 맡아 1902년에 문을 열었다. 그 첫 졸업생들은 1907년에 목사 안수를 받았다. 언더우드는 미국에서 돌아온 뒤, 그 학교가 개교할 때부터 학기 중인 3개월 동안 매일 몇 시간씩 과목을 가르쳤다."

10   **서울 선교 30주년 기념식(1914년):** 서울 선교 30주년 기념식에서 언더우드 목사가 축사하고 있다. 뒤에 선교지 분할 지도와 이상재의 모습이 보인다. "1914년 4월 6일에는, 한국식 계산에 따라, 언더우드의 내한 30년 기념식이 열렸다. 30년이란 한국인들에게는 한평생의 반을 의미하는 중요한 시점이었다.···은으로 만든 기념선물을 주었으며, 각 선교 구역을 서로 다른 색으로 칠하고 1889년 언더우드 부부가 신혼여행을 떠났던 한·중 국경까지의 길을 표시한, 매우 아름답게 장식된 한국 지도를 주었다."

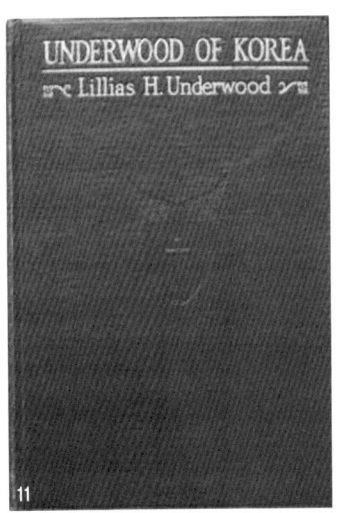
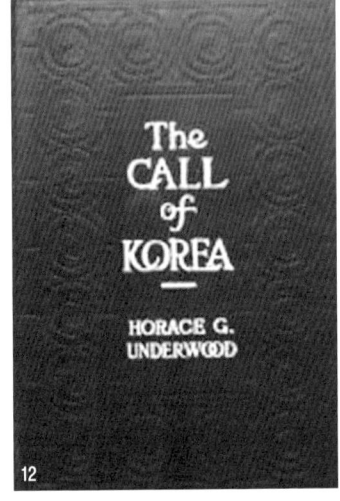

11	Underwood of Korea(1918년): 언더우드의 별세 2년 후인 1918년에 남편 언더우드의 일생을 기념하기 위해 릴리어스 호턴 언더우드 부인이 집필한 전기로 이 책의 원서다.
12	The Call of Korea(1908년): 언더우드의 대표적인 저술로 당시까지의 한국 선교 자료와 그 해석을 총망라한 책이다. 언더우드는 미국에서의 여러 강연과 더불어 이 책으로 한국 선교에 대한 관심을 불러일으켰다.
13	Fifteen Years Among the Top-Knots(1904년): 릴리어스 호턴 언더우드 부인의 대표작인 이 책은 호턴 부인이 1888년 한국에 들어온 지 15년쯤 되어 작성한 회상집으로 초기 개신교 선교사들의 선교 활동, 제국주의 열강의 세력 다툼 사이에서 몰락해 가는 조선 왕조의 모습, 당시 이 나라 민중의 생활을 외국인의 독특하고도 섬세한 시각으로 그리고 있다.

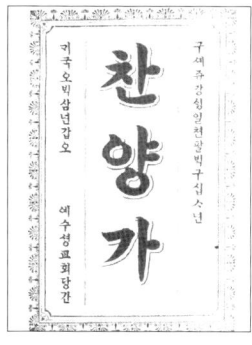

14 그리스도신문(1898년 12월 15일자)
15 언더우드가 편집한 찬양가(1984년): 한국에서 처음으로 출판된 서양 악보다.
16 사도신경: 찬양가(1894)에 실린 언더우드 번역의 사도신경

17 장례식(1916년): 언더우드는 1916년 10월 12일 애틀란틱 시에서 하나님의 부르심을 받았다. 라파예트 5가 장로교회에서 언더우드 장례예배를 드리고 있다.
18 **언더우드 일가 묘역:** 서울 양화진에 위치한 외국인 묘지 내에는 언더우드 일가 묘역이 있다. 1999년에 언더우드의 유해를 미국 뉴저지의 그로브교회 묘지에서 이곳으로 이장하여 호턴 여사 묘와 합장했다.

14
연합의 전조

1905년, 언더우드가 평양에 있지 않았을 때, 그곳 벙커 부부 집에서 기도회가 열렸다. 그런데 성령의 임재와 권능이 이 모임에서 뚜렷하게 느껴졌다. 영적인 연합의 갈망으로 모든 심령이 녹아들고, 교파 구분은 중요치 않은 문제가 되면서 한국에 있는 모든 그리스도인 세력의 연합에 대한 강렬한 염원이 이들 마음에 일어났다. 비록 그 모임이 당장 어떤 확실한 행동을 하는 것을 정당화할 만큼 그렇게 크거나 대표적인 성격을 띤 것은 아니었지만 거기에 있던 모든 사람들이 하나님의 성령에 직접 인도되었던 기억을 전했기 때문에 전국 선교회에서는 이 일을 널리 이야기하고 논평했다. 이것은 언더우드에게도 매우 반가운 소식이었다. 왜냐하면 언더우드는 바로 그 문제를 두고 스왈른(Swallen), 전킨과 함께 자주 기도하고 논의해 왔기 때문이다. 마펫 부인, 베어드 부인, 스왈른 부인, 언더우드 부인 등 여선교사들도 역시 똑같은 생각과 희망을 오랫동안 지니고 있었다.

그해 8월, 서울 감리교여학교(the Methodist Girl's School)에서 열렸던 선교사들의 성경 연구 모임에서는 연합에 대한 간절한 염원이 재차 표명되었다. 이것은 매우 큰 모임으로, 한국의 거의 모든 선교회를 대표할 만한 것이었다. 모든 개신교 복음선교회의 총공의회(在韓福音主義宣敎部總公議會)를 구성하자는 결의안이 통과되었고, 그 목표는 선교회와 특히 한국인 교회의 연합을 촉진하는 데 두기로 했다. 그래서 학교·병원·출판·성경 사업 등에서 연합을 기하는 데 모든 노력을 기울이기로 했으며, 가능한 모든 곳에서 마찰을 피하고 시간과 노력과 돈을 절약하기로 했다. 언더우드가 이 공의회의 첫 의장으로 선출되었다.[1]

그들이 원한 연합 방식은 학교와 병원에선 처음부터 쉽게 이루어질 수 있는 일이 아니었다. 그러나 소수의 반대와 장애에도 불구하고 조금씩 그러한 방향으로 목표가 달성되기 시작했으며, 해가 갈수록 점차 더 많은 것들이 얻어지고, 연합 정신은 계속 견고해져 갔다.

몇 년이 지나 이 연합은 조금 변하여, 대표적인 성격을 띤 선교회 연합공의회(the Federal Council of Missions)가 되었지만, 그 목적과 희망은 변하지 않았다.[2] 언더우드의 마음속에 있는 가장 큰 염원 중의 하나는 선교지의 유기적 연합이었다. 이것을 위하여 그는 평생 동안 바라고 기도하고 일해 왔으며, 멀지 않은 장래에 실현되리라는 가능성을 품고 살았다.

이제 한국에는 몇 개의 연합병원, 연합의과대학, 연합대학 학생들을 위한 연합성경학교들, 연합찬송가, 연합신문이 있다. 서울에서는 세 선교회가 연합여성성경반들과 연합초등학교들을 통해 연합했다.

---

1 1905년 9월 15일 장로교의 4개 선교부와 감리교의 2개 선교부의 150명의 선교사들이 모여 The General Council of Evangelical Missions in Korea를 조직하고 초대 의장에 언더우드를 선출했다. 이 공의회의 목적은 '기독교 사업에 협력하고 종국에는 한국에 단일 복음주의교회를 조직'하는 데 있었다.
2 처음에는 각 교파를 하나의 교단으로 통합하는 것을 목표로 했으나 계획대로 이루어지지 않고 각 교파 교회가 성립되면서 연합기관으로 변모되었다.

1905년 한 해는 언더우드의 분주한 삶 가운데서도 가장 바쁜 해 중 하나였다. 그의 일상사와, 앞서 언급한 정치적 혼란으로 인한 지속적인 황제 알현 외에도, 부동산 양도라는 중요한 일을 맡게 되었다. 대체로 동양에서 이런 일을 하게 되면 셀 수 없이 많은 서류들을 갖추어야 하는데, 그것도 매번 늦어지기 일쑤다. 별것 아닌 토지 매입을 협상하는 데 얼마나 많은 주의력과 외교술이 필요한지를 알면 놀랄 것이다. 언더우드는 중앙교회(Central Church, 중앙예배당)[3]의 땅을 정부에 파는 일을 맡았다. 이에 따라 중앙교회는 새 부지를 매입해야 했는데, 여기엔 오랫동안 땅을 찾아다니고 거간꾼들과 교섭하는 과정이 수반되었다. 언더우드는 비슷한 시기에 대한성교서회와 YMCA의 땅을 유리하게 매입하는 일도 앞장서서 했다.

1904-1905년 그의 연례보고서에서는 다음과 같은 사실을 알 수 있다. 그는 언제나처럼 신학교에서 학생들을 가르치고, 번역자위원회 회의에 참석하고, 또 강변 집 가까이에 있는 한강 마을에서 여름훈련반을 열고, 학교에서 물리학과 구약 신학을 가르치는 한편, 물리학과 설교학에 대한 책을 번역 출판하고, 주일학교의 월간물과 공과·달력을 준비했다. 그 외에도 스코필드 성경(the Scofield Bible)[4]을 국한문 혼용으로 준비하는 작업을 게일 박사를 도와 함께 진행하기로 결정했다. 이 일을 하겠다는 게일 박사의 계획과 언더우드의 계획은 우연히 일치한 것이기 때문에, 두 사람은 서로 편지를 엇갈려 주고받았다.

국한문 혼용이란, 그 이름이 말해 주듯이 한글과 한문을 섞어 놓은 것이다. 한국에서 쓰이고 있는 두 가지 문자, 즉 한글과 한자에 대해서는 다른 책에서 상세히 설명해 놓았다.[5] 그러나 언더우드가 사망할 무렵 그가

---
3 지금의 승동교회를 중앙예배당이라고도 불렀다(『승동교회 100년사』, p. 106).
4 스코필드(C. I. Scofield, 1843-1921)는 미국의 성경학자로, 전천년설적인 성경을 출판했다.

몰두했던 중요한 사업을 독자들이 이해하려면, 그 두 문자의 차이점과 장점에 대한 간략한 설명이 필요하므로 여기서 짚고 넘어가야겠다.

한국의 고유문자인 언문(the Eunmun)은 25개의 철자[6]로 구성된 매우 단순한 것으로 하루 정도면 별 어려움 없이 배울 수 있다. 언문은 언어학자들로부터 커다란 찬사를 받아 온 문자로, 평민들에게는 큰 혜택이었다. 중국 사람들처럼 어려운 3-4천 개의 문자를 익히지 않아도 문자를 읽을 수 있으며, 많은 사람들에게 지식의 문을 열어 주었기 때문이다. 이 언문을 사용하면, 언어의 모든 분절음들이 음성상의 철자로 나타난다.

한편, 대부분의 사람이 알고 있듯이, 중국의 문자는 상형문자로, 사상·사물·질(質) 등을 표현한다. 또 그 언어의 모든 단어는 각각의 그림문자로 표현된다. 이것이 중국·일본·한국에서 교육받은 계급의 공통문자다. 이 글을 읽기 위해서는 흔히 사용되는 문자를 거의 알아볼 수 있어야만 한다. 나아가, 이런 문자체계에서는 명사와 간단한 동사 등은 쉽게 표현할 수도 있지만, 언어의 문법적 측면과 시제의 구분, 법, 수 등은 표현하기도 어렵고, 배운다 할지라도 무한한 작업일 것이다.

더 나아가 한국 언어는 중국 언어로부터 파생된 단어들을 많이 가지고 있으며, 많은 부분이 소리가 같다. 따라서 그냥 언문으로만 써 놓으면 문맥상 알 수는 있겠지만, 때때로 그것이 무슨 뜻을 나타낸 것인지 이해하기가 매우 어렵다. 예를 들어, 영어의 'spirit'이라는 단어와 'new'라는 단어는 한국어로 모두 '신'이라고 발음된다. 그러나 중국의 그림문자로 써 놓으면, 교육받은 사람들에게는 곧 정신(神)과 새로움(新)이란 개념이 떠오른다. 하지만 같은 사람이 언문으로만 쓰인 것을 무심히 읽어 갈 경우에는 그 문

---

5   *Fifteen Years Among The Top-Knots* 참조.
6   일반적으로는 자음·모음 합쳐서 24자로 이해되고 있다.

맥을 명확히 파악하지 않는 한, '신'이라는 말로부터 아무런 정신적 인상을 받을 수 없다. 반면, 중국의 그림문자로 인쇄되어 있다면 금세 눈에 들어올 것이다. 또한 교육받은 사람들은 무척 오랫동안 중국의 표의문자를 사용해 왔기 때문에, 많은 사람들이 언문으로 인쇄된 책을 읽는 것을 경멸한다.

그러나 성경이나 기독교 문헌을 전부 중국 문자로만 인쇄해 놓는다면, 많은 사람들은 영원히 그 책을 읽지 못할 것이다. 반대로 언문으로만 인쇄해 놓는다면 교육받은 계급에서는 그것을 덜 존경하게 될 것이며, 설사 읽는다 하더라도 한자와 같이 명확한 인상을 주지 못한다고 불평할 것이다. 더욱이 최근에 들어서야 약간 변화가 생기긴 했지만, 언문에는 본래 단어와 문장과 문단 사이를 분리시키는 표시나 구두점과 같은 것이 전혀 없었다. 따라서 이런 문제를 해결하기 위해 국한문 혼용으로 알려진 책을 출판하게 된 것이다.

이 국한문 혼용 성경에서는 사상이나 사물, 일반적 행동을 표현할 때는 한자를 사용했으며, 격(格), 동사의 끝맺음, 접속사, 전치사 등에서는 언문을 사용했다. 때문에 이 책은 학자들을 즐겁게 했을 뿐 아니라, 보통의 교육을 받은 사람들도 읽을 수 있게 되었다.

15
열성적인 지방여행

　　1905년 봄, 서울-부산 간 철도가 완공되었고, 그것을 기념하기 위하여 게임, 현상 권투 경기, 체육과 곡예 시범, 불꽃놀이 등의 행사가 열렸다. 또한 일본의 한 공작(公爵)이 서울을 방문하여, 그를 위한 여러 가지 축전이 열리기도 했다. 그러한 행사들이 벌어지고 있던 궁궐 주위에는 경향 각지에서 수백, 수천의 사람들이 모여들었다. 여기서 언더우드는 이렇게 많은 사람들이 모인 이 기회를 충분히 이용하여 좋은 씨를 많이 뿌리기로 하고, 그리스도인 헌신자들을 통해 수많은 전도 책자들을 반포했다.

　　1905년 1월, 언더우드는 대돈(Taiton) 마을과 소래마을에서 지도자 훈련반과 사경회를 열기 위해 북쪽 내륙 지방으로 갔다. 자신이 옛날에 담당했던 지역을 맡아 일하고 있는 젊은 선교사를 돕기 위해서였다. 마침 의주까지 가는 철도가 북쪽에서는 처음으로 놓여 군인들을 수송하고 있었는데, 언더우드는 자신과 가족이 이 철도로 송도까지 갈 수 있도록 허가를 구했다. 본래 이 철도로 여행하는 것은 엄격히 금지되어 있었다. 기차가 안전하지 않았고, 또 거친 군인들로 가득 차 있었기 때문이다. 그러나 그에게 안 되는 일이란 없었다. 고위층에 아주 가까운 어떤 사람이 그에게 통행증을 주었는데, 어디서든 이것을 보여 주기만 하면 마술사의 지팡이 같은 효과를 거두었다. 어떤 요청에 대해 상대가 딱딱하게 굳은 얼굴로 거절하며 "불가능하다"고 말할 때마다, 언더우드가 그 마법의 이름만 보여 주기만 하면 상황은 역전되었다.

기차는 지붕이 없는 일반 화물차였고, 군인들은 바닥에 앉아 있었다. 언더우드와 아들은 그가 가져온 야영 장비를 갖추고, 한국의 가마인 보교에 앉은 그의 아내는 가죽과 무릎 덮개를 덮고 뜨거운 물병과 일본식 키로스(kyros)를 싸안았다. 언더우드 가족은 몹시 추운 겨울날 아침 일찍 출발했는데, 지붕도 없이 달리는 이 화물찻간보다 더 추운 곳은 세상에 있지 않으리란 생각이 들 정도였다. 언더우드와 아들은 무릎 덮개를 덮고 손에는 키로스를 하고, 또 발 사이에는 불 켜진 등불을 놓아서 조금은 도움이 되었지만, 실제로는 몹시 추웠다. 기차는 문자 그대로 군인들로 채워져 있었는데, 이들은 서로 밀고 북적거리고 노려보곤 했다. 불쌍한 이 친구들은 따뜻한 기후에서 태어나, 여태 이런 추위는 모르고 살아왔던 것이다.

기차여행은 서너 시간이 걸렸다. 그러나 옛날처럼 가마로 갔더라면, 하루 반이나 이틀은 걸렸을 것이다. 물론 언더우드는 하루면 걸어갔을 것이다.

임진강(Injin River)의 다리는 아직 완성되지 않았기 때문에 배로 건너야만 했다. 그러나 배를 기다리면서 쉴 만한 곳이 없었다. 배의 수가 많지 않았기 때문에 우리는 거기에 서 있어야만 했다. 그 특급열차(tram de luxe)에서 내린 우리는 한참 떨어야 했고, 그다음에는 뱃사공을 기다리느라 오랫동안 떨어야 했다. 강은 반쯤 얼어 얼음조각으로 가득했다. 어떤 곳은 아주 단단히 얼어붙었으나 얼음 위로 건너가는 것이 가능해 보이지는 않았다. 배 한 척이 얼음 속 어딘가로부터 나와 재빠르게 강을 올라가고 있었다. 군대는 하나뿐인 그 배를 징발했고, 우리는 또 다음 기회를 기다려야만 했다. 마침내 배가 왔지만 그 배는 우리의 목숨을 걸어야 할 배였다. 그것은 아주 작은 삼판(三板) 배로, 목재와 철도 장비, 몇 명의 군인, 뱃사공, 장교 등으로 거의 물에 잠겨 있었다. 우리 가족 셋은 탈 수 있었지만, 가마와 가마꾼까지 타면 너무 무거워서 위험했다. 이미 짐을 실은 그런 배에 우리 모두가 타서는 안 될 일이었지만, 우리는 빠져 죽어야 한다면 함께 빠져 죽는 쪽을 택했다. 한 가닥 바람이나 기침, 심지어 숨 한 번만 크게 쉬더라도 물이 배의 가장자리를 넘어 우리 모두를 강바닥으로 보낼 것만 같았다. 그 상황에서 아무도 입을 열지 않았다. 배는 커다란 얼음조각을 옆으로 밀치며 나아갔다. 마침내 안전하게 건너편에 상륙하자 이 일이 기적같이 느껴졌다. "건너야 할 강이 또 하나 있다"라는 말은 한국을 여행하는 여행자들에게는 농담이 아니었다. 최소한 그 시절에는 모든 상황이 그랬기 때문이다.

건너편에도 추운 몸을 녹일 만한 곳은 없었지만, 걸음을 빨리 하자 피가 빨리 돌면서 열이 나서 몸이 녹기 시작했다. 정오에는 따뜻한 햇빛이 내리쬐어 우리는 커다란 바위 위에 점심 바구니를 풀어 놓고 다시 편안하고 행복한 시간을 보냈다.

이곳에도 아직 철도가 완성되지 않았다. 그러나 다행히도 송도까지의 남은 길은 작은 건축용 차량을 타고 임시 철도 위를 달릴 수 있었다. 이 철도에는 아직 물매도 만들어지지 않았다. 조금 무례한 자들이긴 했지만, 언더우드는 이 차를 모는 거친 일본인 철로 인부들과 사귀는 데 성공했다. 내리막길은 창조세계의 끄트머리에서 떨어지는 기분이 들 정도로, 썰매 타는 것과는 비교도 되지 않았다. 우리는 숨을 멈추고 바닥까지 내려간 기차가 다시 다음 언덕 위를 조금 올라갈 때까지 서로를, 그리고 차를 꼭 붙들었다. 어떻게 그 기차가 선로를 벗어나 우리를 내던지지 않았는지,

그것은 하나님만 아실 것이다. 그 침착한 선교사 가족이 그토록 무모하고 무시무시하게 공중을 가르는 장면을 담은 사진이 있었더라면! 하지만 우리의 이동 과정은, 완곡하게 표현해 본다면, 바다에서든 땅에서든 그 어떤 카메라로도 담아 내기엔 너무 빨랐다.

나는 이 여행이 이전에 잠깐 셴자(schenza)를 타 본 경험과 비교할 만하다고 생각한다. 셴자는 그 돌진력이나 속도나 분방함에서 이 기차와 상대가 안 되지만, 무섭기로 말하자면 둘이 아마 비슷할 것이다. 셴자를 타고 있을 때는, 당나귀가 무슨 짓을 할지, 몰이꾼이 무슨 일을 할지, 또 등에 탄 사람은 어떻게 해야 하는지 알 수가 없다. 그러나 "끝이 좋으면 모든 게 다 좋다"는 말처럼 우리는 그날 오후에 안전하게 송도에 도착했다.

그 후 우리는 해주로, 그리고 더 북쪽으로 올라갔다. 거기서 언더우드는 훈련반을 열었고, 그토록 아끼던 자신의 옛 담당 지역에서 마지막으로 긴 순회여행을 할 계획을 세웠다.

우리가 소래마을에 거의 이르렀을 때였다. 우리 앞쪽으로 4-5미터도 떨어지지 않은 오른편에서 표범 한 마리가 숲속으로 뛰어 들어가고 있었다. 그때 총은 우리 짐과 함께 뒤편에 있었다. 우리가 무엇이었는지도 깨닫기 전에, 한국말로 '범'(peum)이라고 부르는 그 짐승은 사라져 버렸다. 마을 사람들은 그날 범을 보았다고 흥분했다. 그리고 후에 우리의 어린 아들이 다른 소년들과 함께 해변에 놀러가 돌아오지 않았을 때, 근처에서 범이 어슬렁거리더란 이야기를 들었다. 언더우드는 두세 사람과 함께 급히 아이들이 안전한가 확인하러 달려갔으며, 그 후로 며칠간 우리는 아이를 마을 밖으로 나가지 못하게 했다.

훈련반이 끝나 집으로 돌아올 때는 두 개의 나루터를 건너야 했다. 첫 번째 것은 벽난도(peungnando) 나루터라 불리는 곳으로, 건널 마음이 들지 않는 곳이었다. 물결이 매우 빠르고 강폭도 넓은 데다, 배는 사람들로 가득 차 물이 샜기 때문에, 이곳을 건너는 사람이라면 건널 때마다 과연 무사히 건너갈 수 있을지 의혹을 품을 만한 곳이었다. 물론 다 그렇게 생각하지는 않을지 몰라도, 최소한 나는 그랬다. 게다가 흐르는 물의 파고(波高)가 심했기 때문에, 강물이 꽉 차 있을 때 건너지 않으면 질퍽질퍽한 진흙 둑을 매우 힘겹게 넘어가야만 했다. 만일 수치감을 전혀 못 느끼는 사람이라면 뱃사공의 더러운 등에 업혀 팔로 그의 목을 안고는, 그의 끙끙거리며 애쓰는 소리를 듣고, 한 발자국 내디딜 때마다 발이 무릎까지 빠져 간신히 걷는 것을 보며 마른 땅에 이를 수도 있겠다. 나는 180센티미터 장신의 커다란 미국인이 자기 키보다 작고 몸무게는 3분의 1밖에 안 되어 보이는 한국인 뱃사공에게 업혀 가는 것을 보았는데, 정말 희극적인 모습이었다.

그러나 우리가 그곳을 건널 때는 물 위로 강둑이 조금밖에 나와 있지 않았기 때문에, 가마꾼 두 명은 나를 가마에 태운 채 배에서 바로 강변으로 걸어가면 되었다. 그런데 왜 그랬는지, 이 가마꾼들은 아슬아슬한 순간에 대비할 마음의 준비를 하고 있지 않았다. 무슨 일이든 어려워하지 않는 언더우드는 이미 강변에 닿아 있었다. 뒤편의 가마꾼이 가마를 배에서 막 밀어냈을 때, 언더우드는 앞의 두 받침대를 잡고 있었는데, 배가 약간 강쪽으로 밀려나면서 가마와 나는 온통 언더우드에게 무게를 내맡기게 되었다. 진흙탕 속으로 미끄러지면서도 그는 아주 힘겹게 몸을 지탱했는데, 잠시 후 가마꾼들이 가까스로 배를 다시 강변 쪽으로 밀어 언더우드는 넘어지지 않을 수 있었다. 그들이 왜 이런 일에 대비하지 않았는지 그리고 왜 아무도 배를 잡고 있지 않았는지 나는 정말 모르겠다.

우리는 송도 근처에서 강을 또 하나 건너야 했다. 매우 추운 날씨였기에, 우리가 거기 도착했을 때는 강이 반쯤 얼어 있었다. 걸어서 건널 수 있을 만큼 충분히 얼지도 않았고, 또 기울어지고 물이 새는 배로 건너기에 안전할 만큼 얕지도 않았다. 안심하고 탈 만한 배는 어딘가에 얼어붙어 있었고 우리가 탈 수 있는 유일한 배 안에서는 뱃사공이 출발을 위하여 발을 20-25센티미터나 물에 담그고 물을 퍼내고 있었다. 그러나 다 퍼내자마자 배 안에는 또 그만큼의 물이 다시 찰 것처럼 보였다. 언더우드는 그런 위험하고 작은 배로 우리 가족이 강을 건너는 것은 너무 큰 모험이라고 단안을 내리고, 약 5킬로미터를 걸어 전의 여관으로 되돌아왔다. 그러나 만일 언더우드 혼자였다면, 그는 틀림없이 그 배로 강을 건너려고 했을 것이다. 그는 약속 때문에 서울에 급히 돌아가야 했으므로, 한 시간이라도 지체하는 것을 아까워했다. 우리가 묵은 여관은 큰길가에 있어서, 사람들이 자주 우리 문 앞으로 지나갔다. 많은 사람들이 우리처럼 강을 건너려고 조바심을 내고 있었다. 언더우드는 귀가 밝아 시골 사람들의 말도 영어처럼 분명하게 알아들을 수 있었기 때문에, 안전하게 건널 수 있을 만큼 강이 완전히 얼었다거나 아니면 녹았다는 소식을 듣고 싶어 열심히 귀를 기울였다. 그는 다음 날 동도 트기 전에 일어났는데, 그가 처음 들은 말은 강이 밤새 얼어붙어, 짐 실은 동물을 제외한 사람이면 건널 수 있다는 이야기였다. 그는 곧 우리를 깨우고, 가마꾼들에게 가마를 준비시키는 한편, 아침도 챙겼다. 확실히 그는 가끔 동쪽(the East)을 밀어내기라도 할 기세로 일을 강행하는 사람이었다. 우리는 곧 강가로 나갔다. 그러나 조심스럽고 머뭇거리는 여인의 눈에 비친 강의 모습은 그리 안심할 만한 것이 아니었다. 강은 부분적으로만 얼어 있을 뿐이고, 잘 얼지 않은 부분에는 판자를 걸쳐 놓아 단단한 부분에까지 길 같은 것을 만들어 놓았다. 그러나 이 역시 우리가 걸어갈 때는 삐걱거리는 불길한 소리를 냈다. 우리가 걸어가는 길 옆에는 구멍이 있었고 그곳에서 물이 새어 나왔으며, 여러 군데에 커다랗고 얇은 얼음조각이 둥둥 떠 있었다.

 얼음은 가마에 탄 나를 지탱할 만큼 안전하지 못했고, 나 역시 그런 새장 같은 곳 안에서 죽는 건 마음이 내키지 않았다. 그래서 우리는 모두 우리가 서 있는 곳의 얼음이 갑자기 꺼져 버리지 않게 하기 위해 가능한 한 빨리 걸었다. 조랑말에 실었던 짐은 풀어서 작게 나누어 사람들이 등짐을 졌다. 그렇게 했음에도 불구하고 조랑말은 얼음에 푹푹 빠졌기 때문에, 마부와 일꾼들은 무척 힘들여 말을 끌어당겨야만 했다. 그 조랑말의 운명이 우리의 운명이 될 수도 있었기 때문에 우리는 더욱더 속도를 내었다. 마침내, 우리는 마지막 강을 건너 단단한 땅을 디뎠으며 서울로 돌아올 수 있었다.

1904년과 1905년에 언더우드는 기회가 닿을 때마다, 특히 주일 오후에는 감옥을 찾아갔다. 그 당시에는 얼마간 정치적인 문제 때문에 감옥에 갇힌 높은 가문의 사람들이 많이 있었다. 외로움과 절망에 빠져 있던 그들은 옛 친구를 만나 복음의 메시지를 듣는 것을 즐거워했다. 이 일은 언더우드보다도 벙커와 게일 박사가 더 많이 했는데, 그들의 일은 수년 동안 지속되었다. 이때 뿌려진 씨앗들은 높은 한국 양반 가문의 수많은 사람들이 회개하는 것으로 열매를 맺었다.[1] 감옥에서 읽을 것에 굶주려 있는 사람들에게 성경과 소책자와 찬송가를 건넸으며, 그들은 이것을 탐독했다. 이들은 풀려나자 계속 선교사의 친구로 남았을 뿐만 아니라, 나아가 기독교의 친구가 되었다. 이들 중에 130명이 가족들을 데리고 교회에 나왔다.

이승만(Ye Seung Man, 李承晚)이라는 한 젊은이는 감옥에서 손에 쥐게 된 성경을 읽고 회개하여, 행복과 열정에 가득 차 복음의 이야기를 감방 동료들뿐만 아니라 간수들에게도 해주었다. 그 결과 몇 사람들이 더 회개했다. 누가 그런 영향력의 흐름이 어딘가에서 멈추리라고 말할 수 있겠는가? 그

---

1 이승만·이원긍·이상재·유성준·김정식·홍재기·안국선·이승인·신흥우 등이다.

것은 과연 멈출 것인가? "우리의 메아리는 영혼 영혼을 울리며 영원히 영원히 살아 있다."

이상재(Ye Syang Chai, 李商在)도 당시 감옥에 갇혔던 사람 중 하나였는데, 이 사람은 유명한 감옥 그룹 중 하나를 조직해 서울의 상류 계급에 많은 영향을 끼쳤다. 그들은 낮에는 성경을 연구하고, 밤에는 함께 모여 토론을 했다. 그는 이상한 꿈을 꾸었다. 위대한 왕의 사자가 와서 그가 얼마나 주를 믿을 수 있는 기회들을 무시했는지를 일깨워 주고, 더 이상 그런 기회를 소홀히 하여 더 큰 죄를 범하는 일이 없도록 하라는 경고를 받은 것이었다. 마침내, 그는 진리를 깨닫고 마음이 변하여, 거듭난 사람이 되었다. 한국의 정책이 바뀌어, 그는 감옥에서 풀려나고 내각의 장관이 되었다.[2] 동시에 게일 박사의 교회[3]에서 열성스러운 일꾼이 되었으며, 많은 친구들을 교회로 데려왔다. 또한 그는 오랫동안 서울 YMCA의 교육위원회 위원장직을 역임했으며, 한번은 YMCA의 중요한 모임에 참석하느라 내각의 모임에 빠진 적도 있었다.[4] 후에 그는 YMCA의 종교부 총무(Religious Work Director)가 되었으며, 문자 그대로 수천 명의 젊은이들을 그리스도인으로서 생활을 영위하도록 이끄는 데 주도적인 역할을 했다. 한 해 동안에만 그의 부서에 있는 754명이 그리스도인이 되겠다는 희망을 표시했으며, 875명은 그가 감독하고 있는 성경반에 등록했다. 모두 함께 기도하는 날이면, 그는 1,200명의 학생들을 YMCA에 모아 놓고 하나님의 말씀을 가르쳤으며, 각각에게 요한복음 한 권씩을 나눠 주었다. 그는 1911년 5월에 성경반에 천 명을 더 등록시키고자 하는 목적으로 클럽을 조직했

2　1905년 을사조약 후 고종의 강권에 의하여 의정부 참찬에 취임했다. 1907년에는 법부대신의 교섭을 받았으나 거절했다.
3　연동교회다. 감옥에서 출감한 자들 중 유성준·이원긍은 연동교회를 중심으로, 이상재·신흥우·김정식 등은 YMCA를 통해 신앙운동을 전개했다.
4　질레트(P. L. Gillett)의 1906년 5월 30일자 보고.

는데, 그 달에 여기에 참가한 사람은 4,208명이었다. 이것이 한국교회의 일반 대중뿐만 아니라 지도자들이 보여 준 기독교적 모범의 한 예이며, 그들이 어떻게 일을 했는지를 보여 주는 예이기도 하다.[5]

조정과 언더우드의 매우 긴밀한 관계는 계속되었다. 그와 가족은 계속 알현할 기회를 얻었고, 우정과 호의의 표시를 선물이라는 형식으로 받았으며, 행사에도 서열이 높은 관리처럼 초청을 받았다. 애비슨 박사 역시 수년간 황제의 전의 역할을 계속했다.

이 무렵 복음을 위한 언더우드의 광범위한 노력을 통해 서울은 몇 개의 부분으로 나뉘어, 그리스도인 남녀들이 각 집에 전도 책자를 돌리고, 개인적으로 호소했다. 이로써 실제로 서울의 전 가정을 방문했다.

1905년, 언더우드는 가족을 데리고 소래 해변으로 갔다. 이곳은 선교사들의 여름 휴양지로 언더우드가 오랫동안 꿈꾸어 왔던 곳이다. 이곳을 발견한 것은 언더우드가 1888년 두 번째의 장기 순회여행을 하던 때였는데, 그때 이미 언더우드는 비전을 보고, 장래 언젠가 이곳이 견디기 힘든 여름에 지치고 아픈 선교사들의 휴양지가 되고, 연기가 솟아오르는 오염된 도시와 외롭게 고립된 내륙 선교지부에서 선교사들이 찾아올 피난처가 되리란 꿈을 꾸었다. 특히 그는 사람들을 함께 모아 오기를 좋아했는데, 모든 교파의 선교사들이 이곳에 모여 사교적으로 지내는 우회적인 길을 통해 연합과 우의의 진정한 정신을 고취시킨다는 목표에 다다를 수 있다고 믿었다. 또한 매일 해변에서의 모임을 통하여 선교회의 많은 문제들을 해결할 수 있다고 믿었다. 왜냐하면 그 문제들을 보다 명확히 볼 수 있고, 서로의 선하고 신실한 의도들을 더 잘 깨달을 수 있고, 서로의 관점을 좀더

---

5 [원주] 이 사실은 YMCA의 간사인 브로크맨(Brockman)이 쓴 "코리아 필드"(*The Korea Field*)의 기사에서 얻은 것이다. [그러나 "코리아 필드"에 브로크맨의 글은 보이지 않는다.]

잘 알고 다른 사람의 입장에 보다 쉽게 서 볼 수 있는 점 등, 그런 휴양지에서는 서로가 아주 밀접하고 친밀한 교제 속에서 지낼 수 있기 때문이다. 그런 휴양지! 주께서 지쳐 버린 자신의 귀한 종들이 그런 곳을 필요로 할 때를 위해 준비하신 곳이 한국의 서해안 그곳에 숨어 있었던 것이다. 한국 전부를 둘러본다 해도 아름다움과 건강성의 측면에서 소래와 비교될 곳은 아마 없을 것이다. 바다 위로는 23-24미터의 절벽이 있고, 그 아래 한쪽에서는 파도가 커다란 바위와 자갈이 깔린 해변에 끊임없이 부딪히면서 아름답게 부서진다. 그 절벽은 풀이 깔린 경사면으로 내려와 아주 넓고 단단한 해변으로 이어지는데, 그 해변은 오른쪽으로 거의 5킬로미터 가까이 펼쳐져 있다. 또한 멋진 만(灣)이 하나 있다. 좌우로는 변치 않는 아름다움을 지닌 산들이 있고, 멀리엔 매력적인 섬이 몇 개 있는데, 이 섬들은 때로는 안개에 감추어지고 때로는 구름에 밝게 안겨 있어 언제나 사람의 마음을 끈다. 해변에서 7킬로미터쯤 뒤로 가면 한국의 산 중에서도 가장 아름답고 훌륭한 산 중 하나인 고갯길이 놓여 있어 등산가들을 유혹하고, 서서히 항구 근처의 본토로 경사져 내려가는 절벽 밑에는 어여쁜 숲이 있다. 이곳은 여름에도 한국의 다른 지역처럼 비가 자주 오거나 오래 오지 않는다. 아마도 그곳을 둘러싸고 있는 양편의 산맥이 비구름을 막기 때문인 것 같다. 그래서 비구름이 다른 쪽에서 미리 소나기를 퍼붓는 것을 종종 볼 수 있다. 이곳의 공기는 내륙보다 훨씬 더 신선하고 산뜻하며, 시원한 바닷바람이 불어오기 때문에 온도계의 수치보다 더 차갑게 느껴진다. 내륙의 바람이 불 때를 제외하면 모기도 거의 없다. 단단한 모래사장은 달구지나 자동차의 무게도 거뜬히 감당하며, 크고 작은 아이들의 이상적인 놀이터이기도 하다. 또한 산과 섬과 바다의 조화 때문에 전에는 내가 한 번도 본 일 없는 놀라운 석양을 매일 볼 수 있었다. 언더우드는 보는 이의 마음을 빼앗아 가는 이 아름다움을 목격한 순간 그의 형제들을 위하여 그곳을 예약해 놓았던 것이다. 수년 동안 그는 자신의 비전을 구체화시킬 수 없었다. 그러나 언제든 기회만 오면 포착하리라고 희망하고 믿고 준비했다.

미국에 있는 사람들은 호텔과 하숙집과 안전한 캠프장이 있는 여름 휴양지나 산·해변이 없는 곳에서 살아간다는 것이 어떤 것인지 알지 못할 것이다. 그러나 한국에 있는 우리에게는 산속에 있는 절에 불편하게 있거나, 항구나 강가에 집을 짓거나, 아니면 큰돈을 들여 일본이나 중국으로 여행가지 않는 한, 아무리 필요하다 해도 신선한 공기를 마시거나 환경을 바꾸는 것이 불가능하다. 각 교단의 선교사의 숫자가 늘어날수록, 휴양지의 필요성도 증대했으며, 이에 따라 언더우드는 소래에 여름 휴양지 건설을 시작하자고 선교회에 계속 권유했다. 그러나 당시에는 관련된 사람 모두가 그러한 작업이 필요하거나 바람직한 것인지 정확하게 인식하지 못했다. 하지만 언더우드는 그러한 휴양지로는 소래가 적격이며 그곳을 이용해 보면 궁극적으로 누구든 그 무한한 가치를 알게 될 것이라고 확신하여, 이 계획을 계속 밀고 나갔다.

돈을 마련하자마자 언더우드는 그곳의 땅 대부분을 사들이고, 후에 또 조금씩 땅을 사들여 상당히 넓은 땅을 확보했다. 그는 뛰어난 사업 재능을 지니고 있었기 때문에, 그 땅문서를 가지고 우선 한국 정부와 협의하고 다음에 일본인들과 협의했다. 이것은 결코 서두른 것이 아니었다. 만일 그가 6개월만 지체했더라면, 그 땅은 그나 다른 선교사의 힘으로는 살 수 없는 곳이 되었을 것이다. 그는 길을 닦고, 모래 언덕에서도 자라는 나무를 방파제 삼아 심었다. 그리고 또 땅을 사들이고 나무를 심었는데, 그가 사망하던 해에는 소래마을에서 3킬로미터에 달하는 거리에 파이프를 묻어 물을 끌어들였다.

그는 1905년에 처음으로 가족들을 데리고 여름을 보내러 그곳에 갔다.

매우 힘든 항해 뒤에 마침내 우리는 바라던 휴양처에 도착했다. 천국과 같은 그런 곳에서 몇 주간 여름을 보낼 수 있다면, 항해의 고통쯤은 다시 겪어도 좋았다. 우리가 도착했을 때는 보슬비가 내리고 있었고, 부드러운 회색 안개가 산과 바다에 걸려 있었으며, 몇 주일 만에 처음으로 시원한 바람이 우리 이마에 불어왔다. 우리 발아래에서는 파도가 부드러운 소리를 내며 바위에 가볍게 부딪치고 있었다. 소금기 섞인 바람이 우리의 피곤한 육체에 새 생명을 가져다주었을 때, 우리는 하나님께 감사했다.

그해에는 두 명의 젊은 남자 선교사만이 이 해변에서 우리와 동행했다. 우리끼리만 있어도 행복하지 않을 이유는 없었지만, 해수욕, 아름다운 해변, 썰물 때 바다의 보석을 드러내는 바위들, 경관, 석양, 비할 바 없이 생기 넘치는 공기 등을 즐기면서, 우리는 우리의 동역자들과 창백한 혈색의 부인들, 그리고 눈이 푹 들어가고 생기 없는 어린 자녀들이 우리와 함께 즐기기를 간절히 바랐다.

언더우드는 그곳을 가능한 한 24×24미터의 땅으로 나누어서, 그 땅들을 중국이나 일본 등지의 동양 휴양지에 비하면 아주 싼 값으로, 거의 무일푼이라도 살 수 있도록 선교사들에게 제공했다. 그러나 그는 결코 이런 땅 판매를 통하여 재정적으로 이득을 보려 하지 않았다. 오히려 그는 죽는 날까지 땅에 대한 지출, 변호사로서의 일, 토지 거간꾼으로서의 일, 토지의 소유권, 비용, 개량공사의 비용 등을 변상받지 못했다. 조금씩 들어오는 그 돈은 모두 곧 더 많은 땅을 사고, 개량 산업에 박차를 가하고, 오두막을 몇 개 세우는 데 사용되었다.

그러나 1913년, 1914년에 가서야 많은 선교사들이 소래 해변에 대해 알기 시작했으며, 그것이 개인으로서든 선교사로서든 자신과 자신의 가족들에게 주는 의미를 고마워할 수 있게 되었고, 사회적·육체적·영적인 면에서 그것이 얼마나 큰 혜택인지를 알게 되었다. 우리는 언더우드가 그 많은 친구들이 새로운 힘을 얻고, 예배에서 새로운 기쁨을 느끼고, 주님과 서로에 대한 새로운 사랑을 알게 되는 것이 자신의 예견과 고집 덕분임을 볼 수 있었던 것에 감사했다. 그가 반대와 의심을 무릅쓰고 이 일을 해냈다는 것은 이제는 중요하지 않다. 그는 대의를 위하여 그리고 형제들을 사랑하여 이 일을 했으며, 비록 이 계획이 몽상가의 꿈 같은 것으로 수많은 '관심 대상' 중의 하나로 여겨졌지만, 그 성공은 언더우드의 진정한 성격과 목표를 보여 주었다. 이 대목을 쓰는 동안에도 한국의 친구로부터 편지가 도착했는데, 거기에도 소래와 그 건설자에 대한 언급이 있다. "소래는 언더우드 박사를 기억할 때 언제나 하나의 아름다운 기념비가 될 것입니다. 내가 여름에 처음 그곳에 갔을 때 본 그의 모습에 대해 나는 많은 즐거운 기억들을 간직하고 있습니다. 언제나 6시면 일어나서 내 창문 앞을 지나가는 활달한 걸음, 항상 우리에게 미소와 즐거운 말로 건네는 인사, 집을 방문할 때마다 환대하던 그의 모습 등입니다. 내가 살아 있는 동안에는 언제나 사랑과 감사로 언더우드를 기억할 것입니다." 또 다른 사람은 이렇게 쓰고 있다. "최근 몇 년 동안 선교사 사회는 언더우드가 그들에게 준 축복을 깨닫게 되었습니다. 한 2년 전까지만 해도 우리는 소래 해변을 찾지 않았습니다. 그러나 일단 가 보면, 거기 있는 모든 것과 사랑에 빠지게 되고 그곳에 작은 오두막을 짓겠다고 결심하게 됩니다. 150달러 미만으로 그렇게 할 수 있는데, 나는 이번 여름에 그만 한 가치가 있는 새로운 건강과 힘을 얻었다고 생각합니다."

앞에서도 언급했다시피, 소래 해변은 작은 증기선으로 하루면 갈 수 있는데, 날씨가 좋지 않을 경우 바다여행에 익숙지 않은 사람들에게는 항해가 별로 즐겁지 못하다. 이런 이유 때문에 어떤 선교사들은 기차로 갈 수 있는 다른 해변 휴양소를 찾게 되었다. 그래서 한국에는 이제 두 곳의 그런 여름 휴양지가 생겼다. 그러나 한국의 많은 선교사들, 그리고 생기를 불어넣어 주는 한국의 공기를 마시러 오는 중국과 일본의 선교사들을 고려해 볼 때, 그것은 많은 것이 아니다. 그러나 지금 소래에 이르는 좋은 길이 닦이고 있고, 이 책이 출판되기 전에 완성될 것이니, 그 아름다운 소래에도 이제는 편히 갈 수 있을 것이다.

이 장을 마치기 전에, 선교회의 통계를 한번 살펴봄으로써 하나님이 이제까지 한국에서 해 오신 일들을 잠깐 살펴보기로 하자. 전년도의 사업에 대해 기록한 언더우드의 1907년 6월의 선교보고서를 보면, 1906년에는 신앙을 고백한 사람이 3,621명 증가하여 성찬식에 참여할 수 있는 사람이 총 15,079명이 되었고, 학습을 받은 사람은 16,000명이 되었다. 출석교인까지 합하면 총계 6만 명의 사람들이 619개의 자립적인 교회에 속해 있었다. 학교는 344개 있었는데, 그중 완전히 자립적인 곳은 334개였으며, 7,504명의 학생이 등록되어 있었다. 복음 사업은 대부분 한국인들에 의해 이루어지고 있었다. 4,594달러 87센트가 그해 동안에 헌금되었는데, 당시 일당은 보통 15-25센트였다.

16
유럽에서의 휴식

1905년과 1906년 겨울, 언더우드는 심한 감기에 걸렸다. 이전에는 잘 걸리지도 않고 걸려도 금방 나았지만 이번에는 후두염으로 발전했다. 치료를 해 보았지만 아무 효과가 없었다. 등을 기댄 자세로 있어도 기침이 더욱 심해졌기 때문에 잠도 거의 못 자고 밤새도록 마루 위를 걸어 다니곤 했다. 기침과 불면, 그리고 강하게 조제된 약으로 인해 그는 몹시 약해져 갔다. 이전 모습의 그림자밖에 안 남은 것처럼 보일 정도였다. 그러나 이런 피로에도 불구하고, 그는 가능한 한 자기 일을 계속해 나가려고 했다. 물론 연설이나 설교는 할 수 없었지만, 성경 번역 및 다른 모든 문헌 사업은 계속했으며, 위원회에 참석하고 지방 교회들을 감독했다. 그는 남쪽 항구의 온화한 기후가 병세의 호전을 가져올지도 모른다는 희망을 가지고, 몇 주간 부산을 방문했다. 거기 있는 동안에는 조금 나아지는 것 같았으나, 다시 서울로 돌아오는 길에 기침이 전보다 더 심해져, 몸이 그 병을 오랫동안 감당해 내지 못할 것같이 보이기 시작했다. 그래서 3-4명의 선교 의료진으로 이루어진 위원회는 그가 휴가를 얻어 스위스에 가야 한다고 결정했다. 거기서라면 빙하의 공기와 완전한 휴식을 통하여 생기가 돌아오고 치료도 될 것이라 생각했기 때문이다.

근래 들어 건설된 시베리아 횡단 철도가 가장 빠르고 좋다고 결정되어 그때까지의 모든 계획은 그 길을 택하는 것으로 진행되었다. 그러나 막상 일본 나가사키에 상륙하자 회사에서는 현 상황으로서는 가족에게 표를 팔 수 없다고 했다. 러시아의 아주 혼란스러운 사회적·정치적 상황 때문에 그 길이 안전치 못하다는 것이었다. 폭동과 폭도와 열차 습격에 대한 이야기도 했다. 한마디로 불가능하다는 것이었다. 그러나 벌써 7월이었고, 하루 이틀 있으면 떠날 다음 기선은 그해 여름의 마지막 배였다. 그런 계절에 적도 쪽을 여행한다는 것은 불편할 뿐 아니라 위험하기도 했다. 또 우리의 트렁크는 시베리아의 기후를 대비한 따뜻한 옷가지들로 채워져 있었기에, 남쪽 여행에 맞는 것은 하나도 없었다. 그러나 중국 재단사들은 재빨랐으며, 일본 상점에는 파티에 참석하는 여인들을 위한 여름 옷들이 충분히 구비되어 있었다. 이렇게 해서 우리는 배가 떠나기 전에 준비를 마칠 수 있었다. 그럼에도 불구하고 날씨는 사람을 쇠약하게 할 정도로 몹시 뜨거웠으며, 배가 수에즈 운하에 도착하기도 전에 언더우드의 병세는 더욱 악화되었다. 다행히 배에 미국인 의사가 있어 그의 치료로 많은 도움을 얻었다. 하나님이 복을 주셔서 이 치료와 휴식 및 바다 공기 덕분에 언더우드는 열이 내렸고, 처음 검역관이 올라왔을 때는 옷을 입고 다른 승객들과 함께 있을 수 있었다. 우리는 그 관리들이 언더우드의 병을 전염성 있는 것으로 간주하여 육지에서 내려서 검역소에 있으라고 할까 봐 몹시 걱정을 했다. 그럴 경우에는 그가 죽을지도 몰랐기 때문이다. 그의 상태는 이전보다 상당히 나아지긴 했지만, 우리는 그가 매우 아픈 사람이라는 것을 잘 알고 있었다.

이탈리아 항구 중에서도 가장 아름다운 나폴리에서는 몇 시간밖에 못 있었고, 제노바에 가서 거기서 기차를 타고 루체른까지 갔다. 그곳에서 우리는 언더우드의 형 존과 그의 가족을 만났다. 루체른에서 잠시 머문 후, 우리 일행은 유명한 톱니바퀴 기차를 타고 벤겐까지 갔다. 이곳은 융프라우 산 밑의 훌륭한 산지 휴양지로, 인터라켄이란 아름다운 작은 마을에서도 얼마 떨어지지 않은 곳이다. 우리는 그곳에서 여름을 보냈다. 언더우드는 힘도 좀 생기고, 기침도 상당히 줄어들었다.

9월에 그의 형이 미국으로 돌아간 뒤, 우리는 마이링겐에서부터 산길을 걸어 론 글라시에르(Rhone Glacier)에 있는 작은 여관까지 가서 그날 밤을 묵고, 다음 날 론 계곡을 내려가 로잔까지 갔다. 아름다운 론 글라시에르는 사람의 마음을 끄는 황홀한 광경을 보여 주었다. 그날 밤 달이 늦게까지 떠 있어서 우리가 웅장한 얼음 폭포의 장관을 보기 위해 계곡을 걸어 내려오고 있었을 때, 사방은 어둡고 음침했으며 밤의 어두운 그늘에 젖어 있었고 모든 수풀과 툭 불거져 나온 바위들의 시커먼 그림자가 가슴을 조이게 했다. 바로 그 순간 갑자기 푸른빛과 은빛이 어우러진 황홀한 빛깔로 반짝이며 꼭대기가 꾸밈없는 눈으로 덮인 빙하가 우리 위에서, 어둠의 권세를 이겨 낸 순수와 성스러움의 최후의 승리의 상징처럼 빛났던 것이다. 그때까지는 산맥 뒤에 너무 멀리 있어 계곡까지 비추지 못했던 달이 빙하에 빛을 쏟아부으며, 어둠 속에서 그 자태를 잡아 반사시켰기 때문이다. 하나님과 같은 높이에서 살아가는 영혼이 깊은 슬픔과 어둠의 세계 속에서 하나님의 영광을 반사시키듯이!

정식 승합마차를 타고 그 황홀한 산길을 걸어 계곡까지 내려오던 그 경험은 소심한 사람으로서는 결코 잊을 수 없는 것이었다. 그 가파른 길을 승합마차는 마구 달려 내려갔다. 매번 굽잇길을 돌 때마다 마치 파괴를 향해 돌진하듯 미친 듯이 휘몰아쳐 갔다. 사실 고삐만 놓치면 마차는 부서질 판이었다. 그러나 하루에도 수천 명씩 사람들이 여행을 하지만 한 번도 그런 사고가 났다는 말은 들은 적이 없다고 했다.

겨울에 언더우드의 최종 목적지는 남부 프랑스였다. 그러나 9월에 가기에는 아직 너무 더웠기 때문에, 우리는 당분간 로잔에 머물면서 서늘한 기후가 다가오기를 기다리기로 했다. 이때 그의 병세는 다시 악화되는 것 같았다. 손발에는 류머티즘이 걸렸고 기침은 심해져, 마치 그의 몸 전체가 사나운 독에 시달리는 것 같았다. 그렇게 고통을 겪고 있었음에도 불구하고, 놀랍게도 그는 인내심 있고 명랑했으며, 어진 성품은 변함없었고, 불굴의 신앙과 소망은 그 모든 것을 이겨 냈다. 자기 병을 말할 때도, 그는 껄껄 웃으면서 2륜마차를 혼자 끄는 말이 백 년 달릴 것을 하루에 달리고 박살이 나 버린 것 같다고 농담을 하곤 했다.

10월에 칸느에 도착한 뒤 우리는 의술이 뛰어난 영국인 의사를 만났다. 그의 치료가 효과를 보아, 언더우드는 점차 병세가 호전되어 차츰 건강을 되찾았다. 이 의사와는 재미있는 사건이 있었다. 처음에 그 의사는 우리가 요청해서 왔는데, 언더우드가 성직자이자 선교사라는 것을 알게 되자 다시 올 수 없다고 통보해 왔다. 의사의 말인즉, 성직자를 치료하면서 돈을 받는 것은 의사의 도의에 어긋나는 것인 반면, 자신은 또 무료로 치료해 줄 수는 없으니 다른 의사를 구해 보라는 것이었다. 언더우드는 자신이 치료비를 충분히 낼 수도 있고, 또 극빈자처럼 보호받고 싶지도 않아 돈을 내고 싶다고 했으나 아무 소용이 없었다. 그 의사는 언더우드의 사무실에 찾아오는 것에는 아무 문제가 없으나, 환자를 방문하는 식으로는 시간을 낼 수 없으며, 자신의 규칙 때문에 돈을 청구할 수도 없다고 했다. 우리로선 우습고도 불친절한 일로 느껴졌다. 그래서 우리는 심부름꾼을 보내어 한두 번 약을 타오고 수표를 우송했으나 그것은 곧 반송되어 돌아왔다. 할 수 없이 우리는 내키지 않았지만 설득 가능한 다른 의사를 구했으며, 전번 의사에게는 크리스마스 때 선물을 보냈다. 어쨌거나 남부 프랑스의 아름다운 기후 그리고 완전한 휴식과 안정 덕분으로, 언더우드는 오랫동안 시달려 온 병에서 점차 벗어났다.

거주지를 정하자마자 언더우드는 곧 영국인 교회 중 하나를 담당하고 있는 목사와 사귀게 되었다. 이 교회는 외국인들의 안식과 원기 회복을 위하여 전 유럽에 오아시스처럼 세운 교회 중 하나였다. 그곳에는 상당히 많은 영국인 및 스코틀랜드인 회중이 있었다. 특히 스코틀랜드인이 많았는데, 이들은 우리처럼 겨울에만 칸느에 있었다. 우리는 그들 가운데 많은 그리스도인 친구들을 만났다. 그들은 우리 집을 방문하고 그들도 우리를 초청하곤 했다. 우리는 그들과 가까이 지내면서 외로움을 더 이상 느끼지 않게 되었다. 이 귀한 사람들은 무척 친절하여 우리는 여기저기 초대를 받아 많은 차를 마셨고, 또 우리도 우리 아파트에 그들을 초대하여 대접했다. 이것은 언더우드의 영국 차(茶) 사랑과 사교적인 성격에 아주 특별한 즐거움을 주었다. 그는 친구가 있어야 했고 차가 있어야 했는데, 이 두 가지가 다 있다는 것이 그에게는 큰 위안이 되었다.

몸이 건강한 사람이든 아니든, 그곳에 갈 만한 돈이 있는 모든 영국인과 스코틀랜드인에게 남부 프랑스는 선택받은 놀이터였고, 요양소였으며, 병원이자 안식처였다. 그러나 여기에 드는 비용은 매우 적었다. 아파트는 아주 싼 값에 얻을 수 있었으며, 온갖 요리 도구, 특히 혼자 차를 끓일 수 있는 기구는 여러 상점에서 볼 수 있었다. 시장도 이런 목적에 맞게 이상적으로 갖춰져 있었기 때문에 맛있는 우유와 빵이 집까지 배달되었다. 작은 부엌도 매우 편리했다. 세계에서 가장 완벽한 취사도구와 가스, 숯, 석탄 난로 등이 있었고, 조미료·커피·차·설탕 등 여러 가지 필요한 것들을 담을 수 있는 이상적이고 아주 멋진 자기그릇들도 있었다. 여성참정론자를 비롯해 어떤 여성이라도 그런 부엌을 한번 보기만 하면, 곧 가사 일을 하고 싶은 마음이 들 것이다. 나는 값싸게 오랫동안 즐거운 휴식을 취하고 싶은 사람이 있으면 리베리아 해안을 찾으라고 권하고 싶다. 거기에서는 값싸고도 사치스러운 가사(家事)가 거의 완벽할 정도로 과학과 예술의 차원에서 다루어지기 때문이다.

언더우드는 차츰 병세가 회복되어, 4월에 파리에 가자는 청을 받았을 때 의사도 거기에 동의했다. 파리에는 언더우드 타자기 회사가 있었는데 사무실을 담당하고 있던 책임자가 미국 출장으로 한 달 동안 자리를 비워야 할 일이 생겨, 언더우드는 사업의 이익을 돌보는 일과, 총대행업자 및 감독으로서의 역할을 맡아 일을 하게 되었다. 그는 공부를 시작할 수 있을 때부터 겨울 내내 불어 공부를 해 왔으며, 이로써 그는 사업적 재능을 타고난 사람으로서의 예리한 열의뿐만 아니라, 사무실의 누구도 생각지 못했던 다양한 효율성을 가지고 일을 하게 되었다. 결코 "고양이가 나가니 쥐가 논다"는 식의 상황이 아니었다. 그는 수위를 제외하고는 제일 먼저 출근해 자리에 앉았기 때문에, 누가 어떤 식으로 늑장을 부리거나 지각을 하건 다 알 수 있었다. 외판원들은 곧 자신들이 감독만이 아니라, 사리 판단이 분명하고 현명하며 거시적인 안목을 지닌 친구이자 조언자를 갖게 되었음을 알게 되었다. 때문에 전 체제가 기름을 친 바퀴처럼 굴러가게 되었다. 모든 곳에 엄격한 질서가 자리 잡혔으며, 사람들끼리도 서로 좋은 감정들이 오가게 되었다.

언더우드는 언더우드 타자기 회사가 프랑스 정부로부터 아주 많은 주문을 받아 내도록 하는 데 성공했다. 사실 이것은 독과점 회사들이 속임수로 언더우드 회사에 대한 정부의 입찰 초청을 보류시키려 했기 때문에 거의 놓칠 뻔한 것이었다. 국외자에 불과한 어느 사람과 대화하는 가운데 그가 날카롭고 기민하게 관찰했기 때문에, 정부의 제안이 자신의 회사에도 들어온 것임이 드러나게 되어, 사무실의 다른 사람들의 반대를 무릅쓰고 입찰가를 높게 불렀다. 사람들은 모두 그가 실패할 것이라고 말했다. 그러나 언더우드는 사람들을 알고 자신의 기계(타자기)를 알았기 때문에 기쁘게도 그 주문을 따낼 수 있었다.

그 책임자가 여름에 미국에서 돌아오자 우리는 스위스로 갔다. 거기서 우리는 언더우드의 형 가족과 모르테라하 글라시에르 가까이에 있었다. 장크트모리츠로부터 멀지 않은 폰트레시나가 우리가 선택한 곳이었다. 거기서부터 우리는 승합마차를 타고 스위스의 가장 아름다운 산길을 다니면서 세상에서 가장 훌륭하고도 아름다운 경치를 감상했다. 더 아름다운 곳이 있을 수는 있겠지만, 이곳처럼 웅장함과 아름다움이 함께 어우러진 곳은 없었다. 여기서 언더우드는 계속 힘을 회복해 나갔고 건강도 좋아져, 이제 미국을 둘러서도 한국에 일하러 갈 수 있다고 생각했다. 학교, 병원, 성경학교, 선교사와 고아원이, 아직도 구원받지 못한 수백만의 사람들을 위하여, 또한 급속하게 성장하는 한국교회를 양육하고 훈련하기 위하여 몹시 필요했다. 신자들 사이에서는 커다란 부흥이 일어났으며, 죄에 대해 놀랍도록 깨닫게 되었고, 모든 한국교회가 이제 새로운 열정으로 불타올라 이전보다 더 크게 그리스도를 위한 정복을 나설 차비를 갖추고 있었다. 그러나 그들은 교사와 안내자와 조력자를 필요로 했으며 그것을 얻기 위해서는 미국 교회가 그 필요성을 인식해야만 했다.

17
미국에서의 한국 홍보 활동

언더우드가 유럽에서 미국으로 돌아온 것은 1907년 초반이었다. 그는 곧 선교부 위원들과 유력한 친구들에게 한국에 필요한 것들과 한국이 가진 놀라운 가능성을 제시하기 시작했다. 언더우드가 브루클린의 맥아피(McAfee)[1] 박사와 가진 대화는 박사에게 큰 감명을 주어, 그는 이 문제를 선교부에 제출하면서 "형제들이여, 이 문제를 우리는 어떻게 할 것입니까?"라고 물었다. 그 결과 한국위원회(Korea Committee)와 실행위원회(Executive Council)는 10월 29일, 언더우드, 사이드보텀(R. H. Sidebotham) 부부, 브루엔(H. M. Bruen) 목사, 홀(Ernest F. Hall) 목사, 샤록스(A. M. Sharrocks) 목사 등과 협의회를 열었다. 이들은 모두 미국에서 휴가를 보내고 있던 차였다.

1907년 11월 4일의 의결 사항에 대한 알렉산더(Alexander) 박사의 보고

---

[1] 맥아피(C. B. McAfee) 목사는 이때 미국 북장로교 해외선교부원으로서, 다음의 알렉산더 보고를 채택하는 데 힘썼고, 그 뒤 한국 선교를 계속적으로 지원했다. 1926-1936년에는 브라운(A. J. Brown)을 이어 미국 북장로교 해외선교부 총무로 활약했다.

를 인용해 보자. "우리는 큰 관심을 가지고 그 가능성과 필요성에 대한 자세한 이야기를 경청했으며, 그 선교지의 두드러진 성숙함, 우리 선교사들에 대한 한국인들의 호의적인 태도, 우리의 사업이 매우 우세한 땅에서 수행되고 있는 우리 교회의 특별한 책임에 대해 강렬한 인상을 받았다. 그 결과 그 사업에 대한 즉각적이고도 광범위한 강화와 확충이 필요한 것으로 여겨진다.

위원회의 선교사들과 선교회가 공식적으로 판단하건대, 새 선교사의 거주가 절박하게 필요하다는 데 동의한다. 또한 교육 장비에 대한 두 번째 강조에도 동의한다. 동시에 교육 사업에 배치하고, 급속하게 발전하고 있는 복음 사업을 지도하는 데 필요한 20명의 새로운 선교사가 증원되어야 한다는 점, 이에 따라 이 새로운 일꾼들에게 매년 지급할 4만 달러와, 각각 3천 달러가 드는 이들의 새로운 거주 비용, 그리고 이 목적을 위한 6만 달러의 요구에도 동의한다. 전체적으로 필요한 돈은 현재 선교지에서 일을 하고 있는 선교사들을 위한 1만 8천 달러, 기존 학교 유지와 새 학교 건립 및 20명의 새 선교사 가족과 이들을 위한 20곳의 거주를 위해 5만 달러가 들 것으로 평가된다."

1908년에 위원회는 교회를 계몽시키고 일꾼과 돈을 확보할 특별 홍보를 하자고 선교부에 제안했다. 이것은 한국 및 다른 선교회들의 현행 사업을 위해 달리 확보될 수 있는 기금을, 이러한 호소에 따라 전용(轉用)할 수 없다는 생각에서 이루어진 것이었는데, 이는 현행 사업을 위한 교회의 헌금도 불충분했기 때문이다. 또한 이미 확인된 선교부의 유지 비용으로 전년도 수입에서 일차적으로 20퍼센트를 사용한다는 점과, 특별 기금은 이미 양해된 선교부의 규칙에 따라 처리해야 한다는 조건도 있었다. 위원회는 앞에서도 언급한 당시 휴가 중이던 사람들을 초청하여, 현재의 사업을 위해 모금되는 돈은 선교부의 예산에 첨가된다는 조건으로 그들에게 이

기금 모금을 위임하자고 제안했다. 선교부의 회계는 거두어들일 돈에서 여행비와 인쇄비를 지불할 권한을 위임받았다. 이 보고서는 만장일치로 채택되었다. 당시 미국이 이제껏 겪어 보지 않은 경제 공황으로 곤란을 겪고 있던 때인데도, 그러한 결의안이 선교부에서 통과되었다는 사실은 선교사들의 놀라운 신앙과 그들이 제시한 한국의 상황에 선교부가 얼마나 깊은 감명을 받았는지를 보여 준다.

또한 서로 다른 편에서 무엇을 하고 있는지 몰랐는데도, 휴가 중인 선교사들이 한 것과 똑같은 청원을 한국의 선교회가 했다는 사실은 선교부 위원들에게 큰 영향을 주었다. 선교부는 이 캠페인을 승인함으로써 하나님과 교회에 대한 그들의 신앙을 증거한 것이다.

선교부가 이미 책임지고 있던 사업을 보호하기 위해 만든 규약이나, 어디에 가서 누구에게 호소할 것인지에 대해 규약이 제한하는 사항들은, 경제적 혼란 상태와 더불어 충분히 낙심할 만한 일이었을 것이다. 자신이 하나님의 부르심에 순종하고 있으며 불가능이란 없는 그분을 의지하고 있다는 확신이 없는 사람에게는 말이다. 앞에 언급한 사람 중 몇 명은 아직 이 캠페인이 끝나지 않았는데도 한국으로 돌아갔다. 그러나 애비슨 박사와 헐버트가 그 자리를 대신했다. 언더우드는 그 위원회의 위원장이 되어 사업적 수완을 효과적으로 발휘하면서 일을 추진해 나갔다. 큰 도시에 있는 장로교회의 목사들에게 수백 통의 편지를 보내 이 운동의 기원과 목적을 설명하고, 그 도시를 방문하는 주일에 선교사가 그 교회의 설교단에 서게 해줄 것을 요청했다. 그러고는 항상 한 사람이 먼저 가서 약속을 확실히 해 놓고, 또 이어지는 주간의 밤과 낮의 각종 모임 계획도 짰다. 또한 국내의 모든 장로교 주간지에도 편지를 보내어 한국에 대한 기사를 싣도록 요청했다. 또한 "한국에 투자할 기회"라는 제목의 소책자가 수천 부 발행되었다. 이 책자에는 한국 선교회의 성장에 대해 간략히 설명하고, 한국이 필요로 하는 것을 압축적으로 제시했다. 이것은 우송하기도 하고 각 모임에서 나누어 주기도 했는데, 모두 기부신청서를 첨부하여 나누어 주었다. 그러한 소책자 중에 언더우드가 준비한 「한국의 위기」(Korea's Crisis Hour)[2]라는 것이 있었는데, 여기에는 몇 페이지에 걸쳐 한국교회의 역사가 초반부부터 감동적이고 강력한 문체로 적혀 있다.

한 도시를 방문하고자 할 때는, 미리 설교단의 사용을 예약해 놓을 뿐만 아니라, 며칠 전에 일간지에다 한국의 정치적·사회적·경제적·상업적·종교적 측면들을 알려 놓았다. 또한 가능한 곳에서는 주일 모임에 뒤이어 남자들의 오찬이나 만찬을 마련했고, 상업계나 은행계 인사들의 연합회에서 연설을 했다. 물론 대학교, 신학교, 여자대학, 의과대학, 클럽, 영향력 있는 인사들의 사교 모임 등에서도 연설을 했다. 언더우드를 비롯한 위원회의 위원들은 때로는 하루에 여덟 차례나 연설을 하는 일도 있었으며, 그때마다 기도도 잊지 않았다. 여행 중이 아닌 아침에는 위원들이 모여 그날의 일을 이야기할 뿐만 아니라, 한 시간 동안 합심해서 기도했다. 뉴욕·필라델피아·보스턴·시카고·버팔로·클리블랜드·밀워키·세인트루이스·인디애나폴리스·캔사스시티·미니애폴리스·세인트폴·피츠버그 등의 큰 도시들을 방문했고, 알바니·로체스터·시러큐스 같은 소도시들도 수십 군데 방문했다. 처음에는 기부금이 적은 편이었고 전망도 절망적이었다. 그래도 언더우드는 시카고에서 하나님이 몇 명의 선한 그리스도인들을 인도하시어, 격려로서 그리고 이 일에 하나님의 축복이 뒤따른다는 표시로서 많은 돈을 내게 해 달라는 것을 특별한 기도제목으로 잡았다. 그러자 곧 한 사람이 혼자서 만 달러나 되는 많은 돈을 기부했다. 또한 많은 남녀들이 기부를 하고, 그들이 속한 교회에서 지원을 해주기로 약속하기도 했다. 그럼에

---

2 이 글은 그 뒤 *The Korea Mission Field*(1908, September, pp. 130-132)에 게재되었다.

도 불구하고 이 운동은 발전 속도가 느려 보였다. 신시내티에서는 언더우드가 갑작스럽게 아파 자리에 누워 있어야만 했다. 동료들의 강권에 못 이겨 이틀간을 집에서 보냈지만 이보다 더 오래 약속을 미루고 있을 수가 없었다.

사람들이 얼마나 큰 감명을 받았는지를 보여 주는 예화가 하나 있다. 별로 수입이 많지 않은 어떤 사람이 처음에 망설이며 백 달러를 기부하기로 했다. 그러더니 하루가 지난 후에 다시 와서 5백 달러를 내야만 할 것 같다고 말했다. 다시 24시간도 지나기 전에 돌아오더니, 어디서 돈이 생길지는 모르지만 천 달러를 내야만 한다는 생각이 들었다고 말했다.

1907년과 1908년 가을과 겨울에 언더우드는 「한국의 부름」(The Call of Korea)[3]이라는 자신의 저서를 준비했다. 또한 1908년 여름에는 뉴욕 대학에서 가진 "딤즈 기금 강좌"(the Deems Foundation Lectures)에서 '아시아의 종교'라는 주제로 강의를 했다. 이 사변적이고 철학적인 강좌를 수행한 방식과 그에 수반된 연구량은, 아주 짧은 기간에 놀라운 양을 이루어 내는 그의 능력을 알고 있는 우리에게도 놀라운 것이었다. 이 강의는 도교·신도·샤머니즘·유교·불교 등이 중국·일본·한국에서 어떠한 역할을 해 왔으며 지금은 어떠한가를 다루면서, 그 나라에 사는 사람들이 생각하는 신의 개념을 밝히고, 동양의 종교를 기독교와 비교하는 것이었다. 이 강의는, 우리가 알고 있는 증거들에 비추어 볼 때 동양 민족들의 초기 종교는 일신교라는 것과 신의 계시와 도움을 결여한 대개의 동양 민족의 종교에 나타나는 보편적인 경향은 상승하는 것이 아니라 하강하는 것임을 보여 준다. 또한 강의는 이 신앙들의 가장 뛰어난 점들과 하나님이 주신 진리 사이의 괴리감 그리고 양자 간의 접촉점도 보여 준다. 언더우드는 애

---

3   1908년에 간행되었다.

스톤(Aston), 레그(Legge), 가일즈(Giles)와 같은 여러 학자들의 일본과 중국에 대한 저서를 너무 많이 인용했다는 비판을 받았지만, 동양에서 살아본 경험이 있는 사람이라면 평생 동안 공부해도 이 학자들 중 한 사람의 연구 정도밖에 이해할 수 없다는 것을 잘 알 것이다. 또한 언더우드의 강의를 보다 신뢰할 수 있는 이유는, 그의 강의가 언더우드 자신의 매우 세밀한 연구와 관찰에 의존한 것일 뿐 아니라, 동양 문헌에 대해 연구한 위대한 학자들의 뛰어난 업적을 폭넓게 연구한 결과이기 때문이다. 뿐만 아니라 언더우드는 이 무렵 프린스턴 신학교(Princeton Theological Seminary)에서 스톤 기금 선교사 강좌(the Stone Foundation Missionary Lectures)를 맡기도 했다.

1909년 초겨울 동안에, 언더우드는 이 운동을 태평양 연안까지 이끌고 가기로 했다. 마침 그때 선교부의 총무인 핼시(Halsey) 박사가 태평양 연안에 가서 선교 일반에 대해 말하려고 하는데 그곳에 함께 가자고 언더우드에게 청했다. 그러나 한국에 대해 이야기하는 것은 허용하지만, 한국을 위한 특별한 호소는 하지 말아 달라는 조건을 달았다. 훗날 핼시 박사는 나에게 언더우드처럼 주제가 풍성하고 그것을 제시하는 데 놀라운 기술을 가지고 있는 사람을 본 적이 없으며, 언더우드가 연설하는 것을 여러 번 보았지만 그가 한 번도 똑같은 주제를 가지고 하는 것은 보지 못했다고 말했다.

태평양 연안에 도착하자, 그는 로스앤젤레스에서 시작하여 천천히 북쪽으로 올라갔다. 파사데나에서 연설하기로 한 날을 1주일쯤 앞두고 상한 치아 때문에 병원에 가야만 했다. 치아가 매우 썩어 있었기 때문에 수술을 해야 했는데, 그렇게 되면 다음 주일에 큰 교회에서 설교하기로 잡아 놓은 계획이 수포로 돌아가게 될 판이었다. 그는 설교를 꼭 해야 된다고 고집했으며, 설교하기로 한 약속을 어기게 될지도 모를 치료는 받지 않겠다고 했다.

언더우드는 아침에 연설하러 갔다가 예배가 끝나면 누구와도 대화하지 않고 곧바로 돌아오겠다는 조건으로, 의사를 설득했다.

어떤 연안도시 한 군데에서는, 언더우드가 '여성 선교회'의 장로교 대집회에서 연설하게 해줄 것을 요청했으나, 전 교회와 그 마을을 꽉 잡고 있는 한 부유하고 영향력 있는 부인이, 공황과 경제적 위기 때문에 한국에 줄 돈이 없다고 하면서 그 요청을 한마디로 거절했다. 그가 아무것도 청하지 않고 한국에 대해 이야기할 기회만 달라고 하자 겨우 연설을 허가했다. 그러나 막상 연설을 하자, 처음에 요청을 강력히 거절했던 그 부인이 천 달러를 기부했을 뿐 아니라 다른 사람들도 자발적으로 많은 돈을 한국 기금에 기부했다. 언더우드는 샌프란시스코에서 쉽게 방문할 수 있는 오클랜드·버클리 등지에도 많은 주목을 받았다. 우리는 자정 전에는 거의 잠자리에 든 적이 없으며, 배·전차·자동차·마차 등으로 혹은 비나 눈이나 진흙탕 속에서 한 손에는 가방을 들고 다른 손에는 우산을 들고 순회 공연 배우나 시골의 행상인처럼 터벅터벅 걸어 다녔다. 이렇게 하여 한국의 이야기는 로스앤젤레스에서 포틀랜트·타코마·시애틀 등지로 전파되어 갔다. 포틀랜드에서는 성대한 오찬 모임이 있었고, 샌프란시스코에서는 큰 리셉션이 있었으며, 이외에도 작은 사교적인 행사가 조금 있었다. 모든 곳에서 큰 관심이 일어났다. 이런 식으로 얼마나 유익한 일이 이루어졌는지는 하나님만이 아시겠지만, 우리가 알기에도 그 일은 적지 않았다. 여기저기서 사람들이 이 일을 수행하기 위해 왔으며, 조금씩 조금씩 필요한 돈이 모아졌다. 그러나 우리가 필요로 하던 총액이 달성된 것은, 로스앤젤레스의 선한 두 그리스도인이 선교사들의 보수와 주거를 위해 누구보다 많은 돈을 기부함으로써 이루어졌다. 이로써 위원회는 정말 하나님이 자신들의 기도를 들으셨고, 이 사업이 실제로 이루어지리라는 것을 깨닫게 되었다. 우리는 무릎을 꿇고 하나님께 감사했을 뿐 아니라, 언더우드와 나는 기쁨에 가득 차 실제로 어린아이들처럼 우리 방에서 춤을 추었다. 또한 우리가 부유한 사람이 많은 동부 도시에서 필요한 돈을 다 얻도록 하나님이 허락하시지 않은 것은, 그 이야기가 서쪽 끝까지 전국에 퍼져야 한다는 하나님의 뜻 때문이라는 것도 알게 되었다.

1910년 5월 1일까지 170,617달러의 기부금이 모였으며, 계속해서 서약이 들어오고 있었다. 27명의 선교사와 그 모두를 위한 지원도 확보되었다. 서약된 각 항목은 다음과 같다. 평양에는 학교와 신학교와 병원, 강계에는 성경학교와 병원과 서재(Bookroom)와 주거지, 선천에는 커다란 학교와 기술학교, 서울에는 학교와 예수교서회 건물, 청주에는 병원과 그 밖의 다른 많은 기관들을 위한 돈 등이었다.

언더우드는 5월에 뉴욕으로 돌아와 외과 수술을 받았다. 이 때문에 그는 몇 주일 동안 움직이지 못했다. 유럽을 경유해서 한국에 가는 것이 가장 좋다고 생각되어, 언더우드는 다시 일을 시작하기 전에 최소한 한 달 정도 스위스에 머물 수 있었다. 그는 평양에서 열린 연례회의 개최 시간에 맞추어, 시베리아를 거쳐 한국으로 돌아올 수 있었다. 이곳에서 선교회는 그를 따뜻하게 영접했으며, 미국에서 그와 그의 동역자들이 한 일에 대해 감사했다. 언더우드는 미국에서 한국을 홍보하는 동안에, 먼저 자기가 속한 [선교]지부를 위해 일을 한 후 타 지부를 생각한 것이 아니라, 우선 남들이 필요로 한 것을 먼저 처리했다는 점에 주목할 필요가 있다. 그는 한국에 대해서만 이런 태도를 취한 것이 아니라, 모든 나라의 선교 사업에 대해서도 거의 같은 태도를 취했다. 진실로 그리스도와 그의 나라에 관계된 모든 것을 사랑으로 품에 안는다는 점에서 그의 정신은 지극히 보편적이었다.

18
선교지의 분할

언더우드는 한국에서의 초기 시절부터 늘, 서울에서 운영되고 있는 소년을 위한 고등학교를 대학으로 발전시켜 나가기를 간절히 원했다. 이것은 서울 지부에 있는 거의 모든 사람들이 하나같이 바라던 바였다. 1906년 무렵, 선교회는 약간의 논의를 거친 후 서울 지부가 이 계획의 추진에 착수하는 것을 승인했고, 1908년에는 평양과 서울에 대학을 건립할 의사를 표명했다. 이것은 지금의 시점에서 그 이후 이루어진 논의를 되돌아볼 때 흥미로운 사실이다.

앞에서도 언급한 바와 같이, 한국을 소개하기 위해 언더우드와 애비슨 박사가 미국 전역을 여행하는 동안에, 그들은 이 결정에 의거해 서울에 일류 대학을 건립하고 이를 위한 기금을 모을 계획을 세웠다. 이것은 곧 '한국을 위한 교육 기금'(Educational Foundation for Korea)이라고 불리기 시작했다. 이 기금은 두 개의 대학을 건립·유지하고, 또 모든 선교회의 전 중등학교를 유지하는 데 충분한 돈이어야 했다. 이 제안은 동료들 대다수의 마음을 끌지 못했으며, 대학 건축을 위해 만 달러를 사용하겠다는 서울 [선교]

지부의 요청은 1909년의 선교회 연례회의 때 투표로 기각되었다. 그다음 해에는 현재로서는 서울에 대학을 세우는 일에 착수하지 말 것을 권고하는 결의안이 통과되었다.

선교회의 이 같은 태도는 언더우드와 대부분의 서울 지부 사람들에게 몹시 실망스러운 것이었다. 그들은 그 계획의 추진이 선교지부 사업의 발전에 핵심적일 뿐 아니라, 국가적 차원에서도 가장 유익한 일이라 여기고 있었기 때문이다. 이러한 서울 지부와 선교회의 다른 사람들 사이의 견해 차이는 서로 아주 강한 신념에 바탕을 두고 생겨난 것이기 때문에 지금까지도 두 견해가 결합될 공동의 근거를 마련하지 못했다. 더욱이 본국 선교부에서는 한국에는 하나의 대학만 있어야 하며 그것은 연합대학(a union college)이 되어야 한다고 결정해 놓았기 때문에, 그 형태와 장소는 전 선교회 모두의 공동 관심사였다. 그러므로 어느 한 편이 아무리 다수를 차지하고 있다 하더라도, 한쪽의 결정만으로 이 논쟁이 끝날 수는 없었다.

지금 이 문제에 대한 찬반양론을 일일이 이야기할 계제는 아니다. 그러나 우리는 장소의 문제에 대해 미국교육연합위원회(the Joint Committee on Education in America)의 결정을 기다렸고, 투표를 통해 장소가 서울로 결정되었으며 관련 외국 선교부들도 모두 이것을 확인했다는 사실만 밝혀 두겠다.

물론 이런 결정은 언더우드와 서울 지부 사람들에게는 만족스러운 일이었으며, 이 일에 대한 그들의 판단이 옳았음을 증명해 주는 것으로 볼 수도 있었다. 그러나 선교본부들의 결정을 모든 선교회들이 잘 따르지 않은 것은 유감스러운 일이었다. 왜냐하면 이후에도 계속된 형제들과의 논쟁과 많은 사람들의 빈정거림은 언더우드의 건강을 악화시킬 정도로 그에게 충격을 주었으며, 이런 긴장의 결과로 그의 삶이 단축되었다고 보아도 무리가 아니었기 때문이다. 때로 이 일에 대한 자신의 판단을 고수하는 것이 흔들릴 정도였다. 많은 형제들의 단호한 반대 입장을 고려해 볼 때 자신의 판단에 동의하는 사람들의 결론이 틀렸을 가능성이 있다고 보고, 기독교 교육 사업에 폭넓은 경험이 있으면서 언더우드가 그 판단을 존중하는, 공정한 견해를 가진 수많은 평자들의 의견을 들어 보고자 했다. 그러나 그때마다, 그가 집요하게 견지하고 있던 견해가 옳다는 이야기를 들었기 때문에 언더우드는 계속 참는 것 외에는 다른 도리가 없었다.

그해의 특기할 만한 사건은 통합공의회(the General Council)의 선교회들이 실제로 한국에서의 선교 지역 분할을 성공적으로 완수했다는 사실이다. 이로써 원칙적으로 두 [교파]선교회가 같은 지역에서 겹쳐 일하는 일은 없게 되었다.[1] 언더우드는 "코리아 필드"에 기고한 글에서, 중복을 막고자 하는 노력이 늘 있어 왔기 때문에 여러 선교회 사이의 조화는 출발부터 확연했다고 언급했다. 그리고 그러한 중복은 시간과 돈과 힘의 낭비일 뿐 아니라, 마찰의 가장 잦은 원인이었다고 지적했다. 그러나 선교 사업이 확장됨에 따라, 처음에 감리교 교사들에 의해 깨달음을 얻게 되어 자신들이 감리교도라고 생각하는 신자의 그룹들이 장로교회 가까이 위치하게 되고, 또 그 반대의 경우도 생겨나게 되어, 날이 갈수록 상당히 많은 중복이 일어나게 되었고, 이것이 처음에는 이 선교회에, 다음에는 저 선교회에 성가신 문제를 불러일으켰다. 언더우드는, 전혀 중복이 없었다고는 할 수 없지만 그래도 미국 남장로교회, 캐나다 장로교회, 오스트레일리아 장로교회, 미국 남감리교회들은 선교 지역 구분을 아주 명확히 해 왔다고 말했다. 그러나 미국 북장로교회와 미국 북감리교회는 그렇지 않았다는 것과 이 둘 사이에 생긴 어려웠던 문제들을 언급하면서, 그들의 선교 지역이 실제로 똑같았기 때문에 여기에서 잦은 오해가 발생했다고 지적했다. 때문에 관

---

[1] 연합공의회는 한국에서 선교하고 있는 감리교·장로교 두 교단의 6개의 선교회로 조직된 것이다.

련 선교회들 사이에 전국의 선교 지역을 전체적으로 분할한 것이 어떤 커다란 이점을 가져다주었는지 환기시키면서, 이제 각 선교회가 자기 나름의 지역을 가지고 언쟁에 대한 두려움 없이 일을 해 나갈 수 있게 되었다고 언급했다. 각 선교회는 자신의 선교부에 합당하게 파송 요청을 할 수 있는 선교사의 수에 비례하여 영역을 할당받되, 다만 선교회가 이미 확고한 발판을 구축한 영역에서는 가능한 한 사업을 계속하기로 하는 원칙을 세웠다.

여러 선교회에 의해 선교 지역 분할을 조정할 위원회가 구성되었고, 위원회는 이미 각 선교회에 분배할 적당한 양의 선교 지역을 조정해 놓았다. 그리고 그들은 1909년 9월 서울에서 만나 그 조정 결과에 따라 어떻게 선교 지역을 분할할 것인지를 의논하고 기존 교회의 교파 관계에 가능한 한 적게 영향을 미치는 방향으로 그 작업을 진행시켰다.

이 점에 대해서 감리교 선교회의 모리스(C. D. Morris) 목사는 이렇게 쓰고 있다. "영역 분할의 문제를 해결하는 데 언더우드 박사가 했던 역할에 대해 내가 기억하고 있는 것을 쓸 수 있게 되어 기쁘다. 첫 합의는 1905년에 이루어졌는데, 1909년에는 최종 결정이 지체 없이 내려져야 한다는 느낌이 들었다. 만일 더 지체하게 되면 한없이 시간이 흘러가 버릴 것이었기 때문이다. 그래서 1909년 가을에 북장로교 선교회와 북감리교 선교회를 대표하여 권한을 위임받은 위원회가 서울에 모여 어떻게 모두에게 만족스럽게 조정을 할 것인가를 논의했다. 그러나 아무런 확실한 결론에 이르지 못하고, 해외선교부[북장로교]의 총무인 브라운(A. J. Brown) 박사가 서울을 방문할 때까지 회의를 연기하기로 했다. 그가 와서 위원회가 다시 모였는데, 이때는 위원들이 약간 바뀌어 그레이엄 리(Graham Lee)와 언더우드 박사가 장로교 선교회의 대표로 나왔다. 회의는 이틀이나 더 계속되었는데, 너무 어려운 문제들에 봉착하여 성공적인 결론에 도달하지도 못한 채 시간을 다 소비하고 말았다. 둘째 날 늦은 시간이 되도록 전망이 매우 어두워 보이자, 리 박사는 극단적인 입장에 처해 있는 우리에게, 주께서 도움을 주시기를 간구하기 위해 기도하러 가자고 제안했다. 오후에는 세브란스 병원 사무실에서 연합위원회가 열렸으나, 서너 시가 되도록 아무런 진전이 없었다. 그때 감리교 형제 중의 하나가 언더우드 박사에게 의견을 물었던 기억이 난다. 언더우드 박사는, 우리가 계속 회의를 한 결과가 겨우 옛 조건들 아래서 할 수 있었던 정도밖에 안 될까 봐 두렵다고 답변했다. 그러자 그 형제는 이렇게 말했다. '언더우드 박사, 당신께서 해결해 보도록 하시지요.' 언더우드 박사는 작은 연필과 종이 하나를 집더니 문제가 되고 있는 두 선교회 사이의 모든 선교 지역을 분할할 공평한 근거라고 자신이 생각하고 있는 것들을 간단히 적었다. 그가 자신이 쓴 것을 읽자마자, 사람들은 모두 그 제안의 합리성을 인식하고 곧 만장일치로 언더우드 박사의 제안을 두 선교회 사이에 놓인 모든 선교 지역의 최종 분할 근거로 삼는 데 동의했다. 서기가 회의의 내용을 기록한 후에 나는 언더우드 박사가 초안했던 그 원본을 보관했다. 나는 늘, 한국에서의 우리의 공동 사업과 관련하여 우리에게 닥쳤던 가장 어려운 문제 중의 하나를 해결할 수 있었던 것은 하나님의 지도 아래 있었던 언더우드 박사 덕택이라고 생각한다."

언더우드가 없는 동안에 조직되었던 한국 장로회(the Native Presbytery)는 그 후 제3회 노회에서 언더우드를 노회장으로 선출했다.[2] 무엇보다도 이 장로회는 "예수교 회보"(耶蘇敎會報, Korea Church Recorder)라는 교회 신문을 내기로 결정했는데, 이 신문을 게일 박사, 언더우드, 한 목사(Pastor Han), 전 장로(Elder Chun) 등으로 구성된 위원회 밑에 두게 했다.[3]

---

2 대한예수교장로회 노회는 1907년 9월에 조직되었고, 1909년 제3회 노회에서 언더우드가 노회장으로 피선되었다.
3 1909년 제3회 노회에서 대한예수교 회보 간행을 결정하고 신문위원은 게일(위원장)·김관근·김

'그리스도인 일꾼들을 위한 존 D. 웰즈 학교'(the John D. Wells School for Christian Workers)라고 불린 소년학교는 이때 언더우드가 마련한 계획에 따라 확장되고 재건축되었다.[4] 이곳 학생들 가운데 몇 가지 심각한 문제가 발생하여 선교회에서는 교수진의 교체가 있어야 한다고 생각하고 있었는데, 그들은 언더우드에게 이 학교 교장직도 맡으라고 설득했다. 이 때문에 언더우드의 짐은 더욱 무거워졌지만, 그는 소년들을 좋아하고 가르치는 일을 좋아했기 때문에 이 새로운 의무를 진심으로 기뻐했다.

그해 가을에 선교회통합공의회는 5차 연례회의를 열었다. 모인 사람들은, 선교사들과 한국 그리스도인들이 사전 준비나 확정된 계획도 없이 금식기도를 하는데 때로는 밤을 새우고 또 때로는 며칠 밤을 계속하는 일이 송도·평양·서울 등지에서 속출했으며, 그곳에서 보다 큰 은사를 받기를 바라는 집회가 열렸고 마침내 그해에는 한국에서 백만의 영혼을 위해 기도하자는 '백만인 구령 운동'에 대한 제안이 제기되었다는 보고를 듣고는 전율했다. 이 내용을 담은 결의안이 제출되었고, 이것은 아주 엄숙한 분위기 속에서 만장일치로 채택되었다. 선교 구역과 전국에 하나님의 말씀을 뿌리는 계획이 확정되었던 것은 위대한 은혜의 길을 준비하기 위해 하나님이 계획하신 것처럼 보였다. 성서위원회는 복음서를 1전(sen)이라는 싼 가격에 찍어 내어 한국인들이 쉽게 사고 배포할 수 있도록 하자고 권고했다. 이 결의안 역시 만장일치로 채택되었다. 사랑과 믿음과 일치의 놀라운 정신이 표명되었으며, 모든 것은 거역할 수 없는 권능의 물결에 의해 처리되었다.

공의회가 휴회된 직후에 도착한 채프먼-알렉산더 일행(the Chapman-

창보·배유진·이명혁·정명리·차학연·한석진에게 위촉했다. 위원 중에 언더우드와 전 장로가 포함되었다고 한 본문의 기술은 사실과 다르다. 대한예수교장로회 제3회 노회록, pp. 11, 32 참조.
4 이 학교가 경신학교의 전신이다.

Alexander party)[5]의 방문 기간에 포켓판 성서 연맹(the Pocket Testament League)이 결성되었는데 그 일행은 새로운 슬로건을 듣고 매우 기뻐했다. 언더우드 부부와 게일, 벙커 등이 한국 전역에서 이 운동을 벌이고 성서 배포와 분배를 맡기 위해 임명되었다. 6개월 동안에 50만 권이 넘는 성경이 배포되었다.[6] 대구에서는 5백 명으로 이루어진 사경회에서 성경 배포를 위해 1만 6천 권을 사들였고, 평양에서는 8백 명으로 이루어진 사경회에서 2만 6천 권, 선천에서도 백 명으로 이루어진 사경회에서 3만 7천 권을 구입하여, 그해에는 모두 70만 권 이상의 책이 배포되었다.

이 운동의 또 하나 커다란 특징은, 그리스도인들이 영혼 구제 사업을 위해 일정한 날수를 바쳤다는 것이다.[7] 8백 명이 참석했던 평양의 성경 훈련반에서는 이 일을 위해 7천 5백 일(日)을 약속했고, 재령 지부에서는 그리스도인들이 어림잡아 만 일을 약속했다. 서울 가까이의 한 작은 시골 마을에서는 사경회 참석자 170명이 5천 권이 넘는 복음서를 구입하고 영혼 구제 사업을 위해 일하는 날을 1,175일로 약속했다. 3월 이전에 36,600일이 넘는 날이 약속되었으며, 수백 명이 세례를 받았고 또 수백 명이 새롭게 회개했다.

누가 감히 그러한 기도와 노력과 믿음이 보상받지 못한다거나, 혹은 그것에 하나님이 응답하지 않으신다고 말하겠는가? 그때 뿌려진 씨가 오랜 세월이 지난 후에 열매를 맺는다면, 백만 아니 수백만의 이름들이 그 사업의 결과로 천국 명부에 기록된다면, 씨를 뿌린 사람들이 그 열매를 보기 위해 마지막 추수까지 기다려야 한다 해도 무슨 상관인가? 왜냐하면 하

---

5 J. W. 채프먼과 C. M. 알렉산더는 미국의 복음 전도자, 부흥 운동가로서 1910년을 전후하여 부흥단을 조직, 10여 년간 공동 사역했다. 이 부흥단은 동양 각국을 순방했으며, 1909년 10월에는 '백만인 구령 운동'의 강사로서 서울에서 5일간 선교사들을 대상으로 부흥집회를 인도했다.
6 이때 반포된 성경은 1전짜리 단편성경인 「마가복음」이었다.
7 날(日)을 바친다 하여 이를 '날연보'라 했다.

나님이 믿음을 영광스럽게 하시고, "내 입에서 나가는 말도 이와 같이 헛되이 내게로 되돌아오지 아니하고"[8]라고 말씀하시는 것은 확실하기 때문이다. 우리가 1909년 한 해 동안 사역과 기도를 통해 회개하고 새롭게 태어난 그 수백만의 사람들을 영광의 땅(the Glory Land)에서 볼 것을 기대하는 것은 당연하다고 생각한다. 이때 축적된 힘들이 그 여세를 몰아 어느 날 전국을 뒤흔들 부흥의 회오리로 불어올 것이다.

1909년은 한국의 개신교 선교 25주년을 기념하는 해였다. 기념식은 평양에서 열렸는데, 첫 선교사인 알렌 박사의 연설로 시작되어, 마펫 박사가 선교사(宣敎師)에 대해서, 베어드 박사가 학교에 대해서 연설했다. 병원에 관한 애비슨 박사의 연설문은 대독되었으며, 베스트(Best) 양은 여성 사업에 대해 연설했다. 아담스(Adams) 박사는 고인들을 기념하는 논문을 준비해 왔고, 클라크(Clark) 박사는 통계 보고를 했으며, 언더우드는 회상기 연설을 했다.[9] 그가 말한 것 가운데는 아주 재미있는 우연의 일치가 있었다. 세례교인으로 이루어진 첫 성경 훈련반의 사람 수는 일곱이었는데, 첫 세례교인반의 사람 수도 일곱, 첫 졸업반 의사들의 수도 일곱, 처음으로 장로회신학교를 졸업한 사람 수도 일곱이었던 것이다.

1909년 가을부터 1910년 초여름까지 언더우드가 자신이 한 사업을 개괄하여 선교부에 제출한 보고서 중 몇 가지 간략한 항목들이 있는데, 그것들을 빠뜨려서는 안 될 것이다. 처음에는 병으로 인해, 이후에는 한국을 소개하기 위해 자리를 비운 3년간의 자신의 부재(不在)에 대해 언급하면서, 언더우드는 한국 그리스도인들의 지원을 받아 각 조사들과 함께 그의

---

8 이사야 55:11.
9 "Quarto Centenial Papers Read before the Korea Mission of the Presbyterian Church in U. S. A. at the Annual Meeting in Peyang, 1909". 이것은 김문호 역, '언더우드 회상기'("기독교 사상", 1985. 4, pp. 76-86)에 번역되어 있다.

관할 아래 있던 지방 지역을 3개의 구역으로 재조직한 데 대해 간략하게 언급하고 있다. 1909년 초가을, 사람들에게 백만인 구령 운동(the million movement)을 인식시키기 위해 일반인 반을 열었고, 후에 이 모임은 3개의 반으로 나뉘어 각각 다른 지역에서 한국인 목사들이 관리했다. 그 이후에도 계속해서 장로들이 지역 반들을 여러 곳에 조직하여, 많은 사람들이 교육을 받을 수 있게 되었다. 또한 많은 사람들이 서울에서 열흘간 열린 사경회에 참석했다. 한 경험 많은 한국인 목사가 언더우드의 복음 사업을 돕는 일을 맡았는데, 이 사람의 보수 역시 한국 그리스도인들이 담당했다. 그 해에 학습교인과 세례교인으로 453명을 받아들였으므로 전년도의 두 배가 되었고, 서울과 지방에서 언더우드가 맡고 있는 교인들의 수는 1,147명이 되었다. 그들은 교회를 짓는 데 아낌없이 도움을 주었고, 학교를 위해 곡식을 낼 뿐 아니라 1,278달러를 헌금했다.

이외에도 언더우드가 회장으로 있었던 실행위원회의 사업, 선교 지역 분할의 확정, 성경 번역 등과 관련하여 여러 곳으로 여행을 다닌 것에 대해 이 보고서는 이야기하고 있다. 특히 성경 번역은 언더우드가 없는 동안에도 게일 박사와 레이놀즈 박사가 꾸준히 진행시켜 왔기 때문에, 이제는 임시본이 거의 완성될 단계에 와 있었다.[10] 언더우드는 예수교서회에 많은 시간을 할애했지만, 신학교에는 6주밖에 시간을 낼 수 없었다. 이것은 그가 교장직을 맡고 있던 '그리스도인 일꾼들을 위한 존 D. 웰즈 학교'의 일 때문이었다. 보고서는 그가 돌보고 있던 신도들의 수와 그들의 헌금 액수에 대한 통계로 끝을 맺고 있다. 그러나 이 보고서로는 단지 윤곽만 그릴 수 있도록 단순한 개략만 나와 있으므로, 여기엔 세세한 부분의 증가나

---

10 신약의 경우, 임시(시험)역본이 1900년, 공인역본이 1906년에 완성되었으니 이 서술은 정확하다고 할 수 없다. 구약의 경우, 1910년에 번역을 완성하고 그 이듬해에 간행했다.

그 중요하고 광범위하며 다양한 사업들의 성쇠, 여러 계층 사람들과의 개인적인 회견, 선교지 및 미국과의 방대한 서신 교환, 위원회들과의 장시간에 걸친 지리한 논의, 몇 푼의 돈과 같은 사소한 문제가 아니라 하나님의 왕국을 위해 힘쓰는 영원한 일과 관련된 노고에서 오는 정신적 긴장 등에 대해서는 전혀 드러나 있지 않다. 그래서 외부인들, 심지어는 친구들조차도 그것을 짐작할 수가 없었다.

19
심각한 부상

1910년 여름, 언더우드는 평양신학교에서 강의를 한 후에 가족을 데리고 몇 주간 해변에 갔다. 그 이야기에 대해 당시 뉴욕 대학에 재학 중이던 언더우드의 아들이 쓴 글이 있다. 그는 다음과 같이 쓰고 있다.

"미국에서 한국에 도착하자마자 나는 우리의 여름 [휴가] 계획이 이미 이야기한 바 있는 소래로 가는 것임을 알았다. 마치 '흰 바다표범'(White Seal)에 대한 키플링(Kipling)의 묘사처럼, 이 해변은 모든 것이 믿을 수 없을 만큼 경이감을 불러일으키는 곳이었다. 이곳을 얻게 되기까지 아버지가 이 장소에 쏟아부은 정성과 기도는 앞서 어느 정도 자세히 이야기한 바 있다. 그해 여름에 아버지는 평양에서 돌아오는 길에 육로로 여행을 하면서 수년간 자신의 담당 구역이었던 지방을 돌아보려고 생각하고 계셨다. 소래를 오가는 사람들에게 편의를 제공하는 작은 예인선이 있었는데 여름철 마지막 출항을 하여, 내륙인 재령의 선교지부에 사는 쿤즈(Koons) 씨 부부와 자녀들, 커(Kerr) 씨, 그리고 우리는 남아 있게 되었다.[1] 기선이 떠난

다음 날 아침에는 이슬비가 내렸다. 그럼에도 아버지는 예전과 마찬가지로 일찍 일어나 집 근처에서 몇 가지 일을 하신 다음에 나를 부르셨다. 우리는 소유지의 한쪽에 우리가 막 끝마친 개량 공사를 둘러보기 위해 함께 떠났다. 우리 집과 쿤즈 씨가 기거하던 작은 오두막 사이에는 조그마한 도랑이 있고, 거기에는 두꺼운 판자 두 개가 놓여 있었는데, 그날 아침에 판자들은 비에 젖어 매우 미끄러웠다. 삐거덕거리는 소리와 함께 아버지의 비명 소리를 듣고 급히 달려가던 나는 아버지가 땅에 넘어지시는 것을 보았다. 쿤즈 씨와 나는 사고의 원인이 된 판자 위에 아버지를 올려놓고 우리 집으로 옮겼다. 판자 위에 실린 아버지는 어머니의 눈에 띄지 않는 문 곁으로 가 달라고 부탁했다. 자신이 들것에 실려 가는 것을 보면 어머니가 충격을 받으실까 봐 염려하셨던 것이다. 나는 미리 들어가서 어머니께 그 사실을 말씀드렸다. 내 얼굴이 충격으로 하얗게 질려 있었기 때문에 어머니는 아버지가 돌아가신 것이 아닌가 하여 매우 두려워하셨다. 그러나 다리가 부러졌을 뿐이라는 이야기를 듣자, 어머니는 안도의 한숨을 내쉬며 '오, 애야 정말 다행한 일이로구나' 하고 소리치셨다. 이로써 농담을 좋아하는 아버지의 손에는 다시 오랫동안 어머니에게 사용할 무기가 들린 셈이 되었다. 어머니가 급히 아버지 다리를 진단해 본 결과 종지뼈가 부러진 것을 알게 되었다. 이제 문제는 어떻게 하면 빨리 아버지께 적절한 외과 치료를 받을 수 있게 하느냐 하는 것이었다. 이곳과 가장 가까운 거리에서 병원을 하고 있는 화이팅 박사는 110킬로미터가량 떨어진 재령에 있었다. 아버지를 그곳으로 모셔야 하는 것은 확실했지만, 이 작은 마을에는 도무지 전문적인 가마꾼이라곤 찾아볼 수가 없었다. 이틀 동안, 필요한 음식과 침

---

1 쿤즈[E. W. Koons, 군예빈(君芮彬)]와 커[W. C. Kerr, 공위량(孔偉亮)]는 모두 미국 북장로교 선교사인데 쿤즈는 뒷날 경신학교 교장으로 취임했다.

구를 운반할 사람들은 제외하고라도, 아버지를 그 먼 곳까지 모시고 가려면 최소한 여덟 명이 필요했으며, 어머니와 쿤즈 씨의 자녀들을 위해 네 명의 가마꾼이 더 필요했다. 어디서 이들을 구하며, 누가 아버지와 함께 가고, 어떻게 들것을 마련할 것인가? 어머니는 그 연약한 손으로 옷가지를 마련하고 붕대를 감고 여행 준비를 하셨다. 나는 외국에 너무 오래 있었기 때문에 밧줄에 대해서는 아무것도 몰랐으며, 사람들을 다루어 본 경험도 없는 한낱 겁에 질린 소년에 불과했다. 다행히도 쿤즈 씨는 사람들과 언어 소통이 가능했고, 적극적인 사고와 신속한 행동으로 아버지를 옮길 채비를 서두를 수 있었다. 우리가 아버지를 위해 아래위로 유포(油布)를 깔아 침대를 고정시키고, 다리에 붕대를 감고 머리 위에 우산을 고정시키는 동안, 쿤즈 씨는 나머지 일을 하고 가장 가까이에 있는 큰 마을에 가마꾼들을 구하러 전갈을 보냈다. 또한 화이팅 박사가 도중에 우리를 만나러 나오도록 요청하러 또 다른 사람을 보냈다. 그리고 막대기를 잘라 그것을 간이침대에 묶어, 들것을 만들었다. 쿤즈 씨가 타는 말 '버스터'(Buster)에게 먹이를 먹이고 안장을 놓은 후, 우리 셋이 먹을 음식을 준비하는 한편 짐도 쌌다. 그다음에 마을 사람들 여덟을 불러 가마꾼 일을 보아 달라고 하여, 아침을 먹인 다음에 여행 대열을 갖추었다. 문단속을 하고 짐을 싸서 운반할 채비도 다 갖추어 정오가 되기 전 떠날 준비를 끝냈다. 우기 때라서 아침에 내리던 이슬비는 오후가 되면서 장대비로 바뀌었다. 어떤 면에서는 차라리 숙달된 가마꾼들을 기다리는 것이 훨씬 쉽고 안전했을지도 모른다. 왜냐하면 여섯 명은 운반을 맡고 둘은 교대할 준비를 하며 하루 종일 걸어도, 환자에게 충격을 주지 않기 위해 한 시간에 겨우 6.5킬로미터밖에 갈 수 없었기 때문이다. 그러나 우리는 숙달된 가마꾼을 기다리는 동안 너무 많은 시간이 지체될까 염려했다. 쿤즈 씨와 나는 교대로 말을 타고, 들것과 함께 걸었다. 그 지방은 논농사 지역이어서 언제나 물이 많았으며, 더군다나 우기였기 때문에 물이 많아져 미끄러운 황토벌로 덮여, 걸어갈 때는 평소의 세 배나 되는 흙탕물이 튀었다. 우리는 환자를 유포로 잘 싸 놓았기 때문에, 한동안은 환자가 물에 젖지 않았다. 그러나 우리 모두는 3킬로미터도 채 못 가 몸이 완전히 젖어 버렸다. 여기서 잠깐 임시 가마꾼들에 대해 말해 둘 필요가 있을 것 같다. 그들은 들것 운반에 대해 전혀 아는 바가 없어 그들에겐 그것이 무거운 짐을 운반하는 것과 다를 바가 없었다. 하지만 나는 길을 가는 동안 그들에게서 불평 한마디 듣지 못했다. 한 사람이 돌에 걸려 넘어지려 하면 같이 가던 동료들이 목사를 다치지 않게 조심하라고 그를 타일렀다. 사실 아버지는 매우 심하게 통증을 느끼고 있었고, 충격을 받을 때마다 온 신경이 곤두서는지 고통스러워했다. 가마꾼들이 지치지 않고 목적지까지 가게 하기 위해서는 격려와 재촉과 농담이 필요했지만, 그래도 그들은 그 일을 기꺼이 해주었고 자신들의 피로를 생각하는 마음보다 아버지를 동정하는 마음이 더 컸다.

발목 정도가 아니라 남자의 가슴까지 차는 깊은 물을 만났을 때 그들은 들것을 머리 위로 들어 올리고 건너야 했다. 이렇게 우리가 가는 길은 논바닥보다 60센티미터 정도 높은 미끄러운 진흙탕 길이거나, 가파른 산길, 혹은 거친 물살이 흐르는 냇가를 건너야 하는 험한 길이었다. 그래서 언제든지 가마꾼들이 무엇에 걸려 넘어질 수 있으며, 그러면 아버지는 내동댕이쳐져 또 다리를 다칠 가능성이 있다는 것을 우리도, 아버지도 알았다. 따라서 가마꾼들이 매번 무엇에 걸릴 때마다 아버지에게는 찌르는 듯한 통증과 함께, 언제 떨어질지 모른다는 불안감으로 인해 긴장이 더해졌다. 완전히 비에 흠뻑 젖고, 머리에서 발까지 진흙으로 뒤범벅이 된 몸으로 몰려오는 어둠을 헤치고 밤 8시까지 걸었다. 그렇게 해서 힘겹게 40킬로미터를 걸은 우리는 산길을 앞두고 작은 마을에서 멈추었다. 들것은 너무 길어서 초가집에는 들어갈 수 없었기 때문에, 우리는 아버지를 커다란 나무 아래 놓고 유포를 더 덮었다. 가마꾼들은 간단히 저녁을 먹고 바로 잠들어 버렸는데, 내가 이제까지 보아 온 사람들 중에 가장 피곤해 보이는 사람들이었다. 그러나 쿤즈 씨와 나는 잠들 수 없었다. 나무 주변의 작은 공터에는, 으르렁거리며 짖어 대는 황견은 말할 것도 없고, 황소와 암소 그리고 음악 소리를 내는 당나귀도 두 마리 묶여 있었다.

 아버지는 놀랍도록 활기차서 가마꾼들과 농담을 나누며 그들을 무척이나 즐겁게 해주었다. 또한 우리의 모습을 흉내 내는 등, 자신이 당하고 있는 고통이나 긴장을 드러내지 않으려고 애썼지만, 사실 그때 아버지는 거의 인내의 한계점에 도달해 있었다. 우리는 아버지를 위해 뜨거운 음식을 약간 준비하고, 좀더 편안하게 들것에 고정시켜 놓은 후에 식사를 조금 했는데, 그때 시간은 10시 반이었다. 쿤즈 씨와 나는 교대로 아버지를 지켜보아야 했기에 나는 첫 번째 순번을 택했고, 쿤즈 씨는 작은 방에 기어들어 가 흠뻑 젖은 채로 잠이 들었다. 교대 시간인 12시 반까지 잠을 쫓으려고 내가 고안해 낸 방법들은 수도 없었다. 그러나 조금만 더 시간이 길었더라면 그 모든 방법들이 아무 소용도 없었을 것이다. 쿤즈 씨와 12시 반에 교대를 했으나 그가 1시 반에 나를 깨우면서 이제 구름도 약간 개고 달이 나왔으니 여행할 수 있을 만큼 밝다고 말할 때까지 나는 거의 한숨도 못 잤던 것 같다. 우리는 가마꾼들을 흔들어 깨워, 새벽 2시에 산길을 올라가기 시작했다. 산 너머에는 양옆으로 논을 사이에 두고 둑처럼 길이 나 있었다. 그러나 달이 구름 속으로 숨고 호주머니 속처럼 어두워지자 앞을 분간할 수 없어 거의 움직일 수가 없었다. 다행히 아버지는 밤에 맞은 모르핀 때문에 잠에 빠져 있어서 무슨 일이 벌어지고 있는지 거의 모르고 있었다. 가마꾼 한두 사람이 세 번이나 넘어졌지만, 다른 사람들이 재빨리 주의를 기울였기 때문에 들것은 무사할 수 있었다. 아침이 되자 비가 약간 그쳐 우리는 한두 시간 동안 머리가 젖지 않을 수 있었다. 물론 길은 작은 개울과 같아서 발은 계속 젖어 있었다. 오전 9시경 우리는 화이팅 의사를 만났다. 의사는 아버지에게 진정제를 더 투여하고 헐렁해진 임시 부목(副木)들을 교체한 후에, 우리를 맞을 준비를 하러 재령으로 돌아갔다. 정오 무렵에는 쿤즈 씨가 나에게 말을 남겨 두고, 자신의 가족과 어머니를 만나서 도와주기 위해 오던 길을 되돌아갔다. 지친 가마꾼들을 독려하여 간신히 오후 5시경까지 걸음을 재촉했을 때, 우리는 화이팅 의사가 보낸 여덟 명의 튼튼한 가마꾼들과 만났다. 나는 이제까지 열심히 걸어온 지친 가마꾼들에게 돈을 주어 돌려보내고 다시 출발했다. 6시경 우리는 재령에서 16킬로미터 정도밖에 안 떨어진 큰 마을에 도착했는데, 서두르기만 하면 어둡기 전에 재령에 닿을 수 있었다. 그러나 여기서 가마꾼들은 손을 놓았다. 무얼 좀 먹어야지 더 갈 수 없다는 것이었다. 위협도, 기도도, 약속도 아무 소용이 없어, 들것은 길 가운데 놓인 채 그들은 40분이란 귀한 시간을 먹는 일로 보냈다. 그동안에 나는 호기심에 가득 차 몰려드는 사람들을 물리치기 위해 이리저리 뛰어다녔다. 마침내 우리는 다시 걷기 시작했고, 나는 목적지가 가까웠음을 알았기 때문에 사람들에게 최고의 속도를 내라고 재촉했다.

재령 마을은 넓고 낮은 평원의 한편에 위치하고 있어, 그 주변 언덕들로부터 물을 끌어모은다. 그래서 우기 동안의 홍수를 방지하기 위해, 6-9미터 되는 두 개의 커다란 둑을 만들어 놓고 그 안에 물을 가두어 놓는다. 길은 이 둑 위로 나 있으며, 그 아래로 내려가서 물을 건넌다. 저수지 바닥에는 작은 냇물이 있고 평상시에는 작은 다리가 있어 그곳으로 건너면 되는데, 비가 많이 올 때는 이 다리가 물속으로 잠기기 때문에 사람들은 배를 이용하여 건너 다녀야만 한다. 이 둑은 재령에서 3-5킬로미터나 떨어져 있어 밤에는 그 불빛이 가까이에서 애타게 반짝인다. 어둠이 내리기 30분 전부터 비가 억수같이 퍼부었는데, 이때 우리는 완전히 둑 위에 올라서 있었다. 밤이 되자 너무 어두워서 내가 탄 말의 머리도 보이지 않았고, 재령에서 가마꾼들과 함께 보내 준 등불 하나를 앞에서 이끄는 사람이 들고 있었는데, 그의 손에서 흔들거리는 희미한 불빛은 도움은커녕 방해만 되었다. 둑은 그 넓이가 고작 60-90센티미터밖에 안 되는 진창길이었기 때문에 내 말은 두세 번 미끄러졌다. 말을 타고 가다 거꾸로 9미터 아래로 떨어져 흙탕물 속에 빠질 위험을 감수하느니, 차라리 걷는 것이 낫다고 판단하여 나는 말에서 내렸다. 말에서 내린 다음에는 손과 무릎으로 길을 더듬어 갔다. 그 가마꾼들은 어떻게 그 울퉁불퉁하고 미끄러운 길 위에서 균형을 잡았는지 도무지 알 수 없다. 들것과 우산이 바람에 날렸으므로 균형을 잡는다는 것이 두 배로 어려웠는데도 말이다. 어쨌든 우리는 조금씩 조금씩 기다시피 미끄러운 둑을 내려가, 다리가 있을 법한 곳에 다다랐다. 가마꾼들은 발을 내디뎌 소용돌이치는 물속 60-90센티미터 아래 있는 다리를 디뎠다. 아버지는 이제 완전히 깨어 있었고 자신이 물웅덩이 속에 누워 있는 것과 마찬가지라는 것을 알았다. 세차게 쏟아지는 비를 막는 데는 우산도 유포도 아무 소용이 없었다. 들것이 무사히 건넌 것을 본 후에 나와 말은 다리를 찾지 못해 그만 물에 빠졌다. 간신히 기어 나오자 가마꾼들이 다른 둑에 올라가는 길을 찾지 못해 당황하고 있는 것이 보였다. 그래서 내가 다시 손과 무릎으로 기며 주위를 더듬어 다리를 찾아냈고, 우리는 다시 전진할 수 있었다. 조금 더 가니 건너편으로 내려가는 길이 나오기에 이제 무사히 둑을 건넜다고 안도의 한숨을 돌렸다. 지금 생각해 보면 어떻게 그럴 수 있었는지 모르겠다.

재령에 도착하려면 아직도 몇 킬로미터를 더 가야 했다. 몇 번이나 나는 종적을 감추곤 하는 길의 행방을 어둠 속에서 넘어져 가며 찾아냈다. 마침내 우리는 하루 반 동안에 거의 100킬로미터를 와서 재령의 작은 병원에 도착했다. 가마꾼들로부터 아버지를 인계받아 깨끗한 침대에 누이고 마른 옷으로 갈아입혀 적절한 치료를 해주는 화이팅 의사와 그 조수들만큼 내게 선량해 보이는 사람은 이제껏 없었다. 또한 내 모습을 본 화이팅 의사의 가족들의 얼굴에 나타난 공포에 찬 표정도 나는 잊을 수 없을 것이다. 헝클어진 젖은 머리, 피곤하고 졸린 눈, 2-3일 동안이나 자라난 수염, 빨강·검정·회색으로 구색을 갖추어 진흙이 묻어 있는 내 몸, 또 온몸에서 작은 시냇물 같은 물이 흘러내리는 모습이 그때의 내 모습이었다. 그런 모습을 한 나를 집 안으로 들이는 분은 정말 선하고 사람을 환대하는 분이었다. 다음 날 화이팅 의사는 아버지를 철도역까지 데리고 갔다. 평소에는 두 개에 불과하던 나루터를 17개나 건너 아버지를 유개차에 싣고 서울로 갔던 것이다. 그날 오후에 나머지 사람들도 나름대로 고생을 하며 도착했고, 우리는 하룻밤을 쉰 후에 아버지를 뒤따랐다. 서울에는 적절한 치료 기구가 있었기 때문에, 아버지는 수 주 동안 큰 고통을 겪은 후 점차 회복되어 다리를 사용하실 수 있게 되었다. 그러나 마지막까지 무릎은 굳어서 말을 타고 내리는 것은 불가능했다. 이 여행은 내게 쉽사리 잊히지 않는 여행이었다. 그것은 특히 통증과 불면과 불편 가운데서만이 아니라, 행로의 불확실성과 낙상의 위험으로 인한 계속되는 긴장 가운데서도 아버지가 보여 주신 인내와 용기 때문이었다."

 매우 고통스러운 수술을 받은 후에 언더우드는 거의 두 달 동안 침대에 갇혀 지냈으며 그 때문에 오랫동안 그의 일에 큰 지장이 있었다. 그러나 몇 주가 지나자 그는 평소에 했던 문서 사업 일을 다시 시작했고, 조사들을 통하여 복음 사업도 감독했으며, 어느 정도 회복 단계에 이르자 많은 사람들의 도움으로 매일 학교에도 출근하기 시작했다.

20
축복의 소나기

　　　　　　　　　　　서울에서 시작되고 모든 교파에 의해 지방으로까지 확산되어 한국 전역을 휩쓴 전반적인 복음 운동은 1911년 가을에 이루어진 일이었다. 이것은 선천노회 집회에서 있었던 운동과 감리교 지도자들의 계획에 부응한 것이었다. 언더우드는 이 운동의 추진위원회 회장으로, 이 사업의 계획을 주도면밀하게 세우고 불굴의 노력을 쏟아부었다. 서울 전도위원회는 전국의 중앙운동위원회의 역할을 하여 각 선교사들에게 사업 계획에 대한 정보를 전달했으며, 선교사들은 다시 이 말을 지방의 그리스도인들에게 전했다. 또한 서울에서는 모든 선교사와 지도자들을 위한 준비 모임이 있었는데, 이와 더불어 전 교회에서는 매일 집회가 열렸으며, 천막이나 야외뿐 아니라 모든 극장, 회관에서도 동시에 집회가 열렸다. 그 후론 전국적인 기도 주간이었다. 부흥 찬송가집이 이미 출판되어 있었으며, 각 일간신문에는 한 달 동안 칼럼이 게재되었다. 각 선교지부에서 이 사업이 순조롭게 시작된 이후에, 이것은 각 그룹에게로 옮겨갔으며, 11월에는 전국으로 퍼져 나가게 되었다. 사업이 진전됨에 따라 복음 전도자들이 각 지방으로 파송되었다. 여기저기서 온 선교사들의 보고서 외에는 그 결과에 대한 통계를 발견하지 못했으나, 수천 명이 회개했고 복음이 널리 전파되어 실제로 한국 각 가정에까지 들어갔다는 사실은 알 수 있었다. 블레어[W. N. Blair, 배위량(裵緯良)]는 그 한 해 동안에 자기 구역에서 지난 5년간보다 더 많은 새로운 모임들이 조직되었으며, 소멸한 것으로 생각되었던 두 모임이 다시 생겼다고 보고했다. 홀드크로프트(Holdcroft)[1]의 구역에서는 7백 명이 넘는 학습교인이 생겨났으며 스왈른[Swallen, 소안론(蘇安論)]의 지역에서는 778명이 세례를 받았고 1,152명이 학습을 받았다. 번하이슬[Bernheisel, 편하설(片夏薛)]의 지역에서는 441명이 세례를 받았고 674명이 학습을 받았다. 이처럼 각 교회에는 수많은 새로운 신도들이 생겨났는데, 어느 정도가 이 운동 덕택인지 우리로서는 알 수가 없다. 다만 창조주이시고 영원하신 분만이 그 결과를 드러내실 수 있을 뿐이다. 우리 선교사들이 매일 함께 모여, 여러 사람들과 함께 어떻게 기도했는지, 또 이 도시 저 도시, 이 지방 저 지방을 터벅터벅 걸어 다니며, 이방인의 가정을 방문하고, 전도 책자들과 복음서들을 배포하고, 집회를 열고 개인적으로 만나는 등 그들이 모두 어떻게 일했는지는 오직 주님의 가슴속에 기록되어 있을 뿐이다.

1911년, 언더우드는 선교지부를 개설하자는 제안에 대해 결정을 내리기 위해 실행위원들과 함께 의주를 방문했고, 그곳에서 아주 열광적인 환영을 받았다. 언더우드는 1889년 첫 여행 이후로는 한 번도 의주에 가 본 적이 없었기 때문에, 축복받은 커다란 변화를 보게 되었다. 즉, 그곳에서 수많은 그리스도인들과 많은 자립적인 교회들이 번영한 것을 보게 되었던 것이다.

---

1 원문에는 Holdcoft로 되어 있으나 J. G. Holdcroft[허대전(許大殿)]로 바로잡는다. 그는 미국 북장로교 선교사로서, 특히 주일학교운동에 크게 공헌했다.

1911년 6월에는 뉴욕의 화이트(W. W. White) 박사와 화이트(J. Campbell White), 에디(Eddy)가 서울에 와서 선교사들과 회의를 열었다. 여기서는 선교사 훈련 학교와 연합성경학교(Union Bible Institute)를 조직하고자 하는 노력이 있었다. 당시 논의되었던 계획이 우리 선교회의 호응을 받지는 못했지만, 이것은 훗날 현재의 피어슨기념연합성경학교(the Pierson Memorial Union Bible Institute)를 조직하는 결과를 낳았다. 예상대로 언더우드는 이 기구들을 활성화시키는 데에 자기 몫을 다했다.[2]

그해에 새 예수교서회 건물이 문을 열었다. 언더우드는 그 회장직을 맡으면서, 이 개설이 예수교서회의 세 번째 단계의 획을 긋는 일이라고 말했다. 첫째 단계는 처음 기금이 모여 소수의 서적과 소책자가 발행된 시기이고, 둘째 단계는 영국과 미국의 기독교전도문서회가 연합하여 운영자를 지원하던 시기다. 이제 세 번째 단계에서는 비록 작지만 책을 쌓아 놓고 서회의 일을 추진해 나갈 건물을 하나 갖게 된 것이다.

1911년 6월에는 교육정보국(Educational Information Bureau)이 설립되어, 교육적 관심사에 대한 서신을 계속 띄움으로써 전국의 선교사들을 돕고, 모든 종류의 학교에 대한 정보를 제공하며, 모든 공식적인 교육 공지 사항을 번역하여 배포하는 일을 맡게 되었다. 이 일과 문서 번역을 위해서는 비서 한 명이 필요하다고 인정되었으며, 누구든 교육정보국을 돕고자 하는 사람은 1년에 5엔(yen)을 내도록 했다. 언더우드가 이 교육정보국의 국장이 되었으며, 저다인(Gerdine)이 회계가 되었다. 언더우드의 사무소는 한동안 먼 선교지부로부터 온갖 종류의 문의와 청원과 요청이 몰려드는 중심지였으므로, 교육정보국은 언더우드가 이제까지 해 오던 일을 공식적으

---

2 이 성경학교는 1912년 가을에 시작되어 첫 학기에는 66명, 둘째 학기에는 80명, 셋째 학기에는 100명이 등록했다.

로 조직화시킨 것에 지나지 않았다.

1912년에는 105인 사건이 발생했다. 이 사건으로 한국인들뿐만 아니라 선교사들도 크게 동요했으며, 한국의 전 교회는 중앙에서부터 주변까지 흔들렸다.

언더우드는 이 시련의 시기에 미국에 있었기 때문에,[3] 소위 모반자들을 격려했다고 이름이 거론된 이외에는 개인적으로 그 사건에 말려들지 않았다. 그러므로 여기에서는 이 문제에 대해 논할 필요가 없지만, 언더우드가 한국에 돌아올 때가 되자 친구들이 [한국으로] 돌아가면 안전하지 못하다고 말렸다는 이야기만 해 두겠다. 그는 이 이야기를 웃어넘기고 약속된 시간에 한국으로 돌아왔다.

미국에 있는 동안에, 언더우드는 서울에 연합기독교대학(Union Christian College)을 세우는 계획에 관심을 가진 사람들과 수차례의 협의를 가졌다. 한국에 있는 선교회의 상당한 반대를 감안해 볼 때,[4] 독립적이고 초교파적인 기관을 만드는 것이 좋으리라는 제안을 받았다. 이 일이 추진되려면 지원금이 곧 도착해야 했고, 그럴 경우 이 사업의 어려움이 상당히 절감될 수 있었다. 언더우드는 이 계획을 강력하게 청원받았고, 그렇게 하지 않으면 어떠한 곤란이 생길지 잘 아는 그에게 이것은 상당히 매력적인 제안이었다. 그러나 그는 실질적으로 선교본부와 선교회 모두로부터 분리될 경로를 밟을 수는 없었다. 언더우드는 대학이 모든 선교회의 깊은 관심사가 되기를 바랐으며, 그들 모두가 돌보고 함께 나누기를 원했고, 또 그렇게 될 수 있으리라 믿었다. 그래서 그는 다시 일부러 쉬운 길을 피하고, 주님을

---

[3] 1912년 봄에 휴가를 얻어 미국에 갔다.
[4] 언더우드가 서울에 대학을 세우려 했을 때 그가 속한 미국 북장로교 한국 선교부의 대부분의 선교사들과 호주 장로교 및 미국 남장로교의 한국 주재 선교부에서도 언더우드의 계획에 반대했다.

위하여 거칠고 가시 많은 험난한 고갯길을 택했다.

당시에 그의 형은 언더우드에게 미국에 머물면서 자신의 사업을 함께 하자고 권하면서, 부유하고 편하게 살 수 있는 수입원을 제공하겠다고 했다. 또한 언더우드가 특별히 재능을 가지고 있는 일을 맡기겠다고 했다. 언더우드는, 선교회 일부에서 대학 건립에 대한 반대가 아주 심하여 자신이 사직하면 그들이 좋아하리란 것을 잘 알고 있었고, 또 자신의 건강이 점점 나빠지고 있다는 것을 깨닫고 있었기 때문에, 이것은 하나님의 섭리에 의해 열린 길로 보일 수도 있었고, 그런 합당한 이유로 한국에서의 사업을 그만둘 수도 있었다. 그러나 그는 그런 제안이 자신의 마음속에 잠시라도 머무는 것을 허락하지 않았다. 선교 사업은 그에게 십자가이기도 했지만, 생명이요 기쁨이기도 했기 때문에, 그는 생명이 지속되는 한 그 일을 그만 둘 수 없었다. 그래서 그는 한국으로 돌아왔다.

이때 미국을 방문하는 동안, 언더우드는 자신의 하나뿐인 아들이 명예와 상을 가슴에 안고 자기의 모교를 졸업하는 것을 보는 즐거움과, 아들이 아버지를 따라 선교 사업을 하겠다고 결정한 것을 알게 되는 기쁨을 누렸다. 또한 언더우드는 뉴욕 대학으로부터 [명예]법학박사 학위(LL.D.)를 수여받기도 했다. 가장 먼 곳으로부터 학위수여식에 참가한 졸업생에게 수여하는 사랑의 컵을 받은 것 또한 언더우드에게 큰 기쁨이었다.

그러는 동안에도 한국교회는 계속 성장하고 있었다. [총회 조직에 앞서] 노회들을 조직했고 1912년에는 비공식 총회(informal assembly)를 열어 함께 모였다. 그러나 정식으로 최초의 대표적인 장로교 총회(Presbyterian Assembly)가 열린 것은 1913년이었다. 230명의 선교사들이 참석한 가운데 언더우드가 첫 총회장으로 선출되었다.[5] 일곱 명의 한국인 목사가 처음으로 안수를

---

5 이 부분에서 저자의 서술은 분명하지 않다. 제1회 조선예수교장로회가 창립되어 언더우드가 총

받고 첫 노회가 조직된 지 불과 5년이 지났을 뿐인데, 이 짧은 기간 동안에 그토록 큰 발전이 이루어졌던 것이다. 총회장에게 주어진 새 사회봉은 일곱 개의 서로 다른 종류의 나무로 만들어져, 당시 존재하고 있던 일곱 노회[6]를 나타냈다. 이것은 교회에도 특기할 만한 사건이었지만, 언더우드에게도 크나큰 행복을 주었던 것이다. 개신교회가 하나도 없을 때 수백만의 사람들 가운데 경험도 없는 젊은이가 이 나라에 와서, 그 첫 시작부터 일이 되어 가는 모습을 본 것이 언더우드였기 때문이다.

    회장으로 선출된 것은 1912년 9월이다. 이때 참석한 총대는 목사 96인(그중 선교사는 44인)과 장로 125인, 도합 221인이었다. 「대한예수교장로회 제1회 총회록」, pp. 1-4 참조.
6 일곱 노회는 전라노회·경충노회·황해노회·경상노회·남평안노회·북평안노회·함경노회다.

21
미국 대표단

1913년 4월, 피츠버그의 하인츠 (Heinz)가 인도하는 미국의 주일학교 대표단이 취리히에서 열리는 세계 대회에 가는 길에 서울을 방문했다. 같은 달 19일 토요일에는 당국의 친절한 허가를 얻어 궁궐 뜰에서 서울에 있는 거의 모든 주일학교가 모였다. 전에 구세군의 간부였으며 당시 예수교서회 총무였던 본위크가 의전(儀典)의 총책임을 맡았고, 그의 지휘 아래 많은 안내원들이 있었다. 이 안내원들은 유럽과 한국의 목사, 지도자, 여러 학교의 감독과 교사 들이었다. 당시는 지도자들이 각 교회에 나누어 준 표를 제시하지 않으면 아무도 들어올 수 없었으며, 각 일행들이 입구에 들어설 때마다 지도자는 인원수를 보고했다. 전 인원은 1만 4천여 명으로, 여기에는 외국인을 비롯한 손님들의 수는 포함되지 않았다. 이들은 단을 이루고 있는 높은 언덕 위에 앉았고, 주일학교 사람들은 그 아래의 뜰에 모여 있었다. 참석자 중 3분의 1가량은 아동이었는데, 이들을 포함한 모두가 주일학교 학생들이었다. 교회 신도 중 많은 사람들이 주일학교에 참석하여 공부하는 것이 공통된 관습이었기 때문이다. 언더우드는 이 모임의 회장을 맡아 달라는 요청을 받았다. 소형 오르간 한 대와 코넷 두 개가 연주를 돕고 있었고, 몇몇 주일학교에서 나온 소년 소녀들이 아름다운 찬송가를 불렀으며, 일본인, 한국인 그리고 몇 사람의 미국인 손님들을 포함한 외국 그리스도인 지도자들이 연설을 했다. 그렇게 많은 사람들의 귀에까지 소리가 들리려면 맑게 울려 퍼지는 목소리가 필요했는데, 우리는 그곳에서 그런 목소리를 발견할 수 있었다.

이 집회를 통해 어떤 일이 이루어졌든 간에, 그것은 모든 개별 교회들 사이에 연합된 느낌과 단합심, 형제애, 그리스도의 몸이라는 정신, 나라와 인종과 계급과 시대를 초월하여 모두가 하나라는 생각을 고양시키는 위대한 목적을 달성했다. 성경학교 학생들을 바라보는 우리의 마음도 매우 흐뭇했다. 그 시작을 본 우리 중 몇 사람은 그토록 짧은 시간에 그런 놀라운 일을 하신 하나님께 찬양과 경배를 드릴 수밖에 없었다. 이 집회를 계획하는 데 언더우드가 주도적 역할을 했다는 것을 아는 사람은 거의 없었다. 경찰 수뇌와 협의하여 다소간의 어려움에도 불구하고 주일학교 학생들이 거리를 행진할 수 있는 허가를 얻어 낸 것이 언더우드였다. 유감스러운 것은 하나의 일반 퍼레이드가 함께 진행된 게 아니라 개별 학교가 따로 행진했다는 것이다. 그러나 긴 거리를 행진함으로써 서울 주요 도로는 사람들로 꽉 차 그날 오후 그 부근은 잠깐 동안 교통이 두절되었다. 따라서 관리들과 그리스도인이 아닌 사람들은 그 행렬을 보고 깜짝 놀랐다. 서울에 그렇게 많은 그리스도인들이 있으리라고는, 혹은 그리스도인들의 지위가 이 사회에서 그렇게 높은 줄은 생각도 못했기 때문이다. 그들은 그리스도인들을 새로운 시각에서 바라볼 만한 가치가 있다고 생각하게 되었다.

1913년에 언더우드는 선교회의 후원하에 게일 박사와 함께 "예수교 회보" (The Christian News)를 편집했다.[1] 그는 그해에 자신의 한글 문법서를 개정하여 사람들이 매우 필요로 하고 있던 새 판본을 발간했다.[2] 구판은 완전히 절판되었지만 한국어를 공부하려는 사람들은 어디서든 그것을 구하고자 했기 때문이다.

1913년에는 에든버러 계속위원회(the Edinburgh Continuation Committee)를 대표하여 모트(Mott) 박사[3]가 한국을 방문해 대표적인 선교사들, 특히 각 선교회 여러 분야의 지도자들을 만났다. 조정위원회의 의장이었던 언더우드는 상해로 가서 모트 박사를 만나, 거기서 열릴 회의를 성공시킬 방법과 계획에 대해 협의했다. 모트 박사의 방문의 주요 목적은 외국 선교지의 선교회와 계속위원회가 어떻게 상호 협조의 관계를 이룰 수 있는가에 대한 자료를 세계 선교사협의회 계속위원회(the Continuation Committee of the World's Missinary Conference)에 제공하는 것이었다. 11개의 위원회가 임명되어 그중 10개 위원회에서 자신에게 맡겨진 주제에 대해 보고했다. 언더우드는 이중 몇몇 위원회의 위원으로 활동했다. 큰 집회가 열려 거의 모든 교파가 대표를 보내왔다. 모트 박사는 선교사들에게 연합에 대한 훌륭한 연설을 했으며, 많은 한국인 회중에게도 몇 번 연설을 했는데, 이것은 훗날 연합을 이룩하는 기초가 되었다. 언더우드는 대부분의 경우에 통역을 맡았다. 그는 표와 천막이 준비되었는지를 살펴보았으며, 한국 방방곡곡에 공고문을 붙였고, 본토인 사역자, 교사, 선교회 일꾼 들을 쉬지 않고 만났다. 모트 박사는 배재학교 운동장에 4-5천 명이 모인 대규모 집회에서 언

---

1 예수교 회보는 1909년 9월 제3회 노회에서 발의되어 1910년 2월 28일에 창간호가 간행되었다. 1911년 1월에 사장에 한석진 대신 게일이 취임했으나 1914년 8월 18일 통권 5권 33호로 종간되었다.
2 1890년 「한영문법」(*An Introduction to the Korean Spoken Language*)을 1914년에 「선영문법」이라는 개정판으로 냈다.
3 1910년 세계 최초의 선교 대회인 에든버러 대회가 열렸고, 그 초대 회장이 존 모트(John. R. Mott)였다.

더우드가 세 시간 동안 통역하는 것을 보고 놀라움을 금치 못했다. 모트 박사는 미국으로 돌아가기 전에, 서울에 연합대학을 세우기 위해 일하는 언더우드에게 적극적인 지지를 표명했는데, 이것은 이 계획의 지지자들에게 격려가 되었다.

그 무렵 한국 YMCA에 문제가 생겼다. 이 골치 아픈 문제는 아주 조심스럽게 다루어 나가야만 했다.[4]

YMCA가 처음 조직되었을 때 그것은 상해에 위치한 위원회의 감독하에 있었다. 그 위원회는 중국·홍콩·한국의 YMCA로 알려진 그룹에 대해 관할권을 지니고 있었다. 그러나 일본의 한국 강점 후에는 한국을 위한 YMCA 운동이 더 이상 명목상으로도 중국과 연결되어서는 안 되며, 이제는 독립하거나 일본의 전국위원회와 연결되어야 한다는 것이 대부분의 사람들에게 명백해졌다. 그러나 불행하게도 이 일은 한국 내의 여론이 105인 사건 재판 때문에 크게 동요되고 있을 때 닥쳤기 때문에, YMCA 회원들이 어떤 식으로든 일본과 동맹 비슷한 것을 맺으려는 것처럼 보이면 한국인들의 거센 반대가 일어났다.

다른 한편으로, 총독부의 관리들은 재판에까지 이른 사건들과 밀고자들에 대한 이야기 때문에 매우 곤혹스러워했으며, 더욱이 그 일에 대한 많은 선교사들의 태도 때문에 불쾌해하고 있었다. 그들은 특히 YMCA에 대해 화를 내고 있었다. 왜냐하면 언더우드가 미국에 간 사이 그를 대신한 다른 회장과 총무[5]가 함께 경무총감부(the Police Department)를 비판하는 편지

---

4 YMCA에 관한 저자의 다음 서술은, 서울 YMCA를 일본 측에 종속시키려고 책동한 유신회(維新會) 일당의 형태를 일정하게 두둔하고 있을 뿐만 아니라, 초기에는 서울 YMCA의 독립성을 강력히 주장하다가 연희전문학교 설립 등으로 차차 일제에 어느 정도 타협할 수밖에 없었던 언더우드의 입장을 변호하는 경향을 띠고 있다. 따라서 이하의 애매한 부분은, 전택부 씨가 지은 「한국기독교 청년회 운동사」(정음사, 1978), pp. 171-182에서 보다 분명히 밝혀져 있다.
5 이때 회장은 저다인(J. L. Gerdine)이요, 총무는 질레트(P. L. Gillett)였다.

를 썼는데, 이것이 신문사의 손에 들어갔던 것이다. 그래서 정부는 YMCA 운동을 금지시켰고, 많은 불평분자들이 YMCA에 대항하는 운동을 조직할 기회를 얻게 되었다. 이들 중 몇몇 사람은 YMCA 회원이었으나, 밖에서 모집해 온 사람들이 더 많았다. 바로 그때 상해에서는 중국 위원회 회의가 열렸는데, 여기에 한국 대표로 한국인 두 사람과 미국인 한 사람이 참석했다.[6] 중국 위원회의 관할권으로부터 한국 사업의 분리가 결정된 것은 그곳에서였다. 이 결정은 중국과 한국 양쪽 대표들이 모두 만족할 수 있는 방식으로 이루어졌으며, 한국인과 한국에 살고 있는 서양인 15인으로 구성된 위원회가 한국인들을 위한 YMCA 사업을 책임지도록 임명되었다.

그러므로 이제부터는 두 가지 일을 별도로 해야만 했다. 첫째는 한국에서의 사업을 독립된 단위로 조직할 것인가, 아니면 일본 전국 YMCA의 지부로 만들 것인가를 결정하는 일이었다. 둘째는 서울 YMCA의 불협화음을 없애고, 연맹을 파멸로 이끌 수도 있는 정치적 개입을 하지 않도록 하며, 불필요하게 정부 당국의 불쾌감을 사지 않도록 하는 일이었다. 다행히도 이 시점에서 모트 박사가 서울에 왔기 때문에, 위원회는 그의 풍부한 경험과 현명한 판단으로부터 도움을 얻을 수 있었다. 그가 서울에 있는 동안에, 약간의 헌장 수정이 제안된 바 있어 그것을 고려해 보기 위해 서울 YMCA 집회가 열리게 되었다. 그런데 이 집회에 반대파의 사람들이 집단으로 참석하여 헌장을 자기들에게 맞도록 고치기로 결정했다는 소식이 알려졌다. 그 얼마 전에는 그중 몇 명이 YMCA 사무소를 방문하여 총무가 일하는 것을 심하게 방해한 적이 있었다. 그래서 이사회에서는 투표권이 있는 회원만 집회에 참석시키기로 결정했다. 그러나 집회가 시작되기 훨씬 전부터 반대파는 미리 회관에 자신들의 회원으로 가득 채워 놓았기

---

6 1912년 12월 북경에서 모인 회의에 김규식·신흥우·질레트 세 사람이 참석했다.

때문에, 위원회는 이에 맞서기 위해 마지막 순간에 다른 방에서 집회를 열기로 결정했다. 그리고 회원 간사를 문 앞에 세워 놓고 진짜 회원으로 보이는 사람들만 출입을 허가했다. 이런 식으로 반대파들이 자신들의 허가 찔린 것을 알아채기 전에 투표권이 있는 회원들은 거의 모두 참석할 수 있었다. 반대파들은 이 소식을 듣자마자 집단적으로 집회장 입구로 몰려들었다. 이 가운데는 투표권을 가진 회원들도 몇 명 있었기 때문에 그들을 들어오도록 해야 했다. 그래서 한국인들과 외국인들 한 무리가 길을 막고, 그동안에 간사는 참석할 사람과 아닌 사람을 가려냈다.

모트 박사는 그 방에 일찍 들어갈 수 없었기 때문에, 언더우드를 따라 이 밀리는 사람들 사이를 뚫고 들어가야만 했다.

최고법원[총독부]의 재판장인 와타나베[Watanabe, 도변창(渡邊暢)] 판사도 이 집회에 참석했지만, 그 역시 늦게 왔기 때문에 좁은 문을 비집고 간신히 들어와야 했다. 마침내 난폭한 반대파는 포기하고 말았고, 언더우드가 회장을 맡아 집회는 아무런 방해 없이 진행되었다. 마침내 헌장은 연맹의 충성스런 회원들의 뜻에 따라 개정되었다.

위에서 말한 바 있는 첫 번째 문제를 해결해야 했던 것은 바로 이런 소동의 와중에서였다. 그러나 15인 위원회는 과감하게 이 문제를 거론했으며, 많은 사람들이 어떤 식으로든 일본과 동맹을 맺는다면 한국인들의 커다란 분노를 사리라는 두려움을 표현했음에도 불구하고, 대다수 한국인으로 이루어진 위원회는 한국에서 독립적인 길을 걸으려 하는 것보다는 일본의 가장 훌륭한 기독교적 요소와 연결되는 것이 낫다고 결정을 내렸다. 독립적인 길을 걸으려 하면, 필연적으로 정부 관리들의 오해를 살 것이며, 당연히 관리들은 오랜 기간 동안 연맹의 목적을 의심하게 될 것이었기 때문이다.

그러나 동시에 한국인들을 위한 YMCA 사업은, 한국에서든 일본에서든 전적으로 한국인 자신들의 관할하에 두어야 한다고 생각되었다. 그래서 15인 중에서 특별히 선정된 5인의 위원들은 일본으로 가서 일본의 전국 YMCA 위원회의 실행위원회와 상의토록 하기로 했다. 또한 한국 YMCA가 사업의 진정한 원칙들을 견지한다는 보증이 필요한 한에서는 한국에서의 이 운동은 일본 전국위원회의 관할권 아래 놓이지만, 이것을 넘어서 한국인들을 위한 모든 사업은 한국 YMCA에서 선정된 대표들이 3년마다 여는 대회에서 선출된 총위원회의 지도하에 이루어지며, 이 약정은 한국 YMCA의 동의 없이는 파기될 수 없다는 사항이 결정되었다.

동시에 일본의 전국위원회는 한국에서 선출된 15인 위원회로부터 5인을 선정하여 전권을 지닌 일본 전국위원회의 위원으로 삼도록 조정되었다. 이것이 1913년 4월의 일이었다.

전국위원회는 이 일을 가지고 일본에 파송될 5명의 대표로 다음과 같은 사람들을 뽑았다. 언더우드, 애비슨, 이상재, 남궁억, 신흥우 등이 그들이다.

이 합의는 일본 전국위원회의 실행위원회 위원들의 이름과 한국에서 갔던 5명의 이름으로 서명 및 입증되었고, 이런 합의에 이르는 데 주요한 역할을 했던 모트 박사의 서명으로 보증되어, 한국에 돌아왔을 때에는 서울 YMCA의 대다수 회원들은 통제와 합병이라는 아주 어려운 문제가 조정되었음을 알게 되었다. 즉, 한국 YMCA가 강력한 일본의 전국적 조직에 밀접하게 연합하는 이익을 얻게 됨과 동시에 한국 YMCA의 영구적인 자치권이 확보되게 하는 방향으로 해결된 것이다.

그럼에도 불구하고 서울의 몇몇 사람은 어떤 식으로든 일본과 동맹을 맺는 것은 피해야 할 일이라는 감정을 지니고 있었다. 이상하게도 이런 감정은, 동경의 대학으로 공부하러 갔고, 또 그 가운데서도 YMCA가 길러낸 큰 집단의 한국 젊은이들의 마음속에 가장 강하게 자리 잡고 있었다.

이 동경 유학생들은 많은 자극적인 모임을 개최했는데, 어떤 경우에는 난폭한 일이 일어나기도 했다. 그래서 서울 YMCA 및 15인 위원회의 회장이었던 언더우드는 이 비합리적인 젊은 애국자들을 설득하러 동경으로 돌아가야 했다. 이 젊은이들은 자신들과 한국 YMCA가 확보한 것을 완전히 오해하고 있었다. 사건들이 진전됨에 따라 그들은 필연적으로 일본의 전국적 조직과 어떤 관계를 가질 수밖에 없으며, 따라서 이렇게 주도면밀한 정책적 수단에 의해 생각할 수 있는 것 가운데 그들에게 가장 좋은 관계가 이루어졌다는 사실을 그들은 알지 못하거나, 아니면 그것을 깨달을 만큼 냉정하게 생각해 보지 않은 듯했다. 언더우드는 능란하게 그 합의를 설명한 후 폭풍우가 가라앉고 이해의 굳건한 기반이 마련된 것을 확인하고 나서야 기쁘게 돌아올 수 있었다.

앞에서 언급한 사건 이후로 총독부와 YMCA 사이에는 완벽한 조화가 이루어져 왔으며, 앞으로도 그 관계는 틀림없이 지속될 것이다.

언더우드는 한국 민족의 문제를 완전히 알고 있었고, 그들의 슬픔을 깊이 동정했으며, 한국인들의 신뢰를 얻고 있었다. 더욱이 일본의 상황을 정확히 평가했고, 연맹과 일본 교회 사업 지도자들의 이해와 공감을 얻는 데 자신이 있었기 때문에, 이러한 것이 갖추어지지 않은 사람이라면 그런 위기에 해결하지 못할 많은 일들을 할 수 있었던 것이다.

22
1914-1915년

　　　　　　　　　　이제 YMCA의 이야기로부터 성경학교(the Bible Institute)의 이야기로 옮겨 가겠다. 1913년에 언더우드가 선교부에 제출한 보고서를 보면, 1912년 가을에 시작된 연합성경학교(the Union Bible School)는 90명의 등록을 받아, 평균 62명이 출석했다고 밝히고 있다. 후에 이 학교는 피어슨기념연합성경학교가 되었다. 수개월 동안 언더우드는 계획과 장비에 관한 미국 기념위원회의 뜻에 따라 성경학교의 부지 확보를 위해 계속 일해 왔다. 그리고 지붕과 마루와 배관 등을 가장 좋은 것으로 하기 위해 여러 곳을 찾아다녔으며, 이 일을 진행시키는 가장 좋은 방법을 찾기 위해 미국의 성경학교를 운영하고 있는 사람들과 협의했다. 또한 그는 이 문제에 관하여 조언을 얻기 위해 수많은 편지를 보냈으며, 선교사들과 위원회 모임을 수차례 열었고, 한편으론 토지중개인·건축가·건축관계업자 등의 자문도 구했다.

　동시에 언더우드는 대학교 부지를 구하기 위해 시외에 충분한 크기의 좋은 장소를 물색하느라 애를 썼다.[1] 그러나 그는 이 과정에서 큰 어려움들에 부딪히게 되었다. 학교를 세우기에 알맞다고 생각한 장소에는 중요한 무덤이 있어 막강한 영향력을 지닌 한국인들이 반대했으며, 또한 사전계약을 맺어 놓은 회사 때문에 곤경에 부딪치기도 했고, 대학 건립을 전적으로 반대하는 반외세 세력에 의해 어려움을 겪기도 했다. 그러나 총독부의 호의 덕택에 이런 어려움들은 하나하나 극복되었다. 교육 기관으로서의 대학 설립 계약 외에도, 정부로부터 이사회 조직을 위한 설립 계약도 얻어내야 했다. 다른 것들과 마찬가지로 이것의 문장 하나하나도, 미국의 여러 선교본부와 위원회들 그리고 한국의 모든 선교회와 서신으로 논의해야 했다. 여러 선교회로부터 돈을 후원받는 것, 또 학교의 기독교적 성격을 보장하는 조항을 얻어 내는 것은 선교회와 선교본부 모두가 매우 주의하는 사항들이었는데, 일본의 교육법에 비추어 보아 그런 보장 조항을 얻어 내는 것은 무척 어려운 일이었으므로 오랜 협의와 수많은 서신 왕래가 필요했다. 1912년, 언더우드는 한국에 돌아온 이래, 끝없는 장애와 곤경에 직면하면서도 결코 꺾이거나 흔들릴 줄 모르는 인내와 희망과 용기로 이 일을 진행시켜 나갔다.

1914년에는 서울이 대학 건립을 위한 적당한 장소인가 하는 것에 대한 의문이 제기되었다. 시의 중앙에서 10여 킬로미터 반경 안에 48개의 기독교회가 있었고, 그중 20개는 사대문 안에 있었다. 이것은 로마 가톨릭 교회, 일본 교회 그리고 독립적인 한국교회는 제외시킨 숫자였다. 이와 더불어 매년 6개월씩 교육시키는 남자 성경학교가 둘 있었으며, 6개월간 문을 열고 있는 감리교신학교도 있었다. 또한 9개월의 교육 기간을 가진 여자 성경학교가 하나 있었으며, 성서공회 두 개[2]와 하나의 예수교서회가 있었다.

---

1 참고로 언더우드는 1912년 6월 그의 모교에서 명예법학박사 학위를 받은 후 한국으로 돌아오면서 대학 건립을 위해 5만 2천 달러의 기금을 거두어서 돌아왔다.
2 영국성서공회와 미국성서공회의 한국 지부가 각각 있었다.

그 외에 한국인들을 위한 YMCA가 매우 번창하고 있었으며, 일본인들을 위한 YMCA도 시작되었다.[3] 또한 여러 교회가 지도하고 있는 성경학교가 9월부터 4월 말까지 열리고 있었다. 이 기간 동안 남녀노소를 불문하고 만여 명의 그리스도인이 특별성경교육을 받을 권리를 갖게 되었으며, 한편 그해에 목록에 들어 있는 모든 교회는 특별히 부흥을 위해 노력했다.

1914년 4월 6일에는, 한국식 계산에 따라, 언더우드의 내한 30년 기념식이 열렸다.[4] 30년이란 한국인들에게는 한평생의 반을 의미하는 중요한 시점이었다. 서울[경충]노회는 서울에서 가장 큰 승동교회에서 기념예배를 드림으로써 이날을 기념하기로 했다. 예배 순서는 음악, 찬송, 성경 봉독, 기도, 설교 등으로 진행되었다. 또한 은으로 만든 기념선물을 주었으며, 각 선교 구역을 서로 다른 색으로 칠하고 1889년 언더우드 부부가 신혼여행을 떠났던 한·중 국경까지의 길을 표시한, 매우 아름답게 장식된 한국 지도를 주었다. 이 선물들은 [경충]노회의 7개 교회 대표들의 큰 애정과 한없는 존경을 표하는 말과 함께 증정되었다. 그들은 언더우드와 사진을 찍었으며, 회중은 교회 안과 강단 위에까지 모여들었는데 거기서 거둔 헌금은 그 노회 내의 교회들이 첫 선교사가 온 것을 기념하여 서울 근교에 기념교회를 세우기 위한 첫 기금이 되었다. 언더우드는 연설을 하도록 초대되었으며, 클라크 박사와 일본 장로교회의 이노구치(Inoguchi) 목사가 뒤이어 연설했다. 또한 손님들도 축사를 했는데, 그중에는 언더우드의 오랜 친구인 전(前) 각료 김윤식도 있었다. 몇 명의 옛 각료들과 높은 지위의 양반들 그리고 많은 오랜 친구들이 진심으로 축하를 해주기 위해 그곳에 모였으

---

3 1908년 7월에 경성 기독교 청년회를 조직하고 니와(丹羽淸次郞)를 초대 총무에 임명했다. 그러나 독립된 건물은 갖지 못하고 서울 YMCA 건물을 사용했다.
4 언더우드가 내한한 것은 1885년 4월 5일이므로 엄격히 따지면 29년째다. 그러나 한국식 계산으로는 30년째에 해당되므로 기념식을 가졌다.

며, 여러 교회의 회중도 많이 모였다. 그들 중 나이 많은 사람들은 거의 모두가 언더우드에게서 세례를 받았거나, 한동안 서울의 유일한 교회였던 그의 교회에서 신자로 있었던 사람들이었다. 이 귀한 사람들의 존경과 감사의 증거를 그 자리를 통해 볼 수 있었다는 것이 매우 고맙고 위안이 되는 일이었음은 말할 필요도 없다.

3년마다 열리는 한국 YMCA의 첫 대회[5]는, 브로크맨의 보고서를 보면, 1914년 봄에 송도에서 열렸고, 일본 YMCA 전국위원회의 회장인 이부카(Ibuka) 박사를 비롯해 캐나다·미국·중국 그리고 한국의 대표들이 참석했음을 알 수 있다. 당시 언더우드는 이 대회의 회장이었다. 일본의 펠프스(Phelps), 이상재, 언더우드 등이 연설을 했다. 그때의 일을 브로크맨은 이렇게 기록하고 있다. "헌장에 대해 정치가적인 심사숙고가 뒤따랐으며, 이러한 미묘한 문제들을 아주 잘 다루어 냄으로써 방문자들은 칭찬을 아끼지 않았다. 이때 앞서도 언급한 바 있는 15인 합동위원회가 선출되었다. 언더우드 박사, 애비슨 박사, 크램(Cram), 홍종숙, 휴 밀러, 게일 박사, 김정식, 와이어(H. H. Weir) 박사, 라이얼(D. M. Lyal), 목사 이상재, 신흥우, 오긍선, 오기선, 송언용, 박승봉 등이다. 4월에 언더우드 박사가 위 위원회의 위원장으로 재선되었으며, 홍종숙과 크램 목사가 회록 서기로, 휴 밀러가 회계로, 브로크맨이 실행 간사로 선출되었다. 이렇게 15인 위원회가 구성된 것은, 젊은이들이 이것이 완전히 일본 정부의 관할하로 들어갈 것이라고 의심하고 있는 때에 거둔 커다란 승리이자 축복이었다.

1914년 초에 언더우드는 전도집회를 수행하기 위해 큰 지방도시의 여러 중심 교회를 방문했다. 최근의 그의 순회여행은 목양을 하고 그들에게 힘을 주기 위해 교회를 방문하는 것이 주였지만, 이때는 믿지 않는 사람들을

5　[원주] 3년마다 열리는 이 대회에 대해서는 앞서 이야기한 YMCA의 변화에서 언급한 바 있다.

깨우치고 불러 모으기 위해 교회를 방문했다. 한국인 복음 전도자인 한석진 목사, 조사 김 씨, 두 명의 코넷 연주자와 환등기 전문가 한 사람이 언더우드를 수행했고, 클라크 박사가 빌려준 성능 좋은 아세틸렌 장비와 그리스도의 초상화를 들고 갔다. 미리 공고를 붙여 놓은 후에 어떤 지역에 도착하면 우선 천막을 치고, 노래와 그림으로 많은 사람들을 모으고 감동적인 복음 설교를 했다. 수천 권의 복음서와 소책자들이 무상으로 배포되었으며, 관심을 가진 많은 사람들이 따라왔다. 청주 지역에서는 다섯 곳을 방문했다. 무릎이 온전치 않았음에도 불구하고 언더우드는 가마꾼을 구할 수 없는 곳에서는 16-24킬로미터를 걸어야만 할 때도 있었다. 청주의 야외집회에서는 2-3천 명이 넘는 사람들이 모였다. 이러한 이방사회에서는 그 결과를 단번에 일람표로 작성하는 것이 쉽지 않았다. 그러나 말씀을 처음 들은 많은 사람들에게, 좋은 씨가 땅에 떨어지듯이 훗날 여기저기서 좋은 열매를 거두었다. 집회에 참석했던 청주의 쿡(Cook) 부인은 "이 위대한 개척 선교사의 인격과 명성은 이런 집회에서 한국인들의 큰 관심을 모았다"고 말했다. 이처럼 언더우드의 삶과 인격은 언제 어디서나 좋은 결과를 가져왔다.

그는 모든 영혼들을 죄로부터 구하려고 애썼다. 또 그는 믿음을 갖고 있었기 때문에 복음을 열심히 전하기만 하면 하나님이 자신이 좋다고 생각하실 때에 그 추수를 거두어들이실 것이라고 믿었다.

1914년에는 우리의 은혼식(銀婚式)이 있었다. 우리는 이것을 여러 사람에게 알리지 않고 그저 가까운 친구 몇 명을 불러 낮에 차나 마시려고 했는데 한국인들이 이것을 알게 되었다. 그들은 아마 언더우드 사무실의 조사들을 통해 은혼식을 알았던 것 같다. 또 다른 오랜 친구들도 대략 날짜를 짚어 보고는 우리의 은혼식을 알아차렸다. 그래서 아침에는 한국인들이 방문해 기도와 찬송과 연설을 하고 은혼선물을 증정했다(왜냐하면 아무리 작은 것이라도 그들은 주기를 좋아했기 때문이다). 오후에는 수백 명의 외국인들이 축하해 주기 위해 물밀 듯이 몰려들었다. 여기에는 일본인들을 비롯해 저명한 옛 한국인 친구들도 많았다. 또한 학교의 소년들도 찾아와서 정원에서 인사했으며 언더우드와 나는 그들의 축하에 감사의 뜻을 표했다. 집은 온통 꽃으로 장식되었고 많은 은혼선물이 증정되었으며 '결혼기념식'도 있었다. 일본 정부의 수뇌들은 우리에게 아름다운 순은 꽃병 한 쌍을 선사하고, 예의에 찬 인사말을 함께 보냄으로써, 언더우드에 대한 정부의 태도가 수년 사이에 달라졌음을 보여 주었다. 한국인들을 사랑하고 섬기는 가운데서 그는 동시에 일본인들의 우정과 신뢰를 얻었던 것이다. 여러 국적과 지위 및 각계각층의 사람들을 끌어들이는 그의 놀라운 자력(磁力)과 힘이 일본인들과 한국인들에게서처럼 뚜렷하게 드러난 적은 없었다. 그들 양쪽 모두는 그와 교제하고, 그를 사랑하고 신뢰했으며, 그에게 크게 의지하고 있었다.

1914년의 조선총회에는 36명의 목사와 39명의 장로 그리고 53명의 외국인들이 참석했다. 만일 언더우드가 사양하지 않았더라면 그들은 언더우드를 총회장으로 재선했을 것이다.[6] 이 회합과 관련된 뚜렷한 특징 중 하나는 한국인들이 선교사들에게 보이는 감정의 표현 방식이었다. 선교사들은 총회가 한국인들의 대표적인 집회이므로 선교사들도 역시 대표들만 모여야 한다고 제안하여, 이것을 선교사의 수를 제한하는 결의안의 형태로 제출했다. 그러나 이것은 한국인 총대들에 의해 심의가 무기한 연기되었다. 다른 분야에서 보이는 독립적이고 불간섭적인 태도와 비교해 볼 때,

---

6 조선총회는 조선예수교장로회 총회를 말한다. 참고로 1914년 총회의 총대는 선교사·목사·장로 각각 46명씩 도합 138명이 참석했다. 앞에서 언급한 바와 같이, 그가 총회장에 선출된 것은 1912년 9월 제1회 총회 때인데, 저자는 계속 제1회 총회가 1913년에 조직된 것으로 파악하고 있다.

이것은 한국교회의 매우 뚜렷한 특징이었다. 처음부터 한국인들과 외국인 목사와 교사 사이에는 친밀하고 두터운 신임 관계가 지속되어 왔다. 언더우드가 회기 중에 어떤 일이나 교회와 관련된 일을 처리할 때 이런 경우들은 계속 드러났다. 때마다 문제가 닥쳐왔고, 그 문제에 대한 의견이 달랐다. 어떤 변덕스러운 사람이 잘못된 정책을 옹호하거나 올바른 정책에 반대했고, 때로는 언더우드가 가장 아끼던 사람이 심한 고집을 부리며 양보하지 않기도 했다. 그러나 언더우드는 결코 어떤 안을 강제로 결정하지 않았으며, 참을성 없이 행동하거나 개인적인 감정을 노골적으로 드러내지 않았다. 언더우드는 조용하고 부드럽게 그들을 이끌었으며, 그들의 의견에 친절하고 예의 바르게 경의를 표하여, 먹구름이 지나가 맑은 하늘이 모습을 드러내듯이 사람들의 마음에 흡족할 만한 의안으로 이끌어 갔다. 사람들은 사소한 것은 양보하고 중요치 않은 것은 타협했으므로, 그는 원래대로 그의 방향을 고수해 나갈 수 있었다. 나는 언더우드가 지방교회와 분쟁을 일으키는 사람들을 다루는 데에서 이런 식으로 일을 해결해 나가는 것을 보았다. 모든 사람들을 아버지 같은 자상함으로 대하고 각 사람들을 세심하게 배려하는 그의 모습으로 인해 사람들은 그를 자신의 특별한 친구로 여겼다.

한국교회가 지원하는 한국인 목사의 수는 145명이었으며, 또 이 교회는 257명의 조사들의 보수도 지급했다.[7] 보수를 받지 않는 일꾼들과 교회 직원들도 있었는데, 이들의 수는 우리 선교회에만도 8천 명이 넘었다. 그 밖에 일반 신도들도 한 해 동안 많은 시간을 할애해서 교회를 위해 봉사했다. 1914년에 세례를 받은 사람들의 수는 7,274명이었고, 전 신도의 수

---

[7] 참고로 1914년 조선예수교장로회 제3회 총회에 보고된 통계는, 한국인 목사 91명, 외국인 목사 82명, 조사 281명이다.

는 55,557명에 이르렀으며, 출석교인까지 합치면 12만 4천 명이 넘었다.[8] 이들은 작은 마을의 집회처로부터 1,500명이 모이는 도시의 교회에 이르기까지 2,247개의 그룹과 교회를 통해 모였다.[9] 이 그룹들 중 1,675개가 자체 건물을 지니고 있었으며, 173개는 정식 조직교회로서 당회를 열고 있었다.[10] 그해의 헌금은 전부 9만 6천 달러였으며, 이것은 모든 교인들이 하루에 보통 40전(약 20센트)의 임금을 받으면서 각각 50전씩을 낸 셈이었다.[11]

1913년 말에 들어서면서 언더우드는 서서히 몸이 허약해지며 병이 들기 시작했다. 그해에 애비슨 박사는 언더우드에게, 일을 그만두고 지속적으로 전문적인 치료를 받을 수 있는 곳으로 떠나 완전한 휴식과 바다여행이 주는 혜택을 입지 못한다면 그 결과에 대해서는 책임질 수 없다고 말했다. 그러나 언더우드는 다만 고개를 저으면서, 무슨 일이 일어나도 대학과 성경학교의 일을 당장 그만둘 수는 없다고 대답했다. 그 자신도 건강이 아주 위태로운 상태에 있다는 것을 알고 있었지만, 그렇다고 해서 하던 일을 그만둘 수는 없었기 때문에 다른 사람이라면 이미 굴복했을 상태에서도 그는 계속 버티며 일해 나갔다. 그러나 피로가 쌓여 거의 매일 졸도할 지경에 이른 적도 있었으며, 너무 쇠약하고 탈진하여 차나 커피 한 잔으로 기운을 내기 전에는 가벼운 식사마저 하지 못하는 경우가 있었다. 날마다 밤늦게까지 장시간 위원회 모임이 있었다. 그는 채 동도 트지 않은 혹한의 겨울 아침에 일찌감치 일어나 편지를 쓰거나 문서 사업을 했다. 또한 그는 매일 작은 조랑말을 타고 학교·대학·성경학교·교회·사경회를 돌아다녔으

---

8 1914년 장로회 총회의 통계로는 이해에 세례받은 자 7,516명, 세례인 도합 60,047명, 교인 도합 121,108명이다.
9 1914년 총회의 통계로는 교회가 1,804개, 기도회 처소가 1,460곳이나 되었다.
10 1914년 총회의 통계로는 예배당집이 1,647개요, 예배당 건축 중인 것이 108개이며, 조직한 교회가 224개다.
11 [원주] 웨이드 쿤(Wade Koon) 목사가 선교부에 낸 보고서에서 인용한 통계다.

며, 주말에는 지방에 내려가 작은 교회를 순회했다.

언더우드는 경비와 시간을 절약하려고 2년간을 서울에 있는 여러 선교회와 초등주간학교(the Primary Day School)의 연합을 위해 계속 일했다.[12] 물론 여러 선교회들과 한국인들에게는 극복하기 어려운 문제들이 많았으며, 한국인 교사들 사이에는 질시도 있었고, 장소의 어려움도 있었다. 그러나 이 가운데 세 학교, 즉 자신이 맡고 있던 학교와 그 지역에 있던 남북감리교 선교회의 학교들에 관한 한, 그의 노력은 마침내 성공을 거두는 축복을 받았다.[13]

일본 정부는 수많은 비종교적인 성격의 학교들을 많이 세웠는데, 이때 언더우드는 특별히 준비된 교회에서의 주일 저녁예배를 통해 이들 학생들에게 접근하려고 했다. 이 예배에는 기독교적 주제를 담은 슬라이드 상영, 노래 배우기, 유명한 사람의 재미있는 일화에 대한 강연 등 흥미를 끌 만한 순서가 많았다. 각 예배에 새롭고 흥미로운 순서를 마련하는 한편 이 학교 저 학교에 특별입장표를 보냈다. 이 계획은 예상대로 큰 성공을 거두어 소년들이 무리 지어 몰려들었고, 이 소년들은 입장표를 받는 것을 영광스럽게 생각했다.

같은 시기에 언더우드는 2주마다 소년학교[경신]의 한 반씩을 집으로 초대하여 음악·오락 등으로 즐겁게 해주고 현미경을 보여 주었으며, 더불어 다과도 베풀어 주었다. 그러나 항상 성경 한 장을 읽고, 감동적인 찬송가 몇 곡을 부르고 기도를 했으며, 목사나 교장이나 YMCA 일꾼이 짤막하게 도움이 되는 설교를 하게 함으로써 그 초대의 신앙적 목적을 강조했다.

---

12 주간학교(Day School)는 매일 통학하며 다니는 학교라는 점에서 기숙학교(Boarding School)와 대칭되고 낮에 공부한다는 의미에서 야학교(Night School)와 구분된다.
13 이 점과 관련이 있는 듯, 미국 북장로교 선교본부의 1913년도 연례보고서 277, 278면에는, 미감리회와 연합하여 배재학교에 인접한 건물에서 고등교육을 실시했는데 배재학교와 경신학교의 교사들이 수고했고 8명이 등록하여 첫 학기를 맞았다고 했다.

1914년부터 언더우드는 보기 드물게 아름다운 성품을 지닌 젊은 선교사 채핀(Chaffin) 목사[14]에게 보수를 주어 왔다. 그는 서울과 지방에서 언더우드의 복음 사업을 보좌했으며, 수많은 서신 교환을 도와주었다. 이 사람은 한국인들에게 큰 사랑을 받았으며 교회 사업에도 큰 도움을 주었다. 그러나 그는 몸이 매우 약했기 때문에 1916년 그의 지도자인 언더우드보다 수개월 먼저 더 좋은 땅(the Better Land)으로 가 버렸다. 그는 생전에 쉼 없이 대학을 위해 선교부 직원과 정부 요원들과 함께 끈기 있게 일했으며, 지속적으로 어려움과 장애에 부딪쳐도 건강한 몸을 가졌을 때와 마찬가지로 인내와 용기와 명랑함을 보여 주었다. 그러는 동안에도 채핀은 점차 혈색이 창백해지고 몸이 쇠약해져 갔기 때문에 주변의 친구들에게 큰 근심을 주었다. 채핀이 대학의 학장으로 선출된 일은 잘 알려져 있을 것이다. 당시 대학은 강의실과 기숙사를 YMCA 건물에서 빌려, 그곳에서 그는 정식 대학 업무를 수행했고 어려움 가운데서도 점차적으로 기반을 잡아 나갔다.

　1913년에 채핀은 대학의 많은 친구들을 집으로 초대해 대학 창립 1주년을 기념하는 만찬회를 열었다. 아직까지는 대부분의 사람들에게 모든 것이 확실해 보이지는 않았지만, 그의 믿음과 신뢰는 오늘날의 대학을 미리 내다보는 듯 확고했다.

　동시에 피어슨기념연합성경학교에서도 수업이 진행되고 있었으며, 그것을 위해 좋은 부지가 확보되었고 거기에 건물의 기초가 놓이게 되었다. 그래서 스피어(Speer) 박사가 늦여름에 도착했을 때 초석을 놓는 기념식에 참석할 수 있었다.[15]

14　빅토 채핀[Victor Chaffin, 채피득(蔡彼得)]인 듯하다.
15　스피어(Robert E. Speer) 목사는 미국 북장로교 해외선교부 총무로서 한국 선교에 많이 지원했으며 1915년에도 내한한 바 있다.

언더우드는 위원회의 다른 선교사들의 동의와 충고를 얻어 건축자와 계약을 맺고 건물의 설비를 갖출 계획을 세웠다.

1915년 여름은 소래 해변에서 보냈다. 이 무렵에는 수많은 선교사들이 이곳에 여름 오두막을 세워 놓고 있었다. 그의 몸이 완전히 긴장을 풀고 편안한 휴식을 취해야 할 때라 가족들이 크게 반대했음에도 불구하고, 언더우드는 레이놀즈 박사와 함께 구약성서 중의 한 권을 최종 개역하기로 동의했다.[16] 그러나 당시 성경 번역을 하는 데 수반되는 긴장감과 강한 정신 집중은 그가 피해야만 할 것이었다. 따라서 비록 여름을 소래 해변에서 보냈지만 예전에 심신을 푹 쉬어 건강에 큰 도움을 주었던 것과는 달리 이번에는 별로 건강에 도움이 되지 않았다.

매일 동이 트자마자 언더우드는 집에서 나무로 서투르게 만든 초라하고 작은 달구지를 타고 먼 거리를 달려갔다. 그러나 그가 떠나기도 전에 집 근처에 있는 아이들은 달구지를 타기 위해 기다리고 있었다. 달구지는 털털거리며 내려가면서 동네 아이들을 태워 그 안은 웃음소리가 맑고 낭랑하고 천진한 아이들로 가득 차게 되었다. 아이들은 모두 낮에 즐길 수 있는 재미있는 그 어떤 것보다도 '언더 할아버지'(Grandpa Under)와 함께 달구지 타는 것을 놓치고 싶어 하지 않아 했다. 앞서도 말했듯이, 언더우드는 아이들과 함께 있을 때 즐거워했는데, 내가 보기에도 그때가 가장 행복해 보였다. 따라서 아이들도 자연히 그를 사랑하고 믿게 되었다. 그의 생애 마지막이 된 그 여름에 그토록 많은 아이들이 그를 따르고, 또한 소래의 모래와 건강을 가져다주는 신선한 공기를 즐기도록 허락받은 것은 그의 생에 대한 기쁜 보답 중의 하나였다.

그러나 언더우드는 고템바(Gotemba)에서 열리는 YMCA 대회의 대표로

---

16 1915년 7, 8월에 두 사람은 이사야 1-37장을 개역했다.

서 일본을 잠시 방문해야 했다. 그는 작은 증기선을 타고 험난한 폭풍우에 시달리며 일본을 향해 항해해 갔다. 그때는 여행하기에는 매우 적당하지 않은 계절이었기 때문에 그는 커다란 곤경을 겪었지만, 나중에 이야기할 때는 아무렇지도 않았다는 듯 농담을 섞어 가며 말했을 뿐이다. 그 막중한 업무 가운데서 매우 피곤하고 바빴음에도 불구하고 그는 시간을 내어 나고야에 들러 아내에게 줄 일본산 강아지 한 마리를 샀다. 이것은 그가 어떤 중요한 일에 짓눌리거나 바빠서 그의 가족, 어린아이들, 또는 누구든 그가 무엇을 주고자 하는 사람에 대한 사려 깊고 자상한 작은 사랑의 행동들을 잊는 일이 결코 없다는, 그의 생애에 일관된 특징을 보여 주는 좋은 예다. 가족과 그의 관계는 활자로 찍어 내기 어려울 만큼 너무도 아름답고 거룩한 것이었다. 아들과 그는 마치 형제 같았다고 말해도 좋을 것이다. 그는 일평생 아들에게 거친 말을 한 적이 없었는데, 그들의 부자지간 정은 더욱더 깊어 갔고 시간이 갈수록 서로에게 도움을 주었다. 대학을 졸업하고 신학교에 진학하는 등 세상이 제공해 주는 좋은 것들에도 불구하고, 아들은 아버지와 함께 지냈던 시절을 가장 잊을 수 없다고 말했다.

1915년 여름이 끝날 무렵, 스피어 박사 일행이 선교회를 방문하러 왔다. 그는 우리의 손님이었기 때문에, 언더우드는 그가 가는 곳을 함께 따라다녔으며, 총회에도 그를 데리고 갔다. 이곳에서도 여전히 대학에 대한 반감이 강했기 때문에, 서울 연합기독교대학이 선교회와는 독립적으로 운영되어야 한다고 선교부에 요청하자는 동의안이 통과되었다. 제안 설명에서, 그 분야를 관할할 능력이 없다는 것과, 그들이 이해하는 한 정관을 통해 제안된 학교의 기준을 승인할 수 없기 때문에, 그 기관에 참여하는 것을 반대한다고 그들은 제안 설명을 했다.

스피어 박사가 도착하고 가을에 연합공의회(the Federal Council)가 열리기 바로 전에 일본 정부는 종교 사업에 대한 장황한 규칙을 발표했다. 이 규칙은 선교사든 한국인 복음 전도자든 보수를 받고 있는 모든 종교 사역자의 이력과 자격에 대한 상세한 보고서를 요구했으며, 면세를 기대하는 교회의 예배 장소의 위치와 설립 시기 및 특징에 대한 보고서도 요구했다.[17] 동시에 일본에서는 수년 동안 강제되었었지만 한국에서 일하던 우리에게는 적용되지 않았던 새로운 규칙이 반포되었는데, 이것은 예배나 미션 스쿨에서 종교를 가르치는 일에 대한 문제였다.[18] 정부는 교회를 폐쇄시키거나, 종교적이든 정치적이든 어떤 이유에서건 부적격하다고 생각되는 지도자나 일꾼을 면직시킬 권리를 갖게 되었다. 이런 규칙들은 한동안 선교회에 커다란 경각심을 갖게 했고 근심을 안겨 주었다. 왜냐하면 그들이 우리의 복음 사업과 교육 사업에 치명타를 가하는 것처럼 보였기 때문이다.

연합공의회의 분위기는 극도로 흥분되었으며 속단하는 말들이 쏟아져 나와, 선교사들 사이에는 두려움이 퍼져 나갔다. 결국 위원회가 일본 정부를 찾아가서 그 규칙들의 정확한 의미와 의도를 문의하자는 제안이 나왔다. 마침내 언더우드와 롭(Robb)[19]이 그 위원으로 임명되어 매우 만족스러운 회견을 가지게 되었다. 이 회견을 통해 정부가 복음 사업을 막을 의도는 없다는 것이 명확해졌다. 그들은 단지 면세를 주장하는 사람들 때문에 모든 정규 사업에 대한 정확한 보고를 얻고 싶으며, 해로운 분파의 조성을 막기 위해 적절한 정보를 얻고 싶다는 것뿐이었다. 이것을 알게 된 선교사들은 안도의 한숨을 쉬었다. 그럼에도 불구하고 일본 정부는 보고서 제출을 요청해 왔기 때문에 기한 전에 그들에게 제출해야 했다. 그들은 아주

---

17 1915년에 총독부에서 발표한 포교 규칙에는 교회의 설립이나 유급직원의 채용 때는 반드시 총독부에 보고하여 허가를 받도록 규정했다.
18 사립학교 규칙 개정으로, 이 규칙의 시행과 함께 미션계 학교에서 채플과 성경공부가 금지되도록 규정되어 있었다.
19 캐나다 장로교의 선교사인 롭[Alexander F. Robb, 업아력(鄴亞力)] 목사다.

상세한 사항들을 원하고 있기 때문에 보고서는 자연히 방대한 분량이 되었으며, 모두 정부의 한문식 양식에 국한문 혼용체로 기입해야 했다. 정보국의 국장[20]인 언더우드는 수십 장의 편지를 받고 한국에 있는 모든 선교사들에게 자상한 설명과 함께 견본 기입용지를 보냈다. 아무도 거기에 필요한 시간과 노력과 일의 양이 어마어마하다는 것을 생각지 못했다. [선교부 등에 보내는] 보고서에다 언더우드는 단지 기입용지 양식을 보냈다고만 언급했다.

1915년 9월에는 '한일합방' 5주년을 기념하는 산업박람회(朝鮮物産共進會, Industrial Exhibition)가 개최되었는데, 이는 일본 정부가 한국에서 길을 닦고 산업 분야의 기술을 혁신시키는 등의 업적을 과시하기 위한 것이었다. 그래서 떠들썩한 선전과 정부의 초청 때문에 전국 각지에서 많은 사람들이 몰려들었다.

남감리교 선교회의 하디(Hardie) 의사는 박람회(共進會)와 관련하여 당시 상황을 이렇게 기록하고 있다. "이것(박람회)과 관련하여 전개된 연합전도운동(the Union Evangelistic Campaign)이 시작된 것은 대부분 언더우드의 노력 덕택이었다. 즉, 그가 서울의 선교사들을 이 문제로 주목하게끔 했던 것이다. 그는 이 일을 담당하는 위원회의 회장이었는데, 그것이 성공적으로 진행되었던 것은 그의 노력 덕택이었다."

편지와 연설을 통해 선교사들에게 사업 경비를 많이 헌금하게 한 것도 그였으며, 반(反)기독교적이라 여겨지던 총독부로부터 주 전시장 입구 근처의 가장 좋은 장소에 선교사들의 건물을 지을 수 있도록 허가를 받아 내는 데 공헌한 것도 언더우드였다.[21]

---

20 언더우드는 1911년 6월에 설립된 교육정보국의 책임자가 되었다.
21 [원주] 이 부분의 자세한 기록은 베니크(Bennick)가 쓴 *Korea Field*에 있다. [베니크는 당시 조선예수교서회 총무로 있던 본위크(Bonwick, 반우거)의 오기인 듯하고, 원주의 *Korean Field*는

한국 전역에 있는 모든 한국교회와 일본교회가 이를 위한 경비로 쓰라고 3백 달러를 냈으며, 미국에서는 360달러를 보내왔고, 선교사들은 7백 달러를 냈다. 그 덕분에 세 개의 홀을 가진 임시 건물을 세워 천 명의 사람들을 수용할 수 있었다. 그 기간 동안 중앙 홀에서는 성경과 관련된 영화가 매일 상영되었다. 전시회 기간 동안에만도 2만 1천 명이 참석했다. 이 방의 한쪽 면은 다른 홀과 연결되어 있어 이곳에서는 일본어로 예배를 드렸으며, 또 다른 옆 홀에서는 한국어로 예배를 드렸다. 뒷면에는 안내소가 있었고, 앞에는 예수교서회와 성서공회들이 이용하는 서가가 있었다. 또한 건물 바깥은 만국기와 4개 국어로 쓰인 성구들로 장식되어 있었다.

한국인들을 위해 배정된 홀에서는 영화가 상영되는 시간을 제외하고는 하루 종일 설교가 진행되었다. 서울을 비롯해 그 근교의 교회에서는 일꾼과 설교자를 보내왔으며, 각 교파는 날짜를 정해 일할 순서를 정하는 한편 각 교회는 할당받은 일은 반드시 해야 한다고 공지사항으로 정했다. 수천 권의 전도 소책자가 뿌려졌으며, 일꾼들은 지나가는 사람에게 예배에 참석하라고 초대했다. 한편 일본어로 드리는 예배는 고무라(Komura) 목사가 맡았는데, 그는 일본의 빌리 선데이(the Billy Sunday)로 알려진 분으로 이 일을 위해 특별히 한국에 온 것이었다.[22] 예배가 드려졌던 3주일 동안의 참석자 수는 대략 10만 명쯤 되었다. 일꾼들은 11,627명의 문의자들과 개인 상담을 했으며, 그들의 이름을 기록하여 그들 집에서 가장 가까운 교회의 목사에게 보내 주었다. 이 일을 이끌었던 지도자 중의 한 사람은 그때의 일을 이렇게 말했다. "그것은 내가 이제껏 보아 온 중에 가장 직

The Korea Mission Field의 오기인 듯하다. 앞에서도 저자는 Korean Field를 자주 거론하고 있으나, The Korea Field의 오기일 뿐 아니라 저자가 거론한 글이 The Korea Field에 게재되어 있지 않다.]
22 빌리 선데이는 William Ashley Sunday(1862-1935)로서 '빌리'로 널리 알려진 미국의 복음 전도자였다.

접적으로 복음을 전할 수 있는 기회였다. 사람들이 많아 혼란스러웠음에도 불구하고, 나와 이야기를 나눈 사람들은 차츰 전도 메시지에 대해 아주 진지하게 생각하게 되었다. 그들 중 두 사람은 자기들 이웃에 교회를 짓기 위해 집으로 갔다. 선교사들과 한국인 그리스도인들이 서울에서 복음을 전하기에 가장 알맞은 장소에서 자유롭게 복음을 설교하도록 허가해 준 정부의 우정 어린 선처는 지방에서 온 사람들에게 깊은 인상을 주었다."

당시 언더우드가 쓴 편지에는 이런 내용이 담겨 있다. "중국에서 온 젊은 선교사가 한 명 있었는데, 그는 스코틀랜드계 아일랜드 사람으로 이 일에 큰 관심을 지니고 있었다. 그는 한국인들이 불신자들에게 복음을 전하는 그 열심과 진지함을 보고 싶었기 때문에 설교 홀에서 나올 수가 없었다고 말했다. 왜냐하면 중국인들은 아무도 나가서 그런 일을 하려 하지 않기 때문이다. 사실 그는 한국 땅 외의 다른 어떤 곳에서도 그렇게 많은 자원자들이 날마다 일하는 것을 볼 수 없다고 생각하고 있었다."

박람회 및 복음 운동 기간에 언더우드의 제안과 일행을 안내하는 데 큰 몫을 담당했던 쿤즈의 노력 덕분에, 평양의 기숙사 학교에 다니는 선교사의 자녀들이 초청을 받아 서울에 와서 구경을 했다. 서울에 있는 동안에 그들은 휴 밀러[23]의 집에 초대를 받아 성찬을 대접받았으며, 우리 집에서 베푼 가든파티에도 참석했다. 이것은 언더우드의 생애를 통틀어 볼 때 그다지 중요한 사실은 아니었지만 나로서는 빠뜨릴 수 없다. 왜냐하면 이것이 그에게는 아이들과 함께 즐겁게 보낸 마지막 시간이었기 때문이다. 그는 건강한 사람처럼 아이들과 함께 놀았으며, 아이들과 똑같이 아주 행

---

[23] 당시 영국성서공회(BFBS) 한국 지부의 총무로서 한국의 성서 번역 및 그 반포에 크게 공헌한 분이다.

복해했다. 어린아이와 같은 순수한 영혼과 단순하고 부드러운 마음을 가진 언더우드는 이 아이들과 헤어지기 전에 단체사진을 찍었다.

또한 그해에 그는 마지막으로 옛 친구들을 집으로 초대해 크리스마스를 보냈다. 상록수와 겨우살이와 호랑가시나무로 집을 아름답게 꾸미고, 크리스마스 장식과 음식으로 상을 차려 놓았다. 이 음식 중에는 언더우드의 아이디어에 따라 동양의 조야한 가구와 보조물을 가지고 그가 직접 감독해 만든 아이스크림 수박도 있었다. 그는 이 음식을 성공적으로 만들어 놓고 어린아이처럼 기뻐했고, 파티를 주관했던 주부들은 한국에서 그런 것을 만들 수 있으리라고는 생각지도 못했기 때문에 깜짝 놀랐다. 선물을 주고받고 간단한 오락을 한 후에 모두 함께 기도와 찬송을 하는 동안 저녁은 눈 깜짝할 사이에 지나가 버렸다. 시간이 다 되어 손님들은 모두 돌아갔는데, 어떤 분들은 이것이 그의 집에서 마지막으로 그와 함께 보내는 크리스마스라 예감해 눈물을 흘렸다.

박람회가 계속되는 동안 일본의 왕자와 왕자비가 총독부가 쌓은 업적을 보기 위해 한국을 방문했다. 이들을 환영하려고 리셉션, 만찬, 횃불 행렬, 오찬 등의 행사가 열렸는데, 이 대부분의 행사에 언더우드는 노장 선교사의 한 사람으로 초청되었다. 한국의 고관이 언더우드에게 마음대로 사용하라고 빌려준 혈통 좋은 말에 훌륭한 마부가 끄는 멋있는 새 마차를 타고 정복을 차려입은 시종들을 거느리고 리셉션에 참가하러 갈 때, 경찰이 우리를 왕족의 손님인 줄 알고 왕자가 지나갈 때 하라고 명령받은 대로 거리에서 사람들을 비키게 하고 미리 모든 창문들을 닫아 놓게 하는 것을 보고 우리 부부는 매우 즐거워했다. 물론 언더우드는 웃음을 자아내는 이 광경에 매우 통쾌해했다. 황급하게 허둥지둥 몸을 피한 고관들이, 그토록 웅장하게 거리를 휩쓸고 지나간 사람이 한낱 선교사임을 알게 되었을 때 놀라는 모습은 신데렐라의 계모에 비길 바가 아니었던 것이다.

23
"여정을 마치고 본향으로"

　　　　　　　1월 2일이나 3일쯤 언더우드는 동경에 있는 일본어 학교에서 일본어를 배우기 위해 일본을 향해 떠났다. 총독부 법령하에서 대학에서 강의하려면 일본어를 알아야 한다고 생각했기 때문이다. 한국에 있으면 불가피하게 수많은 일을 해야 하고, 성가신 일에 끼어들어야 하므로 방해가 많았기 때문에 일본어를 배울 기회가 없었다. 또한 기후를 바꾸는 것과 함께 이처럼 일을 바꾸는 것이 아마 건강을 회복하는 데도 도움을 줄 것이므로, 굳이 먼 미국이나 유럽까지 갈 필요가 없다고 생각했다. 또한 거기 있어도 한국을 위해서 많은 일을 할 수 있을 터였다. 그러나 나는 몸이 너무 아파서 처음부터 그와 함께 가지 못하고 몇 주 후에 만나기로 했다.

　언더우드는 그곳 학교에서 하루 서너 시간의 정규 수업을 받는 한편 또 다른 두 명의 교사에게 하루에 아홉 시간씩 일본어를 배웠다. 또한 새 선교사들에게 선교 방법과 한국에서의 결과에 대해 연설했으며, 한국 YMCA와 일본교회의 유익을 위해 일했다. 그는 일본교회 및 YMCA 지도자들과의 우의를 돈독히 하기도 했으며, 일본 수상과도 긴밀한 협의를 했다. 수상은 언더우드를 매우 정중하게 맞아 해리스(Harris) 감독[1]을 통역으로 하여 대화했으며, 상의할 일이 있으면 언제든 비공식적으로 찾아오라고 했다.

동경의 보울즈(Bowles) 씨가 보낸 다음과 같은 편지는 언더우드가 거기서 했던 일의 일면을 보여 준다.

언더우드 박사 귀하

언더우드 부인으로부터 귀하께서 화요일 저녁에 일본평화협회(the Japanese Peace Society)의 후원하에 있는 일본인 연구 모임에 참석하기로 하셨다는 이야기를 들었습니다. 또 귀하께서 오후 8시경까지는 오실 수 없다는 것도 알고 있습니다.

쉬비사와 남작(Baron Shibisawa)[2]께서는 그날 저녁에 한일 문제에 대해 귀하로부터 많은 말씀을 듣고 싶다고 특별히 이야기했습니다. 저녁과 그에 뒤따른 협의는 츄스테이(Chustei) 식당에서 있을 것이며, 그 자리에는 클라크 박사도 참석하실 것입니다. 귀하께서 가능하면 빨리 오시기를 바랍니다. 쉬비사와 남작의 요청은 특별한 기회라고 생각되기 때문입니다.

귀하의 벗
길버트 M. 보울즈

---

1 해리스(Merriman Colbert Harris, 1846-1921)는 미북감리교의 일본 감독으로 한국 감독을 겸했으며, 친일적인 인물로 알려져 있다.
2 시부사와 에이이치(1840-1931)를 가리킨다. 그는 대장성 관료 및 실업가로서 생전에 이토오 히로부미와 절친한 사이였으며 국제평화운동에도 관심이 깊었다. 언더우드가 초청을 받은 연구모임의 후원단체인 Japanese Peace Society도 그와 관련된 단체인 듯하다.

이것은 교회와 평화에 대한 수많은 협의 중의 한 가지 예에 불과하다. 언젠가 한번은 연설의 첫 시작 부분 몇 문장을 일본어로 하여 청중으로부터 큰 기쁨과 놀라움을 자아냈다. 그의 교사들은 그가 일본어를 배우는 데 놀라운 진전을 보이고 있다고 말했다. 나는 도착해서 그가 침대까지 책을 들고 들어가 읽다 잠이 든다는 것을 알게 되었다. 그러나 몸은 나아지지 않고, 오히려 자신을 일에 매몰차게 몰아대는 통에 생명력이 잠식되어 그전보다 더 약해지고 병들어 있음을 보고 놀라움을 금치 못했다. 어떻게 그런 상태에서도 일할 힘이 생겼는지는 영원히 풀 수 없는 수수께끼다.

언더우드는 일본에 도착하자마자, 한 선교사의 어린 아들이 수술을 받은 뒤에 몹시 아프고 허약해졌으니 그 아이를 기쁘게 해줄 한국의 우편엽서를 보내 달라고 편지를 했었다. 또 그는 며칠 후 편지에, 서울에 있는 한 친구의 딸의 두 번째 생일이 언제이니 잊지 말고 작은 선물을 해주라고 보내왔다. 사소한 일이긴 하지만, 아픈 몸으로 자신의 생명을 유지시키는 사투(死鬪)를 벌이고 있는 데다, 몰두해야 할 중요한 것들이 가까이에 널려 있었음에도 불구하고 그런 것들을 기억했다는 사실은 주목할 만한 일이다.

일본어 학교의 프랭크 뮬러(Frank Muller) 목사는 동경에서 언더우드의 가장 절친하고 좋은 친구였다. 그들 부부는 어렵고 힘겨운 시절에 자주 우리와 어울렸다. 그러던 그가 언더우드가 하늘의 집(the Heavenly Home)으로 떠나 버린 지 몇 개월 후에 언더우드를 뒤따라갔다는 것은 기이한 일이 아닐 수 없다.

언더우드는 동경에 있는 동안에도 점점 건강이 악화되었으므로, 그의 아내는 초봄에 미국으로 돌아갈 수 있게 조치를 해 달라고 미국에 편지를 썼다. 그녀는 언더우드에게 여행도 못할 정도로 몸이 나빠지기 전에 공부를 그만두고 한국으로 돌아가 여행 준비를 하자고 눈물로 간청했다. 그러나 언더우드는 아내가 자신의 건강 상태를 과하게 근심하고 있는 것이라고 생각하고, 학기가 끝날 때까지는 떠나지 않겠다고 했다. 그러나 그는 몹시 병들어 있었기 때문에 마침내 3월에 우리는 한국으로 돌아오게 되었다. 그의 친구들은 그의 악화도나 건강 상태를 보고 충격을 받았다. 그래서 곧 그가 맡았던 일을 다른 사람들 손에 넘기고, 가능한 한 그가 대학과 성경학교를 통해 추진하던 계획들을 완성시키려 했다.

언더우드는 이곳저곳을 돌아다니며, 중요한 위원회를 계속 열어 장시간 협의를 거쳐 그의 부재중에 있을 사업 계획을 세웠다. 그는 서 있기도 힘들었기 때문에 마차를 타고 애비슨 박사와 함께 관저로 가서 관리들과 대학 설립 정관 문제를 장시간 논의했다. 이 논의에서, 서로 충분히 이해하는 가운데 총독부의 교육 법령 조항에 위배되지 않으면서도, 여러 면을 고려해 볼 때 그 기관의 기독교적 성격을 보증하는 설립 정관을 얻어 냈다. 그 설립 정관의 자세한 조항을 알고 싶어 하는 독자들은 이들이 대학 학장에게 보낸 문서의 사본을 보면 된다.

대학 허가장 번역본

교육국,

공문서 번호 312.

경기도 서울 연희전문학교의 기독교연합 재단법인의 O. R. 애비슨 박사를 비롯한 11인.

대정(다이쇼) 6년(1917), 3월 27일자 귀하들의 신청에 따라 연희전문학교의 설립을 허가함.

조선 총독
G. 하세가와 백작(관인)
1917(다이쇼 6년), 4월 7일

대학 이사회 허가증 번역본

교육국,

공문서 번호 312.

O. R. 애비슨 박사.

　서울

　경기도

귀하의 대정(다이쇼) 6년(1917) 3월 7일자의 신청에 따라 연희전문학교의 기독교 연합 재단법인의 설립을 허가함.

각 부의 모든 일본인 수뇌들은 언더우드의 병에 대해 심각한 우려를 표명했다. 총독은 특사를 보내어 안부 편지를 전달했고, 최고 관리들은 염려와 안부의 표시로 아름다운 은제 꽃병을 보내왔다. 한국인 및 외국인 친구들도 서로 애정과 근심을 표현했으며, 어떻게든 그를 돕거나 그의 시중을 들려고 열심이었다. 그가 31년 전에 한국에 도착했던 것과 거의 비슷한 날에 사랑하는 땅을 떠나던 날, 역과 거리에는 배웅을 하기 위해 수많은 사람들이 몰려들었고, 그와 친밀한 관계를 유지했던 사람들뿐 아니라 각 부의 수뇌들도 훈장을 가득 달고 나와 있었다. 이렇게 그는 두 번 다시 육신의 몸으로는 돌아올 수 없는 한국을 떠났다.

세상은 친절한 마음을 가진 사람들로 가득 차 있다. 몸도 약하고 병도 걸려 아픈 부부가 슬픈 여행을 하는 가운데에도 여행자·관리·수행원·상인 들은 우리에게 큰 친절을 보여 주었다. 사람들의 마음속에 있는 선량함과 사랑은, 정말로 도움이 필요한 사람들을 만나 도울 기회가 생겼을 때 기쁨과 함께 솟아오르는 것 같다. 요코하마 항구에서 우리는 가슴을 움켜쥐며 사랑하는 아들과 작별 인사를 했다. 아들은 뒤에 남아서 할 수 있는 데까지 아버지가 깊이 관여하던 일들을 계속하기로 했다. 몇 주 후에 언더우드는 버크셔 산지(the Berkshire hills)의 언덕 꼭대기에 자리한 누이 집에 도착했다.

여기서 언더우드는 처음에는 조금 나아지는 것 같더니, 7, 8월의 혹심한 더위가 시작되자 건강이 급속히 악화되었다. 그러나 그는 결코 상심하거나 용기를 잃지 않았다. 한 달이 채 지나기 전에 언더우드는 아들에게 "많이 나아지는 것 같지는 않지만, 최소한 나 자신은 유지하고 있다"라고 편지를 썼다.

의사는 이렇게 인내력과 용기가 있으며 명랑한 환자는 처음 본다고 했다. 그는 침대에 있으려 하지 않고, 낮이면 언제나 응접실이나 현관에 하루 종일 있으려 했다. 여기서 그는 장로교와 감리교 선교본부의 총무들, 그리고 휴가를 맞아 한국에서 온 친구들을 맞이했다. 어떤 사람들은 그를 보기 위해 먼 곳에서부터 달려오기도 했다. 그는 여름 내내 매일 속기사를 곁에 두고 한국에서의 기독교 사업에 대한 편지를 썼다. 또 여전히 가을이 되면 미국 전역에서 연설할 계획을 세우고 있었다.

더구나 극도로 쇠약해져 매일 건강이 악화되어 가는 가운데서도, 그는 날씨가 좋으면 밖에 나가 피츠필드(Pittsfield)의 탁아소 아이들과 식사를 하려고 했다.

9월에는 의사의 충고에 따라 애틀랜틱 시[3]로 이사했으나 여기서 그의 건강은 급속히 악화되었다. 그럼에도 그는 불평 한마디 하지 않았으며, 오히려 그가 처한 곤경과 어려움에 대해 이야기하는 사람들을 나무라며 그가 얼마나 많은 축복을 받았는가를 일깨워 주었다. 그의 마음은 항상 한국을 향해 있었기 때문에 그곳의 우리 집 사진을 꺼내 들고 오랫동안 사

3　뉴저지 주 동남부 해안에 있는 휴양도시다.

랑에 가득 찬 마음으로 그것을 들여다보곤 했다. 그리고 그의 마지막 남은 생명력을 조선예수교서회 대리인들과 진지한 협의를 하는 데 소모했으며, 그 사업을 위한 기금 마련에 온 힘을 기울였다. 그가 사랑하던 형은 몇 번 그를 방문했으며, 가장 나이 많은 누이인 스티븐스(Stephens) 부인 역시 애틀랜틱 시에 와서 임종 시까지 그와 함께 있었다. 그가 주님의 부르심을 받기 바로 전날 밤, 극도로 쇠약하고 말하기도 몹시 힘겨운 상태에서 언더우드는, "그 정도는 나도 여행할 수 있어, 할 수 있어"라고 말하는 것 같았다. 그가 무슨 생각을 하고 있는 것인가 의아해하며 내가 "여보, 어디로요? 한국으로요?"라고 묻자 그는 얼굴이 밝아지면서 고개를 끄덕여 응답했다. 워낙 쇠진하여 침대에서만 지내야 할 때조차도 그는 한국을 그리워했던 것이다.

다음 날 그의 생명이 얼마 남지 않았을 때 나는 "예수가 곁에 계신 것 같아요?"라고 질문했다. 사랑스러운 미소가 그의 얼굴에 빛나면서 그는 크게 고개를 끄덕였다. "주님의 은혜가 계속되고 당신을 지켜 줄 것 같아요?"라는 질문에 그는 죽음의 고통 속에서도 똑같은 미소를 떠올리며, 고개를 움직여 앞서와 마찬가지로 절대적이고 긍정적인, 확신에 찬 응답을 했다. 마침내 1916년 10월 12일 오후 3시 30분에 이 고귀한 영혼은 천국으로 가, 완전하게 된 의인들의 영혼에 합류했다.

아버지가 돌아가시기 얼마 전에 그의 아들은 한국선교회 연례회의에 그의 아버지의 마지막 사업 보고서를 제출했다. 다음은 거기서 요약한 내용이다.

"지난해 언더우드 박사는 연합대학 학장으로서, 그곳에서 심리학·철학·윤리학을 가르쳤다. 그는 YMCA의 회장인 동시에 15인 위원회의 위원장이었으며, 조선예수교서회 실행위원회의 회장이었고, 피어슨기념연합성경학교의 교장이었으며, 서울의 전도 운동을 담당한 위원회의 위원장이었고, 성경 개역자회의 회장이었으며, 선교회의 집행·교육·재정위원회 및 세브란스 이사회의 위원이었고, 또한 서울 연합초등학교위원회와 연합공의회 법정위원회의 위원이었다. 동시에 그는 총회의 몇몇 위원회와 다른 한국교회위원회의 위원으로 활동했다. 그는 새문안교회의 목사였으며, 그리스도인 그룹 36개가 있는 서부 지역을 담당했고, [선교]지부의 초등교육 사업을 담당했다. 그는 스코필드 성경 일을 계속했으며, 여러 가지 책을 번역했다. 여름에는 레이놀즈 박사와 함께 성경 개정 작업을 했다. 이외에도 그는 한자와 일본어를 공부하는 데 매일 많은 시간을 들였다. 이 모든 일련의 작업들을 하는 데는 엄청난 양의 서신 교환이 필요했다. 1915년 4월 1일부터 그가 떠난 1916년 4월 사이에 우편 기록부에는 그가 각지로 보낸 편지가 2,300통이나 되었다고 기록되어 있다."

언더우드의 유해는 브루클린에 있는 누이 콘래드(Conrad) 부인의 집으로 옮겨졌고, 거기서 우리끼리 짤막하게 예배를 드렸다. 장례예배는 라파예트 가 장로교회에서 10월 15일에 치러졌으며, 유해는 그로브교회(Grove Church)[4]의 작은 묘지로 옮겨졌다. 이 교회는 그가 미국에 처음 왔을 때 다닌 곳이었으며, 그 묘지는 그의 아버지와 형제가 묻힌 곳이었다.

언더우드의 죽음에 조의를 표하는 서신과 전보가 미국 전역을 비롯해 프랑스·영국으로부터 도착했다. 특히 한국과 한국의 동역자들로부터는 수개월 동안 계속되었다. 캘리포니아에서 행한 기념예배에 참석했던 12명의 젊은 한국인들은 그를 기억하는 가운데 감명을 받아 복음 전도자가 되어 헌신하기로 했다. 또한 멀리 한국 내륙에서 복음을 전하던 선교사들과 깊은 산속에서 생활하는 한국인들을 포함해 불신자들조차도 언더우드의 죽음을 애통해한다는 편지를 보내왔다. 어느 편지에는 "한국 전체가 그의

---

4 뉴저지 주 노스 버긴(North Bergen) 시에 있는 교회다.

죽음을 애통해하는 조의로 뒤덮여 있습니다"라고 적혀 있었다. 한국의 최북방인 죽잔 산지(the Jouk Chan Mountains)[5] 부근에서 복음을 전하던 W. N. 블레어 목사는 이런 편지를 보내왔다. "어디를 가나 언더우드의 죽음을 슬퍼하는 사람들을 볼 수 있습니다. 언더우드가 한국인들의 가슴속에 어떤 위치를 차지하고 있었는가를 알고 보니 놀랍습니다. 심지어는 불신자들조차 그에 대해서, 그리고 한국에 대한 그의 사랑에 대해서 알고 있는 것 같습니다." 한국에서 보내온 편지에 가장 자주 나타나는 탄식 구절은, "나는 어떻게 해야 할 것인가? 그 사람 없이 내 일을 어찌 해 나갈 것인가? 나는 내 개인적인 친구를 잃었습니다"라는 것과 "우리는 그에게서 희망을 보았는데, 이제 그 희망이 사라졌습니다"라는 것이었다. 또 하나 많은 사람들이 보낸 편지의 공통된 내용은 초기 어려웠던 시절에 그가 젊은 선교사들에게 주었던 영감에 대한 이야기였으며, 그가 누구에게 비판을 가하거나 거친 말을 하는 것, 혹은 질투나 분노를 나타내는 것을 본 적이 없다는 것이었다.

그는 받은 보수의 많은 금액을 성경과 기독교 서적의 번역 및 반포, YMCA 등을 통해 그리스도의 뜻을 진척시키는 데 사용했다. 또한 학교와 성경학교를 지원했으며, 선교회의 규칙이 허락하는 범위 내에서 가난한 교회에 약간의 돈을 빌려주기도 했고, 기근이 들었을 때는 배고픈 사람들을 먹이기도 했다. 그의 형도 이런 목적을 위해 언더우드에게 돈을 주었지만, 그도 얼마 안 되는 재산을 쪼개어 이 같은 목적을 위해 돈을 낸 것이다. 언더우드는 자신의 방대한 선교 사업과 서신 교환을 위해 미국인 선교사 조수를 포함하여 한국어와 영어에 두루 능한 비서 두세 명과 타이피스트, 3-4명의 한국인 번역자와 필경사를 옆에 두고 일했다.

---

5 평안도의 죽전(竹田)인 듯하다.

언더우드는 주님의 뜻에 따라 주님의 일을 위해 완전히 헌신했으며, 더욱이 두세 개의 선교회도 남겼다. 또한 수많은 남녀들이 한국으로 와 봉사하게 된 것은 언더우드의 글이나 말을 통한 호소 때문이었으며, 훌륭한 기관들은 대부분 그의 힘과 지혜와 헌신을 통해 세워졌고, 그 설립 기금도 대부분 언더우드의 노력에 의해 마련된 것이었다.

지금까지 발간된 언어학 서적 중에 그가 저술한 책은 가장 뛰어나다는 평가를 받았으며, 또한 그는 영어로 된 선교 연구서와 독자들에게 선교에의 영감을 불어넣는 동양 종교에 대한 강의록을 남겼다. 더불어, 한국에 있는 동안 꾸준히 자기 몫을 다해서 만든 번역 성경을 남겼다. 이외에도 수많은 소책자와 성경 참고서 및 강의록을 남겼으며, 스코필드 성경 번역도 거의 완성해 놓았다. 그는 거의 불가능해 보이던 선교 구역 분할을 가능하게 만들었고, 모든 선교회가 완전한 연합을 향해 일해 나갈 수 있는 발판을 마련했다. 때문에 이미 연합의과대학과 병원, 6개 과를 가진 연합대학, 연합교회신문과 찬송가, 서울의 연합초등학교와 연합성경학교 등이 만들어졌는데, 이 기관들 대부분의 설립에도 언더우드는 매우 주도적인 역할을 했다. 그리고 그는 처음에는 자기 돈으로 여름 요양소를 사서 어려움 없이 잘 운영되도록 해 두었고, 소교회들도 많이 남겨 놓았는데, 거기에는 그의 정신과 모범이 아직도 남아 사람들을 격려하고 있다. 그는 미국의 교회들 속에 오랫동안 성결과 믿음과 신앙의 영감이 될 기억을 남겨 놓았다.

서울에서 열린 추모행사에서는 애비슨 박사, 게일 박사, 하디 박사 등이 조사를 낭독했고, 브루클린의 추모행사에서는 브라운 박사, 알렉산더 박사, 맥윌리엄스 등이 아주 아름다운 조사를 낭독했지만 지면 제약으로 인해 우리가 받은 여러 편지 중에서 둘만 소개하겠다. 한국에 있는 거의 모든 협회와 기관이 그를 위한 추모예배를 드렸고, 일본의 총회도 존경과 찬양과 슬픔을 표하는 결의안을 통과시켰다. 또 미국 장로교회의 외국 선교부, 라파예트 가 장로교회, 그가 일했던 뉴저지의 노회, 그의 대학동창회 등이 모두 추모예배를 가졌으며, 그를 기념하는 찬사를 아끼지 않았다. 그러나 가장 좋은 선물은 천국의 영원한 영광에 들어간 한국의 구원받은 영혼들이 주는 것일 터이며, 무엇보다 가장 좋은 것은 우리 주님이 주시는 "잘했도다 착하고 신실한 종아, 네 주인의 기쁨에 들어가라"는 선물일 것이다.

언더우드와 매우 친밀하게 지냈던 존 R. 모트 박사가 브루클린의 기념예배와 관련해 쓴 편지는 다음과 같다.

앨버트슨(Albertson) 박사 귀하,

저는 다음 주일에 귀하의 교회에서 언더우드 박사의 생애와 사업을 기리는 예배를 드리게 되었다는 것을 알게 되어 매우 기쁩니다. 제 소견으로 볼 때, 지금 그의 훌륭한 생애를 되새긴다는 것은 매우 시의적절하고 가치 있는 일이라고 생각합니다. 그리스도의 나라를 확장시킨다는 관점에서 볼 때, 우리 세대에 언더우드 박사만큼 짧은 시간에 그렇게 커다란 업적을 이룬 사람은 거의 없습니다. 유럽 대륙의 한 나라에는 '왕국 확장자'(Enlarger of Kingdom)라는 칭호가 있는데, 이것은 국경을 놀라운 방법으로 넓히는 데 기여한 극소수의 사람에게만 수여되는 것입니다. 이런 칭호가 하늘의 위대한 상급을 받으러 간 우리 친구의 이름에 붙여지는 것은 마땅합니다.

언더우드 박사는 한국 민족의 뛰어난 옹호자였습니다. 수백만 한국인들이 필요로 하는 것을 채워 주고, 우리 모두에게 그들의 가능성을 실현하기 위해, 대중 연설이나 저서나 서신이나 실제적 도움을 줄 수 있는 사람들과의 대화로 헤아릴 수 없을 만큼의 일을 한 사람은 그 외에는 없었습니다. 그는 매력적인 땅 한국에 대한 그의 열정적인 정신이 결국 설득력을 얻으리라는 확신과 진지함을 가지고 한국 민족을 옹호했습니다.

극동이나 미국에서 때때로 언더우드와 가진 대화에서 나는 그가 그리스도의 일을 하는 데 항상 큰 계획과 보다 정치가와 같은 도량을 가지고 대응한다는 것을 알게 되었습니다. 그의 낙관주의와 비전은 때때로 그보다 훨씬 젊은 사람들마저도 여러 번 부끄러움을 느끼게 할 정도였습니다. 또한 곤경에 처해 용기를 잃을 만한 상황에서도 그는 결코 낙담한 표정을 지은 적이 없었으며, 항상 생명력과 말로 지속적으로 희망의 음조가 울려 퍼지게 했습니다.

우리가 사랑하고 진심으로 존경했던 이 그리스도인 지도자는 기독교적 연합을 위한 하나의 힘이었습니다. 그를 생각하면, 항상 서로 다른 그리스도인 집단들로 하여금 서로 이해하고 함께 행동하게 만들려고 애쓰던 그의 노력이 떠오릅니다. 내가 마지막으로 한국에 갔을 그 당시 나는 에든버러 선교사협의회의 계속위원회의 후원하에 행동하고 있었으며, 한국에서 일하고 있는 모든 그리스도인 선교회의 대표자협의회를 이끌 기회가 있었습니다. 언더우드 박사는 이 중요한 모임을 이끄는 데 주도적인 인물이었으며, 여러 세력들 간의 연합을 촉진시키고 실제적 협동을 이루는 정책을 만들어 내는 일에 자신의 모든 영혼을 쏟아부었습니다. 최근까지 그는 서울 YMCA의 저명한 회장이었습니다. 그의 현명한 지도하에서 서울 YMCA는 전체 해외 선교지 YMCA들 가운데서도 가장 강력하고 영향력 있는 단체 중의 하나로 손꼽히는 위치에 오르게 되었습니다.

언더우드 박사는 교회 간의 연합을 촉진시키는 데 애썼을 뿐 아니라, 더 힘든 통일 사업, 즉 한국 민족과 일본 민족을 하나로 모으는 일을 촉진시키는 데에도 크게 기여했습니다. 내가 아는 한 이것은 그 아닌 누구라도 손을 대면 가장 손해를 보는 일 중의 하나였습니다. 당시에 그런 일은 고맙다는 말은커녕 절망적인 일로 보이기까지 했습니다. 그래서 그는 의도와는 달리 양 민족의 평판 좋은 몇몇 사람들에게마저 때로 오해를 받기까지 했습니다. 그러나 시간이 지남에 따라 이 미묘한 상황에서 그의 견해가 정말 예언자적인 것이었으며, 큰 용기가 필요했던 시절에 그가 택했던 위치가 현명한 것이었음이 드러났습니다.

많은 건설적인 일들로 점철되었던 그의 생애 가운데서 가장 정치가다운 업적 중의 하나는 연합기독교대학 설립을 도운 일이었습니다. 만일 그가 이 일 외에 아무것도 이룩하지 않았다 해도, 이 자체만으로도 큰 업적이 되었을 것입니다. 그의 친구나 어느 누가 그를 영원히 기념하고 싶다면 이 기관의 성공을 계속 유지해 나가는 것보다 더 좋은 일은 없을 것입니다. 이 대학은 다른 어떤 사업이나 운동보다도, 하나님의 확실한 축복을 통해 그리스도를 한국인의 생명 속에서 중심적 위치를 차지하게 하는 일을 가장 잘할 수 있을 것입니다. 이 일을 끄집어내니, 그가 무척 마음을 쓰고 근심을 하며 나에게 여러 번 상의하고 편지도 자주 하던 또 다른 일이 떠오릅니다. 그것은 한국의 수도인 서울에 일본 YMCA를 위해 현대식 건물을 확보하는 일이었습니다. 그의 말년에 이 두 가지 큰 희망이 실현될 수 있도록 필요한 돈이 곧 모이게 된다면, 그 얼마나 좋은 일이었겠습니까!

언더우드 박사는 평생 동안 선교사였으며, 불타는 듯한 복음적 정열을 소유하고 있었습니다. 내가 마지막으로 서울을 방문했을 때, 그와 내가 함께 사역했던 큰 전도집회가 마치 어제 일처럼 생생합니다. 어려운 환경 속에서도 그는 커다란 천막을 세워 놓고 가장 영향력 있는 한국의 젊은이들 3천 명을 모았습니다. 한편 그는 내가 연이어 3시간 동안 연설하는 동안 내 통역을 맡아 주었습니다. 하나님의 성령은 이 젊은이들 중 3백 명에 가까운 사람들이 그날 밤 생전 처음으로 자신들이 예수 그리스도의 제자이자 추종자라고 선언하도록 인도하심으로써 우리의 단합된 노력에 영광의 기쁨을 부어 주셨습니다. 이 생명을 불어넣던 내 친구의 모습은 영감의 원천으로 영원히 내 기억 속에 남아 있을 것입니다. 우리는 얼마나 그를 그리워하는지요. 우리가 그의 횃불을 이어받아

불타는 열정과 주를 향한 끝없는 헌신으로 나갈 수 있도록 하나님이 도와주시길 빕니다.

서울[경충]노회가 우리 아들에게 보낸 편지[6] 또한 그대로 번역해 보았는데, 그것은 다음과 같다.

형식적인 안부인사는 생략하고 곧장 본론으로 들어가겠습니다.
   당신의 훌륭하신 아버지인 우리 목사님께서 이 세상을 떠나셨다는 소식을 들었을 때, 우리는 너무도 놀랐고 슬픔을 이겨 낼 수가 없었습니다.
   삼가 조의를 표하며 애도의 뜻을 전합니다.
   "순종하는 사랑스러운 아들이여, 이 끝없는 슬픔을 당신은 어떻게 견디어 내고 있습니까?"
   당신의 훌륭한 어머니의 슬픔을 당신은 어떻게 달랠 수 있습니까?
   우리 주의 은혜를 입어 우리 곁을 떠난 목사님은 주의 나라를 넓히는 데 자신을 헌신하셨습니다. 그는 수만 리 이역 바다를 건너와 이 어둡고 슬픈 나라에 진실한 교훈을 가르쳐 주었으며, 30년이 넘게 바람과 서리와 더위의 모든 불편함을 견디어 내셨습니다.
   또한 그는 죽음에 처할 수밖에 없었던 수백만의 사람들을 생명으로 이끄셨습니다. 우리는 이 모든 것들을 증거하고, 입술로 그가 쌓은 일과 업적을 찬양할 것이므로, 그는 모두의 가슴에 새겨져 있어 다가올 세대에서도 영원히 빛날 것입니다.
   물론 우리 노회 회원들은 그의 덕과 행동들을 영원히 기억할 것입니다.

---

[6] 경기충청노회 제11회(1916. 12. 5-7) 정기노회 회록 28면에, 노회는 "고 원두우 목사의 유족에게 위문하는 편지를 서기에게 맡겨 치송케 하기로 가결"했는데 이에 따라 보낸 편지가 다음의 것이다.

우리 곁을 떠나신 목사님은 이 영광을 스스로 받지 않으시고 모든 영광을 하나님께 돌리셨습니다. 이제 목사님은 하나님의 사랑의 명령에 의해 들어간 천국에서 쉬고 계실 것입니다. 그러나 이 불쌍한 종들은 이제 기댈 사람이 없으니 우리가 달리 더 할 말이 무엇이겠습니까?

때가 다 되어 이 세상을 작별하는 것은 주 앞에서는 기쁘게 축하할 일이 됩니다. 그래서 이러한 생각으로 당신의 어머니와 백부께 위안을 드립니다. 우리는 당신이 항상 건강과 힘을 유지하고, 떠나신 목사님의 뜻을 이어받아 진실한 도를 세상에 널리 전하기를 바라는 바입니다. 이것이 우리의 신실한 기도입니다.

우리가 떨어져 있는 거리는 너무 멀어서 당신 집에 찾아가서 위안을 드릴 수가 없습니다. 그래서 우리의 슬픔을 글로 적어 보내니 자비롭게 받아주시기 바랍니다.

이제 우리 마음속에 있는 것을 필설로 다할 수가 없기에 이만 줄입니다.

주후 1916년 12월 16일
대한예수교장로회 경기-충청노회
노회장 차상진(CHA SANG JIN)
서기 함열(HAM YUL)

원한경(H. H. 언더우드) 선생께 삼가 조의를 표하며

다음 결의안은 1917년 연례회의 때 그의 선교회에 의해 통과된 것이다.

언더우드 박사의 죽음에 대한 결의안

먼저 모든 일을 이루시는 하나님께 감사드리며, 그의 상급인 고향으로 불려가

신 선교회의 설립자이자 지도자인 언더우드에 대해 우리의 감사를 기록한다.

H. G. 언더우드는 1885년 4월 5일 한국에 도착했다. 영국 런던에서 태어나 미국에서 자라며 공부한 그는 앵글로색슨의 혈통과 미국의 개척 정신을 이어받아 이 두 민족의 위대한 특성을 살려 자신의 사역을 감당해 나갔다.

뉴욕에서 교육을 받은 그는 뉴저지 뉴브런즈윅의 화란개혁교회의 보수적인 영향 아래 신학 과정을 밟았고, 그는 이때 배운 신학적 견해를 마지막까지 충실히 견지했다.

상륙하던 날부터 31년 후 한국 땅을 완전히 떠나던 날까지 꺼지지 않는 열정을 지니고 일한 그는 한국 민족에게 드넓은 그리스도의 시대를 열어 주고자 노력하는 데 쉼이 없었다. 그는 한 시대의 경로를 뒤바꿔 놓은 그 교의(敎義)를 한국인들에게 전한 첫 개신교 선교사였으며, 선교의 사명에 걸맞게 늘 열정과 신실함으로 한국인들에게 설교했다.

그는 자신의 영국식 이름인 언더우드를 대신해 읽기 쉬운 원-두-우(Wun-Too-oo, 元杜尤)라는 이름을 사용했다. 문자 그대로 번역하면 원이란 우두머리란 뜻을 가지며, 두는 멈추거나 길을 막는 것, 우는 잘못이나 잘못된 것을 가리킨다. 이 이름으로 그는 한국 땅에 널리 알려졌다. 빈부귀천을 막론하고 모두에게 원-두-우라는 이름은 기독교 신앙의 승리자로 알려졌다.

한국에 있는 동안 그로 하여금 산과 계곡을 넘어 다니며 복음을 전하게 하던 그 정신의 중심은 조금도 기울어지지 않았으며, 오히려 올 때와 마찬가지로 떠날 때도 활활 타올랐다. 그는 비록 57세로 생을 마감했지만 실제 그는 정점에 다다라 보지 못한 젊은이로서 죽었다.

그는 복음 전파와 더불어 문서 사업에도 강한 애착을 가졌다. 봉천의 로스 박사(Dr. Ross of Mukden)의 기초를 놓은 노력을 제외하면, 첫 한국어 사전 및 문법서는 언더우드 박사에 의해 만들어진 것이다.

그는 서적, 전도 소책자, 성경 참고서, 연간기도책자 등 방대한 양의 문서 사업을 했다. 그래서 그의 사무소에서 나온 모든 출판물의 목록을 만든다는 것은 사실상 불가능하다.

그는 성경 번역자위원회의 전체 역사를 통해서 볼 때 한 명의 유일한 회장이었다. 그는 성경 전체의 완성을 보았으며, 하늘나라로 불려가기 전에는 주석과 참고서를 만들고 있었다. 한편 그와 함께 번역자위원회에서 일했던 사람들은 언제나 상냥하고 친절하며 희망에 찬 회장으로서의 그를 기억하고 있다.

그는 자신과 직접 관련된 일이 아닌 것을 추진하는 데에도 많은 시간과 노력을 들였다. 그는 의료선교 사업 전 분야의 후원자였는데, 오늘날의 훌륭한 치료기술과 시설은 대부분 그의 덕택이다.

그는 마지막까지 평양 및 서울 등지에서 한국 민족의 교육적 수준을 향상시키기 위해 수고했다.

그는 어떤 일을 위해 필요한 기금을 모으는 데도 뛰어났다. 그는 선교회의 어떤 사람보다도 고국의 영향력 있는 사람들을 잘 움직였기에 우리 모두는 그의 요청을 통해 들어오는 풍부한 자금의 덕을 입었다. 또한 그는 YMCA와 예수교서회의 변함없는 친구였으며, 세상을 떠나기까지 양 기관의 회장을 지냈다.

그의 목소리는 특히 고국에서 크게 들을 수 있었는데, 그는 넓은 의미에서 모든 선교회의 대변인이 되었다. 처음 고국을 방문했을 때 그는 사람들의 주의를 끄는 데 영향력을 발휘했고, 마침내 애비슨 박사가 우리 선교회 부대에 입대하게끔 만들었다. 이와 더불어 그는 남장로교회를 일깨워, 그들이 1892년에 대표들을 보내 전라도에서 일하도록 했다.

후에 다시 방문했을 때는 캐나다에서 한국에 대한 관심을 불러일으켜, 1898년에는 캐나다 교회가 함경도에서 일하도록 했다.

그의 연설은 미국 '남단' 및 캐나다 국경 너머에까지 한국에 대한 관심과 열정을 일깨워 한국에서의 기독교 전파에 측량할 수 없는 영원한 영향력을 갖게 했다.

그는 고국의 주요 대학들로부터 동양에 대한 주제로 강연해 달라는 초청을 받았고, 그에 대한 존경의 표시로 그들은 그에게 신학박사 및 법학박사 학위를 수여했다.

삶의 모든 자취가 그에 대한 기억과 그의 이름에 영광을 돌리고 있다. 시간이 계속되는 한, 그는 선교 연대기에 위대한 개척자로 기록될 것이다.

한국 개신교복음주의선교회 연합공의회의 조사

본 개신교복음주의선교회의 연합공의회가 호러스 그랜트 언더우드 박사를 기념하여 조사를 보내는 것은 매우 당연한 일이다. 그는 이 조직에서 가장 뛰어난 지도자인 동시에, 현재 우리가 사용하는 이 훌륭한 기념 건물[7]을 짓는 데에도 주도적인 역할을 해 온 분이었다.

1859년 7월 19일 영국 런던에서 태어난 호러스 G. 언더우드는 12살의 나이에 부모와 함께 미국으로 이주했다. 그 가족은 뉴저지의 뉴더럼에 정착하여 1874년 화란개혁교회의 신도가 되었다. 호러스는 이미 어렸을 때부터 하나님께 마음을 바쳤으며, 어린 시절부터 외국 선교사가 되겠다는 마음을 품고 있었다. 학창 시절 그는 그리스도를 위한 봉사에 언제나 적극적이었다. 그는 1881년에 뉴욕 대학을 졸업하고, 곧 뉴저지 뉴브런즈윅에 있는 화란개혁신학교에 입학했다. 1884년 신학교 과정을 마치고 목사 안수를 받은 그는 그해 7월 미국 장로교회 외국 선교부에 의해 첫 한국 복음 선교사로 임명되었다. 마침내 그가 한국에 도착한 것은 1885년 4월 5일이었다.

언더우드 박사는 놀라운 정력으로 일에 착수해, 소년들을 위한 고아원('그리스도인 일꾼들을 위한 존 D. 웰즈 학교'의 시초)을 설립하고, 1886년에는 처음으로

---

7 피어슨기념연합성경학교.

세례를 주었다. 1887년에 그는 첫 교회를 세웠고, 이해에 그는 빈번하고 기나긴 순회여행 중 첫 번째 국내여행을 떠났다. 그는 한국어를 배우는 데도 빠른 진전을 보였다. 또한 그는 자신의 개인적인 연구와 한국인들을 위한 사업을 해 나가면서 동시에 선교사 사회에서 급속하게 늘어나는 요구도 잊지 않아 1889년에 그들을 위하여 한국어 문법과 사전을 편찬, 출판했다. 이때부터 그는 언제나 문서 사업에 적극적으로 관여하여, 1893년에는 150곡의 찬송가가 담긴 한국어 찬송가집을 발간했다.[8] 또한 1897년에는 한국에서 처음으로 기독교 신문을 발간했고,[9] 지속적으로 성경 번역과 개역 작업을 해 나갔으며, 그의 다른 많은 바쁜 일에도 불구하고 다른 헌신자들보다 더 많이 조선예수교서회의 출판을 위해 힘을 기울였다.

31년 동안 그는 우리의 모든 연합 조직과 기관에서 지도적이고 주된 정신적 위치를 차지했다. 이 선교지와 관련된 일의 대부분이 시작되고 성공한 것은 그의 풍부한 지략과 지칠 줄 모르는 열정에 힘입은 바 크다. 한국에서의 복음화 사업의 특징인 광범위하고 급속한 수확은 1885년, 1886년, 1887년의 철야예배에서 그 뚜렷한 모습이 드러난 교제와 기도의 정신에서 그 원인을 찾아야 한다. 이때, 언더우드와 지금은 '의인이 된'(sainted) 아펜젤러는 영혼들을 위해 신실한 간구로 소수의 개척자들을 이끌고 나갔다. 교육 분야에서도 그는 복음화 사업에서와 마찬가지로 열정적이고 적극적이었다. 한국에서의 선교회 역사는 성경 번역 사업, 조선예수교서회 사업, YMCA 사업, 개신교복음주의선교회의 연합공의회, 세브란스 의과대학, 피어슨기념연합성경학교, 조선기독교대학 등과 관련해 그의 이름을 지도자로 기록할 것이다. 이 모든 사업에서 그의 유일한 목적은 그리스도의 뜻을 선양하는 것이었다. 그의 헌신적이고 정력

---

8 「찬송가」라는 이름으로 출판되었다.
9 1897년 4월 1일에 간행된 "그리스도 신문"이다. 이보다 앞서 1897년 2월 2일에는 아펜젤러에 의해 "죠선 크리스도인 회보"가 간행되었다.

적인 삶이 서울과 선교회에 미친 영향은, 오로지 그가 그 출범에 주도적인 역할을 했던 조직과 기관 들을 통해 이익을 얻는 미래의 세대만이 깨달을 수 있을 것이다.

한국에서 그리스도의 뜻을 선양하기 위한 그의 영향력과 수고는 선교지 그 자체에만 한정되지 않았다. 브라운 박사(Dr. Arthur J. Brown)는 이렇게 말한다. "미국에서 언더우드 박사는 가장 대중적이고 영향력 있는 선교사들 중의 한 사람이었다. 그가 휴가를 얻었다는 소식이 알려질 때마다 그에게는 연설 초청이 쇄도했다. 그는 1907년 선교본부에 의해 한국 홍보를 위한 선교사 대표단의 단장으로 임명되었다. 그는 교회에 한국이 필요로 하는 요구 사항들을 일깨우는 데나, 또 증강된 원조와 자금을 공급하는 데 놀라운 열성으로 일하여 만족할 만한 성공을 거두었다. 그 운동이 놀라운 성공을 거둔 것은 대부분 그의 덕택이다.…그는 1908년에는 프린스턴 신학교의 스톤 기금에서 강의했으며, 1909년에는 뉴욕 대학의 딤즈 철학 기금에서 강연했다. 그는 왕립아시아회(the Royal Asiatic Society)의 회원이 되었으며, 뉴욕 대학은 그에게 1890년에는 명예 신학박사 학위를, 1912년에는 법학박사 학위를 수여했다. 그는 놀라운 능력과 강한 성품을 지닌 인물이었다. 그의 신념은 강했고 그의 기질은 열정적이었지만, 그의 정신은 보편적이었으며 그의 시야는 광대했다. 그는 그리스도의 뜻에 가장 유익한 것을 보는 선견지명이 있었으며, 그 실현을 위해 흔들림 없는 열정으로 일했다. 언젠가 그는 외국 선교사로서 받는 것과는 비교도 되지 않는 보수와 함께 미국의 커다란 회사의 부사장직을 제의받은 적이 있었다. 그러나 그는 자기의 삶은 한국에서의 선교 사업에 헌신한 것이라 생각하여, 조금도 망설임 없이 그 제의를 거절했다.

이 위대한 선교사의 두 배의 영력이, 그의 사랑하는 아내와 아들에게 그리고 그가 생명을 내주었던 이 땅에서 십자가를 지고 있는 모든 선교사에게 깃들기를 기도하자.

우리는 이 보고서가 의사록에 들어갈 것과 이 사본이 그의 가족에게 송부될 것을 결정한다.

R. A. 하디
W. A. 노블
S. A. 마펫

키플링이 쓴 다음 시를 보면, 수년간의 언더우드의 생애, 특히 말년의 그의 생에서 비친 것과 같은 성품에 대한 시적 비전을 그가 가지고 있었으리라 짐작된다.

그대 주위의 모두가
자기 자신을 잃고
그것을 그대 탓이라 할 때
그대가 머리를 들고 있을 수 있다면,
모든 이들이 그대를 의심할 때
그대가 스스로를 신뢰하지만
남들이 의심하도록
그대로 놓아 둔다면,
그대가 기다릴 수 있고
그 기다림에 지치지 않는다면,
아니면 거짓말을 들어도
그것을 상대하지 않는다면,
아니면 증오를 받아도
스스로는 증오하지 않는다면,

그러면서도 너무 선하게 보이거나
너무 지혜롭게 말하지 않는다면,
그대가 꿈을 꿀 수 있지만
그 꿈을 그대의 지배자로 만들지 않는다면,
그대가 생각은 할 수 있지만
그 생각을 그대의 목표로 삼지 않는다면,
그대가 승리와 재난에 대처할 수 있으면서도
이 두 거짓을 똑같이 대할 수 있다면,
그대의 심장과 신경과 근육이 다 쇠퇴한 뒤에도
그대의 순서를 지키기 위해
그것들을 쏟아부을 수 있다면,
그리고 '계속하라'고 그것들에게 말하는 의지 외에는
그대 속에 남은 것이
하나도 없을 때에도
계속한다면,
사람들의 무리와 말을 하면서도
그대의 덕목을 지킬 수 있다면,
아니면 왕들과 함께 걸으면서도
서민의 감각을 잃지 않는다면,
적도, 사랑하는 친구도
그대를 해칠 수 없다면,
모든 사람이 그대를 셈하지만
누구도 그렇게 크게 셈하지 않는다면,
60초 거리를 달려감으로써
용서할 수 없는 시간을 잊을 수 있다면—

땅과 그 안에 있는 모든 것이 그대의 것이며
그리고 더 좋은 것은
그대가 사람이 된다는 것이다, 내 아들아!

연보
(1859-1916)

1859. 7. 19		영국 런던에서 존 언더우드와 E. G. 메리의 6남매 중 넷째로 출생.
1865		어머니 사망, 집안에 재정난 겹침.
1869		형 프레드와 함께 프랑스 불로뉴 쉬르 메르에 있는 남학교(가톨릭 운영)에 입학.
1872		전 가족 미국으로 이민, 뉴더럼에 정착.
		화란개혁교회 등록.
		목사를 꿈꾸며 해스브루크 소년학교에 입학.
		개인교수로부터 서양 고전을 배움.
1877. 9		뉴욕 대학교 입학.
		헬라어, 웅변, 수학, 천문학, 화학에서 좋은 성적을 얻음.
1881. 6. 11		아버지 사망, 뉴욕 대학교 졸업.
	9	뉴브런즈윅 소재 화란개혁교회 신학교 입학.
1883. 여름		뉴저지 폼프턴에 있는 작은 교회 담당.
1884. 5		신학교 졸업, 인도 선교사로 준비하면서 의학 공부.
	7. 28	한국에 파송할 첫 복음 선교사로 임명됨.
	11	목사 안수.

	12. 16	샌프란시스코 출발.
1885.	1. 25	요코하마 도착. 헵번 선교사 집에 머물며 한국어 공부.
	2	한국행 기선이 3월 26일에 있어, 그때까지 한국의 망명객(개화당)들로부터 한국어를 배우고, 대신 그들에게 영어를 가르침(한국어는 주로 이수정에게서 배움).
	3. 26	한국행 기선에 오름.
	4. 2	부산에 도착.
	4. 5	제물포 도착.
	4. 10	광혜원 개원.
		제중원 의학교에서 물리, 화학을 강의.
	10	성경(마가복음) 번역 착수.
	12. 31	아펜젤러 집에서 송구영신 기도회.
1886.	5. 11	고아원 개원(경신학교 전신), 김규식 입양.
	7. 18	노춘경에게 세례를 줌, 한국인 최초의 개신교 세례식.
	여름	콜레라 만연.
		마가복음을 아펜젤러와 함께 번역(이수정 역 개정).
		한국어 설교 시작.
	겨울	아펜젤러와 함께 한국인들 성경 지도.
	12. 31	송구영신 기도회.
1887.	1. 23	솔내에서 올라온 서경조·최명오·정공빈에게 세례를 줌.
	2. 7	한국성서번역위원회 조직(회장:언더우드, 서기:아펜젤러, 위원:스크랜턴·헵번).
	2	건강 요양차 일본 여행.
		요코하마에서 「마가의젼ᄒᆞ복음셔언ᄒᆡ」 간행(NBSS지원).
	4	헵번과 성경 번역 논의하고 귀국.
	4. 4	릴리어스 호턴 의사, 한국 선교사로 임명됨.
	8	상임성서위원회(Permanent Bible Com.) 조직(1893년 상임성서실행위원회로 개편됨).
	9. 27	정동교회(현 새문안교회) 조직(신도 14명, 장로 2명).

		로스 선교사, 심양에서 초청받아 교회 설립 참관.
	10	제1차 북부 지방 순회전도여행(의주까지).
		솔내에서 세례식(유아세례 서병호 외 3명). 백홍준의 처 한 씨, 이성하의 처 김 씨, 여성 최초 수세.
	12. 25	자택에서 정동장로교회 최초의 성찬예배(7명 참석).
1888.	1. 1	정동장로교회와 정동감리교회의 첫 연합기도회.
	3. 27	여의사 릴리어스 호턴 양 의료선교사로 내한.
	4. 초	제2차 북부 지방여행(아펜젤러와 함께).
		솔내에서 7명 세례.
	5	반(反)기독교 칙령으로 소환.
	6	"영아 소동."
	여름	학교 건물 건축(이 무렵 이미 네비어스 정책 채택하고 있음).
	초가을	릴리어스 호턴 양과 약혼.
	11	제3차 북부 지방 전도여행.
		한국인 지방 책임자[조사] 3명 임명(평양 최명오, 장연 서상륜, 의주 백홍준).
	12	한일 조사들을 위한 첫 신학반 운영.
1889.	1	4년간 장로교-감리교 신자 100명선.
	3. 13	릴리어스 호턴 양과 결혼, 북부 지방으로 한국 최초의 신혼여행 떠남(4차 지방순회여행).
	4. 27	의주 도착. 압록강을 건너 33명에게 세례 베풂(김리연, 김관근 부자 등).
	5. 중	귀경.
	여름	게일과 함께 한강변에서 사전과 문법서 편찬
	가을	선교부 총무 미첼 내한.
	11	「한영자전」 등 인쇄차 아내, 송순용과 함께 일본 요코하마에 감. (「韓英字典」, 「英韓字典」, 「韓英文法」).
1890.	4. 26	「韓英字典」, 「한국어문법」 간행.
	5.	귀국, 성경 번역 사업에 박차.

6	네비어스 선교사 방한, 선교 방법 강구, 자조 정책 구체화. 대한성교서회 조직. 서기직 맡음.
7	알렌 의사, 미국 주재 조선 공사관 참찬관에 임명.
7. 26	헤론 의사 사망, 정부로부터 양화진 외국인 묘지를 얻음.
9. 6	아들 H. H. 언더우드(원한경) 출생.
10	산모의 건강 악화로 중국 치푸로 요양.
11. 중	귀국.
12. 31	제야예배.
1890	새문안교회 제일 예배당 신축.
1891. 2	스크랜턴과 함께 마태복음 5장까지 개역. 선교지부 부지를 위해 베어드와 함께 부산에 내려감.
3-5	아내 건강 악화, 1차 안식년, 미국 도착[1년 반 체미].
6	뉴욕 대학교에서 명예신학박사(D.D.) 학위 수여받음.
9	윤치호와 함께 내슈빌에서 연설, 한국 선교 요청.
1892. 1	남장, 4명의 한국 선교 지원자(테이트, 전킨, 레이놀즈, 존슨) 얻음.
1892. 9	토론토 장로교 연맹 총공회에서 연설, 애비슨을 한국 선교에 나서도록 함.
1893 10	「찬양가」 출판, 용어 문제 대두.
1893. 2. 1	미국을 떠나 영국 → 홍해 → 인도양 → 상해 → 나가사키 거쳐 귀국(사촌 레드패스 양 동행), 5월에 한국 도착.
6	언더우드 여사(릴리어스 호턴), 진료소 개원.
7	제물포에서 가족들 8월까지 휴양.
여름	〈찬양가〉(150여 곡) 간행.
10	연례회의에서 언더우드의 찬양가 거부(용어 문제), 언더우드는 개인적으로 인쇄, 사용.
가을	새 집으로 이사(정동).
12	환자 휴양소 개설(초교파 프레드릭 언더우드 휴양소).
1894. 4	평양 그리스도인 박해사건, 언더우드 집에서 기도회.
여름	한강변에 별장 마련. 소래까지 지방전도여행.

		1년 정도 하던 키니네 장사 그만둠.
1894		조사로 서상륜, 김홍경, 박태선, 유홍렬, 신화순, 도정희 등.
1895.	봄	민비. 양반 자제 위한 학교 제안(민비 시해로 무산됨).
		콜레라 만연, 국립콜레라병원 운영됨―프레드릭 언더우드 휴양소 콜레라병원으로 전환.
		새문안교회 새 건물 건축, 영신학당 건립.
	10. 18	민비 시해, 언더우드, 다른 선교사들과 밤에 국왕 호위.
	11. 28	춘생문 사건.
1896.	1	곡산지방 교인들의 간청으로 애비슨과 함께 북부 지방 전도여행, 아관파천으로 귀경.
	2. 11	아관파천.
	7. 2	독립협회 결성.
	9	국왕 탄신 축하 교회연합예배.
1896		행주교회 세례식 → 해주 → 소래. 은율교회 방문.
		언더우드 역 「누가복음」 간행.
1897.	2. 2	아펜젤러, "죠션 크리스도인 회보" 간행.
	4. 1	"그리스도 신문"(*The Christian News*) 창간(-1901).
		국왕 요청으로 왕자(의화군) 교육 문제로 일본에 감.
		매일 계속 3-4시간 성경 번역.
	여름	열병으로 수주일간 고생. 애비슨 가족과 일본·중국 여행.
	7. 17	알렌이 주한 미국 공사로 임명됨.
	8. 23	대군주 폐하 탄신 경축대회.
	10. 12	대한제국 성립.
	11	명성황후 장례식.
	가을	행주교회, 토당리교회, 김포읍교회, 곡산군 도리동교회 설립.
1898.	1. 1	"협성회 회보" 창간.
		언더우드 달력.
	1	평양 최초의 사경회.
	여름	캐나다 장로교 첫 선교사 맞이함.

		11.11-12.17 그리어슨·맥레 등과 북부 지방여행.
1898		가을 곡산군 화천리교회, 은율읍교회 설립.
1899		「요한공부」 출간
1899.	9	장로회공의회 회장에 선출됨.
1900.	4	뉴욕 에큐메니컬 선교 대회에 한국교회 자급에 대한 논문 제출.
	9. 9	신약전서 완성 감사예배.
	10. 1	가족과 함께 황해도 방문. 송천교회 서경조 장로 장립.
		평양 방문(연례회의) → 진남 → 은율 → 소래 → 백령도 → 소래 → 해주.
1901		블라디보스톡 여행.
	5. 15	평양 연합장로회신학교 개교.
	5	2차 안식년 출발. 인도양 → 이스라엘 → 유럽 → 미국.
1902	2	캐나다 토론토 해외선교학생자원운동 대회에서 연설.
	5	미 북장총회 참석, 해외선교대회에서 연설.
	6. 1	뉴욕 대학교 졸업예배 설교.
	6. 11	아펜젤러 목사 순직.
	8. 11	매사추세츠 노스필드 수양회에서 연설.
	10	켄터키 신학교에서 연설.
	12	한국에 돌아옴.
1903.	2	해주에서 해서교안 처리함.
	10	YMCA 이사(-1916) 피선.
1904		언더우드 부인의 *Fifteen Years Among The Top-Knots* 출간.
		대한교육협회 회장에 선출됨.
	10. 4	새문안교회 송순명 장로 장립, 첫 당회 조직.
		김포 처산리교회, 시흥읍교회 설립.
		한성감옥소 전도로 전직 고위관리·양반층 옥중 개종.
1905		남대문 밖 복숭아골에 세운 새 집으로 이사.
		Korea Review 주간(-1906).
	여름	소래 휴양지 개설.

	9. 15	재한 복음주의 선교회 통합공의회 의장 피선, 선교 구역 확정, 하나의 대한예수교회 설립 추진.
	9. 22	고종이 베푼 엘리스 루스벨트 양의 만찬을 도움.
	11	감사절 후 7일간 구국기도회.
	11	*The Korea Mission Field* 창간.
1905		언더우드 부인의 *With TommyTopkins in Korea* 출간.
		시흥군 영등포교회와 광명교회 설립.
1906	1	심한 후두염으로 고생.
	봄	고종 황제로부터 최고훈장 수여받음.
		시흥군 가학리교회, 노량교회, 김포군 용강교회, 파주군 죽원리교회 설립.
	7	3차 안식년 휴가로 미국으로 출발. (상해 → 런던 → 유럽 → 프랑스) 3년간 휴가(-1909. 5).
1907.	초	남부 프랑스에 머묾. 파리에서 언더우드 타자기 회사 관리.
	9. 17	독노회 조직.
	11	미국으로 와서 '한국 홍보' 시작. 파주읍 신산리, 갈현리, 용미리, 등원리, 발도리, 덕천리, 부작동, 금촌에 교회 설립, 남대문교회 당회장이 됨.
1908.	2. 11	필라델피아 등지에서 한국 홍보 계속, 뉴욕 대학교 딤즈 철학 기금에서 강의. 프린스턴 신학교 강의, *The Call of Korea* 간행.
1908.	8	무디의 노스필드 성경 강습회에서 연설.
1909.	5. 22	귀국길에 오름 (영국 → 스위스 → 시베리아 → 만주).
	8	한국에 돌아옴, 시흥군 하안리교회 설립.
	8. 24	제25회 북장 한국선교회 연례회에서 '회상기' 강연.
	8. 27	미 북장 한국 선교 25주년 기념식에서 '회고' 발표.
	9. 1	선교 지역 분할 최종안 확정, '그리스도인 일꾼들을 위한 존 D. 웰즈 학교' 교장 피선(-1911). 백만인 구령 운동.
	9	대한예수교장로회 노회장으로 선출됨.

1910		*The Religions of Eastern Asia* 간행.
		새문안교회 신축(현 위치, 교인 300여 명).
	여름	부상 입음(피서차 구미포에 갔다가).
	8	일본, 한국을 강점.
1911		의주 방문(2차), 용산교회 설립.
		대한성교서회 새건물 정초식(언더우드 회장).
	6	교육정보국 창설(언더우드 위원장).
	가을	전국복음운동 추진위원회 회장.
1912.	4. 2	안식년 휴가(4차), 미국으로 감.
	6	원한경의 뉴욕 대학교 졸업식 참가. 뉴욕 대학에서 명예법학박사 학위 수여. 대학(연희전문) 설립금 52,000달러 모금.
	8	한국에 돌아옴, 피어슨기념연합성경학교 설립.
	9	조선예수교장로회 총회 창립, 초대 총회장에 피선.
1913.	4	서울 지역 주일학교 대집회(회장).
		The Christian News 주필(게일과 함께; 1909. 9 창간-1914. 8 종간).
		에든버러 세계선교사협의회(WMC) 계속위원회의. 모트 박사와 상해에서 협의(조정위원회 의장).
		모트 박사 내한 시 통역. 에든버러 세계선교대회 활동.
		YMCA 문제 중재.
1914.	초	「한영문법」 4판 발행, 지방순회여행.
	4. 6	언더우드 한국 도착 30주년 기념식.
		은혼식.
1915.	4. 12	서울 중앙기독청년회(YMCA)회관에서 경신학교대학부(1917. 4. 7 연희전문학교로 인가) 개교, 교장 취임.
	여름	성경 번역 계속(소래 해변에서 이사야서 개역).
		조선물산공진회 이용 연합전도운동 전개.
1915		형인 존 언더우드, 대학 기금 50,000달러 희사.
		신촌에 대학 부지 19,320평 매입.

1916.	1. 초	동경으로 건너가 일본어 공부.
	4	건강 악화로 요양차 도미.
	10. 12	미국 애틀랜틱 시에서 사망(1921. 언더우드 부인 사망).
	10. 15	라파예트 5가 장로교회에서 장례식, 그로브교회 묘지에 안장.
1918		언더우드 부인의 *Underwood of Korea* 간행.

색인

105인 사건 322, 328
YMCA 56, 126, 227, 267, 278, 328, 335, 357
 15인 위원회 330, 331, 332, 329, 336, 357
 사업 329, 330, 331, 369

ㄱ

가두 예배당 63
가일즈 298
가정전도회 215
가톨릭계 학교 30
감리교
 감독 83
 선교부의 회계 69
 신학교 334
 여학교 265
감사 74, 94
갑신정변 50
강계 73, 94, 300
강도사 43

개신교 복음선교회 총공의회 266
개신교 복음주의선교회 연합공의회 369
개신교 선교 25주년 308
개혁교회 45
 선교부 44
개화당 207
검은 천연두 66
게일 59, 60, 91, 104, 105, 116, 223, 228, 267, 277, 278, 305, 307, 309, 326, 336, 360
경무총감부 328
경부선 249
경원선 250
계급 차이 226
고구려 149, 150
고아원 35, 54, 55, 291, 368
고종 85
고템바 344
곡산 177, 178, 218
공사관 83, 87, 156, 171, 172, 180, 196, 205, 206, 221, 236, 243, 245
 순경 253

관립학교[육영공원] 72, 82
　　교사 50, 71
관보 190, 193
교육정보국 321, 346, 382
구세군 38, 325
　　찬송가 219
국가장로교회 225
국왕 탄신 기념식 188
국한문 혼용 267, 269, 346
권서 58, 103, 164
권서인 58
그로브교회 33, 264, 358
그리스도 신문 190, 193, 198, 210, 213, 369
그리스 정교 225
그리어슨 153, 154, 194, 213, 226
기관우선주의 231
기독교전도문서회 130, 321
기독교 학교 84
기무라 347
기본 강령 26
기퍼드 91
길모어 50, 71, 82
길선주 193, 261
김규식 55, 258, 259, 329
김윤식 167, 335
김정식 277, 278, 336
꼬레(Coreé) 46

ㄴ

나가사키 49, 131, 286
나고야 344
나폴리 233, 287
날연보 307
남궁억 226, 331
내부(내무부) 68, 167, 168
내슈빌 121
너스 양 217

넓은 날개 58
네비어스 110, 111, 112
　　부인의 교리문답 198
노방 전도 213
노블 371
노스캐롤라이나 121
노 씨(노춘경) 64, 65, 134
노예제반대협회 27
누가복음 64
뉴더럼 25, 33, 34, 368
뉴브런즈윅 36, 37, 38, 44, 117
　　노회 43
뉴욕 68, 89, 122, 124, 125, 155, 196, 200, 234, 296, 300, 320, 366
　　5번가 교회 227
　　5번가 장로교회 125
　　선교본부 78, 79
　　협동개혁교회 43
뉴욕 대학 34, 36, 43, 127, 234, 297, 311, 323, 368, 370
　　딤즈 철학 기금 370
뉴저지 25, 41, 264, 356, 358, 366, 368
　　노회 47, 361

ㄷ

담배 190, 191, 214, 246
당회 41, 340
대구 51, 307
대부흥(1907) 244
대원군 85, 86, 170
대학 301, 340, 354, 357
　　설립계획 54
　　설립 논쟁 302, 334
　　설립 정관 문제 354
　　허가장 355
　　이사회 허가증 355
덕수궁 화재 245

데빈스 242
데이비스 목사 107
데이비스 양 124
델타 옵사일런 34, 127
독립관 206
독립문 206
독립협회 206, 207, 208, 209, 226
동양 종교 85, 297, 360
동학 87, 159, 160, 162, 181, 184
디에 30
딤즈 기금 강좌 297

ㄹ

라브라도르 151
라이얼 336
라틴어 59, 221
라파예트 가 장로교회 45, 358, 361
러시아 공사관 171, 175, 180, 206, 229, 245
    러시아인 75, 114, 115, 207
런던 25, 26, 58, 89, 200, 366, 368
런던선교회 27, 46, 130
런던전도문서회 56
레그 298
레드패스 양 130, 143, 144
레이놀즈 59, 60, 61, 121, 124, 140, 223, 309, 343, 358
로마 30, 50, 149, 233, 334
로마 가톨릭 교도 81
로스 72, 134, 366
로스앤젤레스 298, 299
로잔 287, 288
로체스터 296
롭 345
루체른 233, 234, 287
리, 그레이엄 304
리비히 박사 28
리치몬드 124

ㅁ

마가복음 54, 57, 59, 307
    임시 번역판 57
    출판 79
마태복음 64
마펫 55, 156, 157, 236, 237, 251, 308, 371
    부인 265
만물박사 89
만민공동회 208, 209
"만세반석" 49
만주 72, 100, 101, 102, 134
매킨타이어 72, 134
맥레 154, 213, 226
맥윌리엄스 45, 360
맥아피 293
맥켄지 87, 151, 152, 153, 157, 162
맥코믹 121
맥큔 102
메이번 33, 36
면려회 118
명치학원 43, 48
모리스 304
모트 139, 327, 329, 330, 331, 361
무당 51
무디 232
무어 146, 147, 252
무연탄 40
「문관과 무관의 생활 이야기」 52
문법책 106, 221
물리 54, 267
뮬러 박사 35, 353
미국 32, 48
    공사 50, 80, 83, 100, 101, 113, 156, 167, 170, 171, 172, 173, 174, 203, 221, 223, 230, 236, 243
    교육연합위원회 302
    남감리교 303, 346
    남장로교 121, 124, 147, 244, 303, 367

미국인 교사 82, 170
북감리교 303, 304, 341
북장로교 303, 304
선교부 45
장로교회 외국선교부 361, 368
전도문서회 56
주일학교 대표단 325
미첼 105, 106, 107, 109,
민(영환) 공 68, 89, 255
밀러 161, 213, 336, 348

ㅂ

바울 39, 53, 127, 148
박승봉 336
배재학교 327, 341
백령도 218
백만인 구령 운동 306, 307, 309
백만장자 선교사 237
백정 88, 146
밴더빌트 대학 121, 207
밸러프 108
버긴 노회 43
버지니아 121, 122
번하이슬 320
벙커 50, 71, 82, 92, 116, 143, 265, 277, 307
베스트 308
베어드 115, 116, 308
　　　부인 265
벤젠 287
벽난도 나룻터 274
변갑이 55, 258
보부상 208
보스턴 130, 296
보울즈 352
복숭아골 239, 245
본위크 325, 346
부산 108, 116, 211, 249, 271, 285

부흥 찬송가집 319
북청사변 159
불동가리 58
불로뉴 쉬르 메르 30
브라운 194, 293, 304, 360, 370
브로크맨 279, 336
브루클린 45, 117, 124, 127, 293, 358, 361
브리스톨 35
블라디보스톡 226
블레어 320, 359
빈튼 154, 161, 165

ㅅ

사경회 183, 239, 271, 307, 340
사냥 여행 73, 92
사대부 180, 224
사립학교 규칙 84, 345
사이드보텀 293
사전 편찬 54, 105
사핵사 236, 237
산업박람회 346
상급번역자 60
상임성서실행위원회 57, 60
「상투잽이와 함께 보낸 십오년 세월」 94, 147, 169, 170
상해 131, 166, 175, 200, 201, 327, 328, 329
상형문자 268
새문안교회 55, 65, 71, 135, 165, 168, 186, 211, 239, 240, 358
샌프란시스코 47, 299
샤록스 293
서상륜 65, 72, 101, 134, 217
서울 40, 45, 51, 73, 85, 88, 104, 109, 145, 300, 301
　　　대화재 87
　　　전도위원회 319
　　　지역 주일학교 집회 139, 325

서재필 207
선교회연합공의회 266, 303, 344, 345
선교회통합공의회 306
선천 103, 300, 307
    노회 319
섭정 85
성경 번역 58, 59, 161, 213, 285, 309, 343, 360, 369
    개역자회 358
    방법 59
    번역자위원회 58, 62, 178, 267, 367
    임시본 57, 60, 223, 309
성경학교 340, 354
성공회 선교사 39
성서공회 57, 130, 154, 234, 334, 347
성서위원회 306
성찬예배 65, 180
세브란스 231
    병원 54, 126, 232, 239
    의과대학 369
세인트루이스 296
세인트폴 296
소래 65, 73, 87, 136, 153, 162, 183, 216, 218, 219, 220, 280, 281, 283, 284, 311, 343
    마을 72, 134, 150, 152, 219, 271, 274, 281
    해변 80, 279, 282, 283, 343
속기사 356
송도 73, 94, 181, 194, 271, 273, 274, 275, 306, 336
송언용 336
수에즈 운하 130, 286
순검 95, 96, 205
센자 200, 201, 274
쉬비사와 352
슈펠트 44
스와인하트 194
스왈른 265, 320

부인 265
스위스 138, 233, 286, 291, 300
스코틀랜드병원협회 27
스코필드 성경 267, 358
    번역 360
스크랜턴 56, 57, 92, 140
    부부 71
스톤 기금 선교사 강좌 298
스티븐스 357
스피어 119, 342, 344
승동교회 146, 267, 335
시러큐스 296
시모노세키 249
시베리아 286, 300
    횡단 철도 286
시세(sicee) 69
시애틀 299
시카고 117, 130, 296
신시내티 297
신약전서 60, 223
    완성 기념 감사예배 223
신학교 설립 계획 54
신화순 182, 212
신흥우 278, 329, 331, 336
실 167, 173
십일조 원칙 198

ㅇ

아관파천 180
아담스 308
아더 언더우드 28
아더 항 207
아시아 콜레라 66
아일랜드복음협회 27
아일랜드협회 27
아펜젤러 48, 50, 57, 58, 60, 65, 69, 79, 81, 82, 83, 84, 85, 113, 140, 160, 190,

223, 227, 252, 369
부부 71
익사 58
아프리카 46, 112
안식년 휴가 121, 233, 285, 293
안식일 206, 210
알렉산더 360
알렌 45, 50, 51, 54, 64, 66, 67, 69, 89, 113, 227, 236, 308
알바니 296
압록강 세례 100
애버딘 대학교 26
애비슨 126, 139, 146, 147, 154, 161, 166, 172, 173, 178, 179, 180, 181, 197, 201, 211, 221, 226, 231, 253, 279, 295, 301, 308, 331, 336, 340, 354, 355, 360, 367
 부인 178, 179, 197, 198
애스톤 298
애틀랜틱 시 356, 357
앨버트슨 361
앨트먼 44
야소교리 103
양반자제학교 설립 계획 170
어린이 노방 주일학교 155
언더우드 33, 47
 결혼 93
 결혼여행 94
 내한 30주년 기념식 261, 335
 달력 210
 모토 201
 법학박사 학위 323, 334
 변호인 역할 203
 병 77, 196, 233, 244
 부동산 양도 267
 부상 312
 부인 38, 93, 94, 169, 241, 262, 265, 352
 부인의 병 113, 116, 122, 127, 151

비서 56, 213, 258, 321, 359
사표 79, 109
새 집 238, 245, 249
서점 163, 211
성품 75, 130, 152, 176, 288, 370, 371
수술 298, 300, 318
시편 번역 210
신학박사 학위 127
신혼여행 73, 261, 335
약혼 91
여름 별장 161, 198, 251
은혼식 337
이사 151, 245, 356
일본어 공부 351, 358
임종 357
자전거 사고 228
정동집 매각 229
족보 25
지론 89
집 76, 77
찬양가 편찬 147, 263
추모행사 360
치료 78
타이피스트 359
타자기 회사 290
통역 171, 327
필경사 359
한국인 번역자 359
회상기 308
후두염 285
언문 268
에디 321
에든버러 대학교 26
에든버러 선교사협의회 계속위원회 139, 327, 362
엘러스 50, 53
엘린우드 45, 56, 72
여성 성경반 155
여자 권서 58

연관공 128, 189
　　조합 128
연합기독교대학 322, 344, 363
연합대학 266, 302, 328, 357
연합병원 266
연합성경학교 266, 321, 333, 360
연합신문 193, 266
연합여성성경반 266
연합위원회 60, 305
연합의과대학 266, 360
연합전도운동 346
연합찬송가 144, 146, 147, 266
연합초등학교 266, 358, 360
연희전문학교 126, 141, 328, 354, 355
영국 46, 75
　　영국인 30, 75, 114, 115, 194, 288, 289
　　영사 152
영국성서공회 27, 58, 101, 213, 334, 348
영수 163, 215
영아 소동 85, 87
영역 분할 304
영화 상영 347
예루살렘 77
예수교서회 300, 309, 321, 325, 334, 347
　　사업 369
예수교 회보 193, 305, 326, 327
예수 병원 168
"예수의 피밖에 없네" 83, 103
예수쟁이 168
예수회 46, 80, 81, 82
　　선교사 80
오긍선 336
오기선 336
오레곤 118
오스트레일리아 46, 107
　　장로교 211, 303
오클랜드 버클리 299
올링거 56

와타나베 330
와우 26, 27, 28, 29
와이어 336
왕립아시아회 370
왕립예술원 28
왕비(민비) 85, 86, 114, 169, 170, 171, 176, 205, 206, 245
　　시해사건 86
　　장례식 205
왕실과의 관계 199
왕실의 선물 89, 114
외국인 묘지 113, 254
외무아문독판 92
외부(외무부) 68, 89, 157, 221, 236, 237
요란한 감리교도 81
요코하마 47, 48, 78, 355
용어 문제 146, 150, 192
우스터 78
워싱턴 130
원두우 366
원산 부흥회 243
원세개 115
원한경 260, 365
　　병 197
　　출생 113, 258
웨기스 234
웰즈 55, 109, 153, 166
웰즈스트리트교회 26
위노나 234
윌스 33
유니언 신학교 122
유니언 힐 33
유대인 39, 60
유리창 107, 183
육영공원 50, 71
　　위탁의뢰 82
윤치호 121, 174, 207
융프라우 287
은둔의 나라 44

은율 188, 189, 217, 218, 220
의주 73, 94, 100, 102, 104, 271, 320
의학공부 43, 44
의화군 174, 195, 196
　　　유학 196
의화단 사건 159, 222
이교도 41
이노구치 335
이부카 336
이블린 33
이상재 134, 226, 234, 261, 277, 278, 331, 336
이스턴 38, 117
이승만 277
이토 254
인도 40, 43, 44, 45, 46, 52
인도양 130, 233
인디애나폴리스 296
인터라켄 287
일본 46, 47, 57, 78, 79, 109, 166, 344
　　　여행 199
　　　일본어 공부 351, 358
　　　일본인 49, 50, 109, 114, 115, 116, 129, 181, 214, 250, 251, 253, 281, 326, 338, 352, 355
　　　일본인 인부 250, 251, 252, 253, 254, 273
　　　평화협회 352
임진강 272

ㅈ

자동차 73, 28, 299
자립 교회 284, 320
자조 방법 110
잔다리 239, 240
장날 216
장로교 26

선교부 총무 83
선교회 50, 155
신학교 237
총회 323
장연 198
　　　교회 211
장해리 246
재령 311, 312, 315, 316, 317
저다인 194, 321
저지 시 33
전국 복음운동 추진위원회 319
전국 신학교 선교사 동맹 121
전킨 122, 124, 160, 265
제너럴 셔먼 호 47
제물포 50, 69, 87, 160, 175, 180, 203, 204
제우스 148
조랑말 69, 93, 95, 98, 229, 277, 340
조선기독교대학 369
조선(대한)성교서회 56, 57, 154, 267
조선예수교서회 357, 369
조정위원회 327
존 D. 웰즈 아카데미 55, 306, 309, 368
존스 46, 144
존슨 122, 124
존 언더우드 25, 27, 28, 29, 30, 33, 35, 36
존 T. 언더우드 33, 47, 137
종묘 224
주일학교 33, 155, 190, 193, 198, 210, 211, 325, 326
중국 10, 39, 46, 53, 75, 81, 87, 100, 110, 111, 112, 114, 147, 149, 159, 198, 201, 204, 206, 222, 268, 281, 282, 284, 297, 298, 328, 336
　　　병사 45
　　　여행 114
　　　중국어 59, 149
　　　중국인 109, 114, 115, 144, 167, 203, 205, 214, 348
　　　중국인 건축업자 246

중앙교회 208, 267
증기선 47, 48, 49
지도반 훈련반 271
지방순회여행(전도여행) 73, 74, 79, 80, 81, 82, 118, 162, 177, 184, 185, 198, 199, 211, 212, 213, 239, 271, 274, 279, 336
진남포 217
"진리" 150
질레트 228

ㅊ

차상진 365
찬송가위원회 146
채프먼-알렉산더 일행 306
채편 342
책장사 41
천막 151, 319, 327, 337, 363
　　집회 319, 337
천연두 51, 66, 108, 216
천주교 신자 50
철야예배 71, 115, 369
청년선교회 163
청년전도회 211
청·일전쟁 159, 206
청주 300, 337
체이스 양 217
초등주간학교 341
총독부 11, 328, 330, 332, 346, 349, 354
총회장 11, 323, 324, 338
추모예배 153, 360, 361
추수감사예배 219
　　감사절 75, 210
춘생문 사건 172
출석교인 217, 340
치외법권 203
치푸 114, 175, 200, 201

칙령 80, 81, 82, 83, 84, 87, 90, 105, 106, 221
그리스도인 살해령 220
금교 81
불복 84
예배금지 106
침례 219, 220
침례교 선교사 220

ㅋ

칸느 288, 289
캐나다 125, 153, 213, 336, 367
　　교회 153, 367
　　장로교 한국 선교회 153
　　장로교회 303
캔자스시티 296
캘리포니아 358
커 311
코리아 리뷰 254
코리아 필드 121, 303
코리아 미션 필드 59
고베 49, 117
콘래드 358
콜레라 66, 166, 168, 178, 181, 188, 239
　　병원 166
콜롬보 130, 131
콜체스터 28
쿠데타 85
쿡 337
쿤즈 311, 312, 313, 314, 315, 348
크램 336
크리스마스 75, 76, 77, 114, 169, 289, 349
클라크 308, 335, 337, 352
클리블랜드 296
키니네 10, 164
키플링 52, 100, 311, 371

ㅌ

타엘(taels) 69
타코마 299
테이트 121, 124
토론토 125
　　전도문서회 56
토마스 25, 46
토마스 언더우드 25
통리조선통상교섭사의 115
통성기도 244
통진 211, 212
통행증 93, 94, 97, 272
퉁초우 200, 201
트롤로프 60
특별종교학교 84

ㅍ

파리 200, 234, 290
파사데나 298
팔로아 양의 요리책 67
패독 253
펜윅 56
펠프스 336
평양 51, 73, 74, 80, 94, 156, 160, 216, 217, 222, 265, 300, 301, 306, 307, 311, 348, 367
　　박해사건 156
평양신학교 311
평양기숙사학교 348
폐하 40, 55, 93, 169, 186, 192
포교규칙 345
포켓판 성서 연맹 307
포틀랜드 118, 119
폼페이 233
폼프턴 41, 43, 168
푸트 154, 226

폴크 73
프랑스 30, 31, 32, 34, 171, 288, 289, 358
　　공사관 229, 236
　　대표부 80
프레드 언더우드 30, 31, 32, 117
프레드릭 언더우드 휴양소 154, 161, 254
프린스턴 신학교 298
　　스톤 기금 370
플리머스 형제단 240
피렌체 233
피어슨기념연합성경학교 321, 333, 342, 357, 369
피츠버그 296
피츠필드 356
피터즈 60
필라델피아 140, 296

ㅎ

하디 243, 346, 360, 371
하세가와 354
하인츠 325
하크니스 부부 91
학부 고문 255
학생 자원 운동 118
학습교인 212
한국 왕립의과대학 54
한국위원회 358
한국을 위한 교육기금 301
한국 음식 77
「한국의 부름」 110, 297
한국인 목사 309, 323, 339
한국인 조력자 62, 162
한국 캠페인 295
한석진 156, 306, 327
함열 365
해서교안 235, 237
해스브루크 소년학교 33

해주 74, 75, 183, 213, 214, 215, 220, 222, 236, 274
핼시 298
행주 181, 182, 212
헌당식 152, 153
헐버트 20, 54, 56, 71, 72, 92, 105, 173, 240, 254, 295
헤론 50, 67, 90, 112, 113
헤이든 양 91
헬라어 33, 59
헬라인 39, 148
헵번 59
　　　부부 47
홀 125, 156, 157, 160, 185, 253, 254, 293
홀드크로프트 320
홍종숙 336

홍해 130
화란개혁교회 32, 38, 368
　　　선교부 44
화이트 320
화이팅 312, 313, 315, 316, 317
화학 54
환등기 225, 337
황제의 개인 투자 255
황태자 241
황해도 72, 183, 188, 211, 213, 214, 222, 235, 236
회개 42, 72, 100, 179, 184, 193, 209, 218, 224, 225, 240, 244, 277, 307, 308, 320
회계 56, 68, 69, 78, 295, 321, 336
휴 오닐 진료소 155
히브리어 59

언더우드

초판 발행_ 2015년 4월 5일
초판 3쇄_ 2023년 10월 5일

지은이_ 릴리어스 호턴 언더우드
옮긴이_ 이만열
펴낸이_ 정모세

펴낸곳_ 한국기독학생회출판부
등록번호_ 제2001-000198호(1978.6.1)
주소_ 04031 서울시 마포구 동교로 156-10
대표 전화_ (02)337-2257 팩스_ (02)337-2258
영업 전화_ (02)338-2282 팩스_ 080-915-1515
홈페이지_ http://www.ivp.co.kr 이메일_ ivp@ivp.co.kr
ISBN 978-89-328-1793-4

ⓒ 한국기독학생회출판부 2015

책값은 뒤표지에 있습니다.
무단 전재와 복제를 금합니다.